Steven Sonsino

Verpackungsdesign

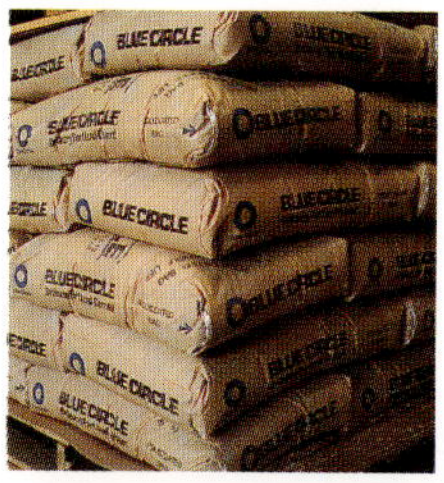
BLUE CIRCLE

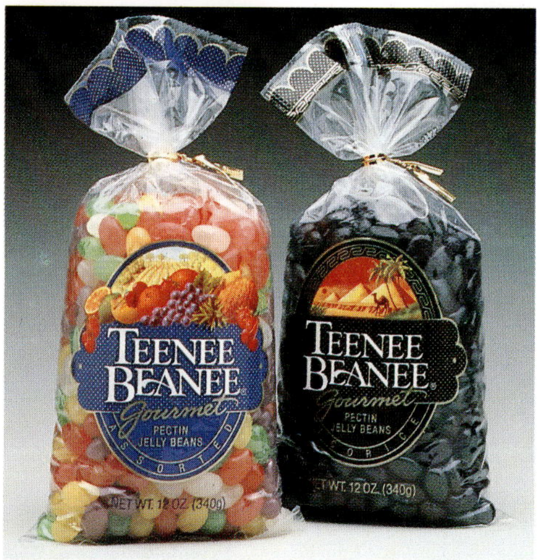
TEENEE BEANEE
Gourmet
PECTIN
JELLY BEANS
ASSORTED
NET WT. 12 OZ. (340g)
TEENEE BEANEE
Gourmet
PECTIN
JELLY BEANS

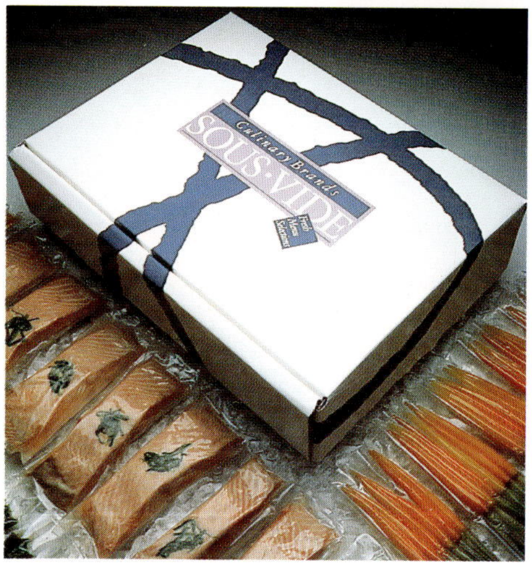
Culinary Brands
SOUS-VIDE

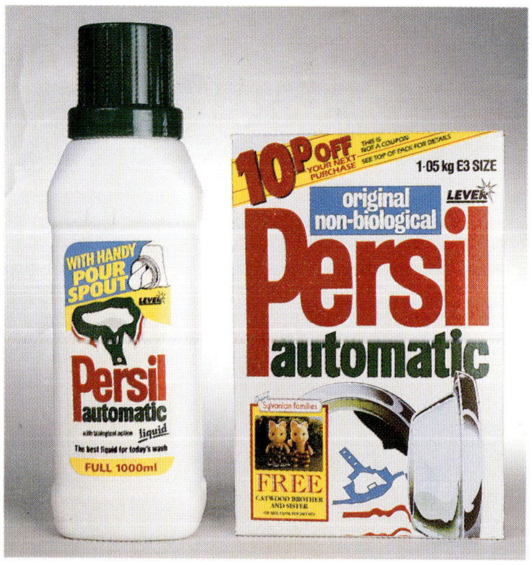
WITH HANDY POUR SPOUT
Persil
automatic
liquid
The best liquid for today's wash
FULL 1000ml
10P OFF
YOUR NEXT PURCHASE
1·05 kg E3 SIZE
original
non-biological
LEVER
Persil
automatic
FREE

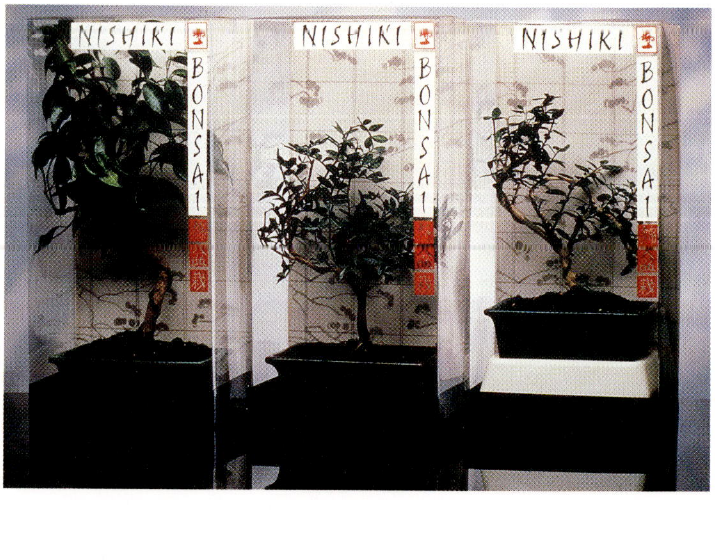
NISHIKI
BONSAI
NISHIKI
BONSAI
NISHIKI
BONSAI

Steven Sonsino

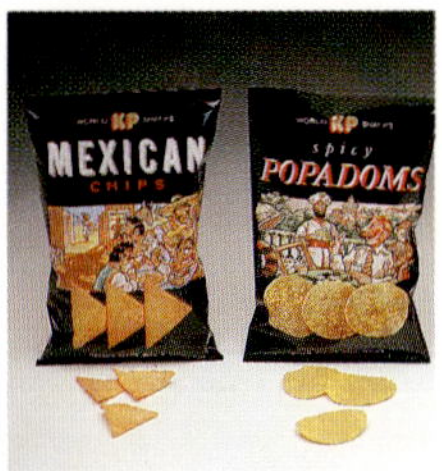

Verpackungs-design

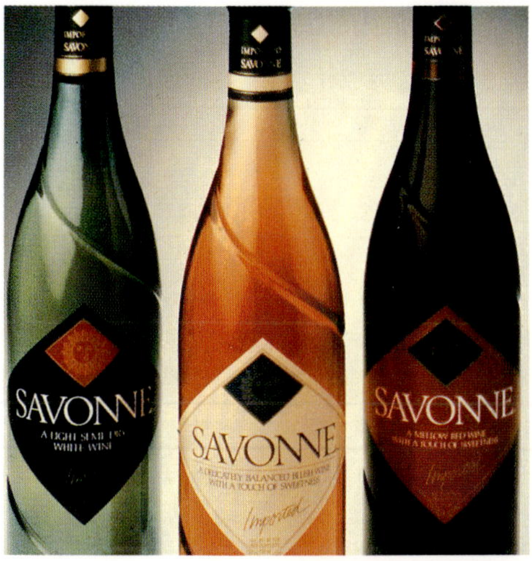

Wie Produkte ihre Hülle finden

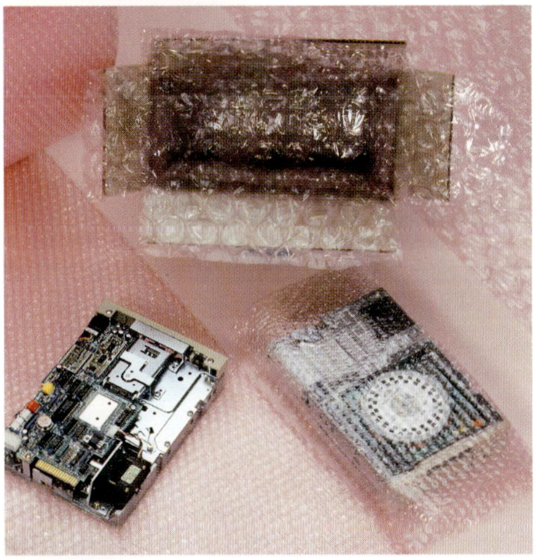

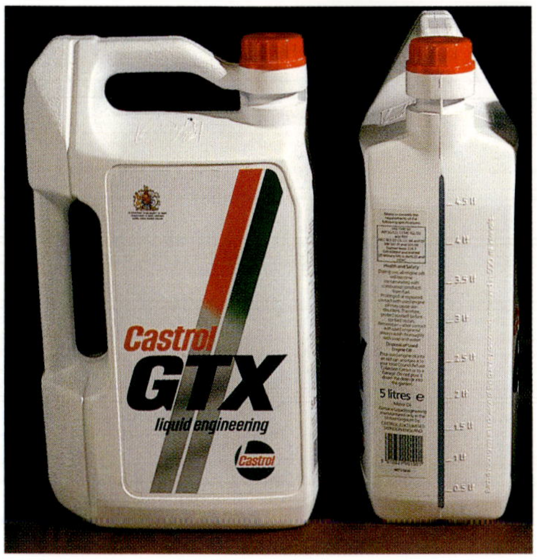

AUGUSTUS VERLAG AUGSBURG

CIP-Kurztitelaufnahme der Deutschen Bibliothek

Sonsino, Steven
Verpackungsdesign: wie Produkte ihre Hülle finden /
Steven Sonsino. [Übers. von Beate Gorman . . .]. –
Augsburg: Augustus-Verl., 1990
Einheitssacht.: Packaging Design ⟨dt.⟩
ISBN 3-8043-0113-4

Titel der englischen Originalausgabe:
Packaging Design

Zuerst veröffentlicht in Großbritannien 1990
von John Calmann and King Ltd, London

Übersetzung von Beate Gorman, Marl und Dr. Erika Rieger,
Klaus-Dieter Hartig, Darmstadt

Lektorat: Klaus-Dieter Hartig, Darmstadt
Gestaltung: Wade/Greenwood Design
Satz: Wagner GmbH, Nördlingen
Druck: Toppan Printing Company Ltd, Singapur

ISBN 3-8043-0113-4

Inhalt

Vorwort

Das Verpackungsdesign ist eines der interessantesten Gebiete in der Welt des Einzelhandels. Es ist interdisziplinär, betrifft viele Branchen und überschreitet viele Grenzen. Die ganze Arbeit, die in einen Verpackungsentwurf gesteckt wird, zielt auf den Augenblick, in dem der Konsument den verpackten Artikel sieht und erkennt. Die Verpackung spielt eine zentrale Rolle in der Werbung der Hersteller und kann allein durch die Wirkung ihres Designs den Verbraucher zum Kauf bewegen.

Obwohl es eine große Auswahl an gängigen Formen und Funktionen der Verpackungen gibt, ist die Aufgabe immer noch sehr subjektiv. Es muß umfangreiche Marktforschung betrieben werden, um sogar die Vorschläge der besten Designer zu testen. Ein Designer sollte nicht versuchen, seinen Entwurf an den Kunden zu bringen, ohne sich vorher mit objektiven Daten zu befassen. Denn kein Verbraucher ist wie der andere. Jeder verhält sich anders und erwartet andere Dinge von den Artikeln, die er kauft. Es kommt hinzu, daß der Konsument in verschiedenen Geschäften kauft, in denen unterschiedliche Aspekte der verkauften Artikel in den Vordergrund gestellt werden: niedrige Preise bei den Discountläden bis hin zur besonderen Qualität bei den hochklassigen Warenhäusern.

Das Buch behandelt vor allem die Verpackungen von Lebensmitteln und Getränken. Sie machen 90 Prozent des Marktes für Verpackungsdesign aus. Hinzu kommt, daß die meisten interessanten Entwicklungen der Branche in der kurzen Zeit ihres Bestehens im Bereich der Lebensmittel- und Getränkeverpakkungen erfolgten. Diese Neuerungen wirkten sich auch auf andere Formen der Verpackung aus. PET (Polyethylenterephthalat) revolutionierte die Verpackung von Getränken. Die Getränkedose aus Aluminium und Spraydosen erfahren immer noch technische Weiterentwicklungen, die der Designer verfolgen muß.

Das Verpackungsdesign bietet begabten Designern viele neue Möglichkeiten. Auf der einen Seite kommt es auf die verschiedenen Verpackungsmaterialien und -techniken an. An den Hochschulen rund um die Erde scheint man sich ganz auf die grafischen Aspekte des Designs, auf Zeichnen, Modellbau und Typographie, zu konzentrieren. Dies ist zwar wichtig, aber im Verpackungsdesign stecken viele weitere kreative Möglichkeiten. Wenn man dasselbe Design auf unterschiedliche Kunststoffilme druckt oder verschiedene Drucktechniken einsetzt, um die Entwürfe zu reproduzieren, können dem Käufer ganz neue Wirkungen und Bildeindrücke geboten werden. Der Designer kann diese Möglichkeiten nur durch die Untersuchung von Materialien und Verfahren gemeinsam mit Verpackungsspezialisten entdecken. Die Aspekte der Technologie und Technik werden nur zu leicht von jungen Designern, die gerade von der Hochschule kommen, übersehen, sogar wenn sie auf Verpackungsdesign spezialisiert sind. Die beiden Verpackungen, die mir persönlich am besten gefallen, sind die Coca-Cola-Dose, von der der Verpackungsdesigner viel lernen kann, und die zusammendrückbare Tomatenketchupflasche von Heinz. Beide Produkte sind erfolgreich und bringen hohe Umsätze. Angesichts ihres großen Erfolgs ist man sehr erstaunt, daß die Hersteller so selbstsicher waren, die Verpackung so oft und mit so großer Wirkung zu verändern. Ihr Erfolg ist jedoch kein Zufall. Er stellte sich auf der Basis solider Marktforschung ein. Eine wichtige Rolle spielten auch Werbe-

maßnahmen zum richtigen Zeitpunkt sowie die Kenntnis und der Einsatz neuester technischer Entwicklungen bei der Dosenherstellung und -abfüllung. Nicht alle Hersteller sind bereit, diesen Weg zu gehen. Diese Haltung kann aber zum Stillstand beim Design führen, wobei Abbildungen und Motive, Material und Verfahren immer gleich bleiben, Jahr ein, Jahr aus.
Eine weitere Beobachtung ist, daß die zur Zeit führenden multidisziplinären Verpackungsdesigner der Welt in den USA und in Westeuropa, besonders in Großbritannien, tätig sind. Natürlich gibt es erwähnenswerte Ausnahmen. Japanische Designer holen stark auf mit neuen und ausgefallenen technischen Lösungen, wie z. B. mit der Sakedose, die das Getränk kühlt, wenn ein spezieller Ring eingedrückt oder gezogen wird. Deutsche Designer besitzen offensichtlich gute Kenntnisse der technischen Verfahren, die bei der Verpackung eingesetzt werden, und nutzen diese für ihre Designarbeit. Dies ist vielleicht nicht überraschend, wenn man bedenkt, daß es in der deutschen Verpackungsindustrie große Hersteller von Verpackungsmaschinen wie Bosch und Windmöller und Hölscher gibt.
Die französischen Designer haben sich in den letzten Jahren bei der Verpackung frischer Nahrungsmittel ausgezeichnet. Die Verpackungs- und Frischhaltetechnik für französische Salate ist dort seit mehreren Jahren sehr erfolgreich.

Vielleicht wird die Bedeutung des Verpackungsdesigns in naher Zukunft in der ganzen Welt zunehmen, besonders durch die Eröffnung neuer und erweiterter Absatzmöglichkeiten auf dem europäischen Binnenmarkt nach 1992.
Wie in vielen anderen Branchen werden die erfolgversprechenden Märkte der Zukunft in den Entwicklungsländern liegen. Südamerika und der Pazifische Raum bieten dem Designer von heute Gelegenheiten ohnegleichen. Themen wie die Einführung eines Markenartikels über Nationalgrenzen hinweg und Probleme der Produktdistribution im nächsten Jahrhundert sollten einen hohen Stellenwert im Studienplan heutiger Verpackungsdesignstudenten haben.

Anmerkungen

Ein Projekt wie dieses hätte nicht ohne die Hilfe und Tatkraft vieler Personen unternommen werden können. Zuerst möchte ich Pauline Covell vom Institute of Packaging danken, die mich in die Welt des Verpackungsdesigns einführte. Ich möchte auch meiner Lektorin bei John Calmann and King, Elizabeth Thussu, danken, sowie dem Designteam von Mike Wade und Nick Greenwood für die innovative Arbeit. Ich bin auch den vielen Verpackungsdesignagenturen und Herstellern in den USA und in Europa zu Dank verpflichtet, die uns mit den besten Beispielen ihrer Arbeit versorgten. Ebenfalls danke ich Jeremy Horner für sein Foto.

Einleitung

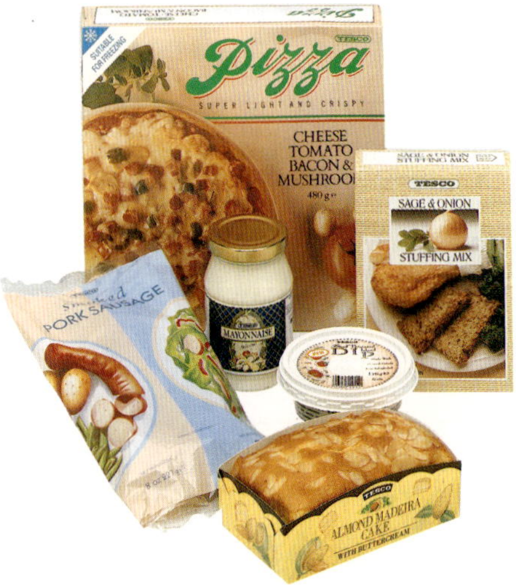

Die enorme Vielfalt der Materialien, die dem modernen Designer zur Verfügung stehen – vom herkömmlichen Glas und Karton bis hin zu neueren Entwicklungen wie Polystyrolbehälter und Kunststoffilme-, machen das Verpackungsdesign zu einem der aufregendsten Aspekte der Einzelhandelswelt, sogar im Handelsmarkensektor, aus dem Beispiele von Produkten der britischen Ladenketten Tesco und Marks and Spencer gezeigt werden. (Foto: Wolff Olins)

Die wichtigste Funktion der Verpackung ist die Aufbewahrung und der Schutz des Produktes, das sie enthält. Aber in einer sich verändernden Gesellschaft muß sie zunehmend eine komplexere Aufgabe erfüllen. Die Verpackung muß heute als Teil des wettbewerbsstarken Marketings und der Werbung funktionieren. In den heutigen Selbstbedienungsläden muß die Verpackung die Produkte, die sie enthält, verkaufen. Nach Marktforschung, Werbung und Verteilung landet das Produkt in den Regalen. Der letzte Schritt, vom Regal in den Einkaufskorb, wird wesentlich von der Verpackung des Produktes beeinflußt.

Das sich verändernde Gesicht des Einzelhandels

Der Verkauf an den Konsumenten ist keine persönliche Wechselbeziehung über die Ladentheke mehr. Bevor es Supermärkte gab, wurden Nahrungsmittel einzeln und unverpackt abgewogen und in praktisches, einfaches, braunes Papier gewickelt. Die meisten Produkte, die man im Supermarkt findet, sind bereits verpackt. Selbstbedienung bedeutete eine Übertragung der Rolle der Kundeninformation vom Verkäufer auf die Werbung, die sich auf der Packung selbst befindet. Durch den Wettbewerbsdruck hat die Produktverpackung mehr als je zuvor große Bedeutung erlangt. Um den Kunden anzusprechen, muß sie eine einzigartige Verkaufsbotschaft verbreiten, die für das Produkt im Innern wirbt, aber gleichzeitig informativ ist. Der Kampf darum, im Einkaufskorb das erste Produkt zu sein, hat sich zu einem großangelegten Marketingkrieg ausgewachsen, denn obwohl die Zeit des Käufers geringer wurde, hat sich die Zahl der Produkte in den Regalen verzehnfacht.

Wenn man an die überwältigende Auswahl in einem typischen Supermarkt denkt und an die fehlende Zeit zur Erledigung der Einkäufe, dann muß die Packung auf der Stelle mitteilen, was sie enthält, und zwar mit geeigneten, leicht zu lesenden Texten und einfachen Bildern. Zudem muß sie eine Führungsposition in ihrem Sektor zeigen und gut zum Gesamtimage des Herstellers passen. Die Packung muß auch mit anderen möglichen Marketingaktivitäten – der Fernseh- oder Zeitschriftenwerbung beispielsweise – übereinstimmen. Wenn ein Kosmetikhersteller mit dem Image hoher Qualität eines Parfümproduktes wirbt, ist eine hochwertige Verpakkung entscheidend.

Das Einkaufen in Supermärkten und Großmärkten hat den Käufern in allen Bereichen – angefangen bei Elektroartikeln und weißen Waren über Heimwerkerartikel bis hin zu den Bereichen Essen und Trinken – eine ungeheure Auswahl an Produkten und Materialien beschert. Der Trend hin zu besserer Lebensqualität in der westlichen Welt betont Präsentation und Preiswürdigkeit immer stärker. Die amerikanische Agentur Mittleman/Robinson Design Associates erklärt: »Verpackung ist von entscheidender Bedeutung. Sie ist der stille Verkäufer.

Sie ist das Letzte, was der Käufer sieht, bevor er eine Kaufentscheidung trifft.« Eine andere amerikanische Beraterfirma für Design, Lister Butler, bestätigt dies und fügt hinzu, daß die Verpackung das andere Ich des Produktes sei: »Ohne seine Verpackung existiert ein Produkt nicht.«

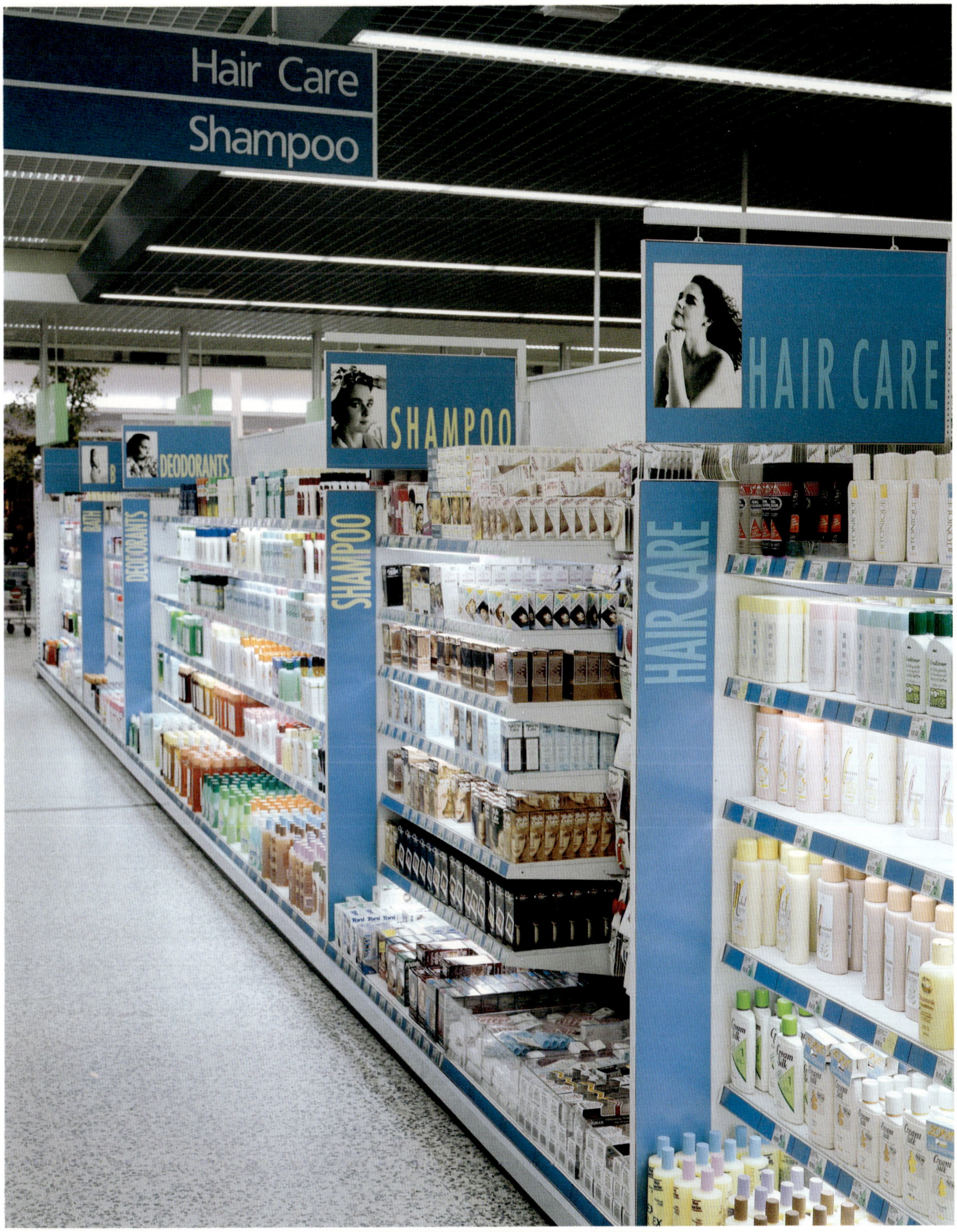

Die riesige Auswahl von Produkten in dem Ladenregal bedeutet, daß an das Verpackungsdesign immer größere Anfordnungen gestellt werden. Sehr hart umkämpft ist der Markt für Haarpflegemittel, auf dem große Markennamen gegen Handelsmarken konkurrieren, wie in diesem ASDA-Supermarkt in Watford (Großbritannien) zu sehen ist. (Foto: Fitch RS)

Verpackung und sozialer Wandel

In vielen westlichen Familien arbeiten heute beide Elternteile, und aus dem wöchentlichen Besuch im Laden ist ein monatlicher Besuch geworden. In Frankreich ist der Aufstieg von riesigen Großmärkten wie Carrefour charakteristisch für diesen Trend. Zusätzlich haben Tiefkühltruhen und Mikrowellengeräte in noch mehr Heimen Einzug gefunden, was besondere Anforderungen an die Verpackung stellt. Veränderungen in der Gesellschaft haben ebenfalls ihren Einfluß: die Größe der Durchschnittsfamilie hat sich geändert, was zu einem Trend zu mehr Einzelportionen führt, während Zeitnot vollständige Fertiggerichte hervorgebracht hat. Die Verfügbarkeit von Kunststoffen für Verpackungszwecke hat die Produktion von Menüschalen für Fertiggerichte ermöglicht.

Das zunehmende Durchschnittsalter der Bevölkerung in der westlichen Welt, die größer werdende Zahl von jungen Leuten, die von zu Hause wegziehen, und die hohe Scheidungsrate haben zu der kleineren Familieneinheit geführt. Einzel- und Familienpackungen konkurrieren also jetzt um denselben wertvollen Platz in den Regalen. Größe und Form sind für den Verpackungsdesigner wichtiger als jemals zuvor.

Merkmale der Konsumenten

Untersuchungen haben die zunehmende Bedeutung von drei Verbrauchertypen gezeigt. Eine wachsende Mehrheit bilden jene Käufer, die nur für den Lebensunterhalt einkaufen. Ihre Einkaufsmuster und ihr Verhalten spiegeln ihre relative Armut wider. Zu ihnen zählen viele alte Menschen und die Arbeitslosen. Ihre Einkäufe umfassen fast ausschließlich den Grundbedarf des täglichen Lebens wie Nahrungsmittel, Kleidung und Wohnung. Für diese Menschen geht es besonders darum, daß die Waren billig sind, und nicht so sehr um die Qualität. Die Verpackung spielt eine wichtige Rolle, wenn der niedrige Preis dargestellt werden soll. Grafiken, Transparente und werbewirksame Doppelpackungen, die den reduzierten Preis mitteilen, können Waren fast mühelos verkaufen.

Die Veränderungen in der Familienstruktur bedeuten, daß Zeit für die Zubereitung von Mahlzeiten verloren ging. Gefördert durch den Verkauf von Mikrowellenherden und Tiefkühltruhen führte dies zu einer größeren Nachfrage nach Portionspackungen und Fertiggerichten. Beispiele sind die Pakkungen der britischen Firma Tesco (Design von David Davies Associates) und die amerikanische Marke Mrs. Paul's (Design von Lister Butler).

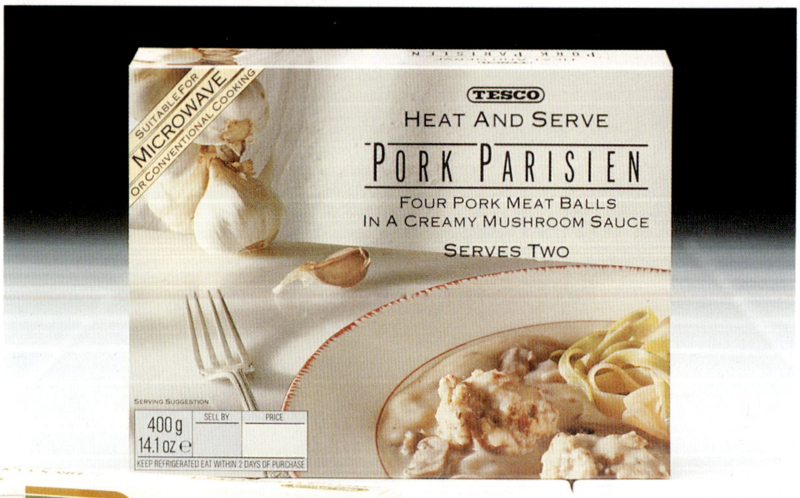

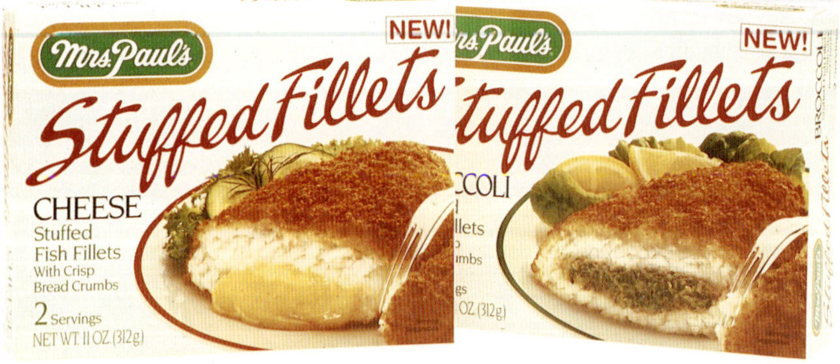

Zur zweiten Gruppe gehören Konsumenten mit Unterscheidungsvermögen, die kritisch sind und die Qualität an die erste Stelle setzen, selbst in Zeiten der Rezession. Für diese Käuferschicht ist die Organisation, die die Güter verkauft so wichtig wie die Produkte selbst. Die Verpackung hat keinen direkten Einfluß, aber sie kann den Einzelhandel, der die Waren verkauft, beeinflussen. Das britische Unternehmen Harrods oder das amerikanische Kaufhaus Bloomingdale's beispielsweise, die allgemein als Lieferanten erstklassiger Güter für die Wohlhabenden gelten, weisen eine Produktlinie eventuell zurück, wenn die Verpackung nicht ihrem Image hoher Qualität entspricht. Zu den anderen wichtigen Faktoren für diese kritische Käufergruppe zählt die soziale Verantwortung des Einzelhändlers. Eine immer größer werdende Zahl von Komsumenten kauft beispielweise keine Waren aus Südafrika mehr. Und eine große Zahl von Käufern ist bereit, mehr für ein Produkt auszugeben, wenn es ökologisch unbedenklich ist. Der Sturm der Entrüstung über FCKW-Treibmittel in Spraydosen in den späten achtziger Jahren ist ein überzeugendes Beispiel. (Dies wird in Kap. 3.4 detaillierter diskutiert.) In dieser Kategorie erhielten die Märkte für Glasflaschen und Glasbehälter ebenfalls große Hilfe durch die Einführung von Recycling-Projekten wie Altglas-Sammelstellen in Großbritannien und Italien. In Italien sind die Sammelcontainer glokkenförmig und heißen daher »campagnello«. In Skandinavien und in letzter Zeit auch in Großbritannien wurden Automaten in Einkaufszentren eingeführt, die Getränkedosen aus Weißblech aufnehmen. Die Konsumenten geben einfach ihre gebrauchten Dosen in die Öffnung der Automaten. Heute können auch Kunststoffflaschen in das Recycling-Verfahren einbezogen werden. Politiker sind eifrig darauf bedacht, grüne Stimmen für sich zu gewinnen – in der Bundesrepublik Deutschland ist die Partei der Grünen bereits im Bundestag vertreten. Naturschutz und Recycling sind also zu sehr wichtigen Fragen geworden.

Es sind jedoch nicht nur die kritischen Käufer, die sich über den ökologischen Aspekt der Verpakkung Gedanken machen. Auch das Problembewußtsein der Allgemeinheit wächst: Bedenken wegen Produktsicherheit und Umwelt üben Druck auf die Hersteller aus, ihre Produktion zu begrenzen oder Produkte einzuführen, in denen nur wiederverwertbare oder biologisch abbaubare Materialien Verwendung finden.

Die Gruppe der Genießer neigt dazu, die wirtschaftliche Rezession zu ignorieren. Zu dieser Gruppe zählen Menschen aus sehr unterschiedlichen Gesellschaftsbereichen, die viel auf Kredit einkaufen und im großen und ganzen Markttrends nicht beachten. Sie kaufen einfach das, wonach ihnen zur Zeit der Sinn steht. Weil es viel zu schwierig ist, vorauszusagen, wie diese Käufer auf Verpackung oder Werbung reagieren, sollten Designer diese Gruppe etwa so betrachten wie Politiker die Wechselwähler.

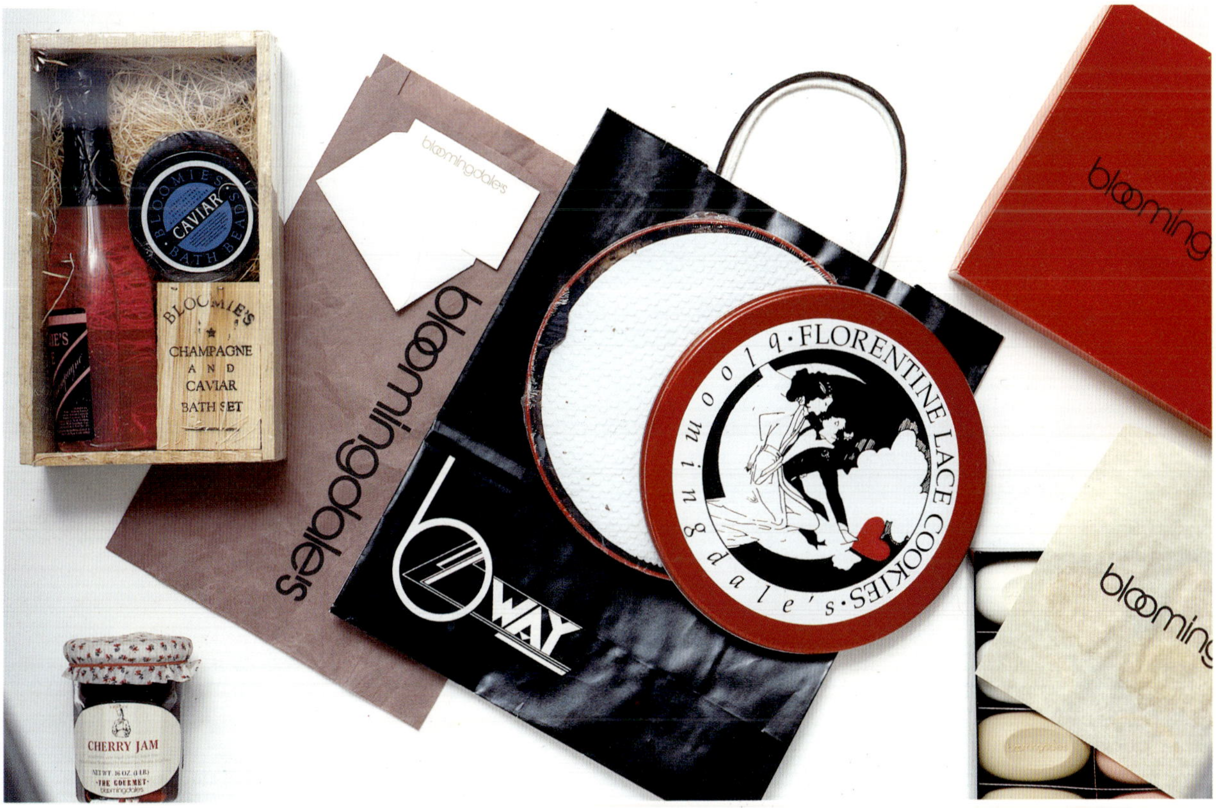

Manche Konsumenten werden mehr vom Prestige eines Einzelhandelsunternehmens als von den Produkten selbst beeinflußt. Zum Beispiel Käufer bei Bloomingdale's in den USA und bei Harrods in Großbritannien erwarten, daß die Verpackung eine hohe Qualität erreicht und einen entsprechenden Status reflektiert. Hier ist die Unternehmensidentität in einer Auswahl von Verpackungen präsent. (Foto: Wolff Olinc)

Verpackungsdesign heute

Die Verpackung ist durch die hohe Geschwindigkeit der Entwicklung des grafischen Designs und der Technologie von Materialien zu einem der aufregendsten und herausforderndsten Bereiche in der Designwelt geworden. Der Fortschritt schafft ständig neue Möglichkeiten in Form von Design und der Verwendung von Materialien. Wie in der Vergangenheit steht der Bedarf an einfallsreichem Verpackungsdesign – die Verwendung von Farbe, Schrift, Bildern und Logos – im Mittelpunkt des Designerberufes. Heute müssen moderne Verpackungsdesigner jedoch auch mit den Möglichkeiten – und den Beschränkungen – der vielen neuen Verfahren und Materialien, die entwickelt werden, Schritt halten. In den USA war beispielweise in neuester Zeit die Entwicklung der Tomatenketchup-Flasche aus Kunststoff, die sich zusammendrücken läßt, ein Wendepunkt. Diese Flasche widersteht den natürlichen Säuren in der Soße und verhindert das Eintreten des schädlichen Gases, des Sauerstoffs. Außerdem gibt es eine ganze Reihe von neuen laminierten und metallisierten Filmen, unter anderem für die Verpackung von trockengerösteten Snacks, und besondere Druckverfahren und Farben, die die neuen Materialien ergänzen.

Der innovative Verpackungsdesigner kann heute aus einer großen Anzahl von Materialien wählen – angefangen bei den traditionellen Produkten, die auf Pappe und Glas basieren, bis hin zu Kunststoffen und Kombinationen aus Kunststoffen, Papier und Folie. Die besten Lösungen sind immer überraschend, niemals langweilig.

Das beste Material für das Image eines Produktes ist jedoch nicht immer das beste für seinen Schutz. Die ganze Welt des Verpackungsdesigns basiert auf einem Kompromiß zwischen diesen beiden Faktoren. Mit anderen Worten: Es gibt immer einen Kompromiß zwischen den praktischen Erwägungen und dem, was auf der grafischen Seite möglich ist oder nicht.

Die Information

Die Aufgabe der Verpackung, zu informieren, ist zu einem wichtigen Bestandteil des Designs geworden. Etiketten und Beschriftungen mit Hinweisen zur Ernährung sind nur ein Beispiel für die komplexen gesetzlichen Vorschriften, mit denen ein Designer sich auseinandersetzen muß. Der allgegenwärtige Strichcode ist ein anderes. Derartige Beschränkungen können jedoch sehr kreativ genutzt werden. Vor einiger Zeit nutzte ein Designer den Strichcode, der normalerweise als Problem gilt: Er verwandelte die dünnen Streifen des Codes in Röhricht, fügte Enten und Wasserlilien hinzu und gliederte sie so in den Gesamtentwurf des Etiketts einer Whiskyflasche ein.

Zum Vorteil der Einzelhändler und Vertreiber sollte die Verpackung gewisse Standardinformationen bieten, zum Beispiel zu welcher Warensendung sie gehört, Zielort und Einzelheiten, die von den Gesetzen des Ziellandes gefordert werden. Und schließlich muß sie, um alle Verbraucher zufrieden zu stellen, den Inhalt wirkungsvoll schützen und eine Gebrauchsanweisung liefern. Die Designer einer Verpackung müssen also den gesamten Lebenszyklus im Auge behalten – angefangen beim Werbekonzept bis hin zur praktischen Anwendbarkeit beim Transport, beim Verladen in Container, bei der Lagerung und beim Display, sowie bei allen Einzelheiten des Endverbrauchs.

Eine der bedeutendsten Neuerungen der vergangenen Jahre war die Entwicklung der undurchlässigen Kunststofftasche durch Unternehmen wie American Can und CMB, vormals Metal Box. Dies ermöglichte es, verderbliche, aber aggressive Produkte wie Ketchup, Senf und Marmelade in praktischen, drückbaren Behältern abzufüllen, die oft eine Haltbarkeit bis zu einem Jahr haben. Hier wird die erfolgreiche Markenidentität von Heinz in einer Handelsmarkenversion nachgeahmt. (Foto: Wolff Olins)

Neue Techniken

Der Trend hin zu gesunder Ernährungs- und Lebensweise im Westen hat der Verpackung in einer Schlacht, die verloren geglaubt war, eine neue Chance gegeben: frische Erzeugnisse stehen haltbar gemachten Lebensmitteln gegenüber. Die Sorge um Zusätze hat dazu geführt, daß verarbeitete Produkte als weniger attraktiv erscheinen, während neue Verpackungstechniken, beispielsweise die Verpackung in modifizierter und kontrollierter Atmosphäre, dazu beitragen können, die Haltbarkeit der frischen Erzeugnisse zu verlängern.

Die Verpackung von Fleisch, Fisch, frischen Teigwaren, Gemüse und Obst könnte nicht einfacher sein. Die Güter werden einfach in einen tiefen Behälter aus Polyvinylchlorid (PVC) gegeben, eine Mischung aus Gasen einschließlich Sauerstoff und Kohlendioxid wird darüber geblasen, und die Packung wird mit einem durchlässigen PVC-Film versiegelt, der es der Nahrung gestattet, zu atmen. Erdbeeren sind so eine Woche bis zu zehn Tagen haltbar, im Gegensatz zu den drei oder vier Tagen, die sie ohne dieses Verfahren überstehen würden. Zu Anfang konnten die Designer mit diesen völlig transparenten Verpakkungen nicht viel anfangen, aber jetzt dekorieren große Unternehmen sie, indem sie PVC-Lagen des versiegelnden Deckels bedrucken. Es gibt allerdings Hinweise, daß diese Form der Verpackung von frischen Lebensmitteln zu der Entwicklung von Listerien führen könnte, eine schwere Form von Nahrungsmittelvergiftung.

Die Bestrahlung von Nahrungsmitteln ist ebenfalls eine neue Entwicklung zur Haltbarmachung, deren Akzeptanz jedoch von den Bedenken der Konsumenten gegen Strahlung abhängt. Zur Zeit scheint eine Angleichung von Großbritannien an das übrige Europa und die USA noch etwas entfernt. Die Bestrahlung, die durchgeführt wird, wenn die Ware verpackt ist, kann auch Auswirkungen auf die Verpackung haben. Glas verfärbt sich z. B. manchmal; bei der Behandlung bilden sich dunkle Flecken.

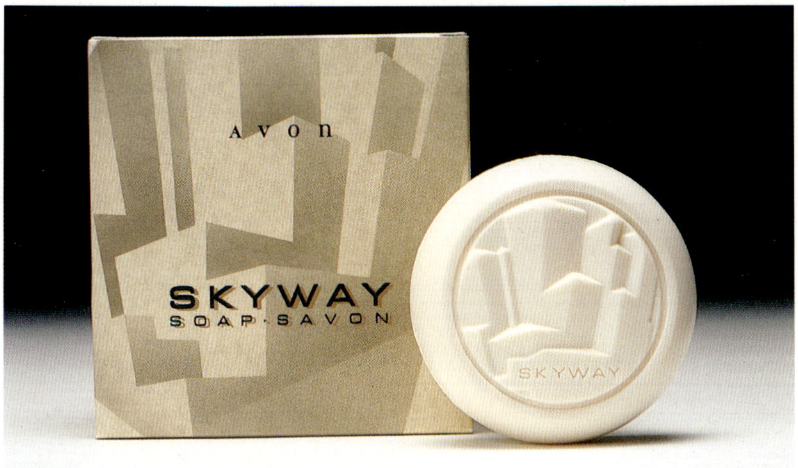

Das Verpackungsdesign sollte sich in vielen Fällen in der Formgebung auch auf das Produkt selbst erstrecken, besonders bei Erzeugnissen wie diesem Stück Seife von Skyway, das jeden Tag benutzt wird, nachdem die Schachtel weggeworfen wurde. Dies erinnert den Konsumenten an das einmalig geformte Wolkenkratzer-Design (Design von David Davies Associates) und veranlaßt ihn, das Produkt wieder zu kaufen, wenn er die Verpackung im Geschäft wiedererkennt.

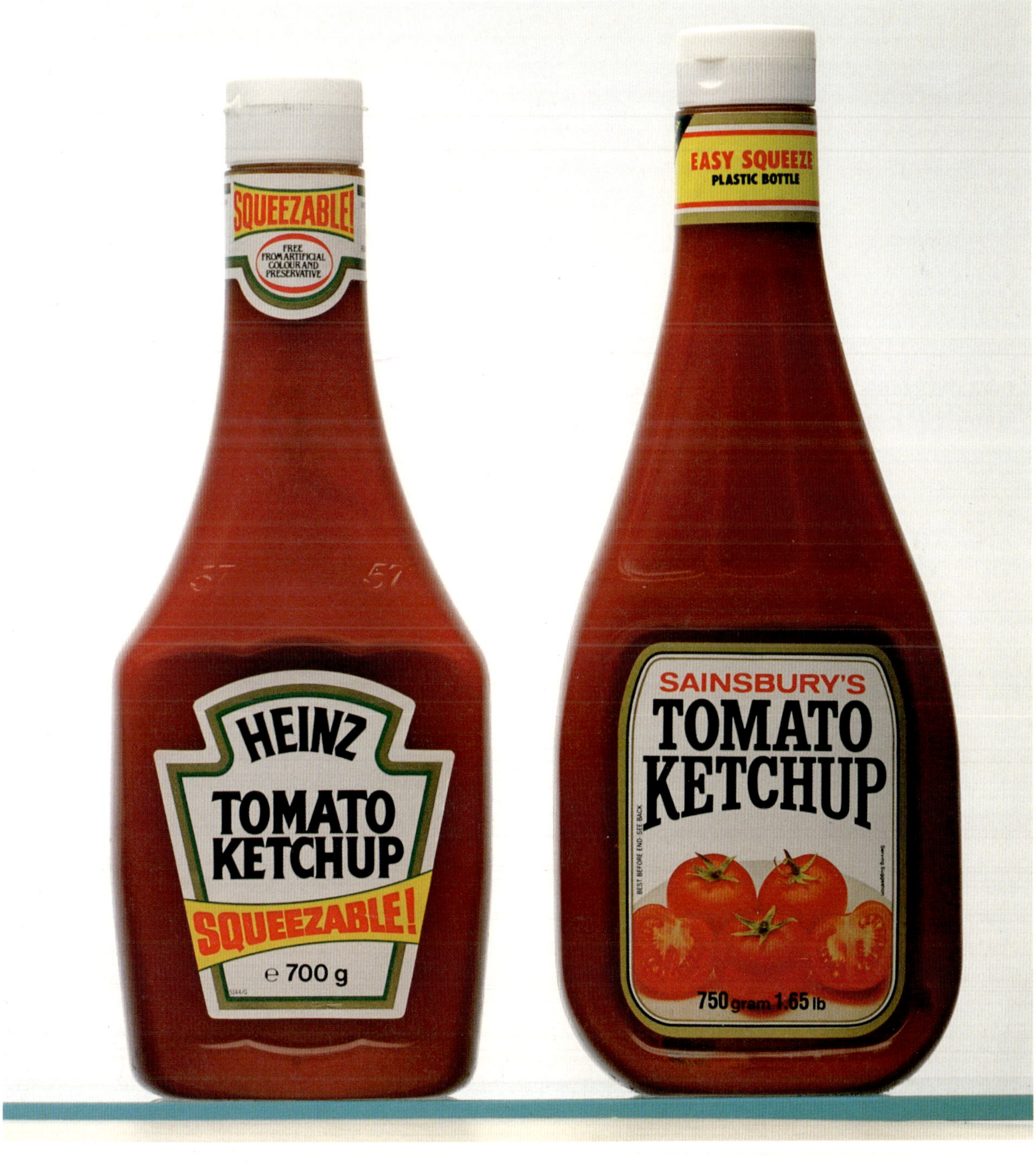

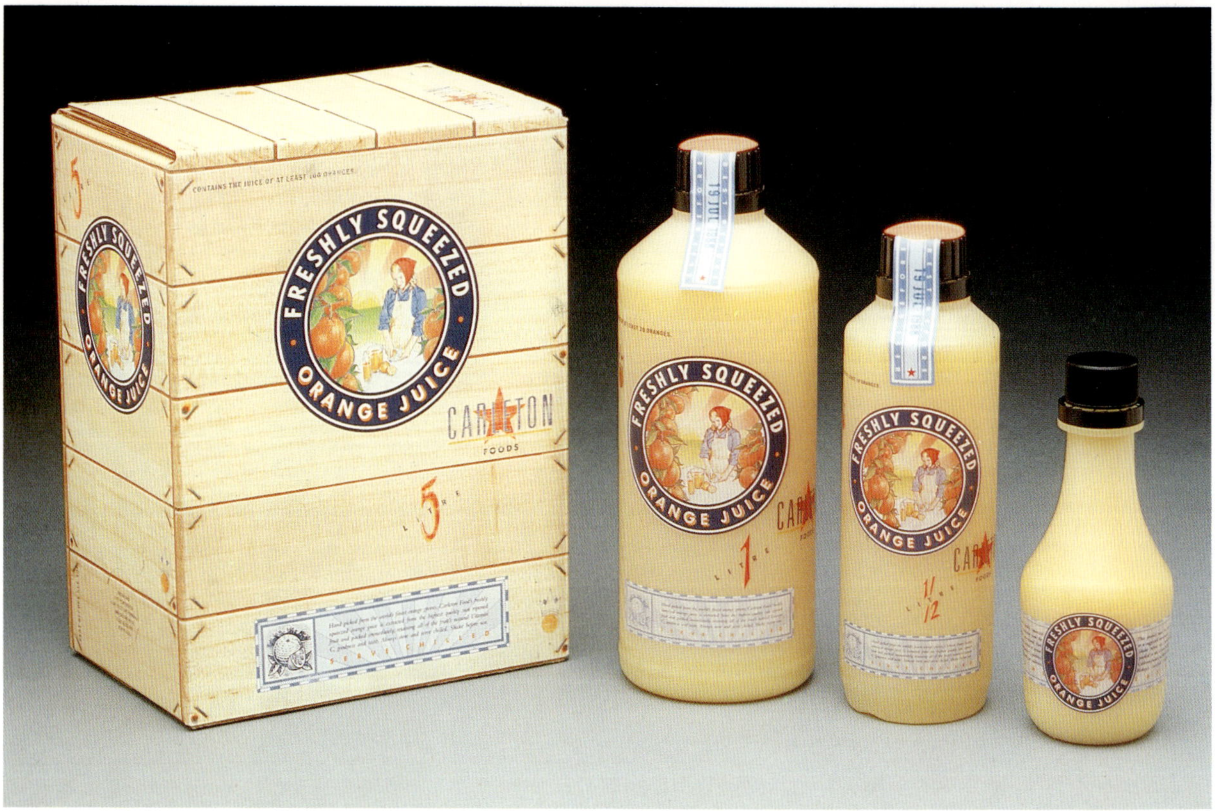

Neue Kunststoffmaterialien wie Polyvenylchlorid (PVC) und Polyethylenterephthalat (PET) haben die Designer in die Lage versetzt, Glas und Karton für die Verwirklichung neuer Ideen einzusetzen, wie den Schlauch in der Box, der zuerst nur für Wein benutzt wurde. Einige dieser Ideen wurden in den Entwürfen der Michael Peters Group für frisch gepreßten Orangensaft von Carleton verewigt.

Zukünftige Entwicklungen

Egal welche Verarbeitungsweise, neu oder alt, und egal welche Verpackung – der Käufer verlangt heute frischere und praktischere Lebensmittel und eine haltbare, aber leichtere Verpackung. Dies macht entweder die Entwicklung neuer Kunststoffe erforderlich oder die Verbesserung der Materialien, die schon auf dem Markt sind. Verpackungsdesigner müssen diese Entwicklungen und Veränderungen im Auge behalten.

Neue Behälter aus Kunststoffen, die in den vergangenen Jahren entworfen und entwickelt wurden, haben die Form der konventionellen Verpackung verändert. Die blasgeformte Flasche aus Polyethylenterephthalat (PET) und inzwischen auch die Getränkedose, der Behälter und die Spraydose aus PET sind bezeichnende Beispiele. Die Getränkeschläuche in Kartons sind ein weiteres Beispiel; ursprünglich wurden sie nur für Wein verwendet, dienen heute aber auch der Verpackung von Fruchtsäften, medizinischen Flüssigkeiten und sogar von Blut und Serum.

Was die Form betrifft, sind Kunststoffe extrem vielseitig, wenn auch in einigen Anwendungsbereichen teuer. Kunststoffe lassen sich auf vielerlei Art formen und passen sich so einer fast unendlichen Zahl von Entwürfen an. Aber es ist für den Designprozeß sicherlich hilfreich, die Festigkeit und Belastbarkeit von Kunststoffen zu verstehen. Selbst die Erfolgsgeschichte der Verpackung in den letzten zwanzig Jahren hat ihre Grenzen.

Glas

Aufgrund des Erfolges von Kunststoffen gab es bei den Glasverpackungen in den letzten Jahren weniger Neuentwicklungen. Aber mit der Gründung eines internationalen Konsortiums, das den phantasielosen Namen »International Partners in Glass Research« (IPGR) trägt, scheinen die Dinge in Bewegung zu geraten. Zu der Gruppe gehören Experten der Hersteller und Designer von Emhart Machinery Corp. aus den USA, des britischen Unternehmens Rockware Glass und der westdeutschen Firma Weigand Glas.

Glas war schon immer wichtig für die Verpackung von Gebrauchsgegenständen, aber in letzter Zeit erlangte es größere Bedeutung als Vermittler eines Images von hoher Qualität. Glasverpackungen nutzen auch einen anderen Aspekt des Formdesigns: das Etikett. Hierbei spielen Form und Position eine entscheidende Rolle.

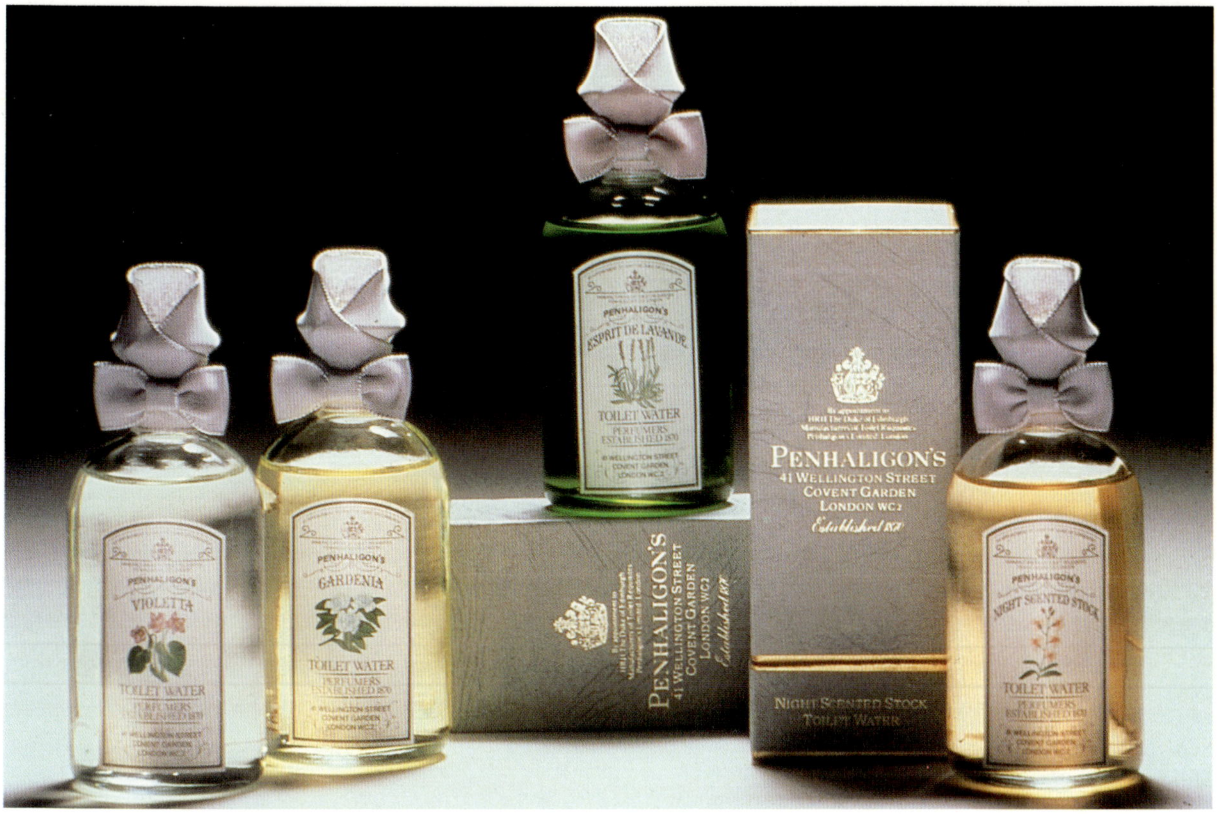

Glas – ursprünglich ein Gefäß für flüssige Gebrauchsartikel und Puder – wurde inzwischen ein Symbol für hohe Qualität. In diesem Sortiment von Kosmetika des Herstellers Penhaligon wurden Standardflaschen mit Bändern und hochwertigen Etiketten dekoriert, um die Vorzüglichkeit der Produktreihe zu betonen. (Design von Michael Peters Group)

Egal worauf Imagedesigner mit den herkömmlichen grafischen Mitteln abzielen, es kommt fast immer zu einem Kompromiß mit dem, was auf der technischen oder drucktechnischen Seite möglich oder praktikabel ist. Designer sollten daran denken, daß die beste Verpackung zur Aufbewahrung und zum Schutz eines Produktes nicht unbedingt geeignet ist, es verkaufsfördernd zu präsentieren.

Neue Materialien

Andere neue Materialien, beispielsweise laminierte und mischextrudierte Kunststoffe und Papierfilme gestalten zusammen mit neuen Druckprozessen die Aufgabe des Designers aufregender. Zum Beispiel erreicht der Flexodruck für Produkte mit geringer Auflage fast die hohe Qualität der Gravüre. Hologramme, die aus Kunststoffilmen und -folien hergestellt werden, haben sich auch auf Packungen, besonders Schachteln, in Verkaufspunkt-Displays durchgesetzt.

Ein Spaziergang durch die Supermärkte ist eine gute Möglichkeit, sich einen Überblick über die sich ändernden Trends im Verpackungsdesign zu verschaffen, und auch, um die weltbesten Designer auf die Probe zu stellen, denn Verpackung ist ein internationales Geschäft. Die Hauptakteure in der Industrie sind wahrscheinlich die multinationalen Konzerne und Designhäuser mit Büros in den USA, London und Kontinentaleuropa, da sich die Grenzen zwischen dem internationalen Handel immer weiter auflösen.

Natürlich ist immer noch viel Platz für das kleine, flexible Designhaus, das in der Lage ist, sich vielleicht in ausgefalleneren Aspekte von Design und Verpackung zu spezialisieren. Beide sollten in der Lage sein, nebeneinander zu bestehen.

Vor nicht allzu langer Zeit war die Verpackung ein nachträglicher, wenn auch notwendiger Einfall, um zu verhindern, daß Produkte beschädigt werden, und um sie frisch und sauber zu halten. Heute dagegen ist die Verpackung als Verkaufs- und Marketingwerkzeug sehr wichtig. Sie gewinnt bei den Prioritäten der Einzelhändler und Hersteller ständig an Gewicht.

Fallstudie: Auszeichnungen

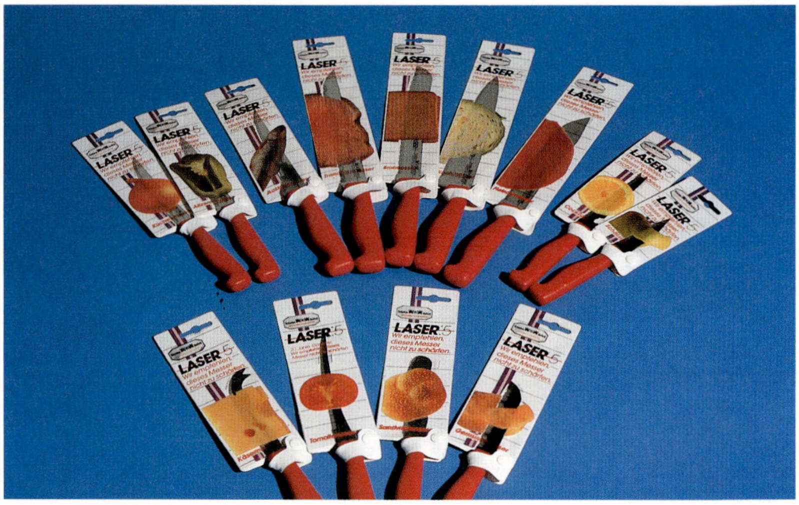

Die vielleicht angesehensten Auszeichnungen in der Welt des Verpackungsdesigns werden jedes Jahr durch die World Packaging Organization mit ihren sogenannten Worldstar-Auszeichnungen vergeben. Verpackungen aus aller Welt werden sowohl unter technischen, als auch unter Gestaltungs-Kriterien in die engere Wahl gezogen. Auf die, vom Standpunkt des Verbrauchers und des Versands besten Verpackungen, wird man dadurch aufmerksam. Verpackungen von jedem Land treten in getrennte Vorausscheidungen ein, um zu ermitteln, welche zum Worldstar-Wettbewerb zugelassen werden.

In Großbritannien werden diese Vorausscheidungen, bekannt als Starpack-Auszeichnungen, von einer der aktivsten Organisationen zur Förderung des Designs in Europa durchgeführt, dem Institute of Packaging (IoP). Vorschläge können von den Designern selbst, von Verpackungsherstellern oder von Endverbrauchern gemacht werden; jedoch müssen sich die Verpackungen in der kommerziellen Produktion befinden. Muster und Prototypen sind nicht wählbar. Vom IoP wird eine Reihe von strengen Wertungsdurchgängen organisiert, an denen unabhängige Sachverständige aus der Designindustrie und von den bedeutendsten Verpackungsnutzern, wie ICI, Konfekthersteller Mars und Electrolux, beteiligt sind. Diese erfahrenen Verpackungsdesigner und -nutzer bewerten sehr spezifische Aspekte der verschiedenen Verpackungen; das reicht von zu erwartenden Schutz- und Konservierungseigenschaften bis zum Erscheinungsbild im Verkauf, grafischen Design und zur Produktionsqualität. Leichtigkeit der Handhabung und wirtschaftlicher Materialverbrauch sind auch Faktoren, die auf der Bewertungsliste weit oben stehen.

Das Programm von Starpack umfaßte 1989 mehr als 400 Vorschläge, von denen nur zwei für würdig gehalten wurden, den begehrten Gold Star zu erhalten. Der eine wurde an eine Verpackung von Küchenmessern aus Edelstahl vergeben, die unter dem Namen Laser vermarktet werden. Die mehrfach verschweißten PVC-Verpackungen von Thomas Ashton aus Sheffield verbanden, was das Sachverständigengremium »wirkliche Gebrauchstauglichkeit« nannte, mit besonderer optischer Wirkung. Mit dem Handgriff außerhalb der Verpackung ist der Verbraucher in der Lage das Gefühl und die Handlichkeit des Messers zu prüfen, ohne durch eine schlecht gesicherte Schneide in Gefahr zu geraten, da die Schweißnähte die Schneide sicher an ihrem Platz halten. Der andere Gold Star wurde auch für eine technische Neuheit vergeben. Die Rocep Pressure Packs aus Schottland, bequeme Spenderbehälter für einen großen Bereich viskoser Produkte, zeigten eine sehr gut handhabbare Verpackung. Der Kommentar der Sachverständigen lautete, daß die Verpackung einfache Handhabung, Kontrolle durch Fingerdruck, einstellbare Abgabemengen und genaue Anwendung des Produkts miteinander verbindet.

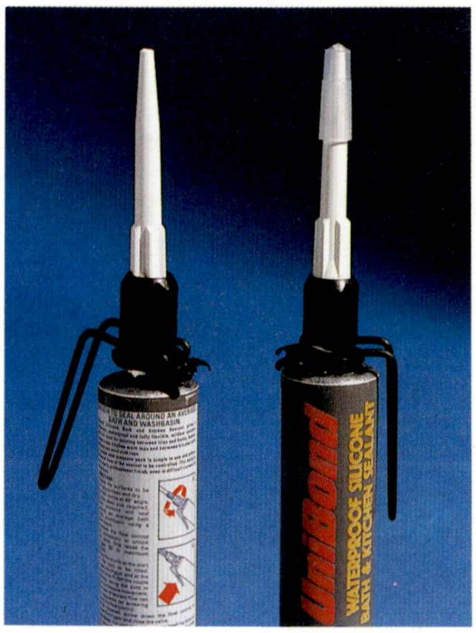

Einer von fünf Silver Stars wurde zusammen mit einer Auszeichnung vom britischen Plastics and Rubber Institute an den Grasshopper-Behälter für Gartenprodukte von ICI vergeben. In diesem blasgeformten 5 l-Kanister aus Polyethylen hoher Dichte wird nicht nur das neueste Produkt von ICI, ein Granulat für Rasenflächen, aufbewahrt, sondern es hat auch spezielle Vertiefungen, in denen ein Spenderrohr und ein Sprühkopf Platz finden. Ein Silver Star wurde auch an einen anderen Kunststoffbehälter vergeben, den 5 l-Kanister für Castrol GTX Motoröl von Blowmocan. Die Verpackung hat zwei Handgriffe: einen zum Tragen und den zweiten, an der Seite, zum Ausgießen. Dieser zweite Handgriff hilft auch dem Einzelhandel, da er dazu benutzt werden kann, den Kanister aus dem Ladenregal zu nehmen. Deshalb ist über den Behältern kein Freiraum nötig; dadurch kann eine bessere Regalgestaltung erreicht werden. Darüber hinaus hilft der klare, mit Volumenangabe versehene Streifen an der Seite dem Benutzer abzuschätzen, wieviel Öl in den Motor gegossen wurde. Etiketten, die über die ganze Fläche gehen, verbessern das Erscheinungsbild im Regal.

Die Reihe von mehrfach verschweißten PVC-Verpackungen – auf der anderen Seite – verbindet wirkliche Gebrauchstauglichkeit mit besonderer optischer Wirkung (Gold Star, 1989).

Die Rocep Pressure Pack – oben – erlaubt es dem Verbraucher, hochviskose Produkte wie Dichtungsmittel, Klebstoffe und Harze mühelos ohne Verschütten anzuwenden (Gold Star, 1989).

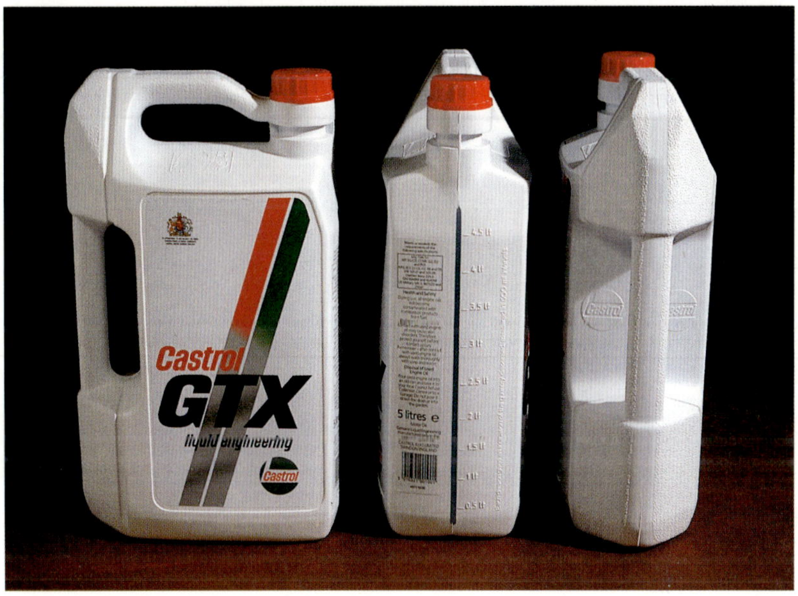

Ein Bereich mit doppeltem Hals an diesem 5 l-Kanister aus PE-HD erlaubt es der Luft, aus der Ausgußöffnung in den hohlen Handgriff zu entweichen, was das Verschütten verhindert (Silver Star und Auszeichnung der British Plastics Federation, 1989).

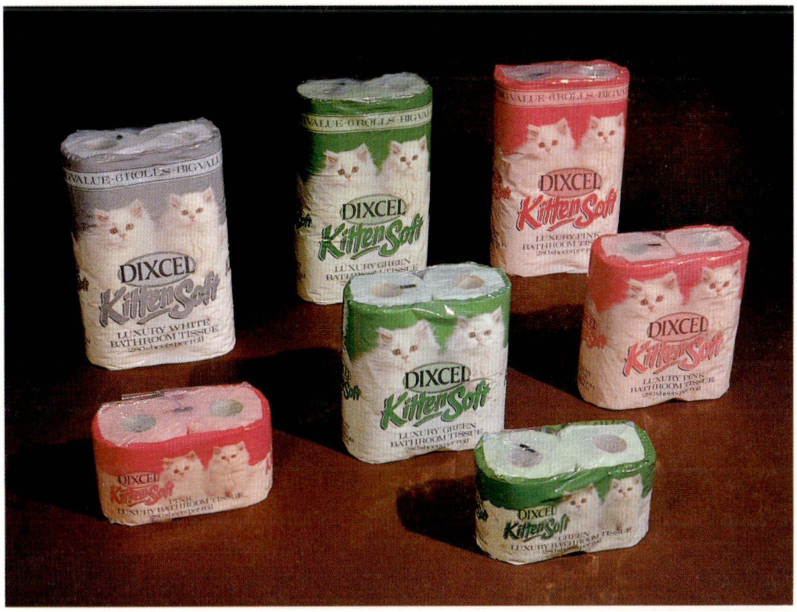

Die Auszeichnung der European Flexographic Technical Association (EFTA), verbunden mit einem Silver Star, wurde an das Sortiment der Dixcal-Toilettenpapiere der Firma Metal Closures Venus Packaging vergeben. Die durchsichtige Verpackung aus Polyethylen mittlerer Dichte verursachte beim Bedrucken der Innenseite im Flexodruckverfahren große Schwierigkeiten. Eine Strichzeichnung wurde durch eine fotografische Illustration von zwei weißen Kätzchen ersetzt. Die Entwicklungskosten und die Kosten für das Einführen spezieller Öffnungslaschen zu einem späteren Zeitpunkt sind annähernd 50 Prozent niedriger als die Ausgaben für Normalbeschriftung (Silver Star und EFTA-Auszeichnung, 1989).

(Fotos: Institute of Packaging)

1.1 Der Verpackungsdesigner

Nachdem wir gesehen haben, daß die Verpackung eine wichtige Rolle im Marketing- und Verkaufsprozeß spielt, lautet die Frage für den Designer: Welche Aspekte der Verpackung beeinflussen den Käufer? Ist es das Image, die Qualität oder der Preis? Und wie beziehen Verpackungsdesigner die relevanten Elemente dieser Faktoren in neue Entwürfe mit ein? Alle diese Aspekte und viele mehr haben Auswirkungen auf die Beziehung des Designers zum potentiellen Verbraucher. Aber die Aufgabe des Designers wird noch durch die große Zahl der Produkte, die ein Konsument in jedem Einzelhandelsgeschäft sieht, erschwert. Wie kann man erfolgreich sein?

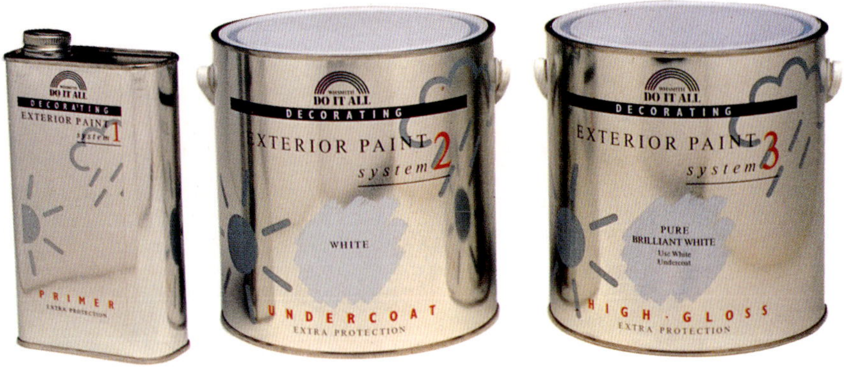

Dieses Sortiment von Weißblechbehältern für Farbe und Grundierer vom britischen Heimwerkermarktunternehmer W. H. Smith Do-It-All zeigt eine einfache Grafik, wenige Schrifttypen und das Regenbogen-Logo des Unternehmens. In der Kombination dieser Elemente bildet sich ein einprägsames Markenimage. Das Design wird auch auf die Gestaltung der Geschäfte übertragen, wie die gegenüberliegende Seite zeigt. Von den Regalen bis hin zu den hängenden Plakaten wird der Eindruck vermittelt, daß alle Produkte die gleiche hohe Qualität besitzen.

Die Elemente des Designs

Es gibt zwei Schlüsselelemente für die Arbeit jedes Verpackungsdesigners: die Fähigkeit, Grafik zu verstehen, mit ihr zu arbeiten und mit den sich ständig verändernden Trends Schritt zu halten, und die Kenntnis der aktuellen Technologie bei Verpackungsmaterialien. Die meisten Designschulen richten ihr Hauptaugenmerk auf Grafik und Fotografie, aber das detaillierte Studium der unterschiedlichen Materialien und Prozesse, die dem Verpackungsdesigner zur Verfügung stehen, ist selten, trotz der Tatsache, daß die Verwendung der neuesten Materialien und Drucktechniken einer neuen Designarbeit beim Marketing Durchschlagskraft geben kann.
Außerdem sind die Designer, die verstehen, welche Materialien in bestimmten Situationen verwendet werden können und welche nicht, diejenigen, deren Projekte rechtzeitig und innerhalb des Kostenplans fertiggestellt werden. Designer, die dieses Hintergrundwissen nicht besitzen, erträumen sich vielleicht aufregende, aber unpraktische Grafikideen, die den Produktionsteams, die nach der Anweisung des Designers die Verpackungen tatsächlich anfertigen müssen, Probleme verursachen können.

Die einfache, transparente Packung für diesen Nishiki-Bonsai-Baum (Design von Brand New), unten, zeigt das Produkt von allen Seiten. Nur Zelluloseacetat und einige der teuren Kunststoffe lassen sich ohne Stützen in dieser Weise falten.

Wenn Hersteller nach einer guten Designagentur suchen oder wenn sie die hauseigene Designabteilung brauchen, müssen sie daher Mitarbeiter suchen, die sowohl grafisches Geschick als auch gute Kenntnisse der Arbeitsverfahren in der Verpackungstechnologie haben. Beide Elemente müssen verbunden werden, weil ein Großteil der Arbeit, die von den Verpackungsdesignern ausgeführt wird, von den Verbrauchern nur indirekt wahrgenommen wird. Sie werden von Farbe, Form und Struktur der Verpackung genauso beeinflußt wie von der grafischen Information.

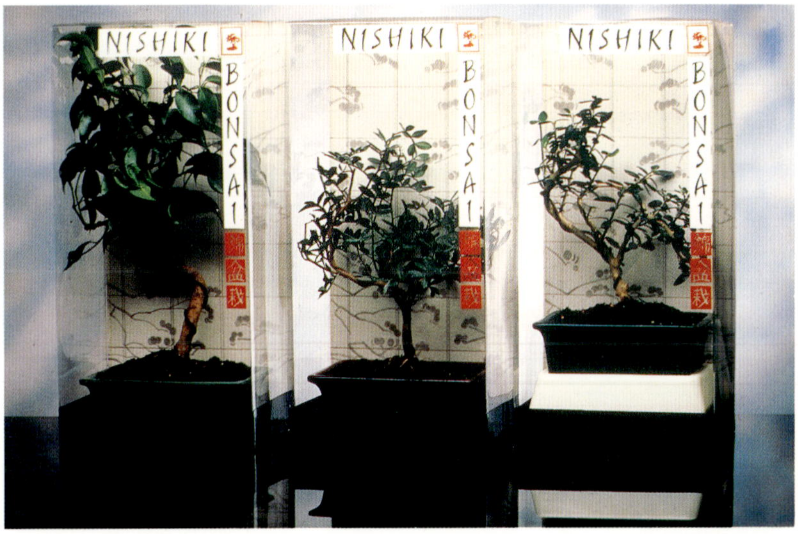

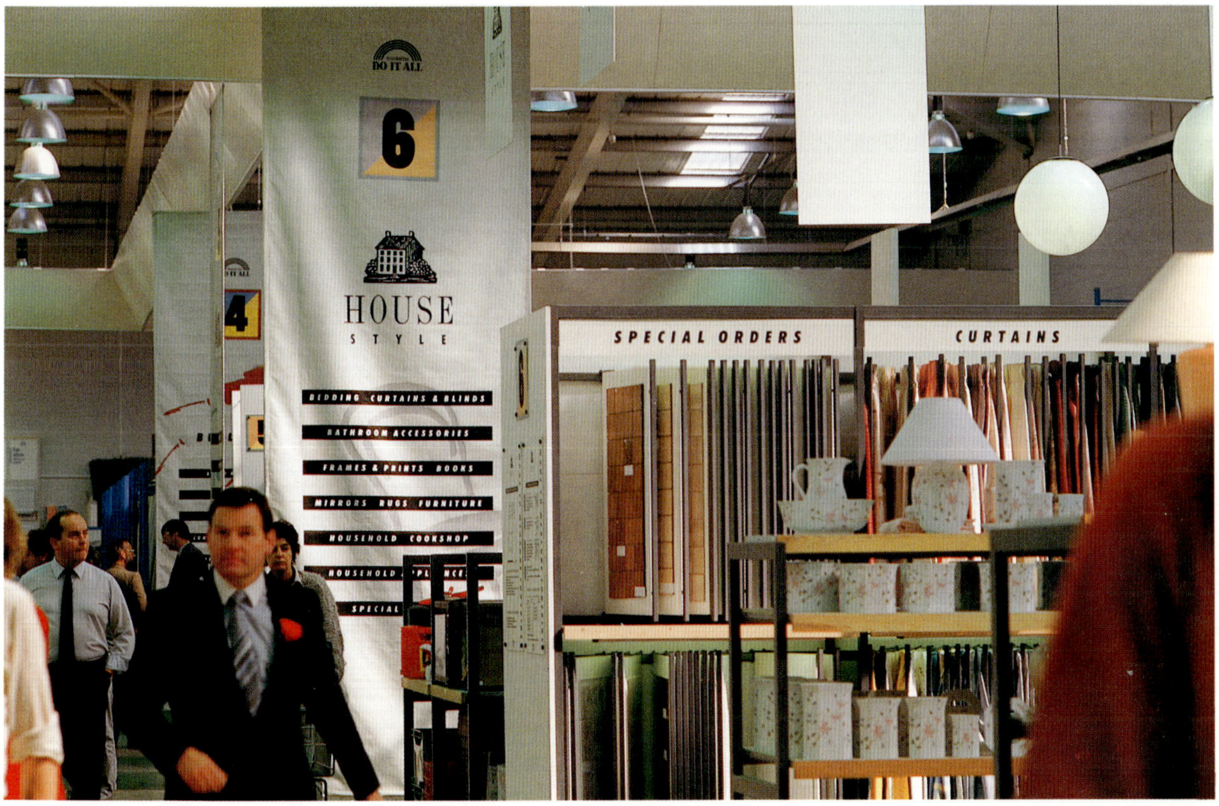

Grafik

Auf der Grafikseite gibt es mehrere Instrumente, die eingesetzt werden können, um die Käufer zu beeinflussen – in erster Linie sind das Form, Typographie und Farbe. Jedes Grafikelement muß für sich betrachtet und sorgfältig mit den anderen verbunden werden. Die Form war beispielsweise immer ein wichtiges visuelles Element in der grafischen Kunst. Sie kann auf verschiedene Weise verwendet werden: Es gibt Hinweise, daß der Einzelhandel zum Beispiel annähernd würfelförmige Packungen bevorzugt, besonders in den schnellen Märkten für Konsumgüter. Die Art und Weise, wie der Designer mit den grafischen Dimensionen der Pakkung arbeitet, wird detailliert in Kapitel 1.4 besprochen.

Wahl des richtigen Materials

Der Designer muß als erstes die Frage in Betracht ziehen, um was für ein Produkt es sich handelt, bevor er nach einem Material sucht. Der Designer muß wissen, welche physikalischen und chemischen Eigenschaften das Produkt hat:

- Ist es ein Pulver, eine Flüssigkeit, eine Paste oder fest?
- Kann es abgerieben werden, ist es zerbrechlich oder schwer?
- Wie groß ist es?
- Muß es gegen Wasser, Sauerstoff, Licht oder Hitze geschützt werden?
- Wirkt es korrodierend?
- Riecht es?
- Verdirbt es schnell – das heißt, muß es vor Außeneinflüssen geschützt werden?

Eine gründliche Kenntnis des Produktes und seiner Schutzerfordernisse weist oft direkt auf die Art von Verpackungsmaterialien hin, die notwendig sind, besonders wenn der Designer fachmännische Hilfe vom Hersteller des Verpakkungsmaterials erhält. Eine weitere Überlegung ist die Art der äußeren Verpackung: Ist es beispielsweise eine Schachtel oder eine Tonne?

Ein Beispiel für die Verwendung verschiedener Materialien nebeneinander ist diese Kollektion von Badesalzen und Toilettenartikeln, die von David Davies Associates entworfen wurde. Das Design überzeugt den Konsumenten, daß die Zubereitung heilsam und natürlich ist. Dies wird ein zentrales Verkaufsargument im Rahmen des aktuellen Gesundheitstrends.

In den 60er und 70er Jahren wurden Kartons in Tetraederform für Erfrischungsgetränke und Eiskonfekt verwendet. Sie verschwanden allerdings sehr schnell, weil diese Verpackungen so leicht zerdrückt wurden. Für die hier abgebildeten Snacks scheint jedoch eine Lösung gefunden worden zu sein (Design von Innovations in Packaging).

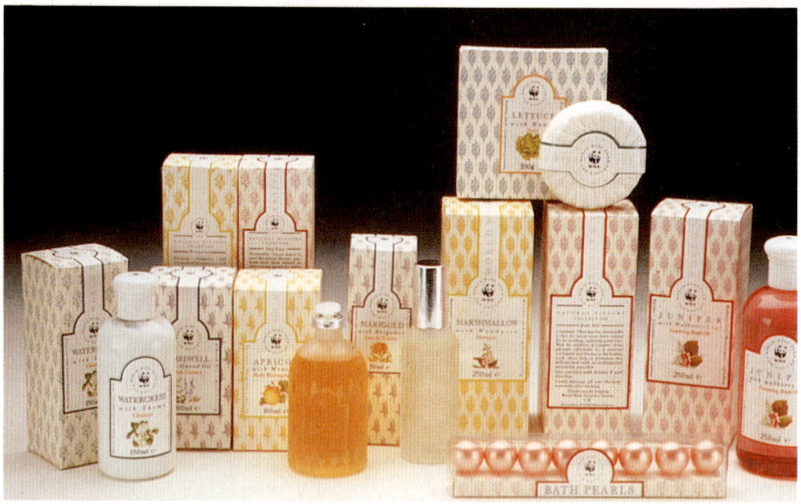

Überlegungen zum Marketing

Bei der Wahl des Materials sind auch Fragen des Marketings in Erwägung zu ziehen. Der Wettbewerb und die Plazierung des Produktes in Beziehung zu ähnlichen Produkten müssen analysiert werden. Der Designer muß verstehen, welches Image oder welche Botschaft die Verpackung vermitteln soll. Dann ist da noch die Frage, ob die Pakkung eine Tasche sein soll, eine Tüte, ein Beutel oder einfach etwas zum Einwickeln und wie sie bedruckt und nachbearbeitet wird. Die meisten dieser Marketingüberlegungen sollten aus einer Analyse hervorgehen, die sich mit der Zielgruppe, ihren Eigenschaften und Bedürfnissen befaßt.

Überlegungen zur Produktion

Was die eigentliche Produktion selbst betrifft, muß bekannt sein, wie viele Packungen oder Pakkungsrohlinge produziert werden sollen. Welche Verpackungsmaschinen sind verfügbar? Ist die beabsichtigte Gestalt der Packung mit der Anlage vereinbar? Wie sieht die maximale Produktionsgeschwindigkeit und -kapazität aus, und wie steht sie in Beziehung zu der geforderten Jahresproduktion, die angestrebt wird? Dieses wesentliche Hintergrundwissen kann dem Designer spannende neue Möglichkeiten erschließen und verhindert viele grundlegende Fehler, die sich sonst in Designprojekte einschleichen. Der Designer muß auch in Betracht ziehen, wie leicht es sein wird, die Größe der Packung zu ändern, und ob es sich um eine Packung aus einer Familie oder einer Auswahl von Größen handelt. Ist es wahrscheinlich, daß in der Zukunft Werbe- oder Probepackungen angeboten werden? Wie wird das Produkt verteilt, gelagert und ausgelegt?

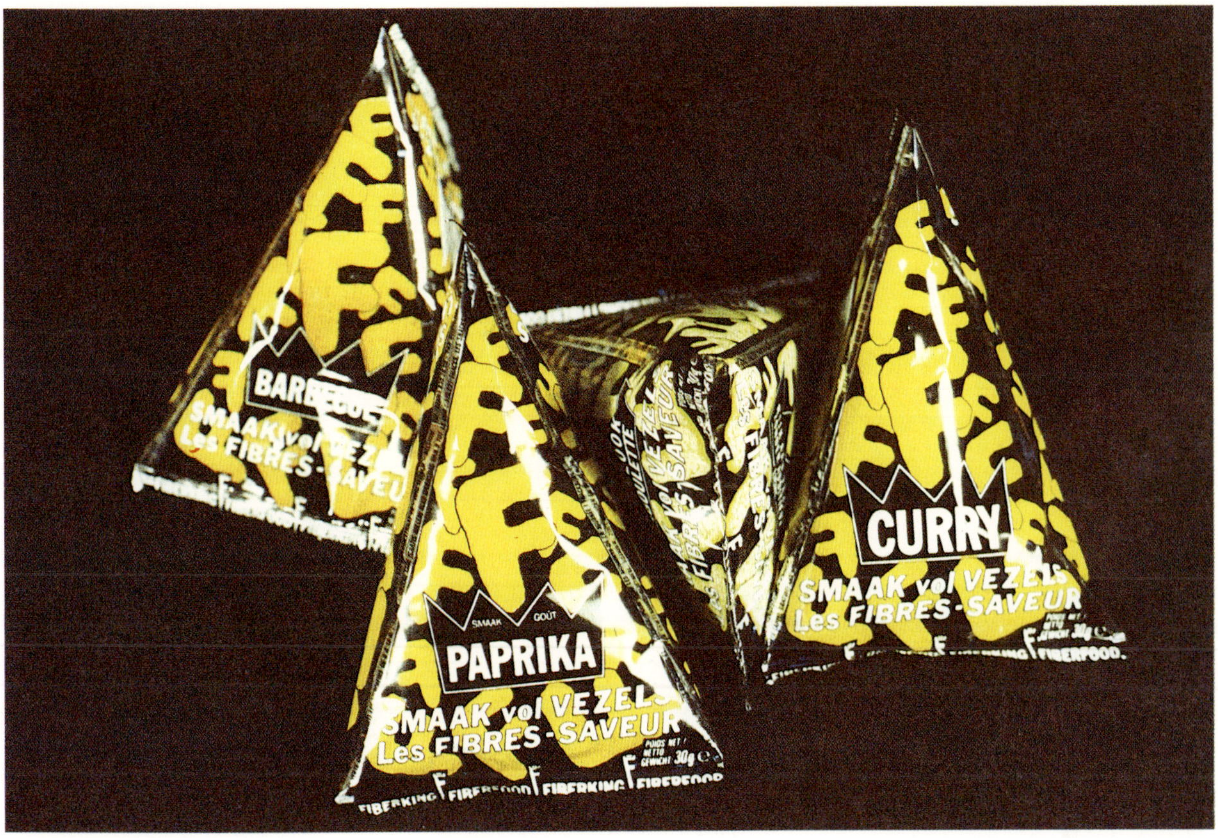

Produktion und Verteilung

Verständnis für die Wirtschaftlichkeit der Verpackungsproduktion – und der Verteilung der Verpackung durch die ganze Verpackungskette hindurch – kann die Effektivität jedes Designers steigern. Dreidimensionale Formen zum Beispiel haben wichtige Nebenwirkungen. Einige Verpackungen, beispielsweise dünne Tüten oder Röhrchen, können nicht allein stehen. Oft wird ein Auslagekasten aus Karton verwendet, um die Ware zu stützen und mit der Vorderseite nach vorne auszurichten. Auch Suppen- und Kosmetiktüten und anderen leichten Packungen kommt eine derartige Stütze zugute, obwohl hier oft gefurchte und starre PVC-Auslagekästen verwendet werden.

Obwohl diese im Spritzgußverfahren hergestellten, transparenten Formen der Sekundärverpackung meistens preiswert sind, sind sie bei der Vermittlung der Botschaft nicht so wirkungsvoll wie bedruckte Kartons.

Verpackung für den Transport

Ein weiterer Punkt, der beachtet werden muß, ist der Transport. Der Transport auf Schiene und Straße ist üblich, um Waren vom Hersteller zum Groß- und Einzelhändler zu befördern. Dabei werden die Verpackungen oft nicht gut behandelt. Wenn Waggons zum Beispiel in Verschiebebahnhöfen rangiert werden, machen die Packungen eine Reihe von kurzen, scharfen Notbremsungen durch. Dabei ist die Frage der sekundären Schutzverpackung von sehr großer Bedeutung. Der Designer muß sich sicher sein, daß die Waren unbeschädigt sind, um ausgepackt und direkt ins Regal gestellt zu werden, wenn die Packungen am anderen Ende eintreffen, egal wie schwierig die Reise ist.

Zu den Schutzmaßnahmen für Güter auf Paletten gehören Schrumpffolien- und Strechfolien-Verpakkung aus Polyethylen- oder PVC. Die Verpackungstechnologie von Paletten ist zur eigenständigen Wissenschaft geworden.

Die Notwendigkeit, Primärverpakkungen mit Sekundär- oder Transportverpackungen zu schützen, hat viel mehr Auswirkungen auf das Verpackungsdesign, als die meisten Designer sich vorstellen. Einige Packungen, auch wenn sie in rechteckigen Kartons aus Wellpappe enthalten sind, lassen sich so schlecht stapeln und zusammenstellen, daß auf einer Palette viel weniger Einheiten transportiert werden können. Dies kann die Transportkosten pro Einheit in die Höhe schrauben, selbst wenn europäische und amerikanische Paletten in einheitlicher Größe verwendet werden.

Es gibt heute eine steigende Zahl von Computerprogrammen, die dem Designer helfen, genau zu berechnen, wie viele Packungen sich auf einer Palette zusammen unterbringen lassen. Diese sogenannten Palettierungsprogramme geben auch die genaue Anzahl von Pakkungen an, die eine Palette tragen wird. Diese Information kann viel Zeit und Geld sparen (siehe S. 38–39).

Schließlich sind der vielleicht entscheidende Faktor hinter der ganzen Arbeit des Designers die Kosten der Gesamtverpackung, einschließlich Transport- und Lieferkosten.

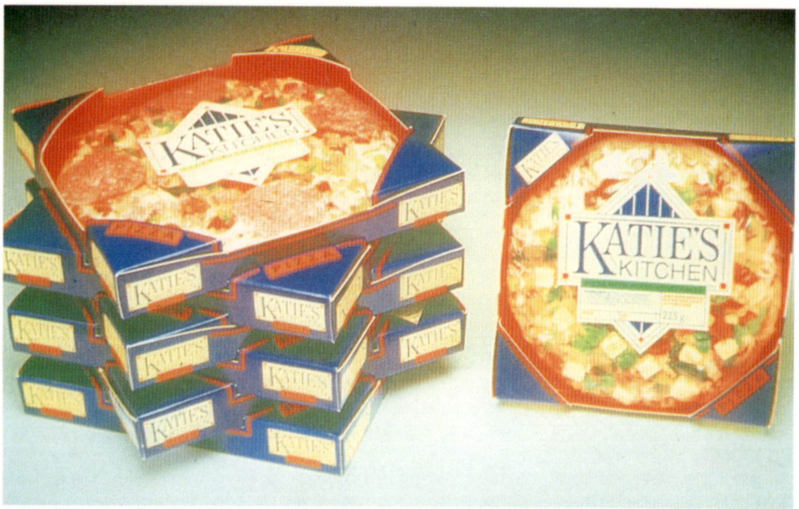

Die quadratischen Verpackungen aus Wachskarton für Pizzas, hergestellt vom Fertiggerichthersteller Katie's Kitchen, bietet eine interessante Verwendung des ausgeschnittenen Kartons, der die frische Pizza zeigt. Die Form der Verpackung unterstreicht die Form der Pizza. Die warme, rote Farbe im Karton läßt den Käufer an eine heiße Pizza denken.

Der Verpackungsdesigner

Das Können des Verpackungsdesigners besteht darin, die zwei Elemente des Verpackungsdesigns zu verschmelzen – die Grafik und die Materialien. Während der letzten Jahre haben sich unterschiedliche Typen von Verpackungsdesignern entwickelt. Es gibt den kleinen, unabhängigen Berater, der meistens preiswert arbeitet und fast immer am Ort angesiedelt ist. Diese Designer sind meistens in der Lage, viel Zeit für Verpackungsprojekte aufzubringen, da sie geringe Fixkosten haben. In vielen Fällen, besonders in Großbritannien und in der Bundesrepublik, sind sie eher technik- als grafikorientiert und stammen in der Mehrzahl aus der Verpackungsindustrie.

Es gibt aber auch die großen und meistens teuren internationalen Designagenturen wie Conran, die Michael Peters Group und Fitch & Co., die das Problem der Verpackung von der Designwelt aus angehen. Sie sind jedoch auch in der Lage, der Verpackungstechnologie immer größere Beachtung zu schenken. So beschäftigt beispielsweise PA Design, das zur Michael Peters Group gehört, eine Reihe von Zeichnern, die aus dem Ingenieurwesen kommen, als Designer. Der dritte Typ, der erst begrenzten Erfolg hat, der aber möglicherweise die besten Aussichten für die Zukunft hat, ist der Verpackungsspezialist, der oft Mitarbeiter aus der Industrie und der Designwelt einstellt.

Wie Designer arbeiten

Obwohl es unterschiedliche Arten von Designern gibt, arbeiten sie doch alle auf etwa dieselbe Weise. Die meisten Designer von heute kennen die Bedeutung des Marketings und sehen die Verpackung immer mehr als wichtigen Aspekt des Marketing-Mix, zu der Werbung und andere Formen der Absatzförderung zählen. Einige Beraterfirmen liefern dem Kunden nur die Grafik, aber sie sollten eigentlich in der Lage sein, auch die technische Sachkenntnis anzubieten, die das Endresultat hervorbringt. Designer sollten theoretisch in der Lage sein, falls erforderlich eine Verpackung herzustellen. Erst dann können sie die Dynamik des Designprozesses wirklich verstehen.

Einem Kunden kann es sehr schwer fallen, zwischen verschiedenen Designern zu wählen, selbst wenn man Angebote und Kosten in Betracht zieht. Daher bieten die Besten den potentiellen neuen Kunden meistens Referenzen von zwei oder drei zufriedenen Kunden an.

Eine frühe Vorstellung für die Pizzaverpackung bestand darin, eine markante Formgebung zu verwenden. In diesem Entwurf nahmen die Designer von Brand New auf wirkungsvolle Weise die Seiten des Kartons weg, um die Pizza auf dem flachen Kartonboden zu plazieren.

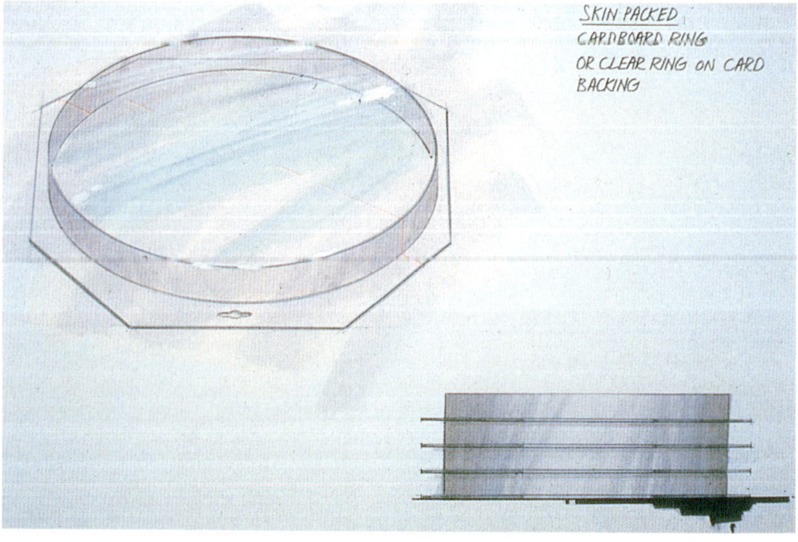

Das Briefing

Wenn ein Designbüro gewählt wurde, ist die nächste Stufe die Anweisung (Briefing) für das Produkt, in der der Kunde den Designern alles Notwendige über das Produkt und seinen Markt mitteilt. Dies geschieht meistens in der Form eines schriftlichen Briefings, das die folgenden Bereiche umfaßt:

- das Produkt
- wichtige Merkmale des Marktes
- die Marketingstrategie des Unternehmens
- die Designziele
- gesetzliche Vorschriften
- technische Beschränkungen
- das Budget
- der Termin für die Fertigstellung.

Ein wichtiger Aspekt der Anweisung ist, daß es ein wechselseitiger Prozeß sein sollte, ein Gespräch zwischen dem Kunden und dem Verpackungsdesigner, nicht einfach ein Monolog von Seiten des Kunden. Im allgemeinen ist es für die Mitglieder des Designteams viel besser zu wissen, daß sie ihre Gedanken und Ansichten dem Kunden gegenüber äußern können, statt durch das, was der Kunde diktiert, eingeengt zu sein.

Die Anweisung sollte besonders die wesentlichen Merkmale der Marke umfassen, einschließlich Farben, Schriftbilder und Image. Nützliche Hinzufügungen betreffen eventuelle besondere Vorlieben oder Konventionen des Marktes. Der umsatzstarke Markt für Schokoladenkekse bevorzugt Sechserpackungen. Zigarren dagegen sind meistens zu fünf Stück abgepackt, wobei es während der letzten Jahre eine bemerkenswerte Ausnahme gegeben hat: Panama, deren Anzeigen mit dem Slogan »Six-Appeal« sehr gut zu der Packung und allgemein zu dem Image paßte, das das Tabakunternehmen wünschte.

In dieser Zeichnung wurde der Grundriß des Karton fünfeckig angelegt, so daß der Karton an einer Ecke aufgehängt werden kann. Dieser und der vorherige Entwurf wurden im Zeichenstadium verworfen, wahrscheinlich weil es Probleme bei der Lagerung und beim Display gab.

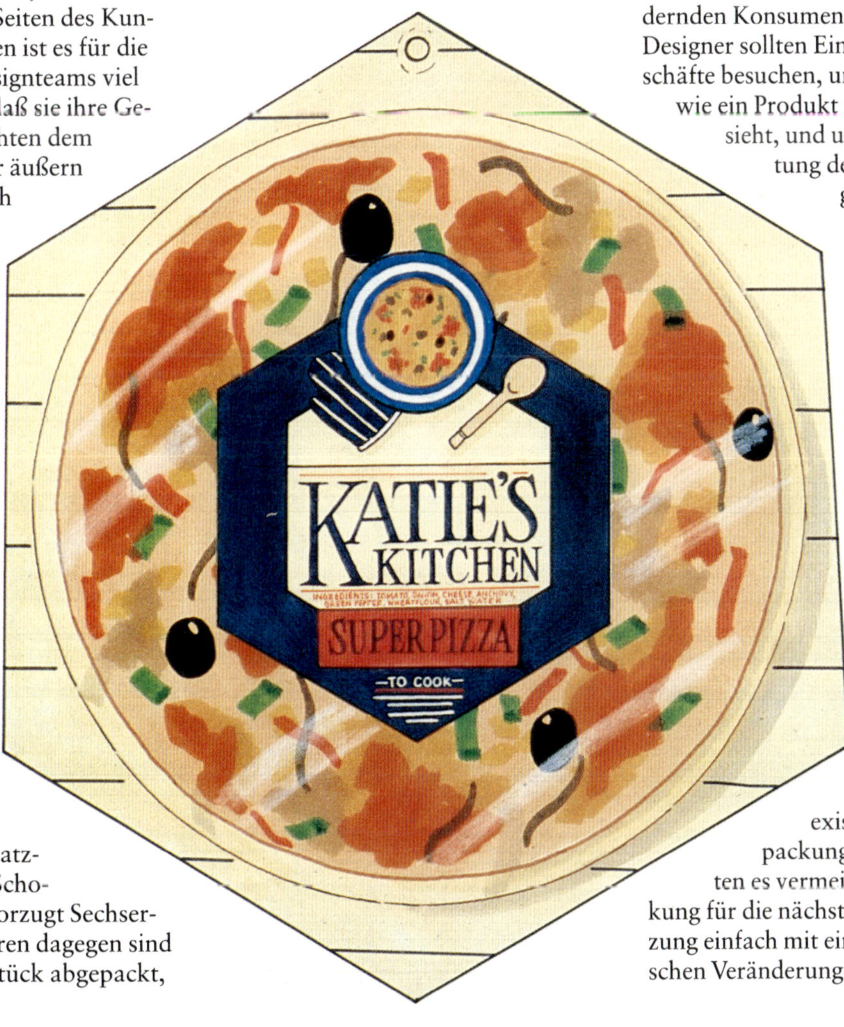

Marktforschung

Nachdem ein Designprojekt angeboten wurde und nach Abschluß der Anweisungssitzungen werden die meisten Designer im frühen Stadium vorhandene Marktuntersuchungen analysieren und dann eine eigene Studie durchführen. Untersuchungen vom Schreibtisch aus, die Designer oft anbieten, umfassen das Studium des vorhandenen, bereits veröffentlichten Materials, von dem das meiste frei zugänglich ist.

Spezielle Marktforschungsstudien sind ebenfalls einzubeziehen oder sogar in Auftrag zu geben. Diese Untersuchungen werden meistens als Usage and Attitude (U&A) Report bezeichnet und umreißen, wie Verbraucher die Verpackung des Kunden im Vergleich zu der Verpackung der Konkurrenz sehen. Durchschnittlich sollten diese U&A-Untersuchungen alle vier bis fünf Jahre durchgeführt werden, aber erfolgreichere Unternehmen führen sie alle zwei Jahre durch, besonders in den sich schnell verändernden Konsumenten-Märkten. Designer sollten Einzelhandelsgeschäfte besuchen, um zu prüfen, wie ein Produkt im Regal aussieht, und um die Beleuchtung der Verpackungen zu untersuchen. Es ist auch notwendig, die Regalposition und die Anzahl der aufgestellten Packungen der Konkurrenz oder des Marktführers zu vergleichen. Zusätzlich sollten die Designer sowohl detaillierte technische Untersuchungen und Produktionsverfahren studieren als auch das existierende Verpackungsdesign. Sie sollten es vermeiden, die Verpackung für die nächste Briefing-Sitzung einfach mit einigen kosmetischen Veränderungen umzuzeichnen.

Auswertung

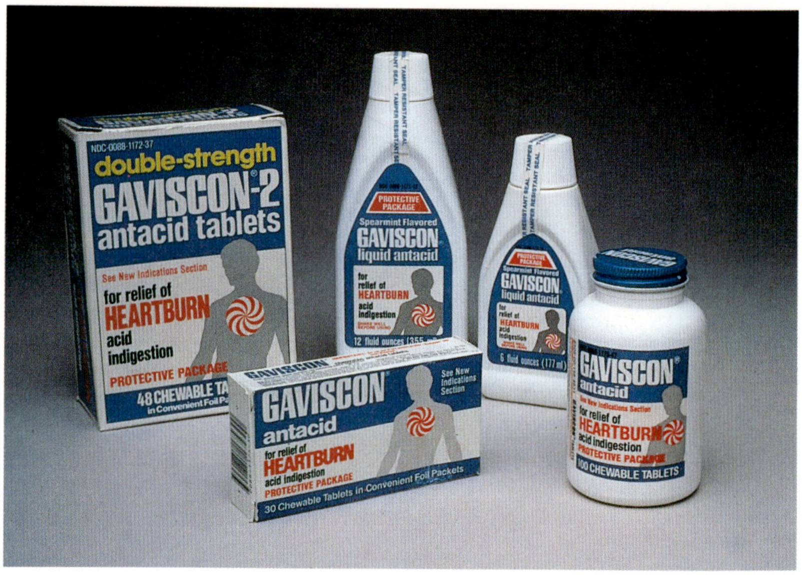

Das neue Design muß dann auf dem Markt getestet werden. Viele Markentests kommen aus den USA nach Europa, aber die meisten werden nicht im großen Umfang aufgegriffen, weil ihre Durchführung sehr viel kostet. Es gibt zwei Grundarten von Tests: qualitative, die sich mit Vorlieben und subjektiven Gefühlen befassen, und quantitative, in denen statistische Daten gesucht werden, in diesem Fall die Zahl potentieller Käufer. In einer Reihe von qualitativen Tests fand die britische Agentur CWA heraus, daß eine Testpackung britischen Weins mit einer Werbung auf einem umgehängten Etikett am Flaschenhals in Tiefeninterviews mit Verbrauchern ein sehr gutes Ergebnis erzielte, wenn sie mit der einfachen Flasche verglichen wurde. Daher nahm die Agentur dieses Etikett in das Design der Standardpackung auf.

Quantitative Tests werden im allgemeinen an einem zentralen Ort ausgeführt, der gut beobachtet werden kann. Dadurch ergibt sich eine hohe Effizienz der Befragung, da die Testteilnehmer aus dem örtlichen Fußgängerverkehr rekrutiert werden können.

Nach den Tests und nach dem ersten Schritt des tatsächlichen Designprozesses ist es wichtig, dem Kunden alle Entwürfe zur Zustimmung vorzulegen. Bisweilen scheinen Designer nur die besten Entwürfe zu zeigen, aber der Kunde sollte die Möglichkeit haben, seine Optionen so lange wie möglich offenzuhalten. Etwas, das in den frühen Stadien unerwünscht scheint, könnte sich später als wertvoll erweisen, wenn andere Verpackungen verworfen wurden.

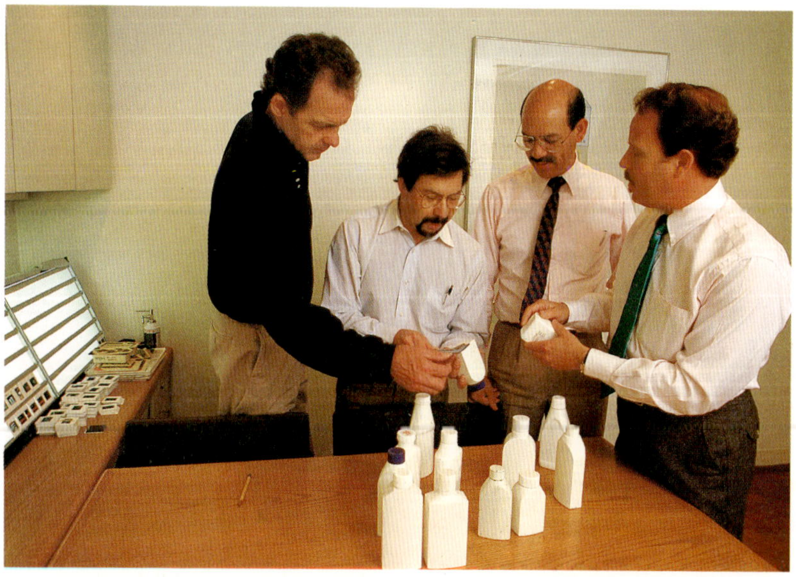

Beendigung des Projektes

Die Aufgabe des Designers ist selbst dann noch nicht erledigt, wenn dem Entwurf schließlich zugestimmt wurde, er produziert und auf den Markt gebracht wurde, denn die Reaktionen der Öffentlichkeit und des Handels müssen überprüft werden, um zu entscheiden, ob die Pakkung nur testweise örtlich eingesetzt wird oder landesweit. Einige Designer sind der Meinung, daß kein Bedarf an weiteren Studien besteht, wenn alle grundlegenden Untersuchungen angestellt wurden. Designer können jedoch überwachen, ob das Produkt richtig präsentiert wird, und sie können die Konkurrenz im Auge behalten, um zu sehen, ob eine Reaktion provoziert wurde. Vielleicht das Beste, auf das man hoffen kann, ist, daß das Produkt zusätzlichen Regalplatz gewinnt – was immer ein gutes Zeichen ist – und die Aufmerksamkeit auf sich zieht.

Als die amerikanische Agentur Gerstman and Meyers beauftragt wurde, sich mit den Verpackungen der Mittel gegen Magensäure von Gaviscon (oben) zu befassen, hatten sie es mit Produkten zu tun, die sich zwar relativ gut verkauften, aber langweilig waren.

Nach den Vorentwürfen und dem Ausscheiden vieler neuer Formen und Etiketten entschieden sie sich dafür, strahlend weiße Polyethylenflaschen mit dunkelblauen Schraubverschlüssen zu nehmen.

Nach der Lancierung

Wie in anderen kreativen Berufen gibt es auch jährliche Preise für Verpackungsdesign. Das wichtigste britische Ereignis, Starpack, wird jährlich vom Institut für Verpackung veranstaltet. Es gibt auch einen international bedeutsamen Preis für Etiketten, der von Fasson vergeben wird, ein Hersteller selbstklebender Etiketten. Es gibt mehrere andere jährliche Wettbewerbe, einschließlich eines, das von dem Chemiegiganten Du Pont durchgeführt wird und ein weiteres von der europäischen Etikettengruppe Finat.

Es mag zwar aus Werbegründen als sehr attraktiv erscheinen, einen Preis zu gewinnen, aber der beste Rat an Designer ist, sich nicht zu viel davon zu versprechen. Die meisten Preise sind ausgesprochen subjektiv und sollten daher keine Richtlinie für marketingorientierte Verpackungsdesigner sein, die ein profanes, aber wichtiges Ziel haben: die Steigerung des Verkaufs. Eine Bemerkung zum Schluß: Obwohl man einige Annahmen machen kann und beim Verpackungsdesign seiner Intuition folgen kann, ist es besser, auf einer rationalen Grundlage zu verfahren, vorausgesetzt, daß die grundlegenden Untersuchungen angestellt wurden. Die amerikanische Firma Peterson & Blyth Associates erklärt: »Man vergesse die Annahme, daß Frauen sanfte Pastelltöne mögen und daß ein Behälter mit Kurven auf Weiblichkeit hinweist. Die Farbe sollte danach beurteilt werden, wie die Konkurrenz aussieht, nicht nach vorgefaßten Meinungen.«

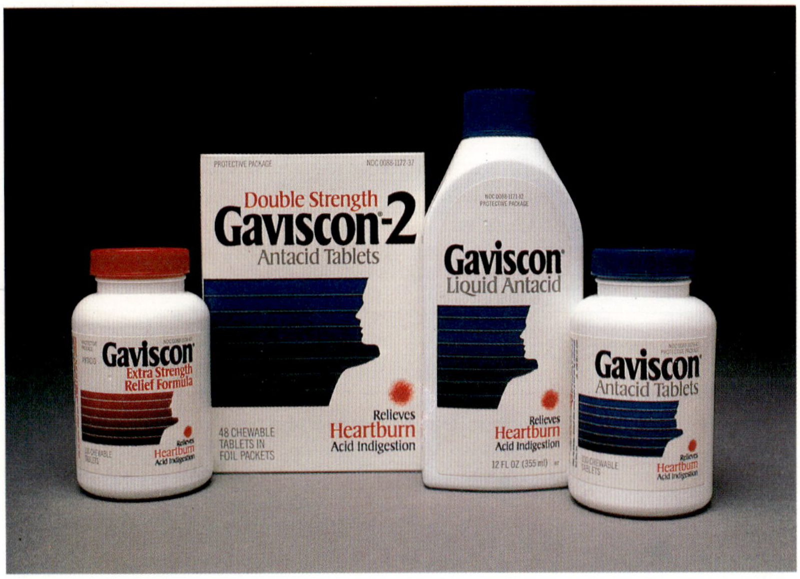

Nach der Wahl der Flasche mit offener, großflächiger Vorderseite bestand die nächste Aufgabe im Entwurf des Etiketts. Das neue Etikett ist viel größer gestaltet als beim alten Design. Das Schriftbild ist offener und leichter zu lesen. Das Bild des Leidenden wurde in den Vordergrund gerückt und von einem abgestuften blau-schwarzen Hintergrund umrandet.

Neuentwürfe

Die Aufgabe des Verpackungsdesigners besteht nicht nur darin, neue Produkte für den Markt zu entwerfen, sondern auch etablierte Produkte neu zu entwerfen, um neue Märkte anzuziehen und gegenüber der Konkurrenz Marktanteile zu behalten. Neuentwürfe können von subtilen Änderungen, die eingeführte und erkannte Elemente der Form, der Farbe und des Logos nutzen, bis zu komplett neuen Entwürfen von existierenden Produkten reichen, die kaum mehr als den Namen beibehalten.

Die Frage, wie lange ein Packungsentwurf sich halten sollte, ist fast unmöglich zu beantworten. Viele Produkte sind noch heute in derselben Packung erhältlich, in der sie schon immer verkauft wurden. Aber stimmt das eigentlich? Wenn man die moderne Verpackung von Oxo-Fleischbrühwüfeln mit der ersten vergleicht, sieht man, daß die neuesten Entwürfe geringfügig anders sind, obwohl dasselbe Grundformat immer beibehalten wurde. Das Logo hat durch die Schattenwirkung ein dreidimensionales Erscheinungsbild. Die rote Farbe ist jetzt blutrot, nicht mehr ziegelrot, so daß sie in den immer volleren Supermarktregalen hervorsticht. In der Tat gibt es eine Reihe von leichten Veränderungen, die sicher stellen, daß die Packung auf dem neuesten Stand ist und bemerkt wird. Dies sind, zusammengefaßt, die Hauptfunktionen eines Neuentwurfes. Aufgrund der Geschwindigkeit, mit der Designstile in der Welt der Verpackung kommen und gehen, müssen sich Designer immer stärker der Möglichkeiten für Neuentwürfe bewußt sein. Denn ohne schnelles Handeln können Produkte wieder verschwinden, ohne eine Spur zu hinterlassen. Der Neuentwurf kann nicht nur den Marktanteil erhalten, sondern ihn oft sogar steigern, wenn der richtige Ton zur rechten Zeit getroffen wird.

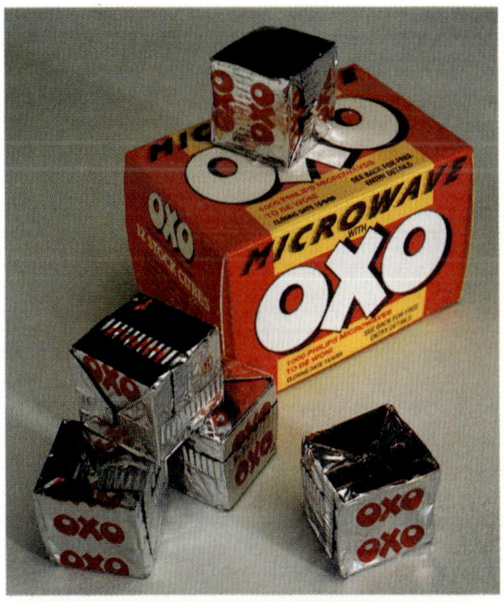

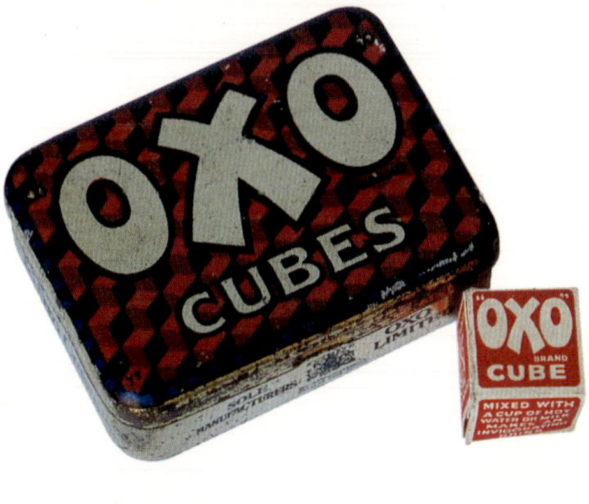

Fallstudie: Grand Union

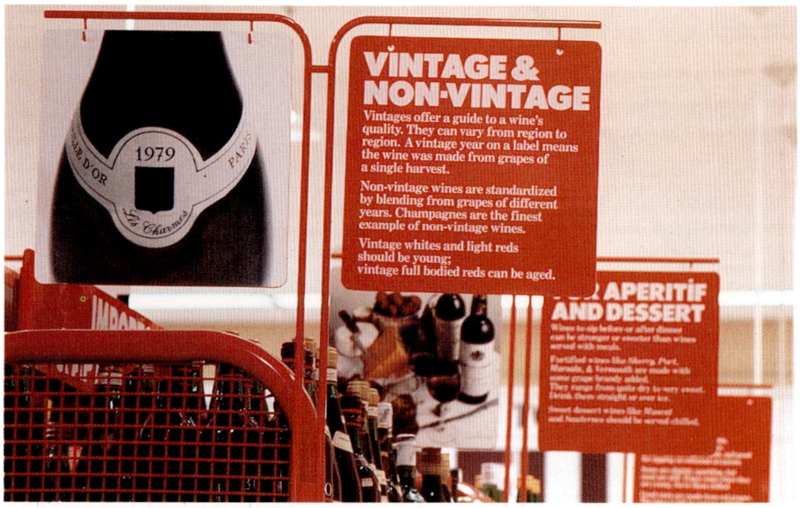

»Es sieht appetitlich aus«; dies könnte als Ziel genannt werden, nach dem jeder Lebensmittelhändler oder Verpackungsdesigner strebt. Dieser Ausspruch wurde zum Glaubensbekenntnis von Milton Glaser, amerikanischer Zeitschriftendesigner, als er von dem Finanzier Sir James Goldsmith angeworben wurde, die Grand-Union-Supermarktkette umzugestalten. Glaser nahm sich zuerst einen Laden in New Jersey vor und dann die ganze Kette: von der Corporate Identity bis zur Verpackung der Eigenmarken.

»Die alte Verpackung mit eigenem Etikett war typisch für den Supermarkt«, sagte er; »auf eine einfache Formel gebracht: ein weißes Dosenetikett, gewöhnlich mit einer mittelmäßigen Fotografie des Nahrungsmittels und dem alten Logo von Grand Union.«

Jetzt beginnen die Designer mit einer Betrachtung der Eigenschaften des Produkts, behauptet er. Statt ein Produkt anzubieten, das die Leute normalerweise nur wegen des Preises kaufen, vertrat Glaser die Philosophie, daß der Käufer merken soll, daß das Produkt in bezug auf Qualität mit den führenden Markenartikeln konkurrieren kann. Das ist ein deutlicher Wandel in der Philosophie des Verpackungsdesigns.

Der erste Schritt war eine Neudefinition der Produkte innerhalb bestimmter Kategorien. »Lebensmittel für das Frühstück konkurrieren mit Quaker, die Konserven mit Del Monte, und so weiter«, sagte er. Und so gab Glaser in den letzten acht Jahren, Kategorie für Kategorie, über 2000 Verpackungen ein neues Design. Es wurde alles erfaßt, was der Einzelhändler unter der Eigenmarke verkauft.

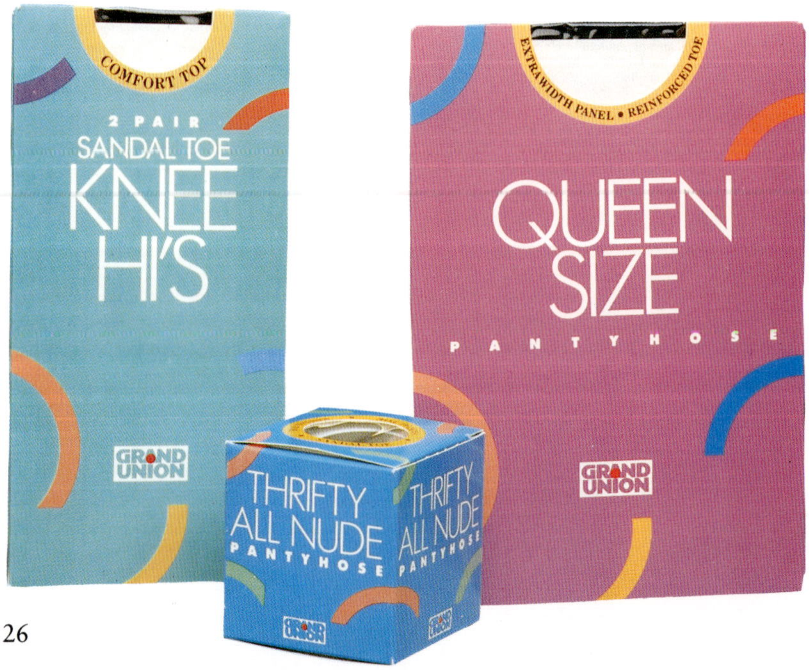

Neugestaltung ist jedoch ein Wort, das Glaser nie benutzt. »Wir hatten nichts neu zu gestalten. Die zugrundeliegende Annahme war, daß unsere Verpackungen sehr klar und sehr direkt sein müssen. Sie müssen Qualität ausdrücken, ohne elitär oder extravagant zu wirken.« Ein Hinweis auf den deutlichsten Trend der 80er Jahre, gesundheitsbewußtes Essen, war das gelbe Band mit Informationen zur Ernährung, das Glaser in jeder Produktlinie einführte. Die ganze Linie, fügt er hinzu, könne man sich als ein Projekt vorstellen; deshalb hat er sich so lange dafür interessiert. »Man macht nicht dasselbe bei Apfelmus wie bei Papierhandtüchern.«

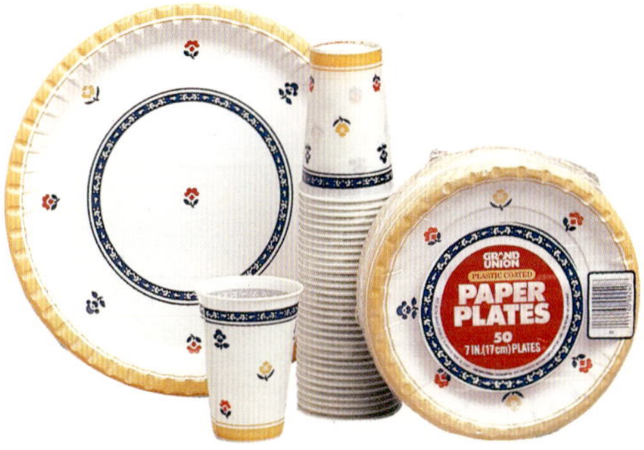

Glasers Hintergrund ist nicht, wie man aufgrund seiner Arbeit denken könnte, nur das Verpackungsdesign. Er fing mit Zeitschriftendesign an – er gründete die Zeitschrift, »New York magazine«, die er später verkaufte. Etwas von seiner Herausgeber-Vitalität hat er versucht in seine Arbeit im Verpackungsbereich einzubringen. »Ich war daran interessiert, die Verpackungen redaktionell zu behandeln, sie lesbarer zu machen, das ganz sicher, aber ihnen auch ein frischeres Aussehen zu geben. Einige Verpackungen wirken verstaubt, weil sie so ernst sind.«

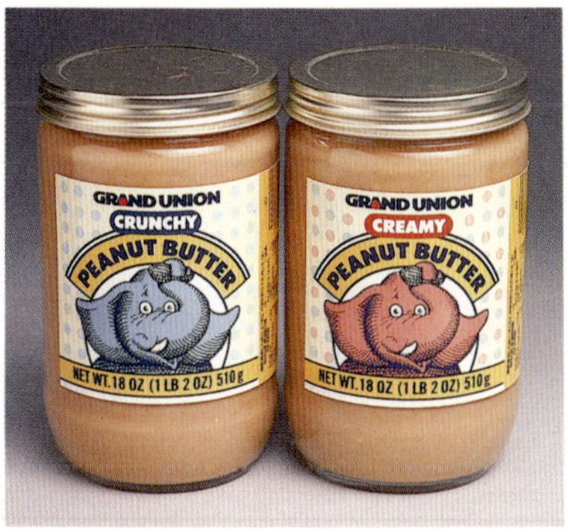

Glaser ist sehr genau in der Einschätzung von einigen anderen Einzelhändlern der Welt. Alles im Verpackungsdesign zu vereinheitlichen, um zu zeigen, daß die Kette der Hersteller der Produkte ist, ist ein altmodischer Ansatz, gegen den er argumentiert. »Wir müssen herausfinden was die Leute über das Produkt glauben wollen. Bei Apfelmus ist es zum Beispiel ein alter Obstgarten, der suggeriert, daß das Produkt auf dem Bauernhof hergestellt wurde. Das ist die Bestätigung, die die Leute wollen.«

In der Absicht, sein Verpackungsdesign dem Trend zu größeren Supermärkten folgen zu lassen, in denen Spezialabteilungen sogar noch mehr Eigenmarkenprodukte hervorbringen, ließ Glaser die Verpackungen weniger ausgefeilt aussehen, als er es sonst getan hätte. »Soll alles weniger professionell, weniger mechanisch aussehen, so darf die Verpackung nicht durchgestaltet wirken. Die Idee ist, daß das Produkt selbst für den Verkauf sorgt und nicht erst die Verpackung.« Tatsächlich ist die Verpackung in den Läden dieser Art zweitrangig. Er ist überzeugt und formuliert seine Herausforderung: »Sie sollte frisch wirken, ohne das Produkt zu beherrschen.« Das ist eine Kampfansage, auf die viele andere Designer und Einzelhändler reagieren müssen, wenn Grand Union weiterhin Erfolg hat.

Glaser ist der Überzeugung, daß der Designer bei Erdnußbutter und Papiertellern nicht dem gleichen Designmuster folgen sollte.

In den letzten 10 Jahren hat Milton Glaser der Corporate Identity von Grand Union ein völlig neues Aussehen gegeben.

Diese Auswahl an Strumpfwaren zeigt einen sauberen, direkten Stil, den viele führende Markennamen kopiert haben.

(Fotos: Milton Glaser Inc., © Milton Glaser. Alle Rechte vorbehalten)

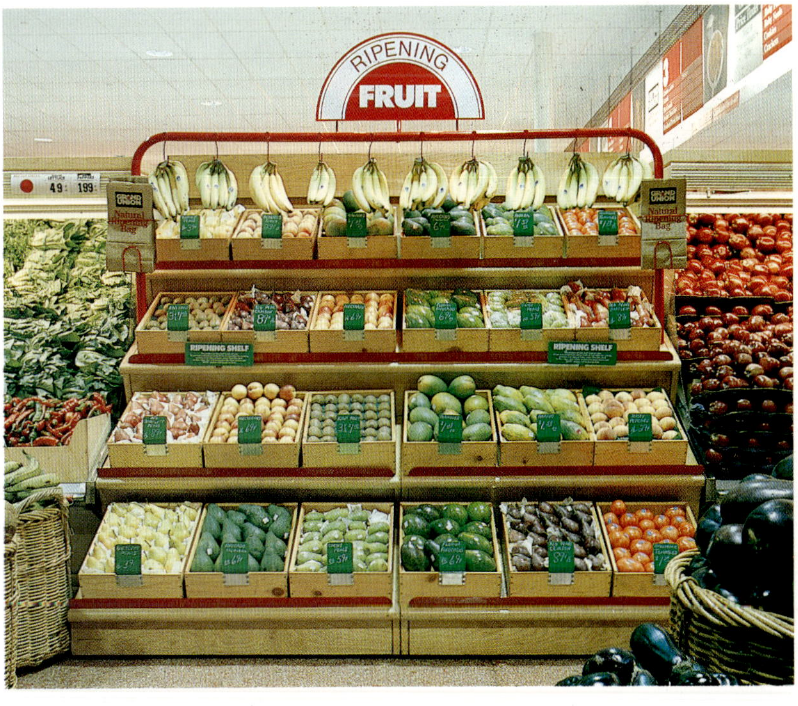

1.2 Computer-Aided Design

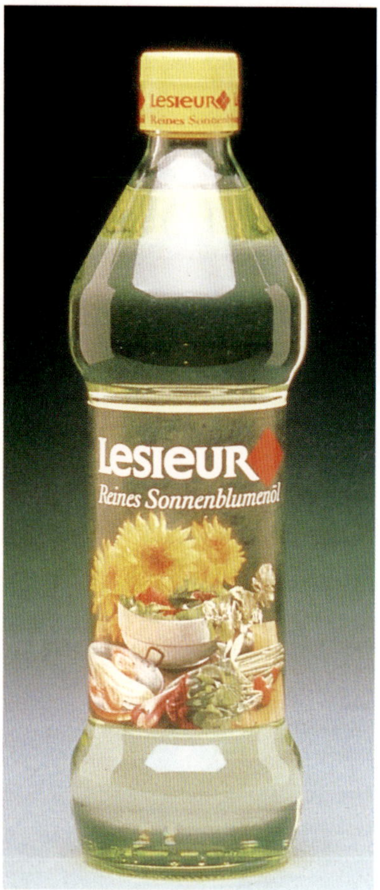

Diese ungewöhnlich geformte Flasche wäre mit den herkömmlichen Grafikmethoden nur unter Schwierigkeiten zu entwerfen gewesen. Die kopflastige Form hätte die Anfertigung zahlreicher Perspex-Modelle erfordert, um die Stabilität und die Abfüllbedingungen zu prüfen. Stattdessen wurde die Flasche mit Hilfe eines Computers als Zeichengerät entworfen (rechts).

Da Computer als Zeichengeräte eingesetzt werden können, sind Designer nicht auf Bilder beschränkt, die sie mit Stift oder Kugelschreiber entwerfen. Sie können Bilder von Fotos, Skizzen oder Zeichnungen aufnehmen, sogar von Videokameras oder Filmen. Sie eröffnen dem Verpackungsdesigner die Möglichkeit, neue Ideen exakter, effizienter und schneller mitzuteilen. Sie können komplexe Merkmale leicht anpassen oder verändern – ohne die sonst übliche Plackerei.

Vielleicht noch wichtiger ist die Tatsache, daß der Verpackungsdesigner oder die Agentur direkt mit dem Kunden zusammenarbeiten kann. In der Vergangenheit wurden Nachfragen bei einem neuen Produkt von mehreren Abteilungen bearbeitet, bevor ein Produktdesigner mit normalen Zeichentechniken einen einzelnen, endgültigen Entwurf anfertigte, der dem Kunden dann zur Zustimmung vorgelegt wurde, bevor er schließlich in Produktion ging. Wenn man CAD als Marketingwerkzeug benutzt, kann der potentielle Kunde direkt in die Entwicklung des Entwurfes einbezogen werden.

Automatisierung des Designprozesses

CAD erweitert die Möglichkeiten beim Entwerfen enorm, da es dem Designer gestattet, wirklich kreativ zu sein und neue Konzepte beim Verpackungsdesign zu präsentieren, ohne sich um die langweiligeren und zeitaufwendigeren Zeichenaufgaben, beispielsweise das Ausfüllen komplexer Hintergründe, kümmern zu müssen.

Bei den meisten CAD-Systemen, beispielsweise der Quantel Paintbox, müssen Designer nicht mehr alle Bilder von Hand zeichnen, die sie wünschen. Kreise und Vielecke, zum Beispiel Rechtecke oder Quadrate, können definiert werden, indem man einen Mittelpunkt oder eine Ecke auf dem elektronischen Zeichenbrett wählt und den Stift einfach von diesem Punkt wegbewegt. Die Entfernung, die der Designer den Stift bewegt, repräsentiert den Radius eines Kreises oder die Diagonale eines Vielecks. Da das Objekt mathematisch definiert ist, kann ihm mit dem Stift eine neue Größe gegeben werden, oder es kann an eine andere Stelle verschoben werden.

Ein weiteres Problem, dem der Verpackungsdesigner, der mit CAD arbeitet, nicht mehr gegenübersteht, ist die Überarbeitung. Mit einem solchen System kann der Designer eine Farbe mit der gewünschten Intensität wählen, indem er einfach mit dem Stift auf sie zeigt. Dann kann jedes Gerät, das das System anbietet – Pinsel, Stift oder Spritzpistole –, diese Farbe verwenden.

Paintbox hat eine elektronische Farbpalette und einen Stift, der auf Druck reagiert und der die Wirkung eines Pinsels, von Kreide, Wachsmalstiften und verschiedener Arten von Spritzpistolen erzeugen kann, indem einfach ein großes Grafiktablett, das einem Zeichentisch entspricht, berührt wird. Wenn der Designer den Stift stärker aufdrückt, wird mehr »Farbe« aufgetragen, und die Ergebnisse werden auf einem großen Computer-Bildschirm dargestellt.

Ausgabe von Artwork

Um Entwürfe aus dem Computer auf eine Packung zu bekommen, können Bilder vom Bildschirm übernommen und als Artwork benutzt werden, im allgemeinen in einer Auflösung von etwa 4000 Zeilen. Es wird jedoch immer mehr zur Norm, die Daten auf Magnetband oder Diskette zu speichern. Der nächste Schritt – die Film- oder Plattenherstellung durch die Ausgabe an einen elektronischen Scanner, der Farbtrennungen vornimmt – ist relativ einfach. Da es immer mehr Systeme gibt, die dies können, werden die Kosten für elektronische Reprografik ständig geringer. Da die Preise immer weiter fallen, installieren mehr und mehr Unternehmen CAD-Systeme.

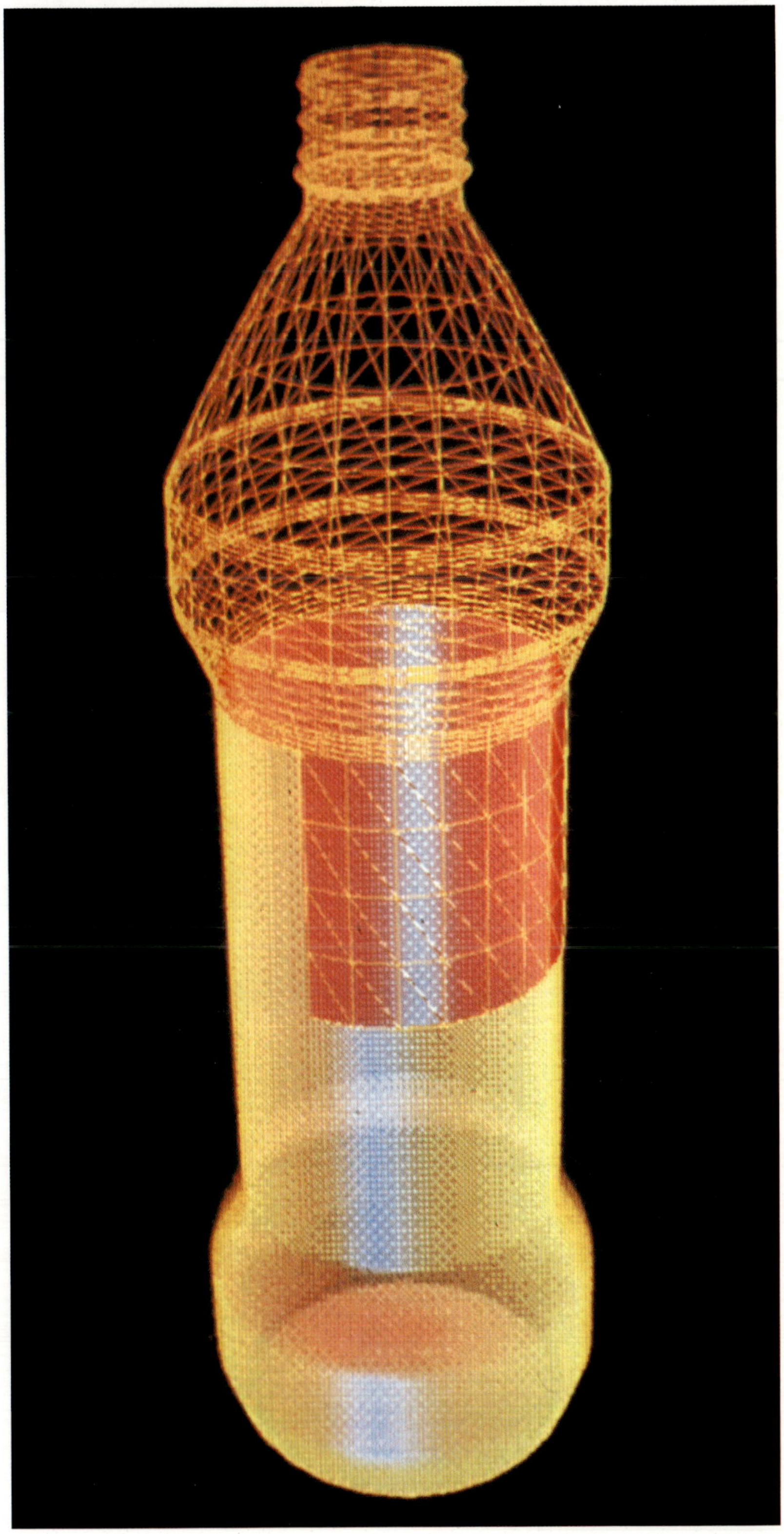

Der Einsatz von Computern zur Entwicklung sogenannter Drahtmodelle versetzt den Verpackungsdesigner in die Lage, alle physikalischen Eigenschaften einer Flasche, z. B. Inhalt und Festigkeit, zu prüfen, ohne daß eines der herkömmlichen Perspex-Modelle geformt werden muß. Und sogar schon in diesem frühen Stadium des Entwurfs kann der Computer zeigen, an welcher Stelle das Etikett erscheinen wird. (Design von Brand New)

Zeitersparnis

Eine der ersten Designagenturen mit Sitz in Großbritannien, die ein CAD-System (die Paintbox von Quantel) einsetzte, war Towers Noble, das in der Lage war, die Designzeit für Verpackungen von Wochen auf Stunden und jetzt auf Minuten zu reduzieren. Die Neugestaltung einer Zigarettenpackung für Gallahers dauerte 22 Minuten. Die Mitarbeiter von Towers Noble sagen, daß konventionelle Verpakkungsdesign-Techniken im Vergleich dazu unzeitgemäß erscheinen. Bei einem Seminar über Verpackungsdesign mit Hilfe von CAD im Jahr 1985 entwarf das Designbüro BPCC Video Graphics in Verbindung mit Siebert/Head, den Spezialisten für Verpackungsdesign, eine Serie von deutschen Suppen für den britischen Markt neu, wiederum mit der Quantel Paintbox. Die Übung, in der Knorr-Suppen verwendet wurden, war in weniger als sechs Stunden beendet, in denen BPCC etwa 30 Bilder der Suppentüten mit vier und sechs Farben erzeugte und vorführte. Diese konnten in Transparente verwandelt und es konnten Farbtrennungen durchgeführt werden, die man direkt an einen elektronischen Scanner weitergibt. Das Verpackungsbriefing war zwar vor dem Seminar von Siebert/Head zusammengestellt worden, um Zeit zu sparen, aber die Ausführung der Übung durch das BPCC-Team an einem Tag zeigt, wieviel Zeit derartige Systeme sparen können.

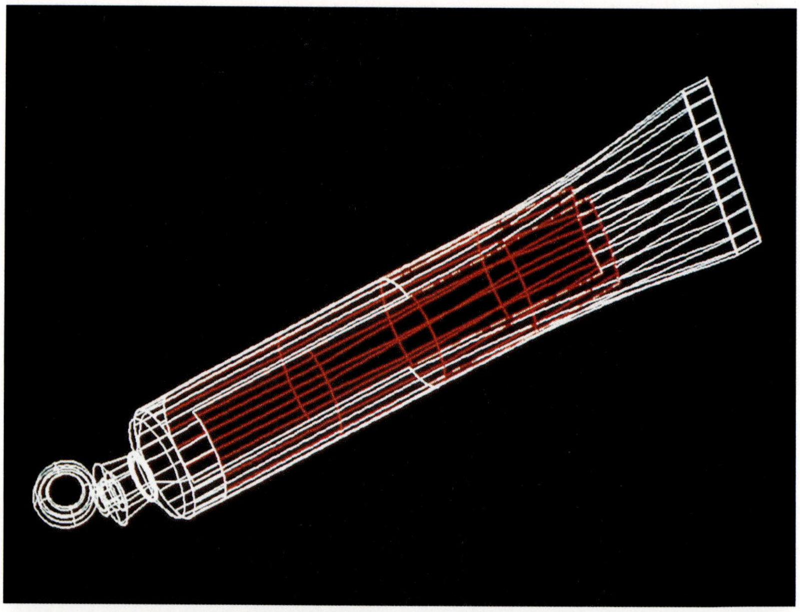

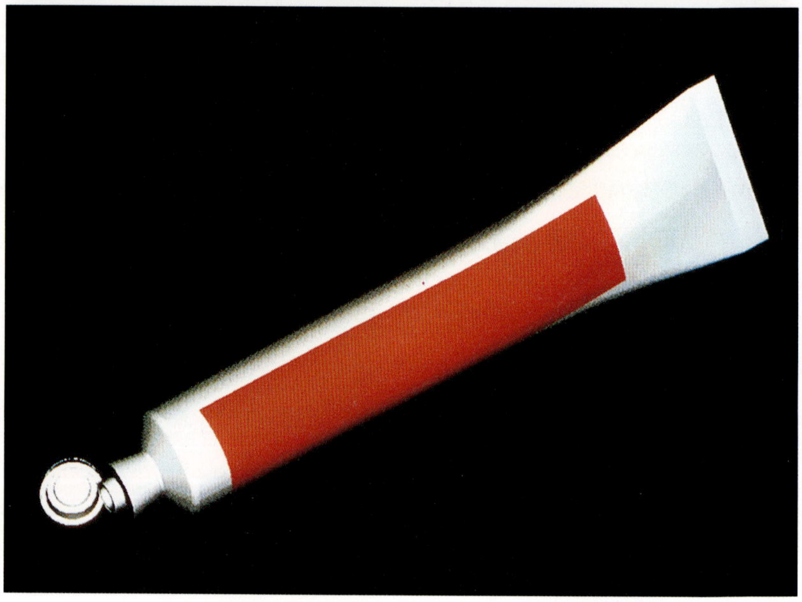

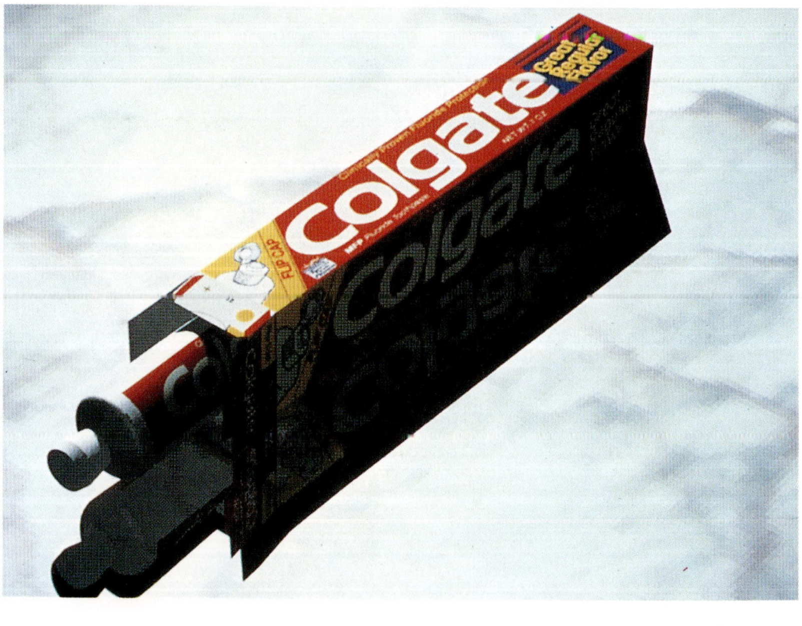

Hier wird CAD für den Entwurf eines so komplizierten Produkts wie eine laminierte Zahnpastatube mit zugehöriger Kappe eingesetzt.

Das Drahtmodell – eine dreidimensionale Repräsentation auf einem der leistungsstarken Grafiksysteme von Intergraph – wurde in der zweiten Aufnahme mit einer Außenhaut überzogen.

Die Leistungsfähigkeit der Computer kann anhand des dritten Bildes in der Reihe beurteilt werden, das allerdings nicht als Verpackungsaufnahme geeignet sein mag. Das CAD-System kann das Modell nach Belieben drehen und wenden und es sogar in andere Verpackungen stecken, etwa in eine Kartonverpackung.

Schachteldesign

Ein anderes erfolgreiches CAD-System, »Vista«, von der Scitex Corporation, wird seit einigen Jahren von der Reedpack-Tochter Field Cartons verwendet, um Grafiken für das Schachteldesign herzustellen. Die Entwürfe werden auf dem Bildschirm zusammengesetzt, wobei die Grundelemente Text, Linienzeichnung und fortlaufendes Farbmaterial benutzt werden. Wie bei der Paintbox können diese Elemente innerhalb des Systems konstruiert oder von einer Bildbibliothek entliehen werden. Gegenstände können auch von Fotos, Videoband oder Film übernommen werden.

Das System wurde eingesetzt, um in wenigen Stunden Entwürfe und dann Schachtelrohlinge in voller Größe zu produzieren. Ein weiterer Vorteil dieser Systeme, besonders bei einem der Firma Lasercomb America, liegt darin, die eintönige, zeitraubende und für Fehler anfällige Handarbeit, die mit der Produktion von Modellen verknüpft ist, zu reduzieren oder manchmal ganz auszuschalten. Der Computer, auf dem der Entwurf erstellt wurde, kontrolliert dann das Lasergerät, mit dem die Schachtelformen ausgeschnitten werden.

Nutzen von CAD

Ein langfristiger Vorteil für Unternehmen, die Computer einsetzen, besteht darin, daß Computersysteme langsam »lernen« können, welche Entwürfe in welchen Systemen am effektivsten sind, wenn sie von führenden Designern programmiert werden. Wenn diese Designer das Unternehmen verlassen, erleidet das Unternehmen keinen Rückschlag durch den Verlust von Expertenwissen, weil der Computer einen großen Teil dieses Wissens gespeichert hat.

Aufgrund der Schnelligkeit und interaktiven Möglichkeiten dieser Computersysteme kann der Kunde während des Entwurfstadiums beteiligt werden, um dem Verlauf zuzustimmen oder Änderungen vorzuschlagen. Dies hebt eine weitere Funktion des Verpackungsdesigns mit Hilfe von CAD hervor: Es ist ein Werkzeug, das den Kunden einbezieht und ihm das Gefühl gibt, daß der Designer in der Lage ist, seine Bedürfnisse schnell und wirkungsvoll zu erfüllen. Das Vertrauen zum Designer wird immer wichtiger, da die Konkurrenz beim Verpackungsdesign ständig größer wird. Für jeden Designer oder jede unabhängige Designergruppe, die eine Reihe von Designprojekten durchführt, ist es wichtig, dem Kunden das Gefühl zu geben, daß das Projekt den Anweisungen gemäß zum vorgegebenen Termin fertig wird und auf dem Markt erfolgreich sein wird.

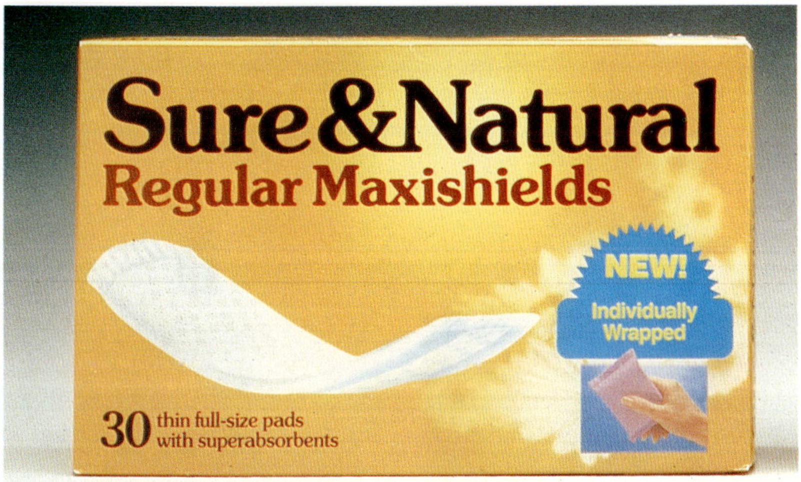

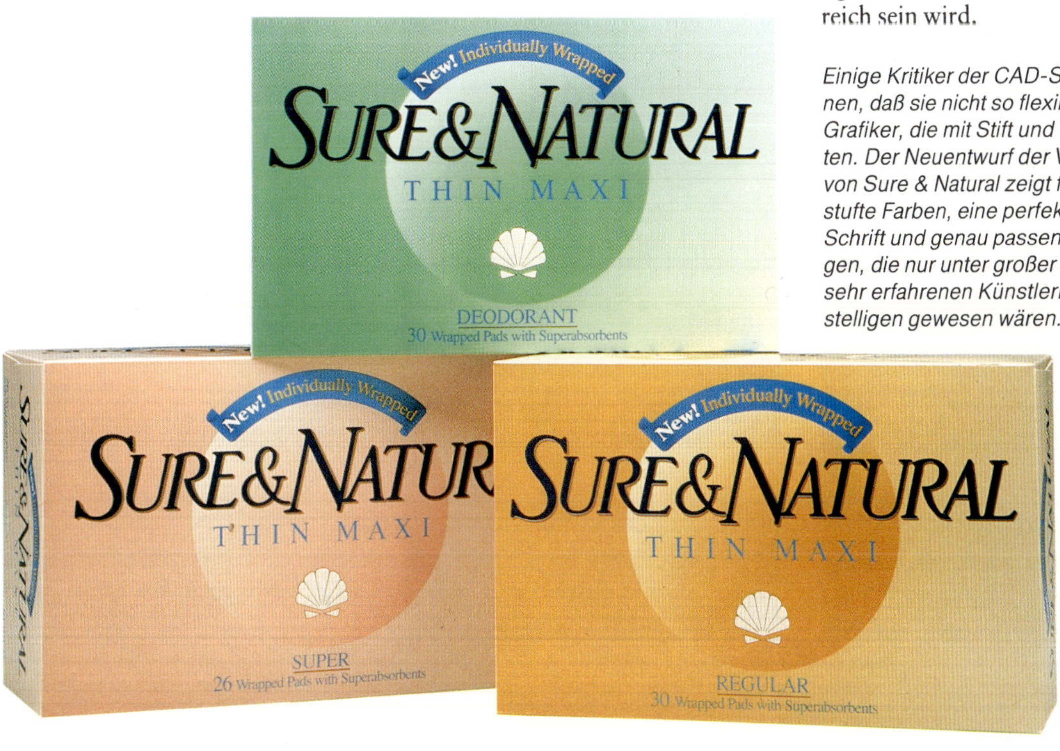

Einige Kritiker der CAD-Systeme meinen, daß sie nicht so flexibel sind wie Grafiker, die mit Stift und Tusche arbeiten. Der Neuentwurf der Verpackung von Sure & Natural zeigt fein abgestufte Farben, eine perfekt angelegte Schrift und genau passende Verzierungen, die nur unter großer Mühe von sehr erfahrenen Künstlern zu bewerkstelligen gewesen wären.

Computer-Aided-Manufacture (CAM)

Einige der ersten Designer, die CAD anwendeten, waren Architekten und Ingenieure, weil für ihre Entwürfe komplizierte Zeichnungen notwendig sind und in diesem Zusammenhang eine Vielzahl von Berechnungen ausgeführt werden müssen, wobei die Fähigkeit des Computers, Informationen sehr schnell zu verarbeiten, genutzt wurde. Inzwischen wird jedoch seine Fähigkeit, Verarbeitungsprozesse zu steuern, besonders in der Fertigungsindustrie eingesetzt. Für Designer wächst die Aussicht, CAD-Systeme mit dem Fabrikationsbetrieb zu verbinden, um die Produktion der Verpackung direkt zu steuern, zum Beispiel bei der Herstellung von Hohlformen für Behältnisse.

In der Industrie für Glasgefäße haben United Glass, das zum Teil in Besitz des US-Riesen Emhart-Owens ist, und Rockware Glass bereits seit vielen Jahren große Investitionen in CAD gesteckt. Bildschirmdarstellungen von Standardelementen wie Halsgewinde und Böden von Champagnerflaschen können in einer Datenbank gespeichert werden, um vom Designer wieder aufgerufen zu werden, wenn er sie benötigt. Mit Programmen, die auf der Analyse endlicher Elemente basieren, können Daten, die die physikalische Leistung der Verpackung betreffen, ermittelt werden, bevor die Flasche gepreßt wird. So kann der Entwurf leicht verändert werden, um potentielle Schwachstellen zu vermeiden. Selbst eine kleine Veränderung wie die Verschiebung des Schwerpunktes einer Flasche könnte wichtige Auswirkungen auf die Effizienz der Füllanlage haben.

CAD/CAM

Das Verfahren der direkten Verbindung von Design und Fertigung wird in der Computerindustrie als CAD/CAM bezeichnet: Computer-Aided Design/Computer-Aided Manufacture, wobei zwei Systemtypen kombiniert werden – zweidimensionale Grafik und dreidimensionale Formgebung. Die daraus resultierenden Mischsysteme können hochauflösende Grafiken nach Art der Paintbox produzieren, die jedoch um Packungen und Objekte gehüllt sind, die mathematisch in drei Dimensionen modelliert wurden. Die beiden Bilder können nach Belieben getrennt werden, und man kann Farbtrennungen des Etiketts produzieren, während die Information der Formgebung genutzt wird, um beispielsweise Formen für Flaschen zu schneiden. Mit CAD/CAM können also erhebliche Produktionskosten eingespart werden.

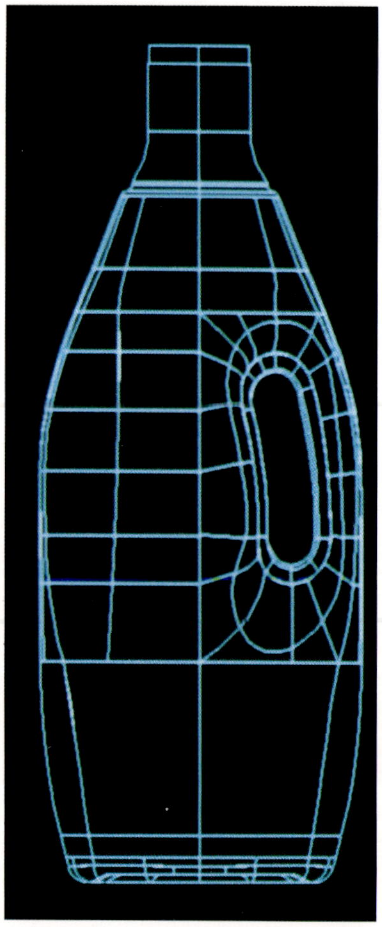

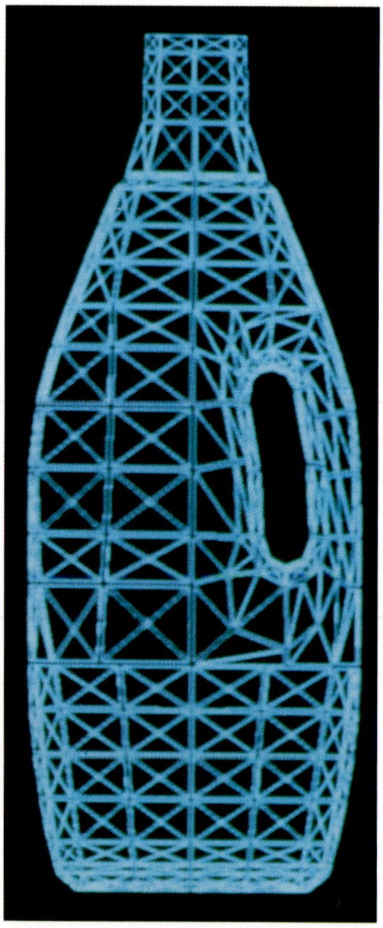

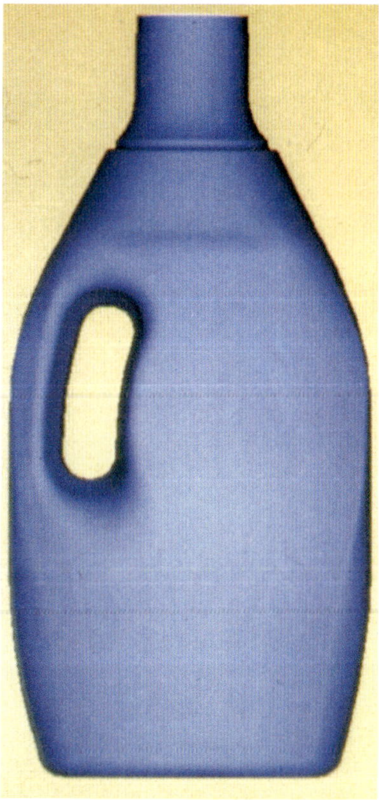

Wirkungsvolle Grafiksysteme

Eines der besten Systeme der neuesten Generation von CAD-Systemen, das unter anderem für Kartons und Glascontainer benutzt wird, ist Aesthedes von Claessens Product Consultants in den Niederlanden. Das System, das in Großbritannien von Marks and Spencer und der Designagentur Holmes and Marchant eingesetzt wird, scheint auf den ersten Blick verwirrend. Es hat drei Grafikbildschirme, drei kleinere Textbildschirme und besitzt etwa 560 Knöpfe, jeder für ein Werkzeug, das ein Designer einsetzen könnte, vom Stift bis zur Spritzpistole. Der Grundentwurf kann gedreht und von allen Seiten betrachtet werden. Das bietet die Möglichkeit zu sehen, wie neue Designs neben den Produkten der Konkurrenz im Regal wirken. Der Aesthedes kann als Ausgabegeräte sowohl Scitex-Plotter verwenden als auch Originale der zweiten Generation für Scanner und Druck produzieren. Wie die Quantel Paintbox kann er 16 Millionen Farben wiedergeben.

Claessens Product Consultants entwickelten das System ursprünglich für die eigenen Designer – das Unternehmen setzt jetzt mindestens zehn Geräte für den eigenen Gebrauch ein. Zu den Designkunden zählen die Unternehmen Heineken, für das Claessens weltweit Verpakkungen produziert, und James Burroughs, Hersteller des Beefeater Gins.

Die Kunststoffe gaben den Designern die Möglichkeit, sogar komplizierteste Formen zu gestalten. Dieser ziemlich einfache Behälter für Weichspüler, der mit Hilfe eines Deltacam-Systems entworfen wurde, besitzt einen ausgeschnittenen Griff – wie wirkt sich das auf das Volumen, die Abfüllbarkeit und die Stabilität aus? Und wie sieht die Flasche auf dem Regal aus? Indem eine Sequenz vom einfachen Drahtmodell bis zum geglätteten Drahtmodell und zur dreidimensionalen Ansicht aufgebaut wird, kann der Designer Tausende von Behältern in Stunden statt in Monaten testen.

Die Zukunft des CAD

Bis vor nicht allzu langer Zeit waren die Hauptentschuldigungen, CAD für das Grafikdesign nicht einzusetzen, die Kosten und die Tatsache, daß es nicht möglich war, das Design ohne hochentwickelte Ausrüstung und ein sehr großes Bankguthaben elektronisch bis zur Produktion durchzuführen. Die Kosten für Computer-Hardware fallen jedoch dramatisch, und CAD-Systeme werden bald weniger kosten als die Grundausstattung eines Designers mit Zeichengeräten. Diese Systeme versetzen die Designer nicht nur in die Lage, kreativer zu sein, sie werden sich auch als kostenwirksame Partner im Designstudio erweisen.

Nur wenige Designberater haben die tatsächlichen Möglichkeiten des Verpackungsdesigns mit CAD für die neunziger Jahre und darüber hinaus untersucht. Auch wenn es zur Zeit noch nicht immer lohnend erscheint, mit einem Computersystem einen Entwurf zu erstellen, werden weitere Anwendungsmöglichkeiten immer genauer von spezialisierten Programmierern und Hardware-Designern untersucht. Schließlich werden die meisten Verpackungsdesigner am Computerbildschirm arbeiten.

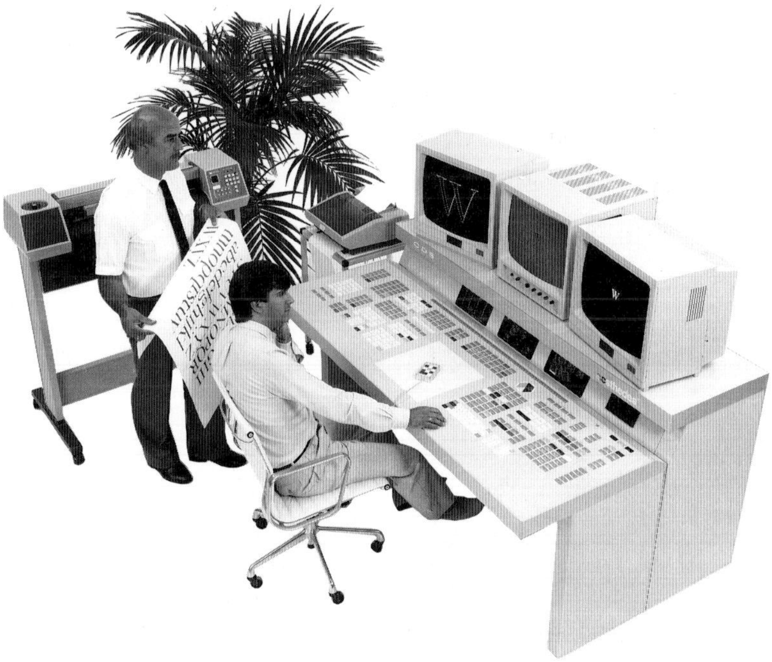

Das Aesthedes-System. Das Bild zeigt eine Workstation mit drei Bildschirmen.

Fallstudie: Rockware

Die Einführung des Computers in das Designstudio hat die Arbeitsweise des modernen Designers verändert, aber nicht die grundlegenden Fertigkeiten, die er oder sie braucht. Da der Computer nur ein Werkzeug ist, muß er dazu gebracht werden, so wie Menschen zu arbeiten. Er sollte Informationen speichern und nutzen, die allen Designern vertraut sind, und die sie einsetzen können.

Das Programm, das zuerst 1977 von Rockware Glass für den eigenen Gebrauch entworfen wurde, war so strukturiert, daß der Designer eine Anzahl von Fragen gestellt bekam. Diese Fragen ermöglichten es dem Designer, Schritt für Schritt ein Bild des Produktes aufzubauen, das er oder sie im Kopf hatte. Dieses anfängliche System war sehr mathematisch, und die Darstellungen auf dem Bildschirm waren einfache zweidimensionale Abbildungen der Produktentwürfe. Zu den wesentlichen Informationen, die der Computer in jeden Entwurf einarbeitete, gehörten folgende Angaben:

- der Name des Kunden, um das Copyright zu sichern;
- eine Beschreibung des Behälters und des Produkttyps, um den beabsichtigten Gebrauch zu verdeutlichen;
- die Glasfarbe, die die Dichte des Glases bestimmt;
- die geplante Verschlußart (in der Datenbank des Systems waren etwa 400 Deckel und Verschlüsse gespeichert);
- die Stärke der Seitenwand und des Bodens des Behälters;
- das Fassungsvermögen und die Füllhöhe des Behälters, die oft als Kopfraum bezeichnet wird, um die Ausdehnung des Inhalts bei hohen Temperaturen zu gewährleisten;
- und schließlich die Art der erforderlichen Oberflächenpunktierung, falls nötig.

Dann wählten die Designer Grundentwürfe für den Glasabschluß aus (den Teil des Behälters, der den Verschluß trägt) und die anderen Formoptionen. Diese beinhalteten die Schulter, den Körper der Flasche, die Einbuchtung des Bodens und den Radius, der festlegt, welche Seite der Boden ist. Wichtige Maße aus Designanweisung, Artwork, den Mustern oder Modellen wurden hinzugefügt, und dann konnte der Computer – vollständig programmiert – das erforderliche Fassungsvermögen, das Flaschengewicht, den Schwerpunkt (gefüllt oder leer) und eine Reihe anderer Funktionen berechnen, alles innerhalb weniger Sekunden.

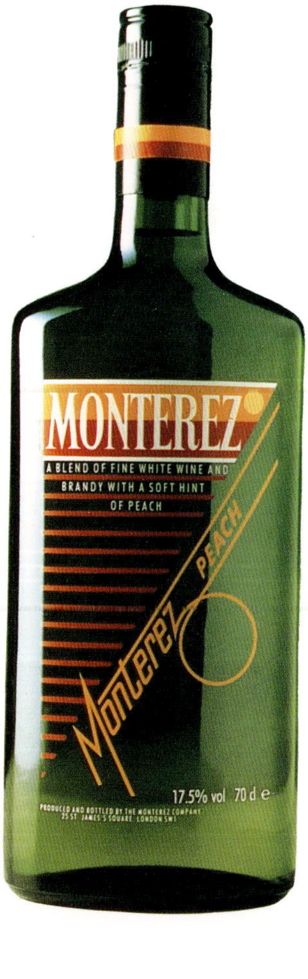

Änderungen am Entwurf konnten ebenfalls schnell vorgenommen werden. Die vollständigen Daten des Entwurfs wurden gespeichert, hauptsächlich auf Magnetband. In dieser Form konnten sie verwendet werden, um eine Spezifikation für neue Transportverpackungen zu entwickeln.

Bald wuchs das Designgeschäft der Firma, und die selbstentwickelte Software konnte nicht mit den Anforderungen der Kunden Schritt halten, die für verschiedene Produkte neue Behälter wünschten. Deshalb ging Rockware 1986 zu einem leistungsfähigeren System über, einer Apollo-Domain-Workstation. Auch die Software, die die Firma auf dem Technologiemarkt auswählte, war leistungsfähiger: DUCT (Design Using Computer Technology) und DOGS (Drawing Office Graphics System).

Dieses CAD-System versetzte die Designer von Rockware in die Lage, die Farbe zu nutzen und zur dreidimensionalen Darstellung überzugehen. Es ermöglichte im Stadium des letzten Entwurfs eine sofortige Rückkopplung mit dem Kunden (siehe Abb. 1). Das System stellte dreidimensionale Farbabbildungen von Flaschen und Gläsern her, ausgehend von zweidimensionalen Darstellungen und Daten eines Drahtmodells. Die Modelle konnten von hinten oder der Seite beleuchtet werden, um die Bedingungen in einem Verkaufsregal zu simulieren. Die Firma verwendete monatelange Arbeitszeit dafür, Effekte des Glases wie Durchscheinen und Durchsichtigkeit auf dem Bildschirm darzustellen. Schließlich ist auch dies gelungen (Siehe Abb. 2).

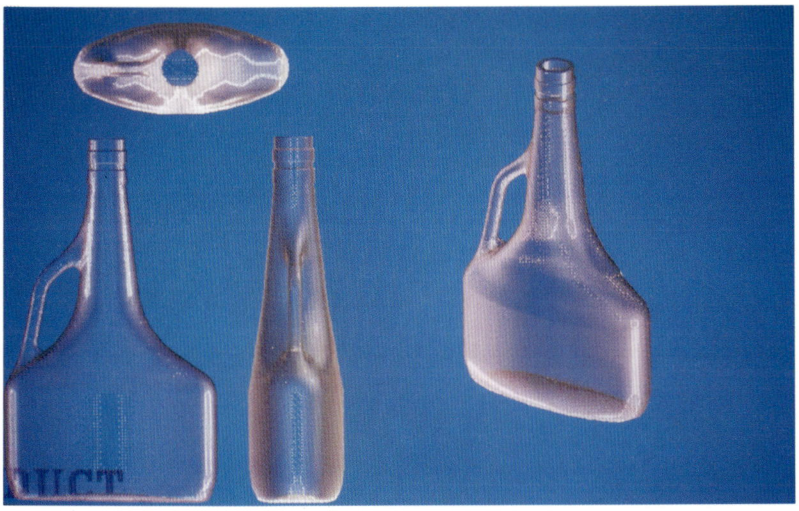

Abbildung 1

Abbildung 2

Das 3D-System reduziert die Produktionszeit für eine vollständige bildliche Darstellung einer Flasche, wie das Design von Monterez, das hier abgebildet ist, von etwa fünf Tage auf wenige Stunden. Seit die Firma vor etwa 15 Jahren damit begann, Computer im Designstudio einzusetzen, hat sie über 20 000 verschiedene Behälter entwickelt. Das Unternehmen errechnete, daß es noch bis ins einundzwanzigste Jahrhundert produzieren müßte, wenn es die herkömmlichen Entwurfs- und Zeichenmethoden verwendet hätte.

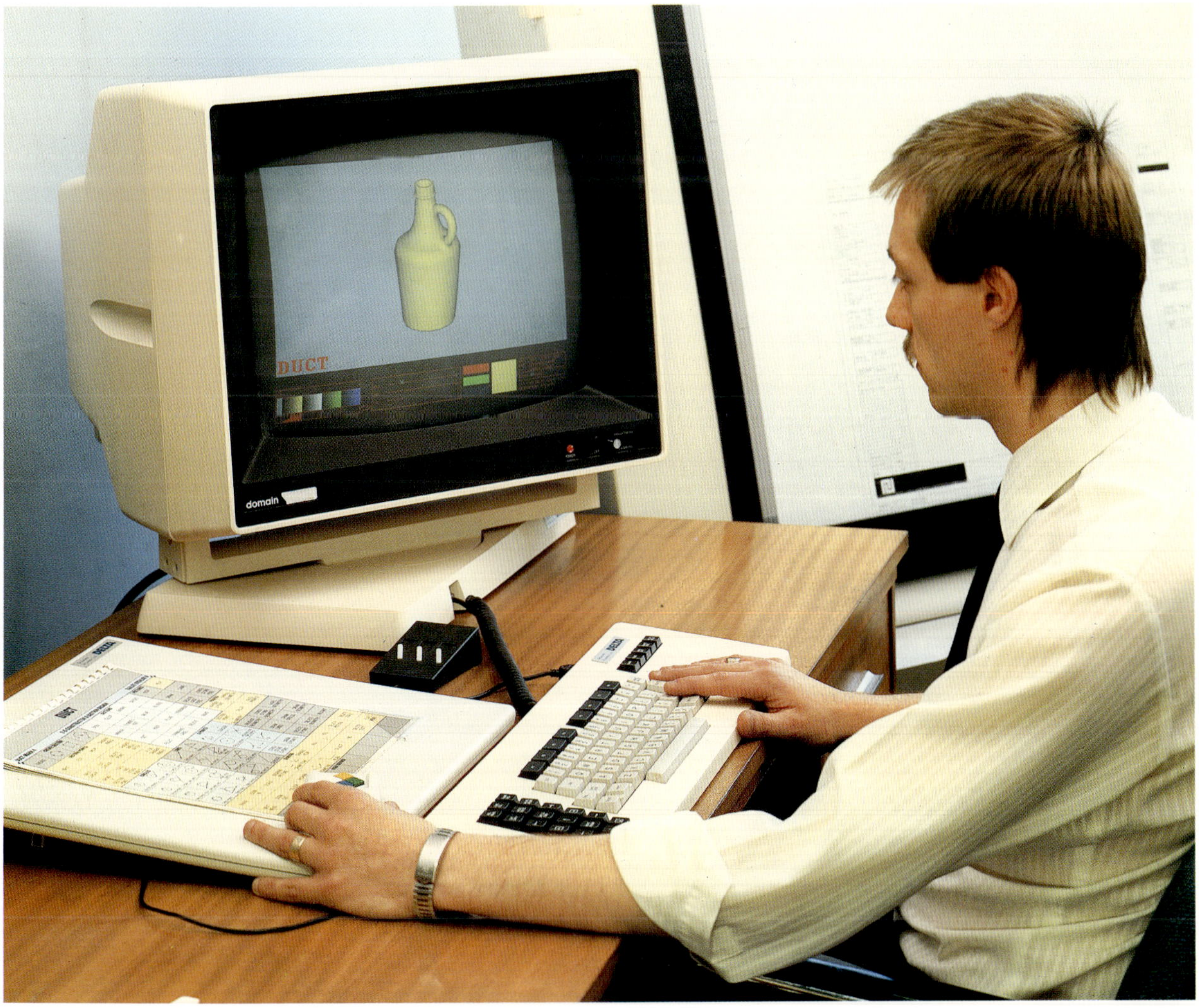

Fallstudie: Contex

Die USA, die Heimat der leistungsfähigen Computer-Workstation, sind auch ein bedeutender Anwender des Computer-Aided-Designs (CAD) beim Verpackungsentwurf. Zum Beispiel benutzten Peterson and Blyth Associates das Contex CAD-System, das Illustrationen, Fotografien und Symbole speichern kann, die sich leicht abrufen lassen. Aber es gibt wichtige Einschränkungen: Die Designer erlauben dem System nicht, durch einfaches Durchsehen vorhandener Entwürfe und Ideen, die »Designrichtung« festzulegen. Die Maschine ist schließlich nur ein Werkzeug. Erst wenn von den Designern und dem Kunden eine Gestaltungsrichtung oder -anweisung formuliert wurde, bekommt der Computer die Basis für den Dialog zwischen ihnen.

Manche Kunden benutzen einen eigenen Computerterminal, so daß sie in ihrem Büro nachsehen können, welches Stadium das Designerteam erreicht hat. Wenn sie es wünschen, können sie Korrekturen oder Änderungen vornehmen, indem mit einem Lichtstift auf einen Monitor Kommentare »geschrieben« werden.

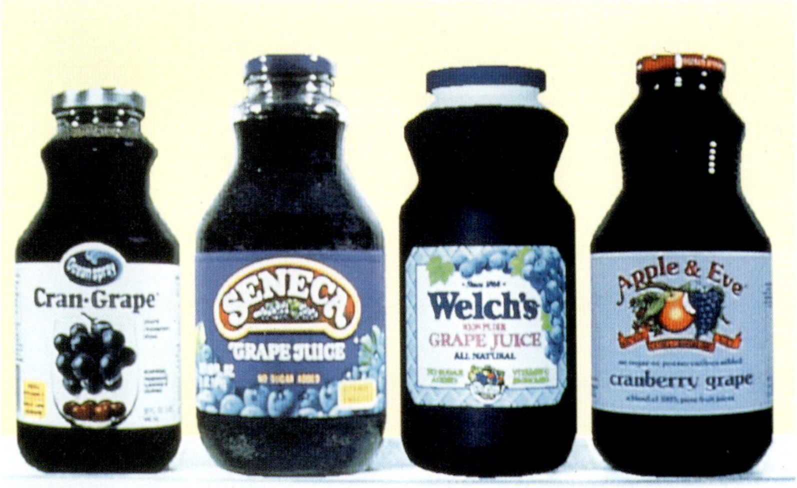

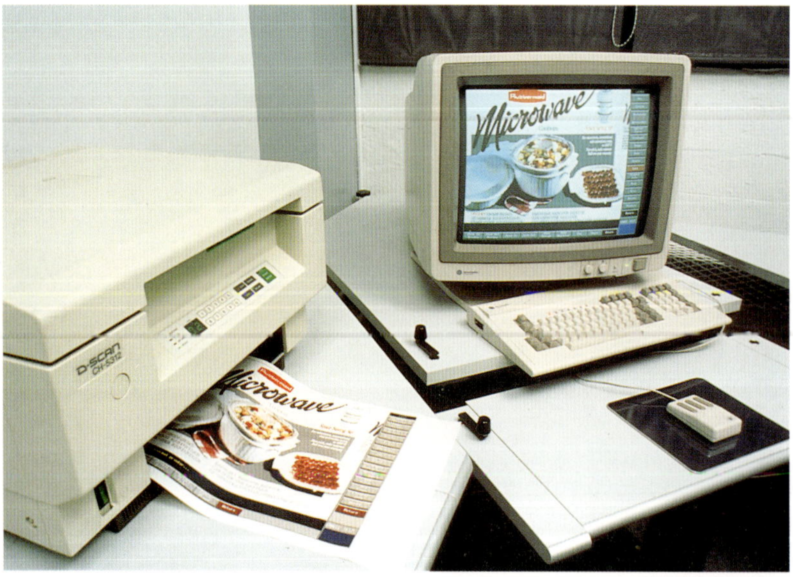

Die Planogramm-Funktion gestattet es den Kunden und Designern, den Eindruck eines neuen Entwurfs, den dieser im Verkaufsregal neben existierenden Produkten und Sortimenten der Konkurrenz hinterläßt, zu vergleichen.

Dieser Thermofarbdrucker kann schnell qualitativ hochwertige Abzüge herstellen. Noch mit 6 Punkten werden lesbare Kopien hergestellt.

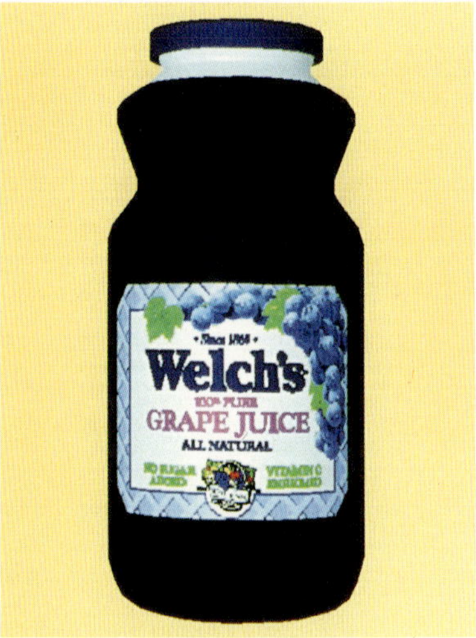

Nach Peterson und Blyth ist es einfach, eine größere Anzahl vom Computer hergestellter Modelle durchzusehen. Anstatt teure Siebdruckvorlagen herstellen zu müssen, kann ein angeschlossener Thermodrucker Abzüge mit fast Farbfotoqualität erzeugen, die den Eindruck wiedergeben, den das Produkt im Verkaufsregal hinterläßt. Dieses sogenannte Planogramm kann die Produkte eines Konkurrenten mit einbeziehen, so daß der Produktmanager entscheiden kann, wie erfolgreich das neue Produkt im Supermarkt im Vergleich zu anderen sein wird.

Im Gegensatz zu vielen der CAD-Systeme mit niedriger Auflösung, die nur benutzt werden können, um eine Ansicht des Entwurfs herzustellen, berechnet Contex elektronisch Daten des Designs, die zur Erzeugung von Farbtrennungen an einen Scitex oder Hell Scanner gegeben werden können. Diese zeitsparende Möglichkeit wird für Kunden immer wichtiger, die einen schnellen Designservice benötigen. Das System kann auch, wenn der Kunde dies bevorzugt, mechanisch eine Grobzeichnung des Entwurfs erzeugen.

Das CAD-System macht es den Designern leicht, den Kunden zu zeigen, wie eine Verpackung im dreidimensionalen Format aussieht.

Eine Workstation mit Scanner und Plotter kann benutzt werden, um einfarbige Liniendarstellungen einzugeben. Mit Scanner können zum Beispiel Logos in das System aufgenommen und in ein Design eingefügt werden, während hochaufgelöste mechanische Daten am Terminal ausgegeben werden können.

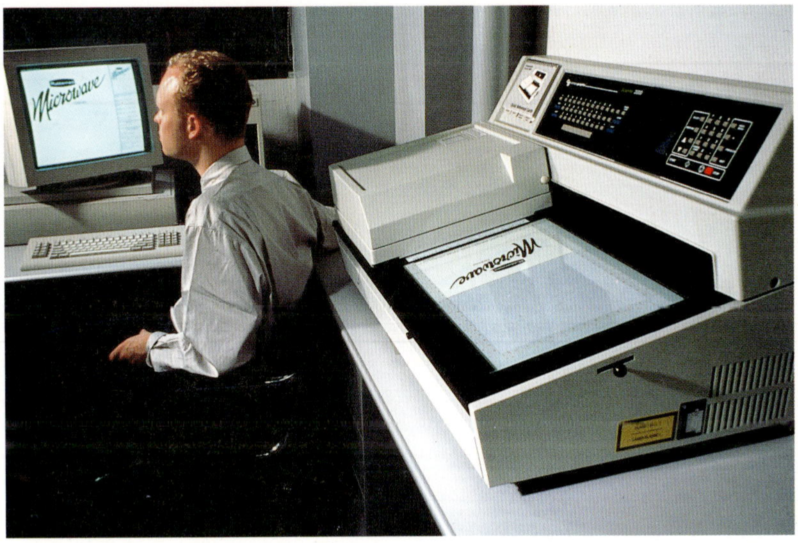

Der Entwurf von Flaschen und Kartons wird einfach, und das Ändern oder das Ausprobieren von Alternativen ist der größte Fortschritt gegenüber dem manuellen Designprozeß, sagen Peterson & Blyth.

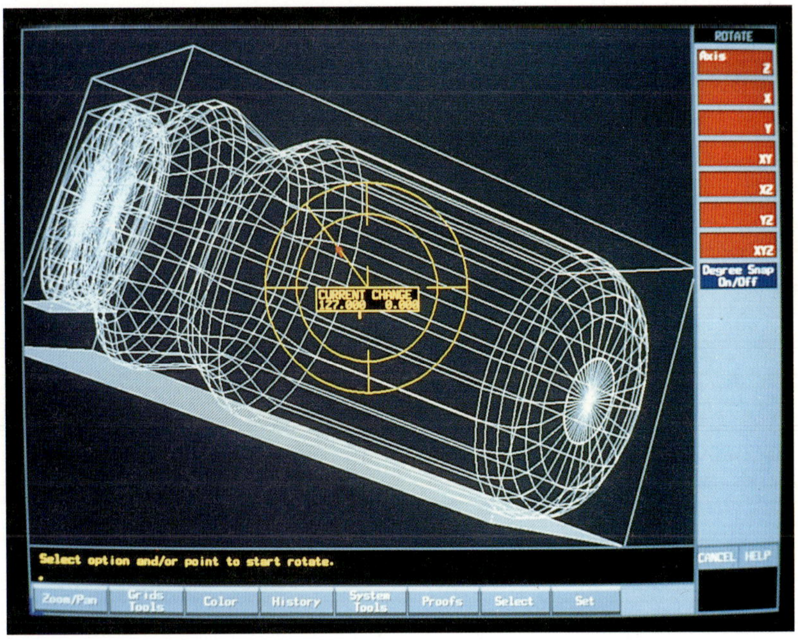

Fallstudie: Palettieren

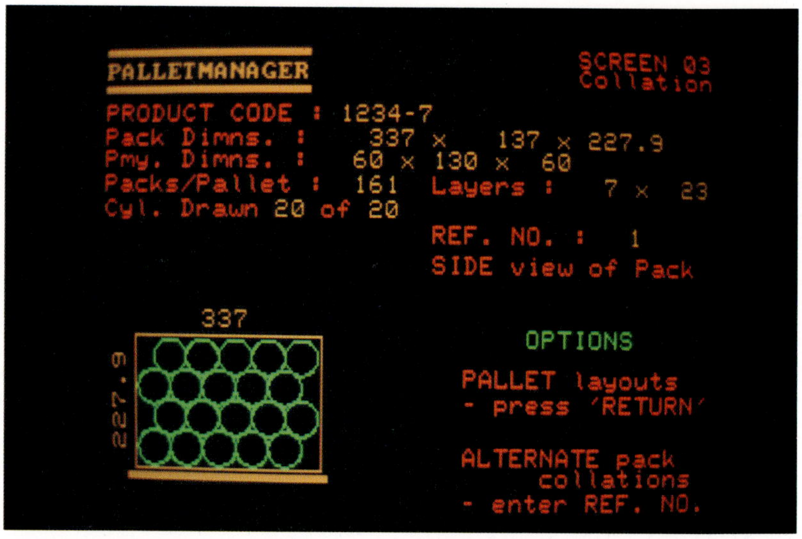

Beim Palettieren geht es darum, so viele Verpackungen wie möglich in einer stabilen Zusammenstellung auf einer Palette unterzubringen, um sie zu lagern oder zu transportieren. Bis vor kurzem arbeitete man mit Intuition. Öfter wurden weniger stabile Palettierungen akzeptiert, einfach, weil das Umladen als zu zeitaufwendig betrachtet wurde. Jetzt sind mit der Anwendung von Computerprogrammen für das Palettieren die Dinge viel einfacher. In der Handhabung sind diese computergestützten Palettierungssysteme recht einfach zu begreifen, auch für Anwender, die mit Computern nicht vertraut sind. Wenn die Dimensionen der verschiedenen Verpackungen erst eingegeben sind, zusammen mit der Größe der Palette, dann kann jeder IBM- oder IBM-kompatible Mikrocomputer die beste Verteilung solcher Container auf der Palette errechnen. Der Bildschirm zeigt dann Pläne der Bodenlagen, die er errechnet hat, und den Betrag an, um den die Verpackungen überstehen oder die Palette nicht bedecken. Man kann dann die möglichen Anordnungen durchsehen, um die beste Lösung auszuwählen, unter Berücksichtigung von Kriterien wie Packungsgröße oder Stabilität.

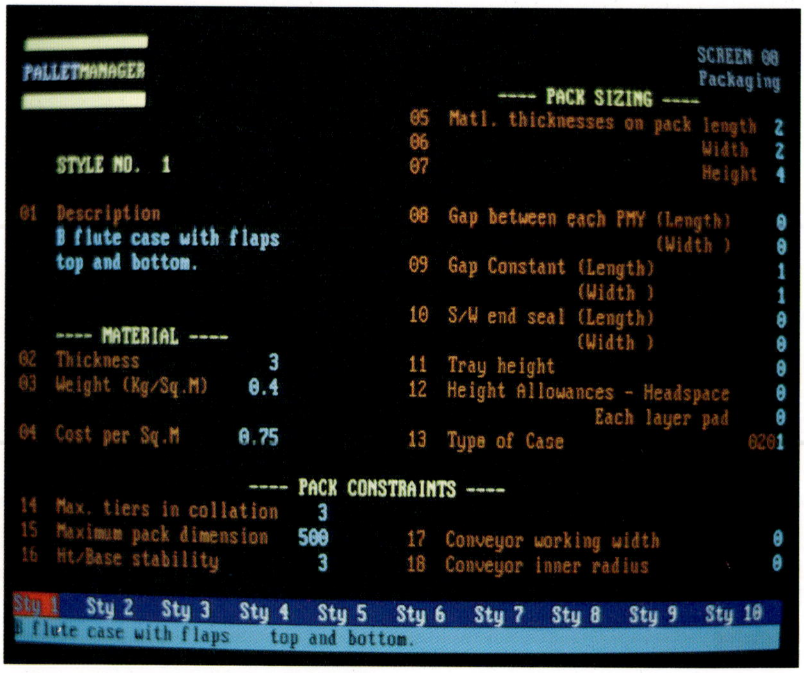

Das Designprogramm kann auch bei diesem Verfahren helfen, ein dreidimensionales Diagramm zu erstellen, das als Stapelreport bekannt ist. Er zeigt, ob sich eine befriedigende Anordnung der einzelnen Lagen ergibt, das heißt, ob die Ladung stabil ist, wenn sie bewegt wird. Wenn der Anwender der Meinung ist, daß ein bestimmter Entwurf nicht effektiv ist, kann er oder sie die Verpackungen auf der Palette verschieben, um die Auswirkungen auf die Stabilität zu sehen. Die verschiedenen Anordnungen können dann, mit weiteren Daten der Palettierung, als Hilfestellung für den Benutzer ausgedruckt werden.

Diese Programme können nicht nur die Beladung mit vorhandenen Verpackungen untersuchen. Sie können auch den Einfluß des Verpackungsdesigns auf die Kosten, Lagerung und Verteilung ermitteln. Das ist der größte Vorteil des Programms für den Verpackungsdesigner. Die Hauptbereiche der Untersuchungen sind die geometrische Anordnung von primären Einheiten in einer sekundären Verpackung und die Konstruktion der Verpackung.

Angenommen 12 Kartons, jeder 124,5 × 74,9 × 69,9 mm groß und mit einem Gewicht von 350 g, müssen in eine Kiste aus Wellpappe, mit Laschen oben und unten, gepackt werden. Eine andere wichtige Angabe ist das geschätzte Produktionsvolumen der zu verpackenden Produkte von 150 000 Stück pro Jahr. Es ist nicht unwesentlich, daß die Kartons aufrecht stehen müssen. Durch die Eingabe dieser Daten in das Programm führt das System seine Berechnungen aus und zeigt die Ergebnisse an. In diesem Fall können, abhängig von der gewählten geometrischen Anordnung, zwischen 168 und 192 Kartons auf einer Palette gestapelt werden. Es ist jedoch wichtig festzuhalten, daß die maximale Beladung der Palette nicht die ökonomisch beste Lösung sein muß, wenn Material- und Verteilungskosten einbezogen werden. Die Verpackungsgröße kann in Abhängigkeit von den gesamten jährlichen Kosten aufgelistet werden. Eine Änderung des Designs, zum Beispiel in der Höhe der Kartons, kann die Anzahl der Pakete auf jeder Palette (hier 12) deutlich erhöhen. Eine Änderung des Designs kann bei marktüblichen Preisen für Verteilung und Material Kosten von 7800 Pfund pro Jahr einsparen.

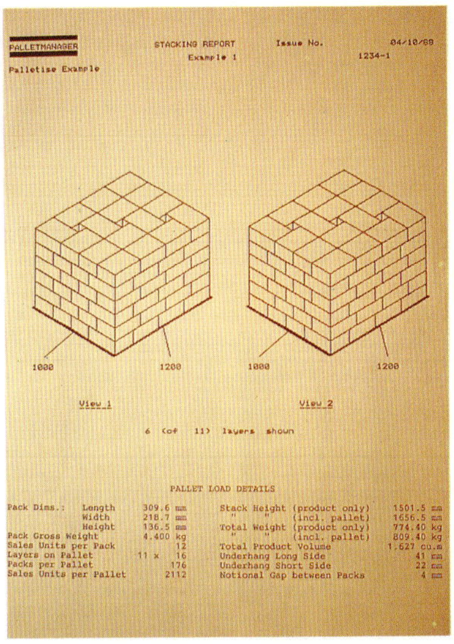

Ausdruck

Gegenüberliegende Seite, oben: Zusammengestellte zylindrische Pakete oder Flaschen

Links: Auswahl der äußeren Kiste

Rechts: 3D-Anordnung auf dem Bildschirm

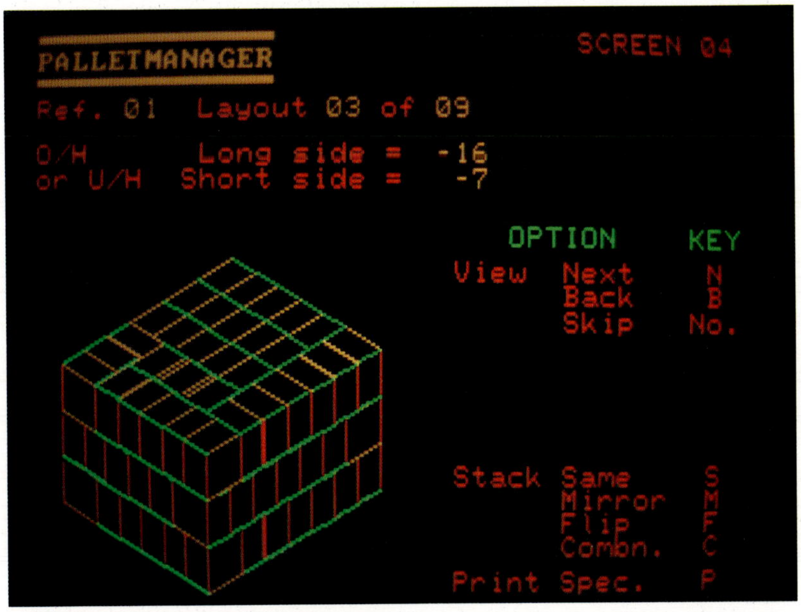

1.3 Verpackung und Image

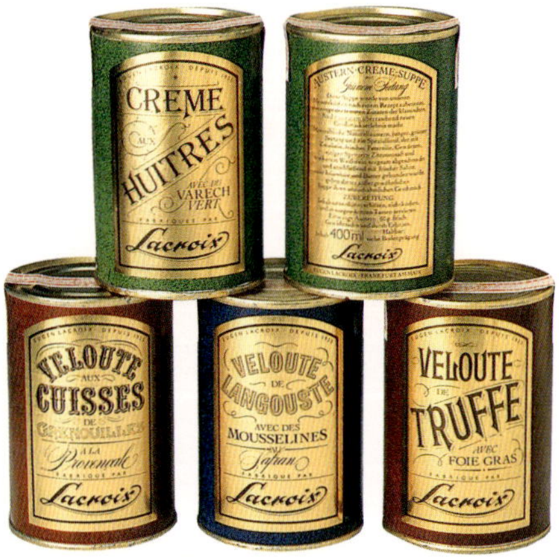

Als Teil des Marketingprozesses befaßt sich das Verpackungsdesign nicht nur mit der Projektierung des Produktes selbst, sondern auch mit einem bestimmten Image, egal ob es sich um eine Herstellermarke oder um die Eigenmarke eines Einzelhändlers handelt. Zusätzlich kann das Produkt darauf abzielen, einen bestimmten Teil des Marktes anzusprechen, indem bestimmte Lebensstil-Assoziationen geweckt werden. Bei diesen Fragen muß der Verpackungsdesigner eng mit denen zusammenarbeiten, die die Werbekampagne durchführen.

Farbe und Typografie können sogar bei einfachsten Produkten eine höhere Einstufung auf dem Markt erreichen. Diese Auswahl von Qualitätssuppen (Design von Michael Peters Group) benutzt ein goldenes Etikett, das um die Dose gewickelt ist, um den Eindruck von Qualität zu unterstreichen. Die Verwendung von Metallicfarben hat fast immer diese Wirkung; sie wird in diesem Beispiel noch verstärkt durch die anspruchsvolle Typografie.

Verpackung und Werbung

Die Wirkung von Packungsidentität als Verstärkung der Werbung im Fernsehen und in Zeitschriften kann man anhand eines Forschungsprogramms des Einzelhandels aufzeigen, das am Verkaufspunkt durchgeführt wurde. Eine Umfrage bei Lebensmittelhändlern, 1987 von United Biscuits durchgeführt, brachte einige interessante Ergebnisse. Zusammen mit Voraussagen von zukünftigen Budgetausgaben sind sie Lesematerial, das zum Denken anregt und sich mit der Zukunft der Herstellermarken gegenüber der Eigenmarkenidentität innerhalb des Verpackungsdesign-Forums befaßt.

Eine Londoner Werbeagentur, Twill Price Court Twivy D'Souza, vermutet, daß die Verpackung viel wichtiger ist als die Werbung – trotz der anfänglichen Skepsis der Kunden. In einem Seminar über das bedeutende Geschäft des Verpackungsdesigns erklärte das Unternehmen, das für Brooke Bond, Mates Healthcare und Moulinex gearbeitet hat, daß es 40 000 Pfund von der Werbung wegnehmen würde, die während der Hauptsendezeit gezeigt wird, um dafür sicherzustellen, daß auf lange Sicht die Verpackung besser ist.

Umfragen im Lebensmittelhandel 1987

Kaufgrund	Anteil der Befragten (%)
Im Geschäft gesehen/spontan gekauft	42
Von einem Freund/Kollegen empfohlen	25
In der Werbung gesehen	18
Probepackung	9
Sonstige Gründe	6
Summe	100

Quelle: United Biscuits

Eines der berühmtesten Beispiele für Identität, die durch sekundäre Verpackungen gefördert wird, ist die Einkaufstüte von Harrods. Allein schon die Tatsache, daß er in Warenhäusern wie Harrods und Sears einkauft, macht eine persönliche Aussage über den Konsumenten. (Foto: Wolff Olins)

Diese Haltung macht Sinn, denn schließlich hält die Wirkung einer Werbekampagne nur etwa acht Wochen an, während die Haltbarkeit einer Packung im Vergleich dazu bis zu fünf Jahre betragen kann.

Voraussage für das Wachstum der Werbeausgaben

Budgetabsichten	TV	Presse	Verpackungsdesign
vergrößern	11	18	32
sollen so bleiben	42	48	44
vermindern	8	9	3

Quelle: Schlackmans 1988

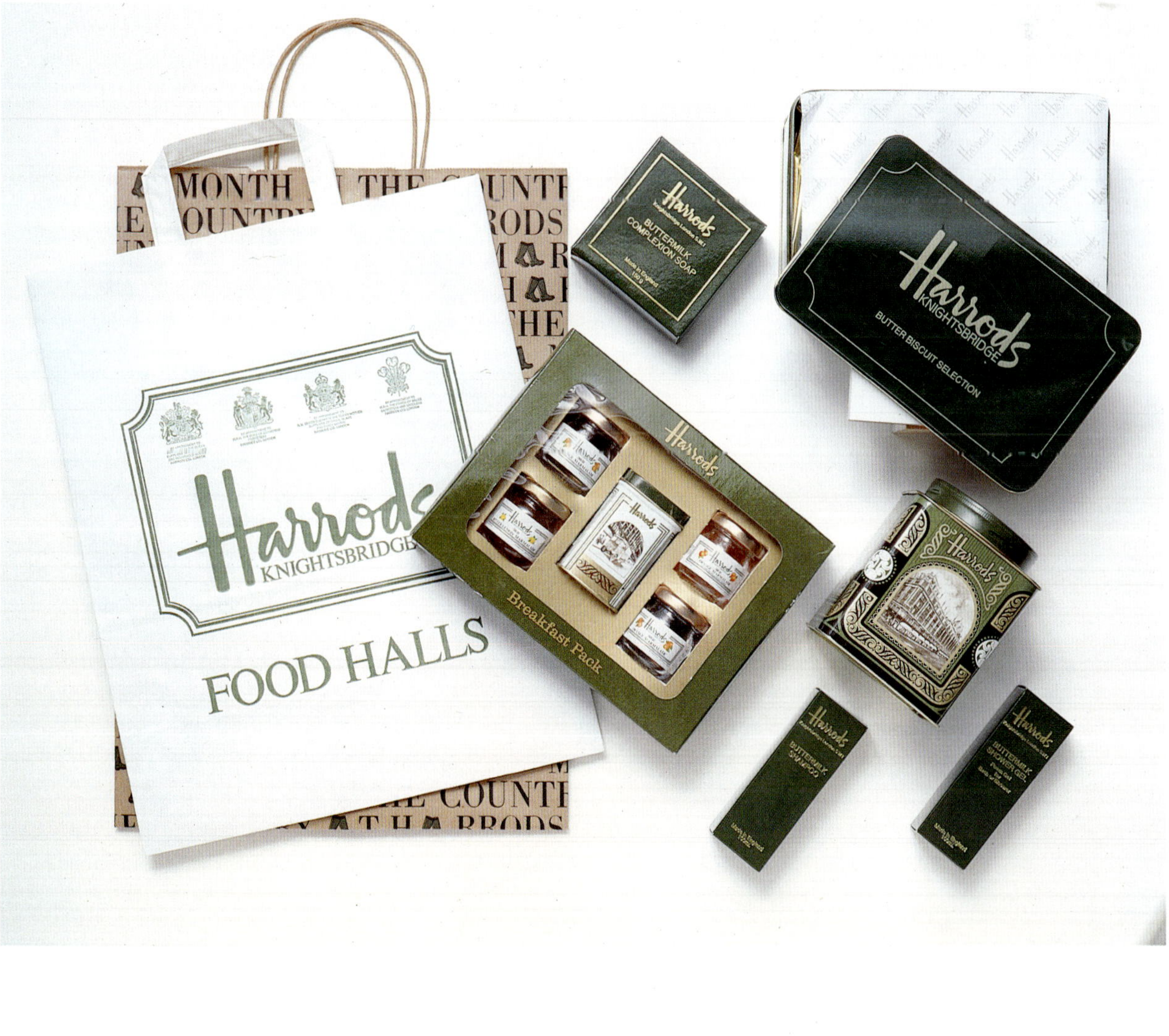

Zielmarketing

Das Marketing eines Produktes wird immer stärker auf vorher bestimmte Zielmärkte gerichtet: Dies bezeichnet man als »Marktsegmentierung«; meistens ist sie das Ergebnis intensiver Marktforschung, die Merkmale potentieller Kunden untersucht. Die Segmentierung kann durch soziale, ökonomische und geographische Faktoren vorgenommen werden, wobei die neueste und modernste Methode nach dem »Lebensstil« fragt. Auf der einen Seite wird die Zielsetzung immer spezifischer und trifft immer kleinere Segmente haargenau, aber gleichzeitig, besonders nach 1992 in Europa, werden Märkte immer internationaler. Der Designer muß darauf achten, daß seine Arbeit nicht zu kulturspezifisch ist. Verpackungsdesign und Werbung können auch eingesetzt werden, um ein Produkt über verschiedene Segmente zu verschieben, wenn die Notwendigkeit bestehen sollte. Der zentrale Punkt, den der Designer verstehen muß, ist, wann und wie dies erreicht werden kann und mit welchen Produkten. Das Verstehen des Zielmarktes ist dann für den Verpackungsdesigner von größter Bedeutung.

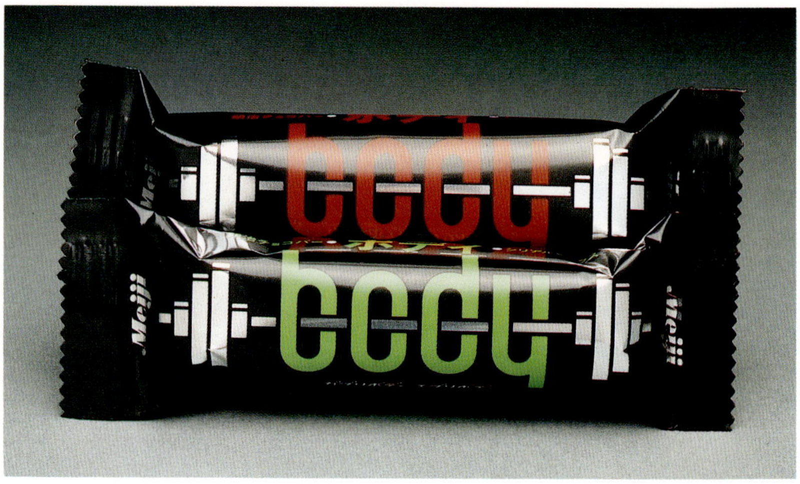

Herstellermarken- und Eigenmarkenidentität

Mit dem Trend hin zu hochwertigen Handelsmarkenartikeln (Eigenmarken) haben Designer sich gefragt, ob es eine Zukunft für Herstellermarken gibt.

Dieser Frage widmete sich eine Gruppe der besten britischen Designagenturen in einem Seminar in den späten achtziger Jahren. Die Michael Peters Group wies darauf hin, daß die Entwicklung der Handelsmarkenvertreiber zu Lieferanten von Qualitätsartikeln entscheidend sei für das Fortschreiten des Verpackungsdesigns zu einem ernsthaften Geschäft; das Unternehmen erklärte, daß der einzige Weg nach vorn sei, die Eigenmarken auf dem Markt zu etablieren, um mit Markenartikeln zu konkurrieren.

Obwohl der größte Teil der Arbeit in der Designindustrie noch bei Markenartikeln liegt, stehen diese jetzt einer starken Konkurrenz der Handelsmarken gegenüber, da sich immer mehr Einzelhandelsorganisationen mit Designagenturen und mit unabhängigen Beratern einlassen. Das Image der Markenartikelverpackung neu zu beleben, sagt die Michael Peters Group, ist nicht einfach eine revolutionäre Frage oder eine der völligen Änderung der Identität. Die Vorstellung zielt eher auf ein Auffrischen des Images ab, auf eine Hervorhebung jener Aspekte eines Produktes, durch die es dem Nachbarn haushoch überlegen ist. Die Marke wird sogar bei Gebrauchsartikeln wie Bohnen und Cream Cracker betont: Die Verbraucher werden nicht einfach aufgefordert, gebackene Bohnen oder Cream Cracker zu kaufen, sondern Heinz Baked Beans und Jacobs Cream Cracker. Nirgendwo ist die Verpackung enger mit der Werbung verbunden als auf dem Mineralwassermarkt, auf dem die Form und Farbe der Perrier-Flasche im Kopf des Verbrauchers so stark mit dem

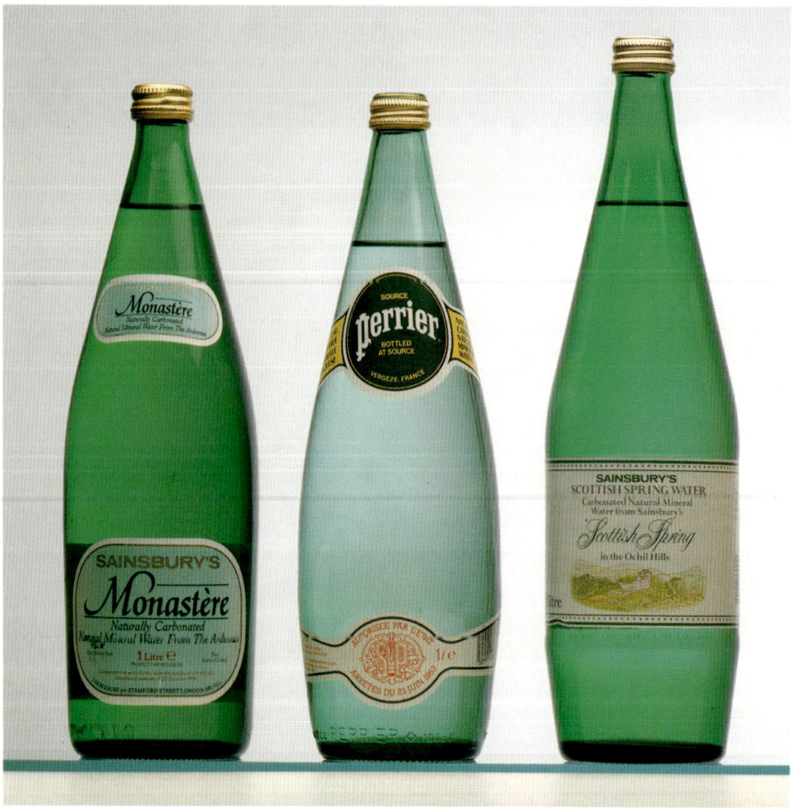

Produkt verbunden ist, daß Plakate und Fernsehspots für das Produkt wirkungsvoll werben können, ohne den Namen des Unternehmens zu erwähnen oder ein Etikett zu zeigen.

Unter den Designagenturen herrscht das Gefühl vor, daß die Form sehr oft der größte Wettbewerbsvorteil ist, den ein Produkt haben kann. Sie gibt dem Produkt auf dem Regal Identität. Es ist sehr leicht, für eine charakteristische Form zu werben, da sie sich besser einprägt als irgendeine hohe, schlanke Flasche oder irgendeine rechteckige Schachtel. Zu den Beispielen von Verpackungsformen, die gleichbedeutend sind mit dem Produkt, gehören die Jif-Zitrone und vielleicht die berühmteste Form aller Zeiten, die Coca-Cola-Flasche. Obwohl die größte Menge Coke heute in Dosen und PET-Flaschen verkauft wird, zeigt Coca-Cola die Flasche immer in der Fernsehwerbung. Jene wellenförmige Kontur ist auch in den weißen Streifen der phantastischen roten Dose dargestellt und auf den Etiketten der PET-Flaschen.

Diese japanische Süßware (links oben) zielt auf den gesundheitsbewußten Bodybuilder-Typ. Die Verpackung versucht den Käufer davon zu überzeugen, daß der Riegel ihm Kraft gibt. Die kräftigen Primärfarben verstärken diesen Eindruck. Die glänzende Verpakkung aus orientiertem Polypropylen fühlt sich glatt an und schützt den Riegel.

Wenn ein Produkt farblos, ohne Geschmack und vollkommen ohne besondere Eigenschaften ist, wie das Wasser von Perrier, das auf der linken Seite gezeigt wird, dann wird die Verpackung gleichbedeutend mit dem Produkt. Das Bild zeigt auch, wie Farbe und Form von der Konkurrenz imitiert werden können. (Foto: Wolff Olins)

1980 entwickelte das deutsche Studio Kreuser das neue Markenzeichen Mum, das hier abgebildet ist, und überarbeitete das Etikett. Die Präsentation des Produkts wurde in der Folgezeit zweimal geändert, um es auf dem Markt höher zu plazieren und um ihm das Aussehen und die Wirkung exklusiverer Kosmetika zu geben.

Internationale Markenidentität

Wenn man eine Marke zusammen mit einem Marketingaufhänger oder Werbethema etabliert hat, ist die nächste Entscheidung, vor der der Designer steht, ob dieses Produktdesign erweitert oder globalisiert werden sollte. Coke gelang dies mit der Packungsform und -farbe, weil sich der Name von Coca Cola von Sprache zu Sprache unterscheidet. Die Wirkung des visuellen Symbols, verbunden mit der Farbe und den Marketinginstrumenten, darf nicht unterschätzt werden.

Das westdeutsche Designstudio Kreuser hat für eine Reihe von großen internationalen Kunden gearbeitet. Es befaßt sich mit der Entwicklung neuer Produktmarken und Verpackungen, wobei es bekannte Namen einsetzt, um neue Märkte in Deutschland und Europa zu erobern.

Beispielweise arbeitete Kreuser seit 1973 für Kimberley Clark, als es die Entwürfe für die klassische deutsche Kleenex-Box lieferte.

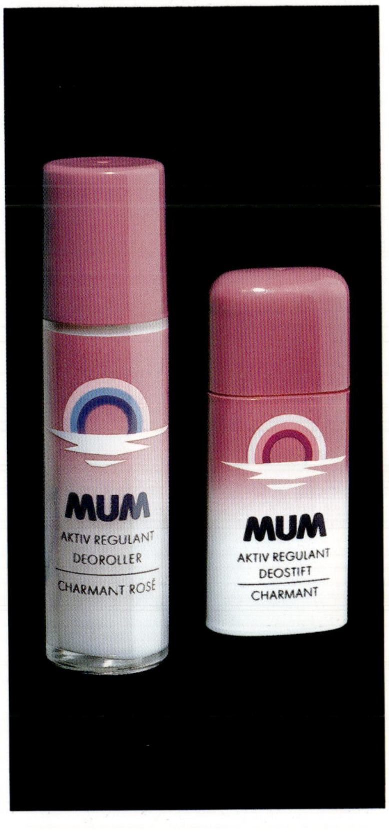

1980 entwickelte Kreuser ein neues westdeutsches Markenzeichen für Mum-Deoroller und entwarf das Etikett neu. Das Logo der aufgehenden Sonne hinter der kräftigen Groteskschrift führte dazu, daß das Deodorant zum Bestseller des Marktes wurde. Die Entwürfe wurden zweimal aktualisiert, bevor der Roller durch die Mum-Deodorantstick-Serie ergänzt wurde, auf der dasselbe Logo verwendet wurde. Die Linie ist immer noch marktführend.

In manchen Fällen wird die Werbung genutzt, um den Verbraucher in einem Land über ein Produkt oder sogar über eine Verpackung zu belehren. Die französischen Hersteller von Orangina entwarfen und veröffentlichten eine Serie von sehr farbigen Fernsehwerbespots, in denen gezeigt wurde, wie man die Flasche schüttelt und den Bodensatz aufwirbelt, damit der Geschmack des Getränks ganz zur Wirkung kommt. Ein ähnliches Beispiel gab es, als Getränke in Kartons angenommen wurden. Es gab eine gewisse negative Publicity in den Medien über die angeblichen Schwierigkeiten, derartige Packungen zu öffnen. Daher zeigt Elopak, der skandinavische Hersteller von Getränkekartons, die oben giebelförmig zulaufen, in einer kurzen Reihe von Fernsehspots, wie ein Mann eine Packung öffnet. Seitdem tragen die Packungen ein kleines Logo, auf dem zwei Daumen nach oben zeigen, und die Worte »Elopak leicht zu öffnen«, um die Giebelkartons von den rechteckigen Packungen zu unterscheiden, die von einem anderen skandinavischen Unternehmen, Tetra Pak, der britisch-deutschen Organisation Bowater-PKL und anderen produziert werden.

Diese wenigen Beispiele zeigen, daß Markenmanager und Verpackungsdesigner nicht einfach nur Untersuchungen aus einem Land in Betracht ziehen sollten, beispielsweise aus Großbritannien oder Westdeutschland, sondern ausgedehnte Forschungsprogramme im ganzen Kontinent anstellen müssen, damit vernünftige Werbe- und Marketingkonzepte entwickelt werden können.

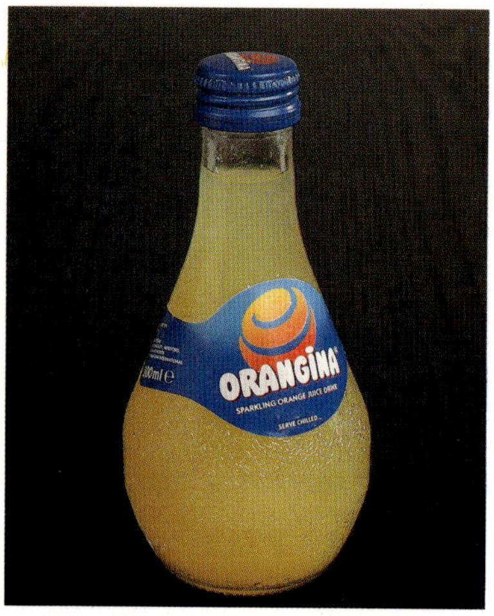

Corporate Identity

Für viele Einzelhandelsketten ist die Markenidentität Teil einer umfassenderen Unternehmensidentität, für die enorme Mittel ausgegeben werden können, die die Unternehmenskommunikation, das Verkaufsdesign und das Verpackungsdesign einbeziehen. Die Verpackung bietet eine Möglichkeit, ein Unternehmensdesign und eine Unternehmensbotschaft zu vermitteln.

In den späten siebziger Jahren und während der achtziger Jahre stellte die Macht von Lebensmittelmultis und die ständig größere Bedeutung des Heimwerkermarktes und der Drogerieketten Designer vor ein Problem, da der Verpackungsmarkt polarisiert wurde. In Großbritannien haben im Lebensmitteleinzelhandel beispielsweise Sainsbury, Tesco und vier andere Einzelhandelsketten zusammen einen Marktanteil von mehr als 50 Prozent, was ihnen enorme Entscheidungsmacht darüber gibt, welche Produkte den Verbraucher erreichen und wie sie dies tun. Die meisten Einzelhändler vermeiden oder reduzieren zum Beispiel heute die Menge des Display-Materials, das ein Hersteller anbieten kann, um den Verkauf zu unterstützen. Als ob dies nicht schon schwer genug war, führten die Einzelhändler dann Eigenmarken ein.

Am Anfang waren Eigenmarkenprodukte meistens Gebrauchsartikel, die zu extrem niedrigen Preisen verkauft wurden. Sie hatten ein zweckmäßiges Design, oft eine Farbe, die bei sehr verschiedenen Produktarten gleich war, angefangen bei gebackenen Bohnen und Fruchtsäften bis hin zu Deodorants und Toilettenpapier. Dann siedelten Tesco und in letzter Zeit auch Asda – ein Unternehmen, das auch in anderen europäischen Ländern aktiv ist – ihre Eigenmarkenartikel im Markt höher an, mit sehr gutem Druck und hochwertiger Fotografie, und wetteiferten um die Aufmerksamkeit und das Geld des Kunden. Die Veränderung war dramatisch, und heute müssen Markenprodukte nicht nur miteinander kämpfen, sondern aufgrund der Qualität und des Preises auch mit den Handelsmarken des Einzelhandels. Milton Glaser entwarf die Verpackung für die Supermarktkette von Grand Union als integralen Bestandteil des Handelsdesigns (siehe S. 26–27).

Ein weiteres Beispiel für den Einsatz der Corporate Identity im Verpackungsdesign ist Shells Neuverpackung von Motoröl. Motoröl wurde bisher in Weißblechdosen verpackt. Shell hielt es für eine gute Idee, das eigene Erzeugnis in einem anderen Produkt des Unternehmens zu verpacken: in einem Kunststoffkanister. Shell glaubte, daß auf diese Weise die eigene Verpackung zu einer Marke werden könne. Die Idee wurde ausgeführt, und die Behälter werden in der Unternehmensfarbe aus eigenen Materialien gepreßt.

Wahrscheinlich eines der weltweit bekanntesten Einzelhandelsgeschäfte ist Harrods, das sorgfältig das Image geschaffen hat, die Bedürfnisse jedes Kunden erfüllen zu können. Aber ein viel wichtigerer Teil des Images von Harrods ist, daß es als Kaufhaus betrachtet wird, in dem die Menschen gerne einkaufen. Das bedeutendste Produkt, das von Harrods vermarktet wird, ist das, was James Pilditch, Autor des Buches »The Silent Salesman«, als »ein Gefühl von Überfluß, Wohlergehen und sozialer Anerkennung bezeichnet«. Er fügt hinzu, daß Harrods geschickt seinen Markt erweitert hat, ohne sich auf ein billigeres Sortiment einzulassen. Die Verbraucher sind zufrieden, wenn sie bei Harrods kaufen, weil sie sicher sein können, daß alles, was bei Harrods erworben wird, von ihresgleichen oder von Leuten, denen sie nachzueifern versuchen, angenommen wird. Die Einkaufstüte von Harrods ist vielleicht eines der berühmtesten Beispiele für Identität, die durch Sekundärverpackung gefördert wird (siehe S. 41).

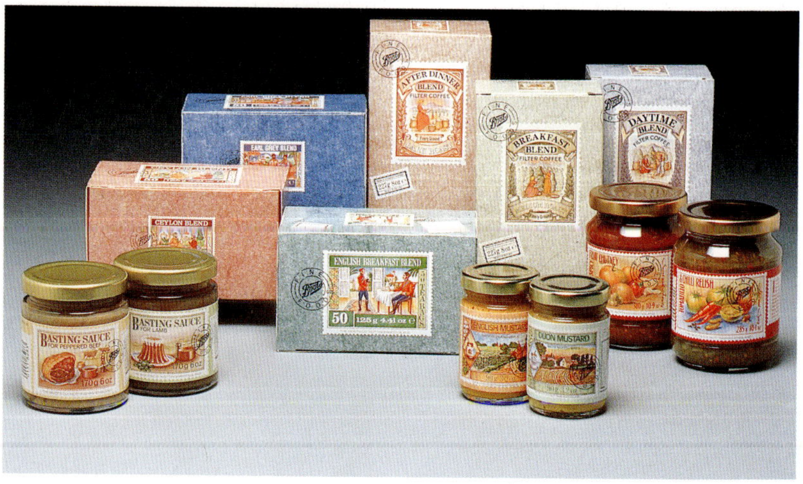

Die aufregenden Farben und die Form der französischen Orangina-Flasche wurden vollständig genutzt, sogar im Rahmen einer Fernsehwerbung mit Clown. Sie zeigte dem Konsumenten, daß die Flasche vor Gebrauch zu schütteln ist, damit der volle Geschmack des Getränks zur Geltung kommt.

Die Michael Peters Group entwickelte das Konzept eines »Fine Food«-Sortiments für diese Eigenmarkenprodukte der britischen Boots-Ladenkette. Dabei hatte sie die Idee, das Etikett als Briefmarke zu gestalten, um den Eindruck zu erwecken, daß die Produkte aus fernen Ländern kommen.

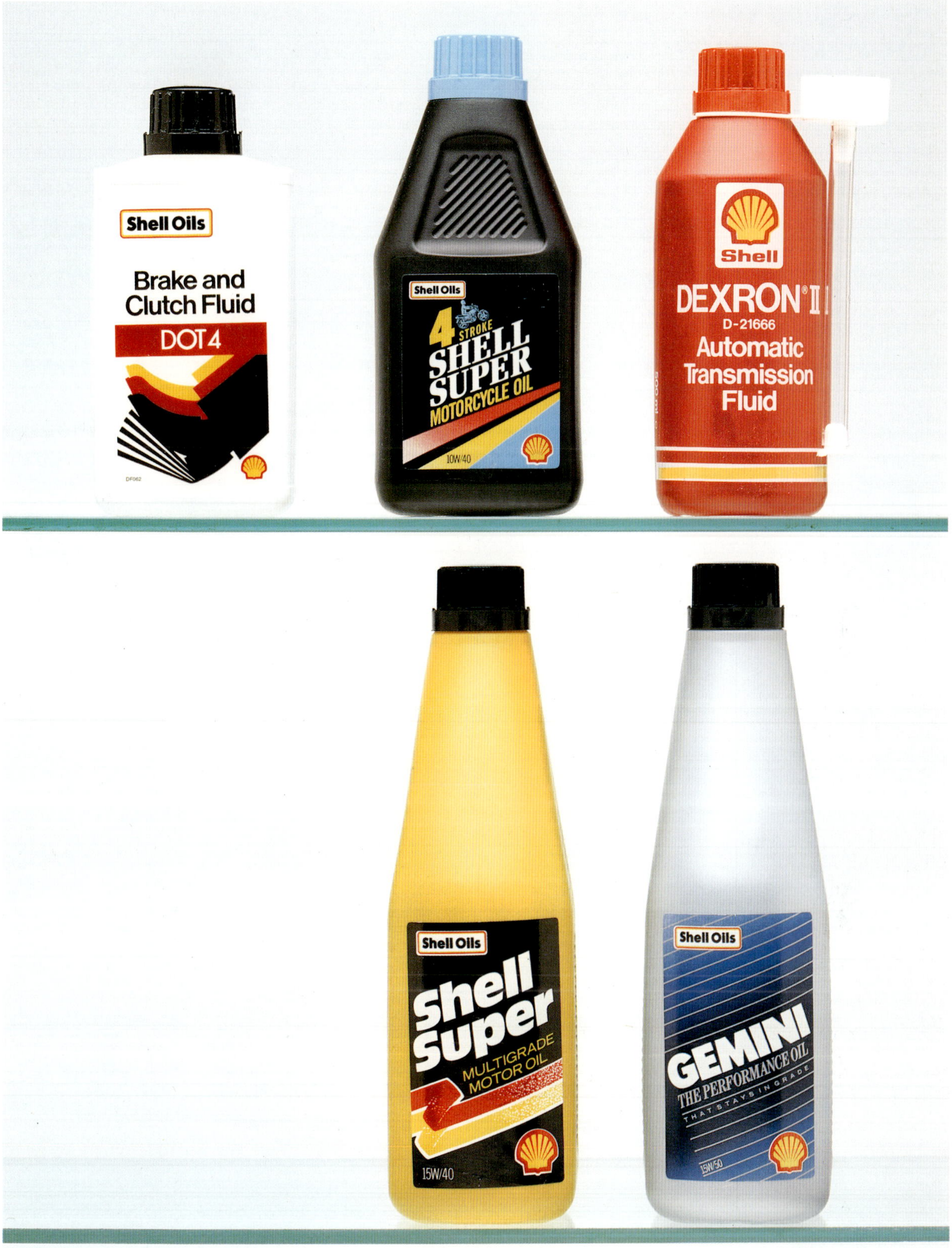

Die Royal Dutch Shell stellte die Verpackung ihrer qualitätsorientierten Ölprodukte von Weißblech auf Behälter aus Polyethylen hoher Dichte, die aus eigenen Erzeugnissen hergestellt werden, um. Viele Behälter haben eine gelbe Pigmentierung und tragen das Shell-Logo des Unternehmens. (Foto: Wolff Olins)

Hinzufügung von »Charakter« durch Verpackung

Weil auf den Regalen in jedem Geschäft so viel Konkurrenz herrscht, müssen Packungen für den Verbraucher mehr leisten und mehr bedeuten. Jeder Aspekt der Packung muß den Konsumenten zum Kauf anregen. Das umfaßt jeden zusätzlichen emotionalen Antrieb, den der Designer durch Farbe, Image und Wahl des Verpackungsmaterials einbauen kann.

Designer können die Verpackung jedoch verbessern, indem sie Charakter oder Romantik hinzufügen. Indem sie einer Packung einen eigenen Charakter geben, oder richtiger ausgedrückt, einen wahrgenommenen Charakter, wird der Konsument eingeladen, das Produkt mit den schönen Seiten eines bestimmten romantischen Themas zu verbinden.

Ein zentraler Punkt bei der charaktervollen Verpackung ist, daß sie dem Produkt im Innern meistens Wert hinzufügt. Dies ist wichtig, weil der Preis nicht mehr als einziger Faktor gilt, nach dem viele Verbraucher zwischen Produkten wählen. Viele Diskontläden haben das Wort »Diskont« aus ihrem Namen und ihren Ladenschildern gestrichen – das Schlagwort heißt heute Qualität, und der beste und erste Indikator dafür ist die Verpackung eines Produkts. Natürlich kann die Verpackung zuerst nur einen Probekauf auslösen – die Qualität des Produktes im Innern ist hinterher der Schlüssel, der zu den wichtigen Wiederholungskäufen führt. Eine Charakterverpackung kann dem Produkt eine zusätzliche Dimension geben; die Aussicht, daß der Verbraucher nach mehr verlangt und wieder kauft, wird stark verbessert.

Gesundheit

Der Gesundheit wird von vielen Verbrauchern beim Kauf von Nahrungsmitteln und Körperpflegeprodukten starke Beachtung geschenkt. Die steigende Zahl von Abteilungen für frische Nahrungsmittel und Delikatessen in den Supermärkten, besonders in den USA – die nach Meinung von Einzelhandelsexperten den britischen Verbrauchertrends fünf bis zehn Jahre voraus sind –, ist eine Herausforderung für verpackte Waren. Dies hat einen neuen Charakter hervorgebracht, dem die Verpackung nachgeht, indem sie mit Gesundheit wirbt.

Indem man Natürlichkeit und das Fehlen von Konservierungsstoffen oder Zusätzen (siehe ausführlicher Kapitel 4.1) durch grafische Farbspritzer betont, kann der Designer dem Verbraucher sagen, daß ein Produkt »gesund« ist. Ob der Kunde tatsächlich glaubt, daß Pakkungen mit schreienden Farben und Formen wie jene, die in den Ecken von Zeitschriften oder in »Preisvorteil«-Angeboten verwendet werden, gesund sind, ist eine andere Frage. Eine bessere Methode, mit Gesundheit zu werben, wäre, Bilder, mit denen man Gesundheit assoziiert, und entspannte Farben in die Pakkung einzuarbeiten. Es ist vielleicht sogar noch besser, das Produkt selbst sprechen zu lassen, wenn es sich um ein Nahrungsmittel handelt: man wähle Glas oder festen Kunststoff wie PVC, PET oder starres Polystyrol.

Anwendung von Farbe und Stil

Charakterdesigns müssen nicht mit einem bestimmten Thema in Zusammenhang stehen, sondern können auch verwendet werden, um bei Snacks auf Eigenschaften wie knusprig und schmackhaft oder warm und weich wie bei Procter & Gambles Lenor hinzuweisen, wobei Farbe und Stil passend kombiniert werden. Qualitäten wie Weichheit und Wärme können auch direkt durch das Packungsmaterial übermittelt werden. Glas und Weißblechdosen verstärken den Eindruck von Kühle der Getränke, die sie enthalten, weil sie sich selbst kühl anfühlen. Bei Packungen aus Pappe andererseits hat man diesen Eindruck nicht. Kunststoff kann den Eindruck von Synthetik und Keimfreiheit vermitteln; daher ist es ein nützliches und praktisches Material für pharmazeutische und Erste-Hilfe-Tinkturen. Diese Wirkung kann jedoch, falls erwünscht, durch geeignete Etiketten und deren Positionierung umgekehrt werden.

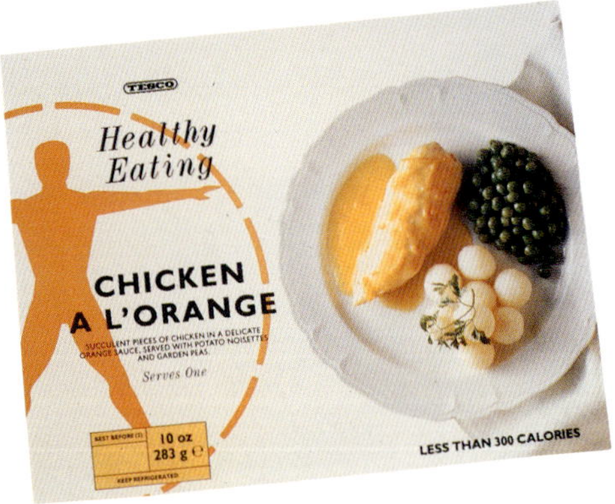

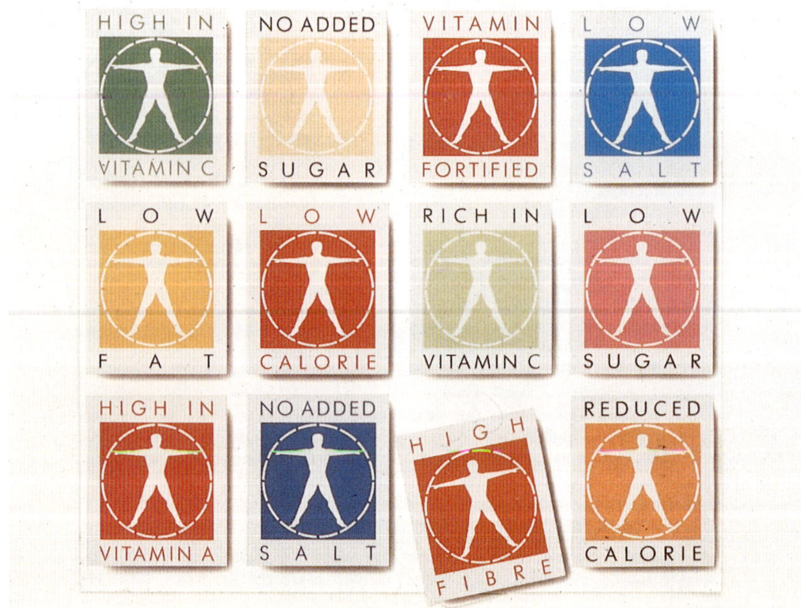

Werbung auf der Packung

Der Verpackungsdesigner, der Fehler eines Produktes verdecken will, indem er die Verpackung aufwertet, sollte sich der Tatsche bewußt sein, daß die meisten modernen Verbraucher sich nicht mehr durch falsche Werbung auf der Packung täuschen lassen. Wenn man versucht, den Absatz einer mittelmäßigen Produktlinie mit einer großartigen Pakkung zu fördern, wird das Ergebnis immer ein Mißtrauensvotum des Konsumenten sein, das sich vielleicht auf den Verkauf anderer Linien des Unternehmens auswirkt.

Nostalgie

Der vielleicht interessanteste Trend der letzten Zeit ist, mit dem Verpackungsdesign in die Vergangenheit zurückzugehen. Nostalgie war immer von Bedeutung bei allem, was Menschen machen; aber da wir uns unerbittlich vorwärts bewegen, kopfüber ins einundzwanzigste Jahrhundert mit Computern, die denken, und Autos, die reden, müssen wir alle manchmal in den Werten der Vergangenheit eine Ruhepause suchen. Aber sehr oft ist dieses nostalgische Gefühl eine Illusion, die von Designern, die diesen Trend ausnutzen, kreiert wird. Sie benutzen traditionelle Typografie und Bilder der Vergangenheit und kaum Fotografien oder moderne Schrift.

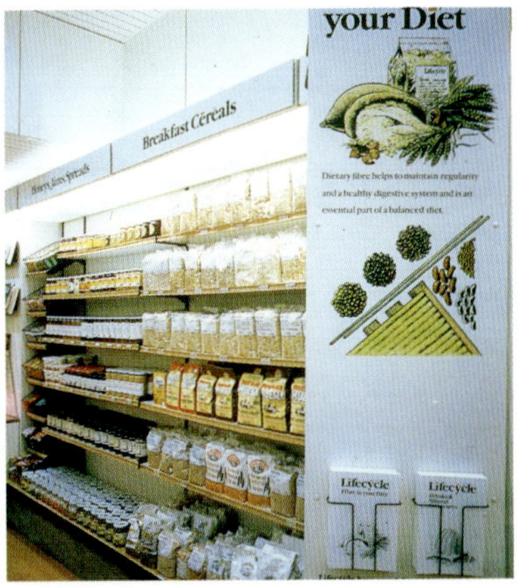

Die Arbeit des Verpackungsdesigners erstreckt sich sogar auf die Regale und Supermarktgänge. Das Bild zeigt das Lifecycle-Sortiment, das von Brand New gestaltet wurde.

Die Nostalgiewelle kam den Produzenten von Blechgefäßen wie gerufen. Sie entwickelten schnell ein Repertoire an Geschenken und Produkten für jede Gelegenheit, wie unten zu sehen ist. Die Verwendung von traditionellem Verpackungsmaterial aus der Zeit vor dem Kunststoff erhöht den Wert von normalen Standardprodukten, indem man sich nostalgisch auf die gute alte Zeit bezieht. Nostalgie wurde auch verbunden mit gesunder Ernährung durch Bilder, die an Bauernhäuser und an hausgemachte Erzeugnisse erinnern. Dies ist ein Beispiel für den ewigen gesellschaftlichen Mythos einer vergangenen Utopie.

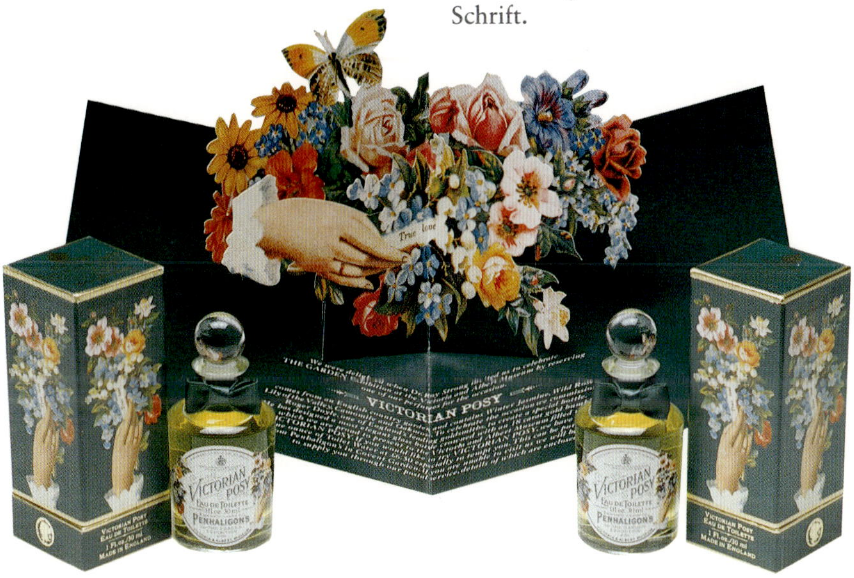

Dieses neue Parfüm, Victorian Posy, wurde extra für die Victoria and Albert Museum's Garden Exhibition kreiert. Das Parfüm erhielt eine dunkelgrüne Schachtel mit einer Dekoration in echtem viktorianischen Stil. (Design von Michael Peters Group für Penhaligon)

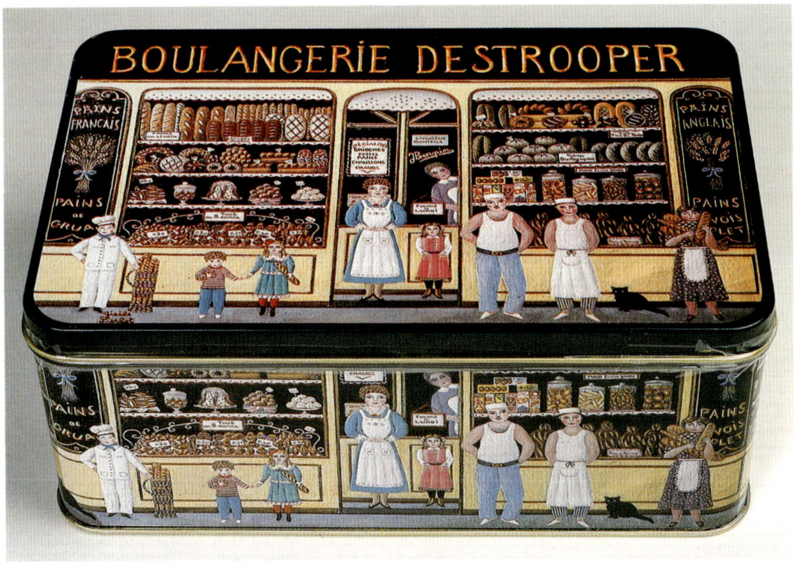

Die Reihe farbcodierter Etikette des britischen Einzelhandelsunternehmens Tesco (linke Seite, Design von David Davies Associates) informiert nicht nur den Verbraucher, sondern unterstützt das Image des Unternehmens als Einzelhändler, der Waren für gesundheitsbewußte Kunden führt.

Fallstudie: Body Shop

Für Body Shop, eine junge, aber aufstrebende britische Handelskette für Gesundheits- und Schönheitsprodukte mit Läden in Australien, Singapur, den USA und anderen Ländern, ist die Verpackung ein integraler Bestandteil ihrer Marketingstrategie. Die Vertrauenswürdigkeit und Persönlichkeit des Ladens, seine Identität, werden verkörpert durch die schlichten Kunststoffflaschen und -behälter und die einheitliche Etikettierung.

Der Body Shop öffnete mit gerade 15 Produkten, jedes von Hand etikettiert von Anita Roddick. Die Geschäftsführerin und Inhaberin sagt: »Die Kosmetikindustrie ist vor allem eine Verpackungsindustrie. Dadurch produziert sie eine Menge Abfall.« Im Gegensatz dazu sind die Verpackungen von Body Shop minimal. Es wird keine Außenverpackung verwendet; die verfügbaren Kartons und Produkte sind nicht nur durch das Etikett unterscheidbar. Um ausreichende Informationen für die wachsende Zahl umweltbewußter Konsumenten unterzubringen, befestigt Body Shop Informationskarten mit den Angaben zu Inhaltsstoffen und ihrer Wirkung an der Seite der Produkte.

Ein anderer Aspekt der Verkaufsmethoden von Body Shop, der zurückgeht auf die Tage der kleinen Eckläden, ist, daß die meisten Produkte im Geschäft mit Preisnachlaß nachgefüllt werden können. Dies wird teilweise wegen der Kosten für neue Verpackungen gemacht; die Wiederverwendbarkeit der Verpackungen ist aber auch ein Verkaufsargument. Kunststoffe werden auch wegen ihrer ausgezeichneten Undurchlässigkeit und auch wegen ihrer Haltbarkeit und Robustheit verwendet. Das Gewicht des Glases und dadurch die zum Transport nötige Energie ist auch ein Argument, so scheint es, speziell bei Produkten mit kleiner Füllmenge. Das Unternehmen arbeitet jedoch mit einer Abteilung von ICI zusammen an der Entwicklung geeigneter biologisch abbaubarer Polymere. »Wenn das Unternehmen mit einer Lösung käme, wäre das ein Durchbruch, und wir wären ein riesiger Markt dafür«, sagte Nicola Lyons, Leiterin der Umweltprojekte. Der einzige Weg, die Verpackungsmenge zu reduzieren, ist deshalb gegenwärtig, daß Body Shop seine Anstrengungen auf das Recycling konzentriert.

Body Shop plant, bis 1991 einen großen Teil der Flaschen selbst zu gestalten und in der unternehmenseigenen Blasformanlage zu produzieren. Hier werden auch alle Flaschen der Kunden zurückgenommen. Das Unternehmen reduziert auch die Menge der Kunststofftragetüten aus PE-HD durch Einführung von Einkaufstüten aus Papier. Diese bestehen aus Recyclingpapier und tragen die neuesten Informationen zu Umweltfragen. Einige

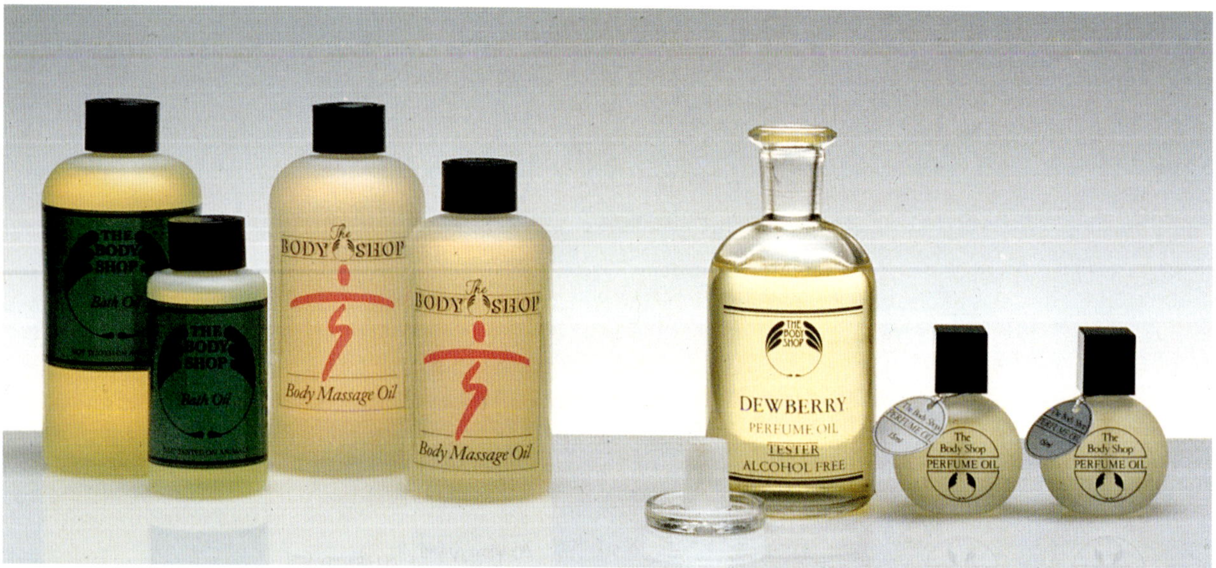

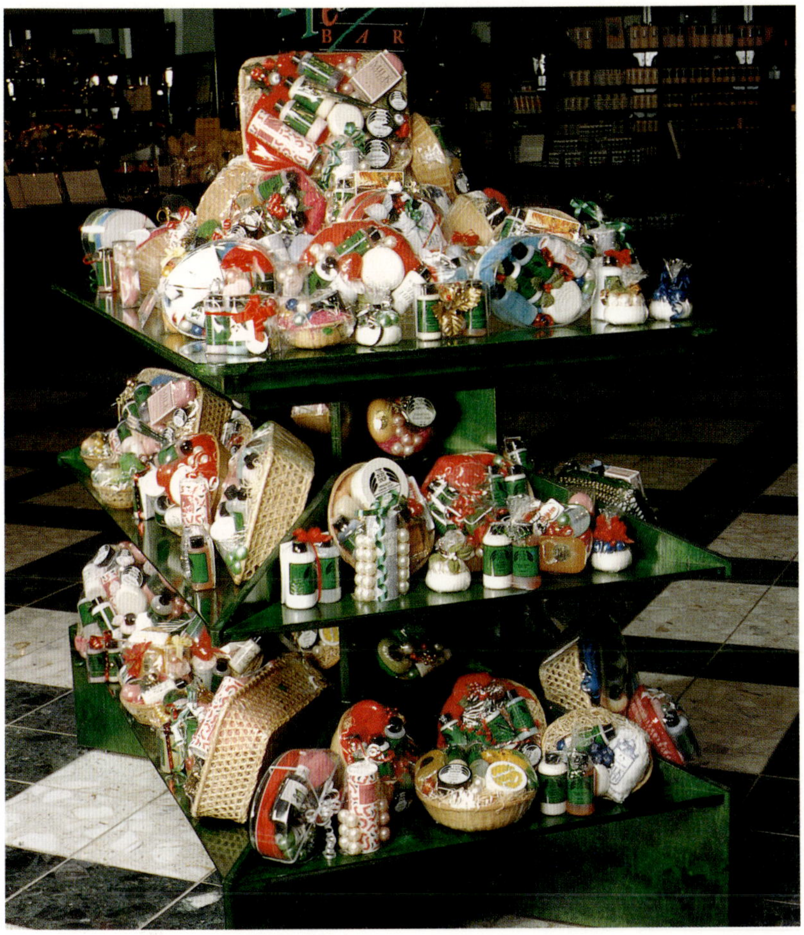

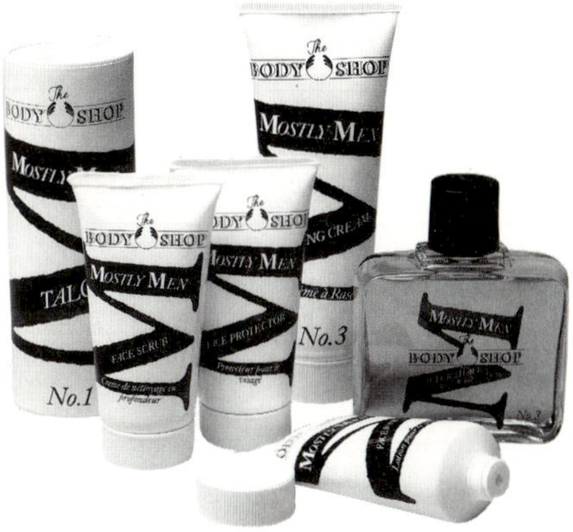

In den Kosmetikmarkt für Männer einzusteigen, ist für Body Shop ebenso schwierig wie für andere führende Händler von Kosmetika, obwohl es dieses überraschende Design, das sich um den Buchstaben »M« dreht, schaffen könnte.

Die Geschenkpackungen des Unternehmens sind erfolgreich, besonders im festlichen Weihnachtsgeschäft. Acetatverpackungen und stimmungsvolle Bänder schmücken die einfachen Kunststoffflaschen und Weidenkörbe aus dem Fernen Osten, gefüllt mit Holzwolle und einer kleinen, wirkungsvollen und ansprechenden Auswahl.

Nachdem vor kurzem die Auswahl an Reinigungsmilch und Feuchtigkeitscremes erweitert wurde, bewegt sich das Unternehmen mit dieser Serie von Parfüms und Ölen jetzt im Bereich herkömmlicher Kosmetika.

Kunststofftüten werden von Body Shop noch verwendet, aber diese sind aus biologisch abbaubaren Kunststoffen hergestellt; ein weiterer wichtiger Gesichtspunkt des Marketings.

Vom relativ bescheidenen Anfang ist Body Shop auf inzwischen 400 Geschäfte weltweit angewachsen, die alle zentral von Großbritannien aus geleitet werden. Das Sortiment des Unternehmens wird in einer Reihe von fünf Standardflaschen aus Polyethylen hoher Dichte verkauft, die eine Füllmenge von 60 bis 600 ml haben. Die Etiketten sind alle grün und tragen das lorbeerumkränzte Logo von Body Shop mit schwarzer Groteskschrift. Das ganze Image ist in sich stimmig und überzeugt den Verbraucher, daß alle Produkte zuverlässig und vertrauenswürdig sind. Das Rezept von Body Shop war so erfolgreich, daß Kosmetikhersteller es schnell übernommen haben.

Die Firma Body Shop versucht, ihre Produktserie auszubauen. Für die einfachen Feuchtigkeitscremes und für Reinigungsmilch wurden spezielle Parfüms entwickelt, für Sonnenschutzmittel UV-Filter mit Aloe Vera und, um die männlichen Kunden anzusprechen, eine Serie von Rasiercremes und Gesichtswasser. Obwohl die Standardverpackungen von Body Shop aus durchscheinendem PE-HD bestehen, ist die Serie »Mostly Men« weiß eingepackt, mit einem hervorgehobenen Buchstaben »M« an der Seite als wichtigstes Designmerkmal. Das »M«-Image wird hervorgehoben durch den Buchstaben »M« im Logo der Serie »Mostly Men«; aber das Body-Shop-Logo erscheint auch noch lorbeerumkränzt in einer Ecke im oberen Teil des Behälters.

1.4 Grafisches Design

Das Grafikdesign ist ein fester Bestandteil beim Entwurf einer Verpackung. Es soll das Produkt verkaufen, es verständlich machen und den Käufer informieren. Seine erste und wohl wichtigste Aufgabe ist es, die Aufmerksamkeit des Verbrauchers zu wecken. Danach muß es den Kunden deutlich darüber informieren, um was für ein Produkt es sich handelt und welche Vorzüge es bietet, indem beispielsweise gezeigt wird, was die möglichen Ergebnisse bei Gebrauch des Produktes sein können – zum Beispiel ein glänzend sauberer Wagen auf einer Flasche mit Autowachs.

Der vielleicht berühmteste Verbrauchsartikel aller Zeiten wird hier in seiner neuesten Fassung gezeigt – die Dose. Es wird das traditionelle und wirksame Logo des Unternehmens gezeigt, verbunden mit der vertrauten Kontur von Coke auf einem hellroten Hintergrund. Bei dieser Verpackung gibt es in der ganzen Welt Variationen in der Gestaltung, sie bleibt aber zum Ärger der Konkurrenz immer sofort wiedererkennbar.

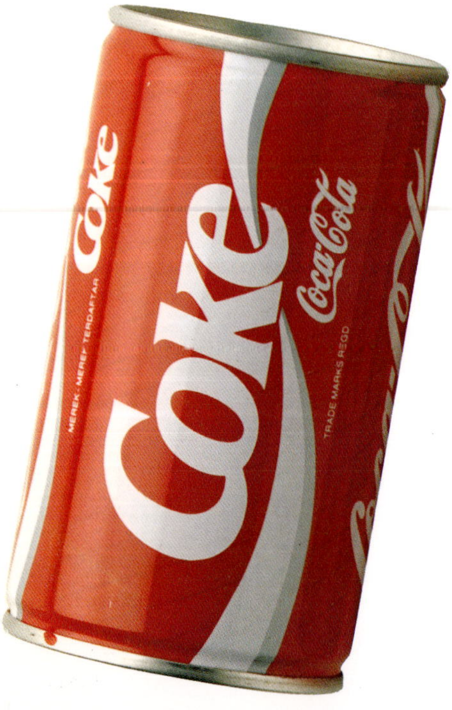

Im allgemeinen sollten ästhetische Erwägungen und Marketingüberlegungen bei Packungsillustrationen nicht getrennt werden. Sollte die Packung das Produkt zeigen, oder sollte sie das Ergebnis nach Gebrauch des Produktes zeigen? Auf den Packungen von Geräten für die Rasenpflege der Firma Black & Decker ist genug Platz für beides: man kann den Rechen sehen, aber auch den perfekt geschnittenen Rasen.

Das grafische Design hat eine Schlüsselrolle dabei, eine Produkt- und Markenidentität zu schaffen. Das berühmteste Beispiel dafür, wie Farbe, Form und Schriftbild verwendet werden können, um dies zu erreichen, ist wahrscheinlich die Coca-Cola-Flasche (und jetzt auch die Dose), die weltweit sofort erkennbar ist. Die Grafik kann eingesetzt werden, um sowohl Ähnlichkeit zu projizieren als auch Einzigartigkeit: Hersteller, die versuchen wollen, aus dem Erfolg eines Produktes Kapital zu schlagen, können einen ähnlichen Grafikstil übernehmen, um dem Verbraucher zu zeigen, daß es »hier ein weiteres Produkt für diesen Markt gibt, aber seine Vorteile sind X«.

Wie bereits in Kapitel 1.3 dargestellt wurde, kann die Grafik in Verbindung mit den Verpackungsmaterialien auch eine wichtige Rolle bei der Erzeugung von Charakter und Image des Produktes spielen.

Wenn jedoch die Packung dies alles erreicht hat, muß sie etwas in den Hintergrund treten. Jede Packung muß im Haus oder im Büro, im Garten oder in der Garage akzeptabel sein. Am Ort ihres Gebrauchs müssen Produkte meistens nicht mit so viel Nachdruck hervorstechen wie beim Einzelhandel. Dies ist eine der größten Schwierigkeiten beim grafischen Design – ein Gleichgewicht zu finden zwischen den Aufgaben des Produktes, ein wirksames Verkaufswerkzeug zu sein und gleichzeitig ein akzeptabler Gebrauchsgegenstand. Das ist ein Ziel, das Designer leider allzu häufig nicht erreichen. Die Grundfunktionen des grafischen Designs bei der Verpackung lassen sich also so zusammenfassen:

- Identitikation des Produktes auf dem Markt.
- Information des Verbrauchers über das enthaltene Produkt und über die Vorteile bei Gebrauch dieses Produktes.
- Vergrößerung des Verkaufswertes des Produktes.
- Dem Produkt zusätzlichen Charakter und Wert zu geben.
- Dem Verbraucher zu gefallen, lange nachdem der Kauf getätigt wurde.

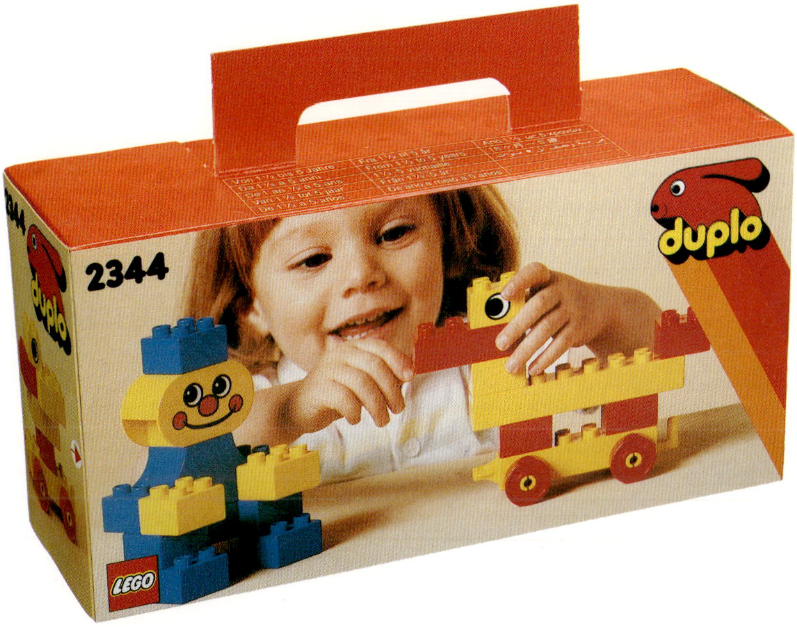

Planung einer Botschaft

Die Entscheidung, welche Botschaft das Produkt vermitteln soll, ist ein wesentlicher Teil des Marketingprozesses und der wichtigste Faktor für den Verpackungsdesigner. Um diese Entscheidung treffen zu können, ist es wichtig, folgende Frage zu stellen: Warum sollte der Verbraucher dieses Produkt kaufen? Diese Entscheidungen werden meistens nach eingehenden Diskussionen mit dem Hersteller des Produktes und der Marketingabteilung getroffen.

Nachdem beschlossen wurde, welche Botschaft vermittelt werden soll – das einzigartige Verkaufsargument – ist es die Aufgabe des Designers, jeden Aspekt der Packung zu nutzen, um den Kunden zum Kauf zu überreden. Wichtig ist für den Designer, daß zu »jedem Aspekt der Packung« die Wahl der physischen Verpackungseigenschaften wie Gewicht, Größe oder Preis gehören. Aber der erste Bezugspunkt ist meistens das grafische Design auf der Packung oder dem Etikett.

Leider gibt es keine absolut bindenden Regeln, nach denen Designer sich richten können und die sie von einem Produkt auf ein anderes übertragen können. Sie müssen die Begabung haben zu entscheiden, welche Farben gut zusammenpassen und welchen Eindruck Linien und Formen im Kopf des zufällig vorbeigehenden Kunden im Supermarkt erwecken können.

Aus Forschungsprojekten weiß man, daß die visuellen Elemente des Verpackungsdesigns – Farbe, Form und Schriftbild – die Wahrnehmung des Verbrauchers von verpackten Produkten positiv beeinflussen oder verzerren können. Designer sollten Untersuchungsergebnisse über Käuferverhalten beachten.

Es gibt einen Film, der von Psychologen vorgeführt wird, um festzustellen, ob Patienten eher auf Farben oder auf Formen und Figuren reagieren. Der Film zeigt eine Reihe von abstrakten Formen und Farben. Die Formen bewegen sich von rechts nach links und die Farben von links nach rechts. Aus der Antwort auf die Frage: »In welche Richtung bewegt sich die Zeichnung?« läßt sich ablesen, ob Form oder Farbe bei der Wahrnehmung der Befragten vorherrscht.

Der Test hat weitreichende Folgen für Verpackungsdesigner. Kleine Kinder reagieren beispielweise besonders stark auf Farbe, während Erwachsene auf Formen und Figuren reagieren. Männer scheinen jedoch stärker auf Formen zu reagieren als Frauen. Es gibt auch gutdokumentierte Unterschiede zwischen verschiedenen Kulturen und gesellschaftlichen Gruppierungen, was den Entwurf einer internationalen Packung erschwert.

Auf dieser Duplo-Verpackung von Lego stellen die leuchtenden Primärfarben den Inhalt dar, die zusammen mit dem Foto eines mit dem Spielzeug spielenden Kindes die Aufmerksamkeit des kleinen Verbrauchers sofort auf sich ziehen. Der Karton, der mit einem Griff versehen ist, kann auch als Spielzeug dienen.

Dieser Behälter, der die Harke von Black & Decker enthält, zeigt die Nützlichkeit einer Fotografie, um zu demonstrieren, wie das Produkt gebraucht wird.

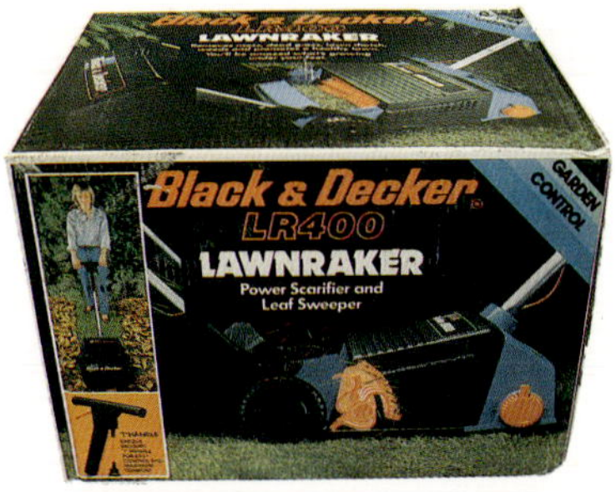

Die Designer der Michael Peters Group erhielten als Designanweisung die Aufgabe, der Verpackung für Feuerwerkskörper von Brocks eine außergewöhnliche Persönlichkeit mit Mitteln der grafischen Gestaltung zu geben. Das Produkt muß wirkungsvoll verpackt sein, da es nur während einer kurzen Zeit im Jahr verkauft wird.

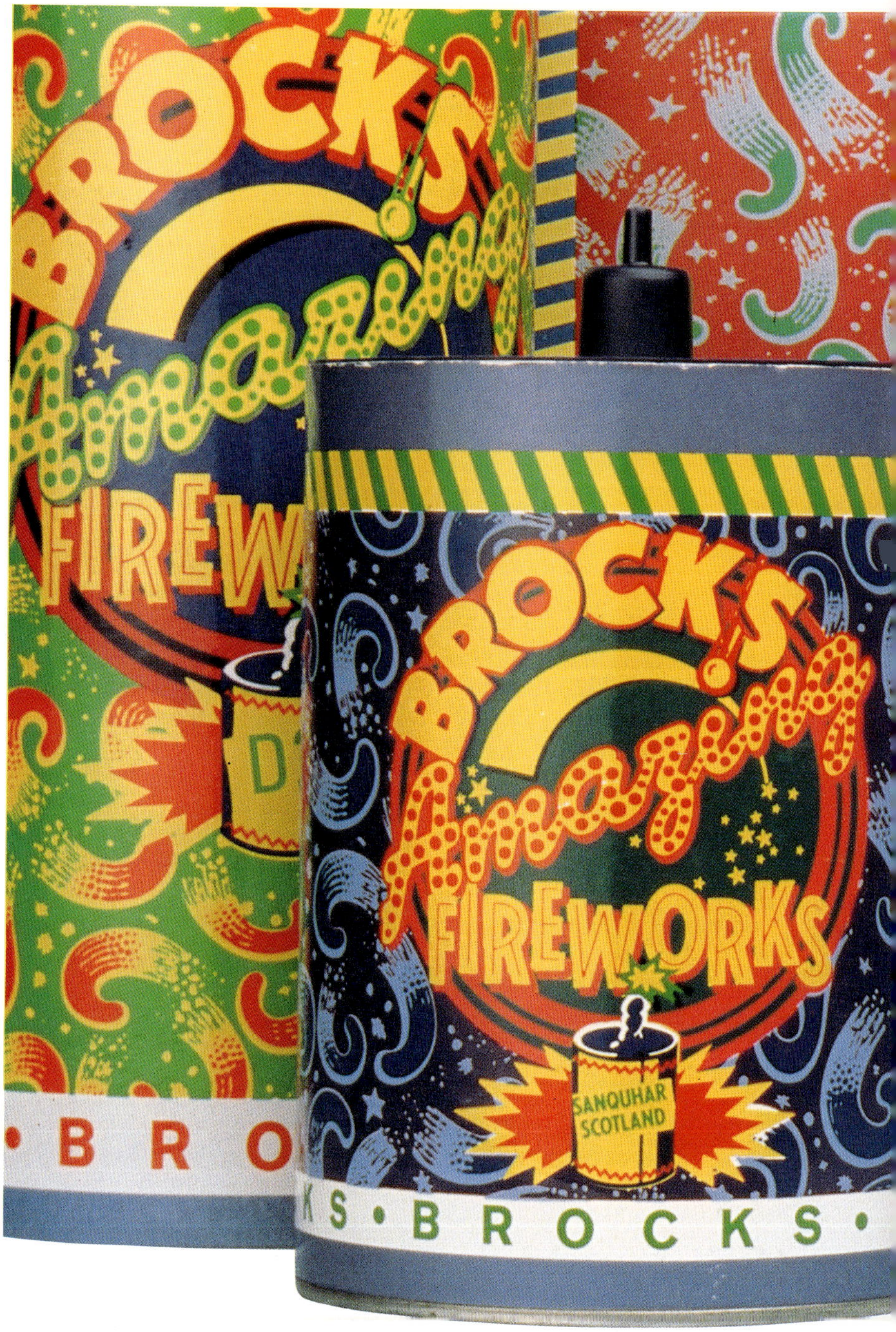

Bei diesem Spraysortiment der Yellow Can Co. legte Brand New für jede Haushaltsfunktion eine bestimmte Farbe fest. Die schnörkellose Groteskschrift und der einfarbige Hintergrund signalisieren, daß die Produkte preiswert und funktionell sind.

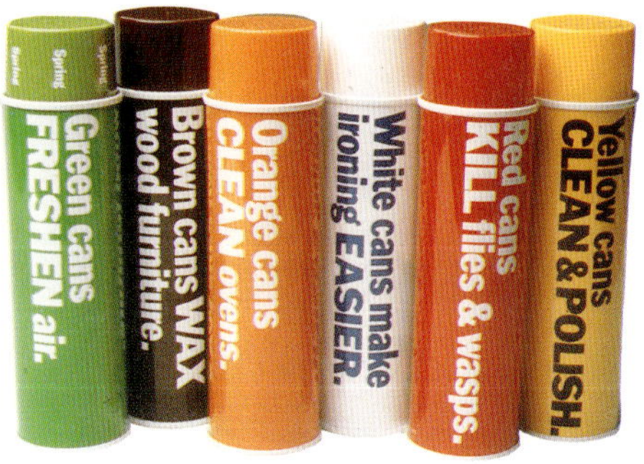

Farbe

Vor einigen Jahren gab ein amerikanischer Waschmittelhersteller einen Satz von drei Waschmittelpakkungen an verschiedene Familien aus und bat sie, die Produkte einige Wochen lang zu testen. Am Ende der Versuchszeit berichteten die Familien, wie sie die Waschpulver einschätzten. Die Packungen hatten drei Hauptentwürfe: eine war leuchtendgelb, die zweite war blau und die dritte trug eine Kombination aus beiden Farben. Das Pulver in allen drei Packungen war jedoch gleich, was den Testpersonen nicht bekannt war.
Die Mehrheit der Familien berichtete, daß die Pulver sich stark voneinander unterscheiden: Das Pulver in der gelben Packung war zu stark (einige waren der Meinung, daß es die Wäsche ruiniere), während das Pulver in der blauen Packung nicht stark genug war. Die Wäsche blieb angeblich grau und schmutzig. Seltsamerweise war das Pulver in der blau-gelben Packung gut.

Die Lektion dieses und vieler ähnlicher Tests ist, daß Designer die Grundkenntnisse des Verpackungsdesigns nutzen sollten, die über die Jahre entstanden sind und eine solide Grundlage für Entscheidungen beim Grafikdesign bieten.

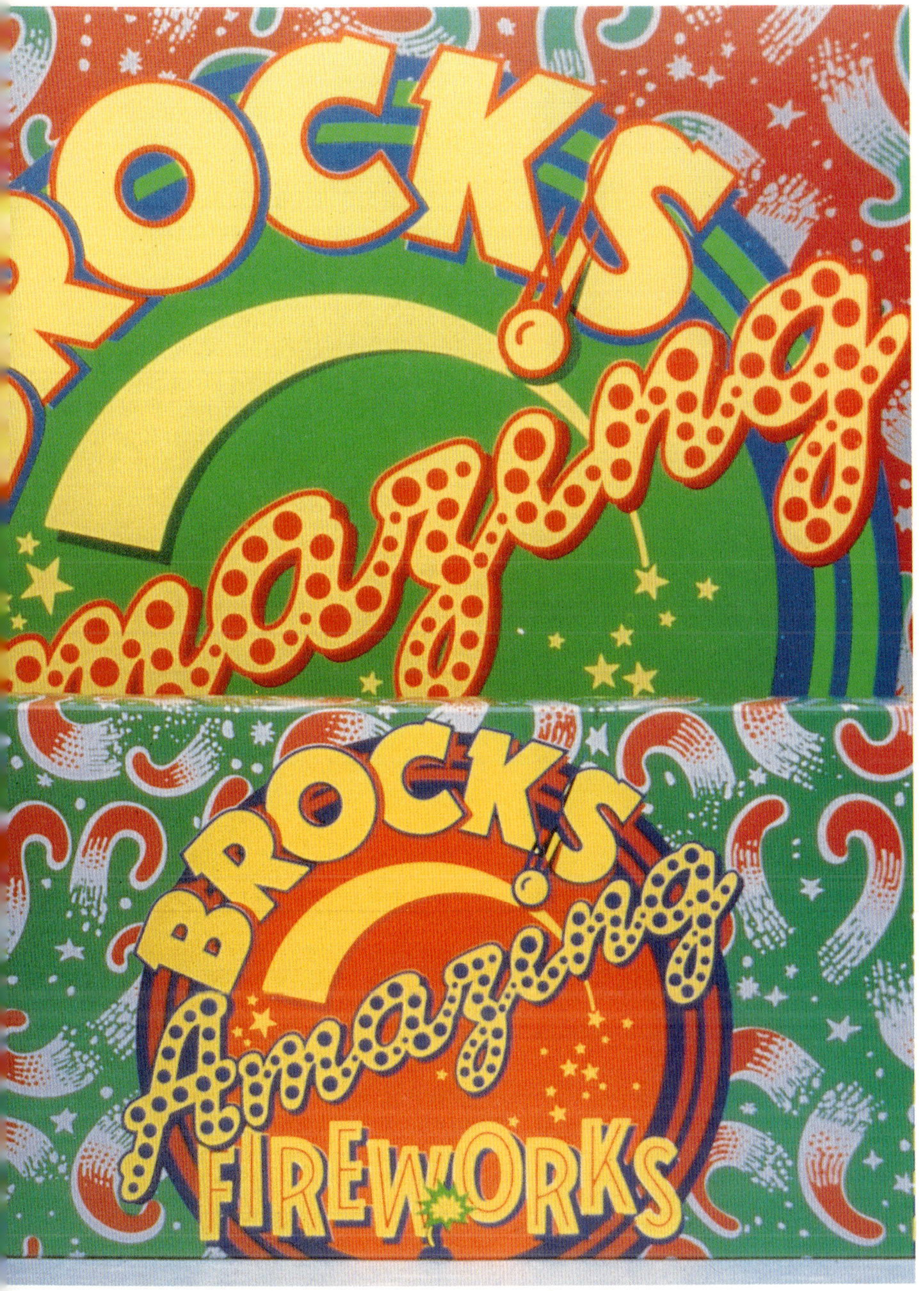

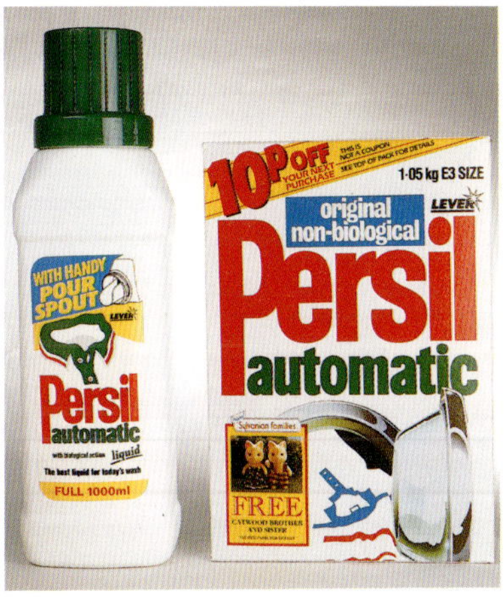

Die Farben auf Waschmittelpackungen können genausoviel Wirkung auf drekkige Wäsche haben wie das Waschpulver selbst! In diesem Beispiel wurden die hellen Primärfarben und die Typografie des Kartons auf die neue Kunststoffflasche von Persil übertragen.

Blickaufzeichnung

Eine komplexere Methode, um Verbraucherreaktionen auf Designs zu testen, wird als Blickaufzeichnung (eye tracking) bezeichnet, ein Test der am häufigsten in Nordamerika durchgeführt wird, wo sich die Einzelhändler in dem hart umkämpften Markt die Ausrüstung leisten können. Die Blickaufzeichnung arbeitet mit einem Infrarotlichtstrahl, der genau zeigt, wohin der Verbraucher schaut. Er zeichnet auf, was der Kunde auf einer Packung zuerst betrachtet oder auch im Regal. Meistens werden dem Betrachter eine Reihe von Dias oder Videofilmen von verschiedenen Packungen gezeigt. Der Infrarot-Scanner ist hinter dem Schirm verborgen. Erste Ergebnisse zeigen, daß Packungen mit hellen und leuchtenden Farben hoch bewertet werden, da das Auge von hellen Farben angezogen wird. Grelle und aufdringliche Farben, die normalerweise nicht mit einer bestimmten Produktkategorie in Zusammenhang gebracht werden, erhalten ebenfalls hohe Bewertungen. Obwohl die Blickaufzeichnung, die auf Diskette oder Magnetband festgehalten wird, sehr nützlich ist bei der Ermittlung, welche Entwürfe ein Betrachter zuerst »sieht«, müssen die Ergebnisse mit Interviews von Person zu Person und möglicherweise mit Fragebogen vertieft werden, um zu bestätigen, daß das Produkt auch tatsächlich aus dem Regal genommen und gekauft wird.

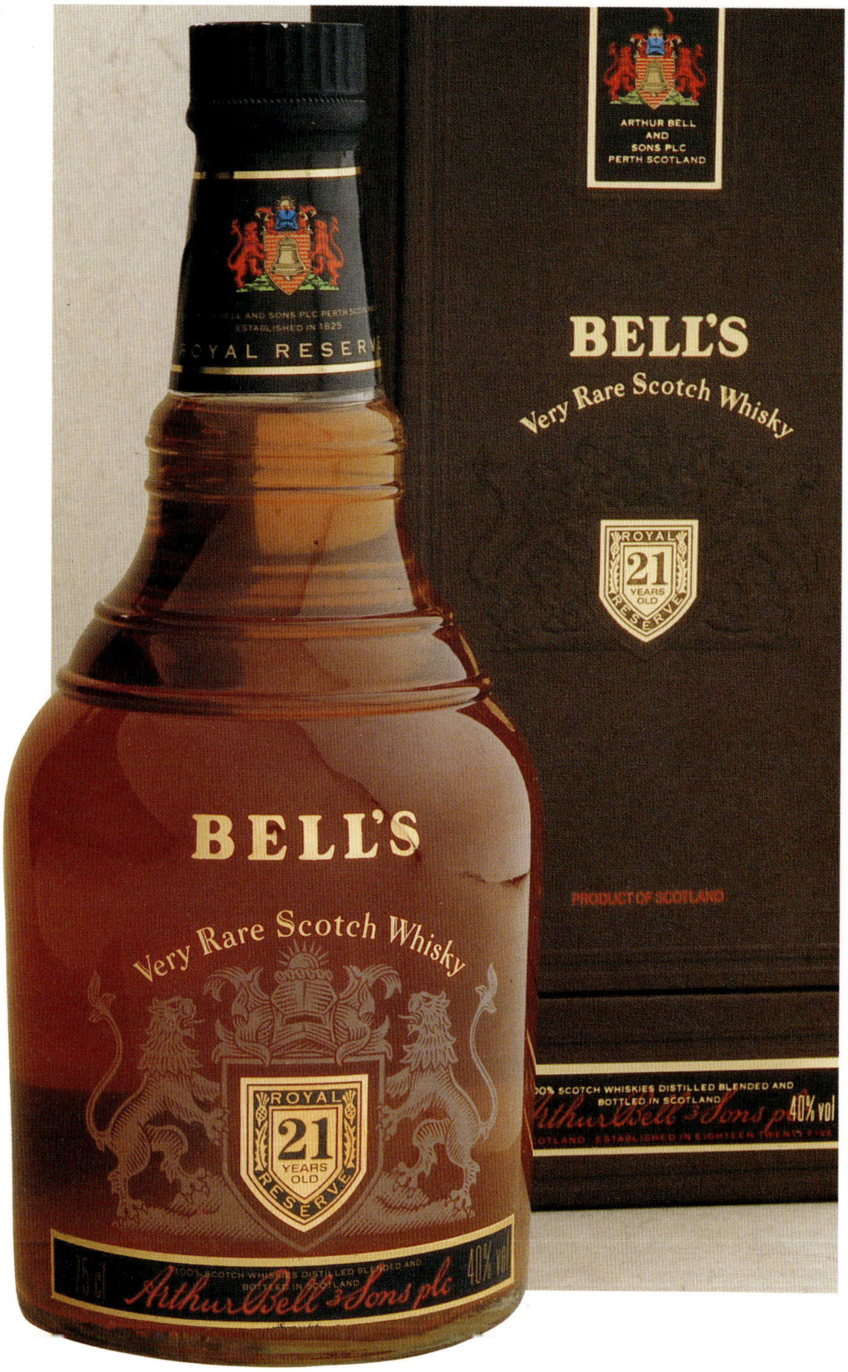

In dieser Präsentationsverpackung von Bell's Whisky (Design von Michael Peters Group) ist die Form das zentrale Identifikationsmerkmal. Die Flasche ist wie eine Handglocke geformt; die konzentrischen Ringe sehen aus wie ein Griff. Die Qualität der Flasche rechtfertigt eine zusätzliche Verpackung in einem goldverzierten Wellpappekarton mit einer schwarzen, satinierten Oberfläche.

Form

Die Form war schon immer ein wichtiges visuelles Element in der grafischen Kunst, und es ist leicht zu erklären, wie sie sich zu einem wichtigen Teil der Arbeit des Verpackungsdesigners entwickelt hat. Sie kann auf unterschiedliche Art eingesetzt werden. Zunächst gibt es die Form des Etiketts auf der Verpackung. Dann bilden die Gegenstände auf dem Etikett in ihrer Beziehung zueinander eine Form. Und schließlich hat die Verpackung eine Form. Beispielsweise können quadratische und rechteckige Packungen vorteilhaft genutzt werden, da sie die größte Oberfläche für die Botschaft des Produkts bieten. Außerdem lassen sich kubische Produkte gut stapeln, so daß weniger Regalraum verschwendet wird als bei runden oder ovalen Packungen. Einzelhändler bevorzugen diese Packungen nachweislich, besonders auf dem schnellen Markt der Konsumgüter. Die Berücksichtigung der Form ist schon aus diesem Grund äußerst wichtig.

Wenn die Formen der Packung nicht ausreichend zueinander in Beziehung stehen, sieht der potentielle Käufer ein Durcheinander an Schriften und Farben und geht wahrscheinlich an dem Produkt vorbei. Von der Hamburger Designagentur Creative Team wurden viele Untersuchungen über das Thema Form durchgeführt. Es wurde ein Test entwickelt, der offenbar besser in eine Psychologenpraxis als in ein Designbüro paßt. Die Agentur sagt, daß sich die Vorderseite jeder Packung leicht in zwei senkrechte Hälften aufteilen läßt, von der eine Hälfte das Design stärker beherrscht als die andere. Manchmal gefällt eine Packung dem Kunden gegen seinen Willen, gegen Logik und Verstand. Das Creative Team glaubt, daß dies aufgrund der Beziehung der einen Hälfte zur anderen geschieht – die zugrundeliegende Form der Packung, die dem Verbraucher angeboten wurde, gefällt ihm unterbewußt. Die einzige Möglichkeit, um zu entscheiden, ob die Form einer Packung akzeptabel ist oder nicht, ist, beide Hälften spiegelbildlich zum Original zu testen.

In Zusammenarbeit mit einer anderen deutschen Agentur, Schroder/Steinhausen, führte die Gruppe Pilottests aus, in denen zwei verschiedene Zigarettenpackungen der gleichen Anzahl von Männern und Frauen gezeigt wurden. Der Test selbst sollte eine Reihe von Fragen beantworten, einschließlich der Frage, wie die Zigarette nach Meinung des Befragten schmecken würde und wie die Qualität der Zigarette wäre, indem nur die Pakkung beurteilt wurde. Die beiden ersten Packungen, die für die ersten Tests gewählt wurden, waren Peter Stuyvesant, die insgesamt von den Männern vorgezogen wurde, und Kim, die die Frauen bevorzugten. Diese einfachen emotionalen Bewertungen, die nur auf dem Pakkungsdesign beruhten, wurden von den Produktverkäufen erhärtet.

Die Größe

Ein weiteres visuelles Element, das der Designer nutzen kann, ist die Größe. Getreideflockenpackungen sind zum Beispiel meistens groß, obwohl die Käufer sich oft darüber beklagen, daß sie so groß sind. Untersuchungen haben gezeigt, daß das große Format fast so sehr Teil der Packung ist wie die Farbgebung. Es gibt dem Verbraucher das Gefühl »von Großzügigkeit, von vollwertiger, energiespendender Nahrung« (Pilditch 1973). Bei kleinen Packungen würde man dagegen das Gefühl haben, daß die Frühstücksflocken schwer sind. Ein weiteres Beispiel für die Bedeutung der Größe sind die winzigen Geschenkpackungen Parfüm, die dem Empfänger das Gefühl geben, etwas Wertvolles oder Teures zu erhalten.

Bei den Überlegungen zur Größe sollte der Designer auch die Möglichkeit in Betracht ziehen, daß man die Packung vielleicht nicht immer unter den besten Bedingungen sieht, d. h. in einem Regal in Augenhöhe bei korrekter Beleuchtung. Etwa 75 Prozent aller Verpackungen in der westlichen Welt werden unter der Annahme entworfen, daß sie von einem Erwachsenen in Augenhöhe gesehen werden, aber in einem durchschnittlichen Supermarkt erhalten nur 12 bis 15 Prozent der Waren den Vorteil guter Beleuchtung und bester Regalposition.

Rechteckige Tüten, die flach ausgelegt werden – Kompost in einem Gartencenter oder Zement bei einem Bauhändler – projizieren ebenfalls eine rechteckige Form für den Käufer, aber aus einem Winkel. Der Desginer muß die Probleme der verschiedenen Faltmethoden kennen und die neuesten Möglichkeiten der Druckkunst, bevor er unpraktische grafische Entwürfe und Größen ausarbeitet. Die wirkungsvollsten Sackentwürfe scheinen die einfachsten zu sein, mit einigen wenigen besonderen Noten, die man manchmal in Augenhöhe auf dem Supermarktregal sieht. Für Baumaterialien wie Sand und Zement hilft eine energische Schrift – oft in Großbuchstaben und in Groteskschrift –, um das starke Image zu verstärken.

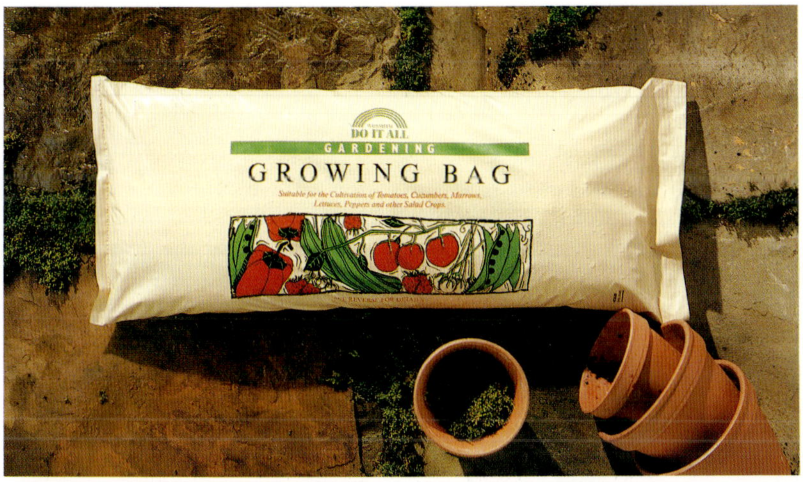

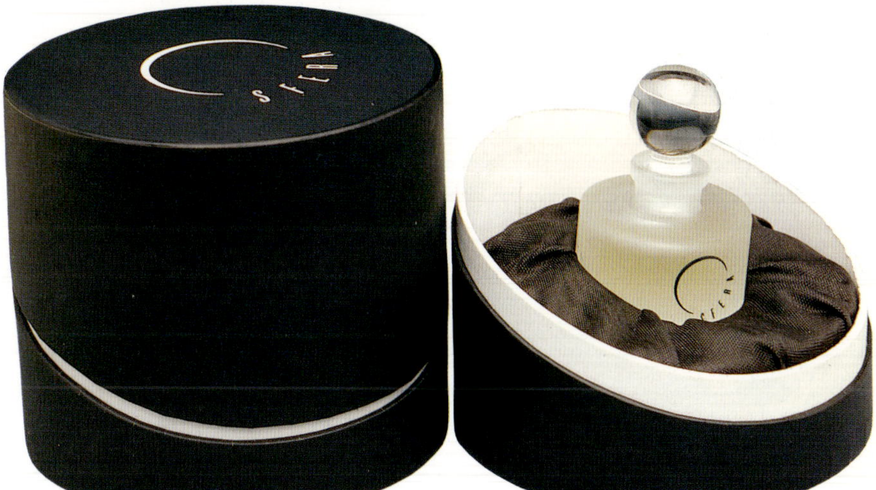

Einfache, aber wirkungsvolle Farben, verbunden mit Illustrationen, bewirken, daß dieser Beutel mit Gartendünger (Design von David Davies Associates) die Aufmerksamkeit der Käufer auf sich lenken wird, auch wenn er auf dem Boden des Gartencenters liegt.

Kennzeichnend für dieses neue Parfüm der Marke Sfera ist der kugelförmige Stöpsel der Flasche. Die Form und das Design werden bei der Schachtel wiederholt und verstärken so das Image beim Käufer. (Design von Michael Peters Group)

Typografie

Erste Erfahrungen mit dem Grundwerkzeug der Kommunikation, der Schrift, können verwirrend sein. Es gibt so viele Stile, unter denen man wählen kann und so viele Schriftarten in jeder Gruppe. Es gibt sogar neue Schriftarten, die nur darauf warten, entworfen zu werden. Zweifelsohne kann die Welt der Typografie kompliziert sein, aber wie bei vielen Aspekten des Designs eröffnet die richtige Einstellung endlose Möglichkeiten. Beispielsweise haben viele Designer in ihrer Ausbildung nur mit wenigen Schriftarten gearbeitet und behalten sie für den Rest ihrer Berufskarriere bei. Kreativere Arbeiten scheinen von Leuten zu kommen, die scheinbar unpassende Schriften einführen, die jedoch genau die jeweilige Aufgabe erfüllen.

Dieses spezielle Talent läßt sich in der Schule nur schwer lernen; es kommt mit der Erfahrung. Ein guter Rat für Neuanfänger im Verpackungsdesign ist, Texte im allgemeinen genau zu beobachten – in Zeitungen und Zeitschriften und auf Straßenschildern. Sehr oft sind Studenten überrascht, wie schnell neue Ideen fast unterbewußt in ihre Arbeit einfließen.

Das Gewicht der Schriftart als Marketingwerkzeug läßt sich an Packungen ablesen, die verschiedene Schriftarten verwenden, um den Kopfzeilen Charakter oder Stimmung zu geben. Geschenkpackungen mit Konfekt haben im allgemeinen einen fließenden Text mit langen, dünnen Strichen, um eine Stimmung von Raffinesse und Zartheit zu suggerieren. Kartons für Computerdisketten haben meistens solide, starke Schriftarten – Haarstriche oder Grotesk –, um Verläßlichkeit darzustellen.

Grafik beinhaltet nicht nur Farbe und Form, sondern auch Typografie und Raumeinteilung. Dieses Sortiment von Schminkeprodukten wurde von David Davies Associates für die britische Ladenkette Boots entworfen. Es verwendet zwar verschiedene Verpackungsmaterialien, baut aber auf einer gemeinsamen Identität auf.

Neben Kopfzeilen muß auch der Text für Zutaten oder Zusatzinformationen in bezug auf ihre Lesbarkeit gewählt werden, und hier kommen die Standardregeln der Typografie dem Designer gut zustatten. Text, der zentriert ist oder rechtsbündig abschließt, ist manchmal schwerer zu lesen als jener, der linksbündig ist. Die Zeilenlänge sollte ebenfalls sorgfältig bedacht werden, zusammen mit Textgröße, Texttiefe und Zeilenabstand oder Führung. Wenn die Zeilen zu lang sind, wird der Text schwer lesbar, da das Auge zur nächsten Zeile abschweift. Große Abschnitte mit kursiv gedrucktem Text sind ebenfalls schwer zu lesen und werden daher bei technischen Informationen zum Gebrauch eines Produktes vermieden, besonders auf Packungen für Pharmazeutika und Gifte.

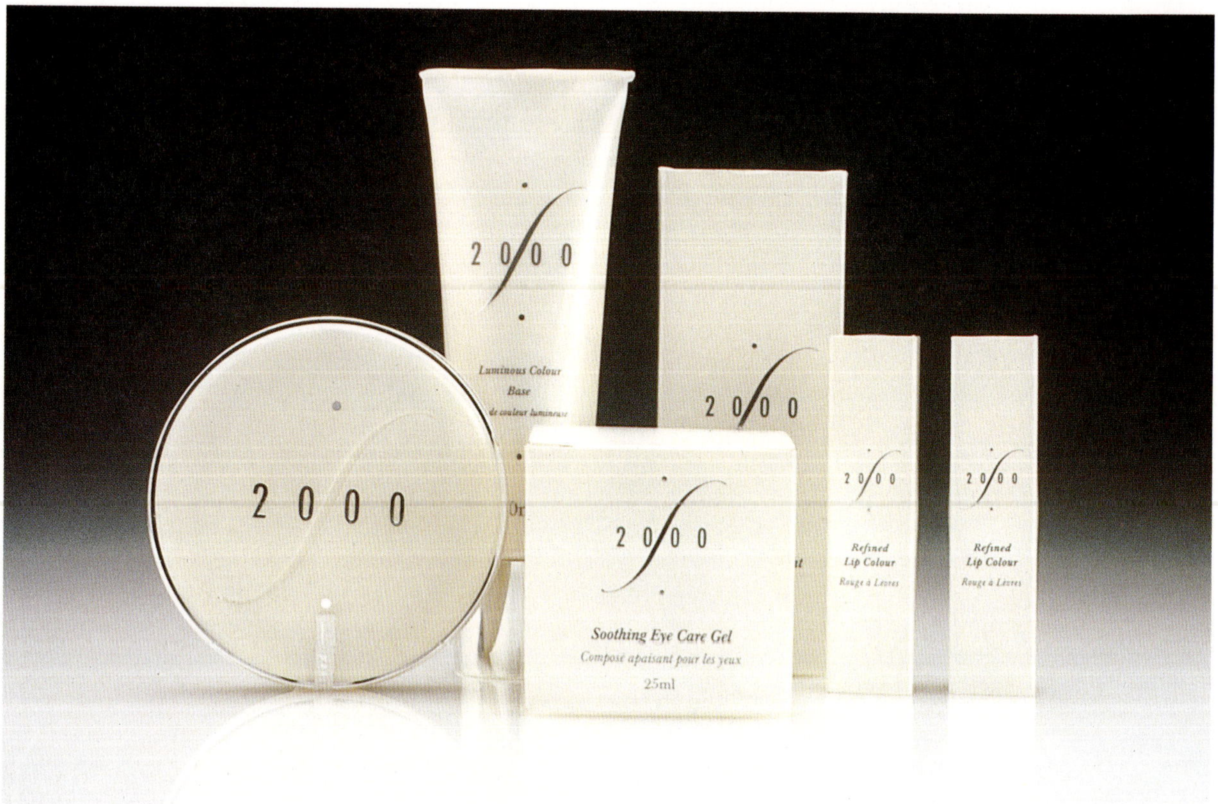

Eine weitere Frage, die von Designern oft vergessen wird, ist: »Wie alt sind die Kaufinteressenten dieses Produkts?« Das Alter hat natürlich Auswirkungen auf die Sehkraft, und im allgemeinen ist ein größerer Druck für Produkte notwendig, die für ältere und gebrechliche Menschen bestimmt sind. Pharmazeutika müssen hier wahrscheinlich am meisten in Erwägung gezogen werden, aber Fortbewegungshilfen und Gegenstände wie »Knieschützer« für die Gartenarbeit sind nicht davon ausgenommen. Am anderen Ende des Altersspektrums brauchen auch Kinder einfache und ziemlich große Schrift. Sicherheitshinweise – wenn vorhanden – sollten auffallen, aber das Schriftbild sollte auf den erwachsenen Leser abzielen.

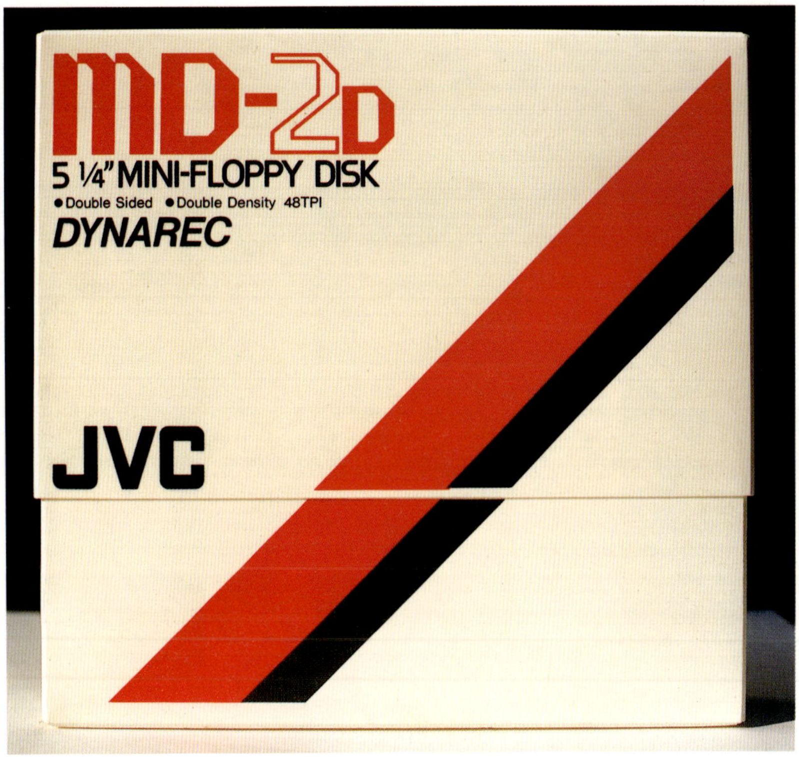

Der Neuentwurf der Michael Peters Group für die Tuscheprodukte von Winsor & Newton stellte die Gestaltung der Verpackungen auf attraktive und lustige vierfarbige Illustrationen um. Sie zeigen, was man mit dem Produkt anfertigen kann. Die Tuscheumsätze stiegen um mehr als 600 Prozent.

Die Wahl der Farbe und der Schrift durch den Grafikdesigner kann dem Produkt einen eigenen Charakter verleihen. Auf dieser Packung für Computerdisketten (oben) implizieren zum Beispiel die massive Groteskschrift und der mutige Streifen Funktionalität und Verläßlichkeit des Produkts, das Daten viele Jahre speichern wird.

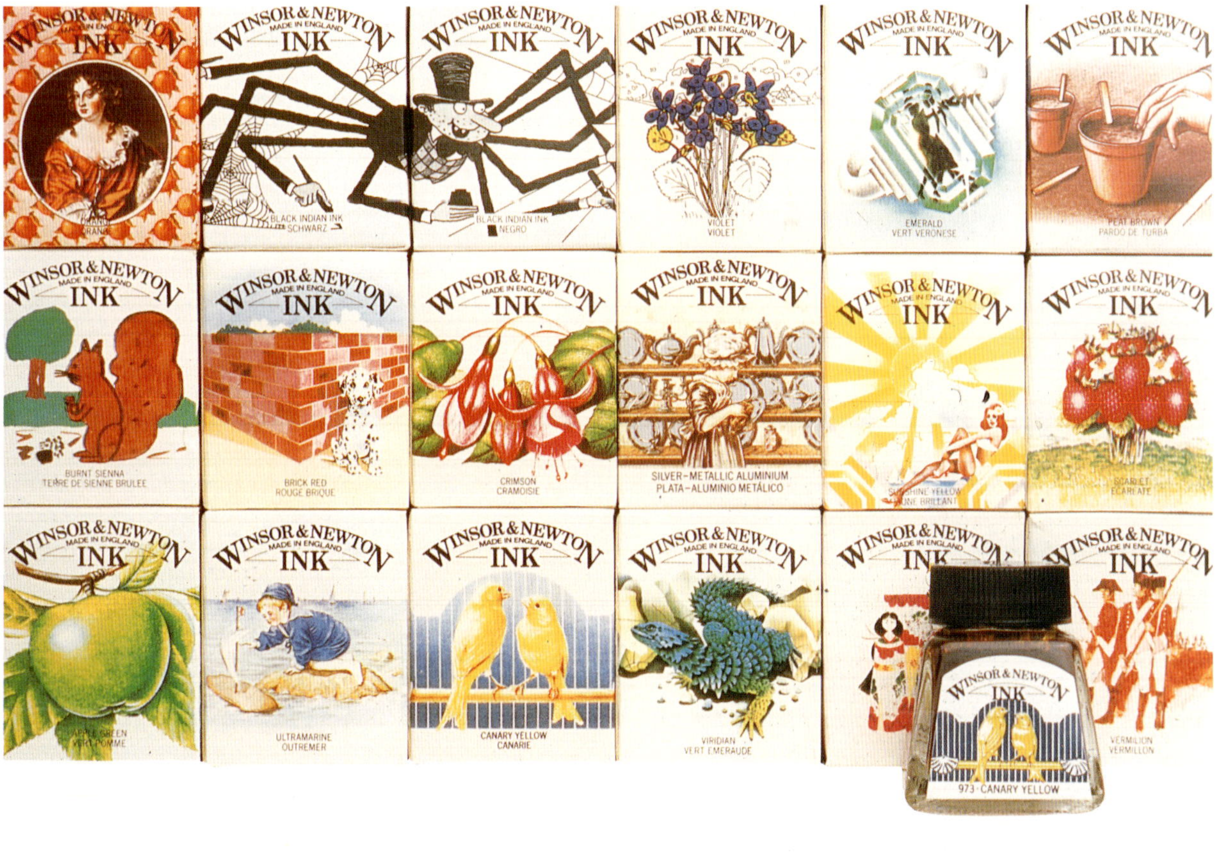

Die Packungsvorderseite

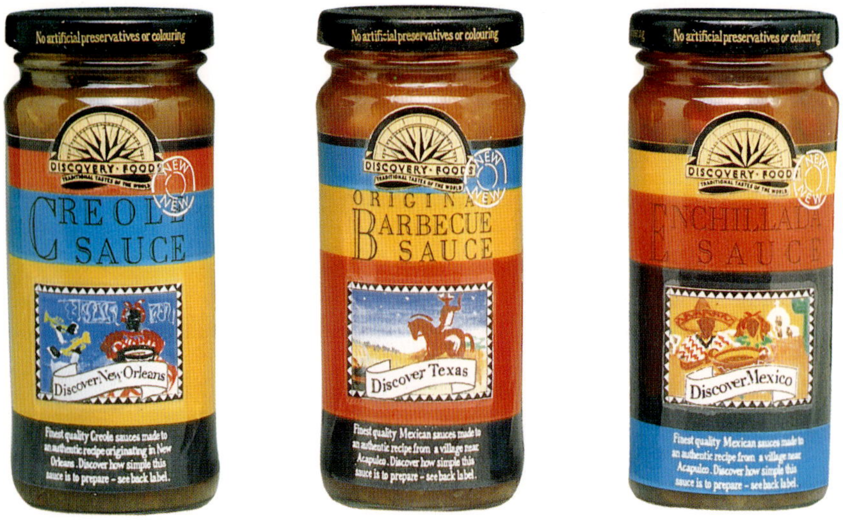

Die größten Gestaltungsmöglichkeiten, die der Designer ausnutzen sollte, bietet die Packungsvorderseite – der Teil der Packung, den der Verbraucher auf dem Regal sieht. In vielen Fällen gehört ein Etikett dazu, und trotz der immer größer werdenden Zahl an gesetzlichen Vorschriften, die Etiketten erfüllen müssen, gibt es hier immer noch ein großes Potential für das grafische Design. In manchen Fällen können Etiketten zum Einwickeln verwendet werden und zwei oder mehr Gegenstände zusammenhalten.

Wenn die Packung direkt bedruckt werden kann, ist ein Etikett oft nicht nötig. In diesen Fällen übernimmt die Außenseite der Verpakkung die Funktion des Etiketts. Manchmal ist eine Außenpackung überhaupt nicht notwendig. Einige Designer sind der Ansicht, daß der Gebrauch von Etiketten zurückgehen wird, da die Drucktechnologie besser wird. Wenn Farbbilder ohne Verlust von Qualität auf jedem Material reproduziert werden können – angefangen bei Aluminium und Polyethylen bis hin zu Zink beispielweise –, warum sollte man dann ein Etikett verwenden? Es gibt jedoch auch genauso deutliche Anzeichen dafür, daß der Vorteil und die Preiswürdigkeit von Etiketten sie noch für einige Zeit wettbewerbsfähig halten wird. Auch die Qualität und die ansprechende Wirkung von Papier und Pappe als Vermittler des Drucks werden sicherstellen, daß es das Etikett noch für viele Jahre geben wird. In der Tat erweitern die neuesten technischen Entwicklungen bei der Etikettierung, mit denen sich das nächste Kapitel befaßt, die Anwendungsmöglichkeiten von Etiketten noch mehr. Wichtige Beispiele sind das selbstklebende Etikett, das Merkblatt-Etikett und in neuester Zeit das in der Form aufgeklebte Etikett (in-mould label) (siehe Kapitel 1.5).

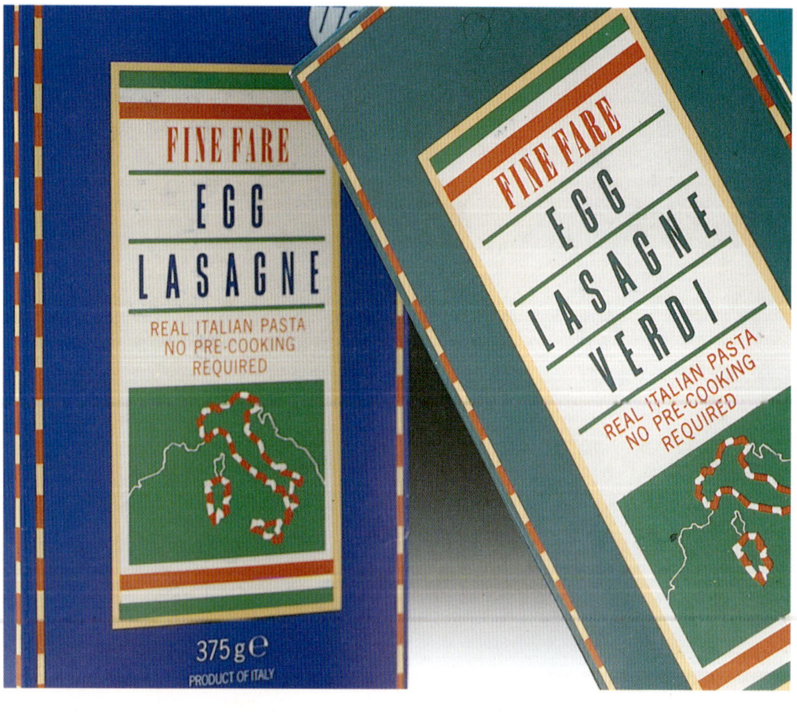

Beim Verpackungsdesign kann ein geeignetes Unternehmenssymbol oder eine Markenidentität gut als Mittel zur Identifizierung dienen. Es dient auch dazu, die Verbindung zwischen den verschiedenen Teilen einer Serie zu stärken, und vergrößert die Chance, daß ein Käufer, der mit einem Produkt zufrieden ist,

Bei den Produkten, die oben links gezeigt werden, vertraute Brand New bei der Gestaltung auf eine aufregende Mischung aus Farben, Bildern und Schriftarten, um eine Stimmung zu wecken, die man mit der Karibik verbindet. In diesem Fall und bei den als Eigenmarke vertriebenen Teigwaren von Fine Fare (links unten) zeigen die Farben die Herkunft des Gerichts an. Das Rot, Grün und Weiß der italienischen Fahne wird in die Grenzlinien in der Mitte des Etiketts und am Rand einbezogen. (Design von David Davies Associates)

Die Fotografien, die bei der unteren Reihe von Dosen, einem Neuentwurf der amerikanischen Agentur Gerstman und Meyers , eingesetzt werden, zeigen eine größere Vielfalt bei der Verwendung des Produkts. Sie sind viel attraktiver als die vierfarbigen Illustrationen des alten Designs und haben sich auf dem Markt als viel erfolgreicher erwiesen.

ein anderes Erzeugnis aus der Reihe probiert. Das Schwert ist jedoch zweischneidig, da ein Verbraucher genausogut von einer Reihe völlig Abstand nehmen kann, wenn ein Artikel dieser Produktlinie nicht gut schmeckt oder nicht so funktioniert, wie es die Packung versprochen hat.

Fotografie kontra Kunst

Bei der Frage, ob man Fotografie oder Kunst einsetzen soll, um die gewählten Illustrationen wiederzugeben, gibt es ebenfalls für beide Seiten Argumente. Ein Konfekthersteller, der sich mit James Pilditch, dem Autor von »The Silent Salesman«, unterhielt, wollte einen Entwurf für zwei Gruppen von Schachteln: die eine war teuer und die andere billig. Aber der Hersteller konnte sich nur auf einer Packung eine Vierfarbenfotografie leisten – er schlug daher vor, die preiswertere Packung zweifarbig anzulegen. Seine Annahme war jedoch falsch, da Untersuchungen damals zeigten, daß es durch den teuren Entwurf für die preiswertere Ware zu mehr Verkäufen kommen würde, während der kostengünstigere Entwurf für die teurere Packung ebenfalls gut funktionierte.

Alle diese Entwicklungen zeigen sehr eindrucksvoll, daß die Art der verwendeten Illustration und die Entscheidung, ob das Produkt auf der Packung abgebildet ist oder nicht, von den Marketingzielen abhängen. Mit anderen Worten: Das Design verkörpert jede Facette der Marketingbotschaft. Wie diese Botschaft interpretiert wird und wie man außergewöhnliche Verpackungsentwürfe kreiert, ist einfach eine Sache der Erfahrung.

Vielleicht ist die Zeit für klare, mutige und aufdringliche Verpackungen vorbei. Vielleicht entstehen jetzt neue Arten von Entwürfen, Designs, die versuchen, im Verbraucher eine Stimmung in bezug auf das Produkt zu erwecken.

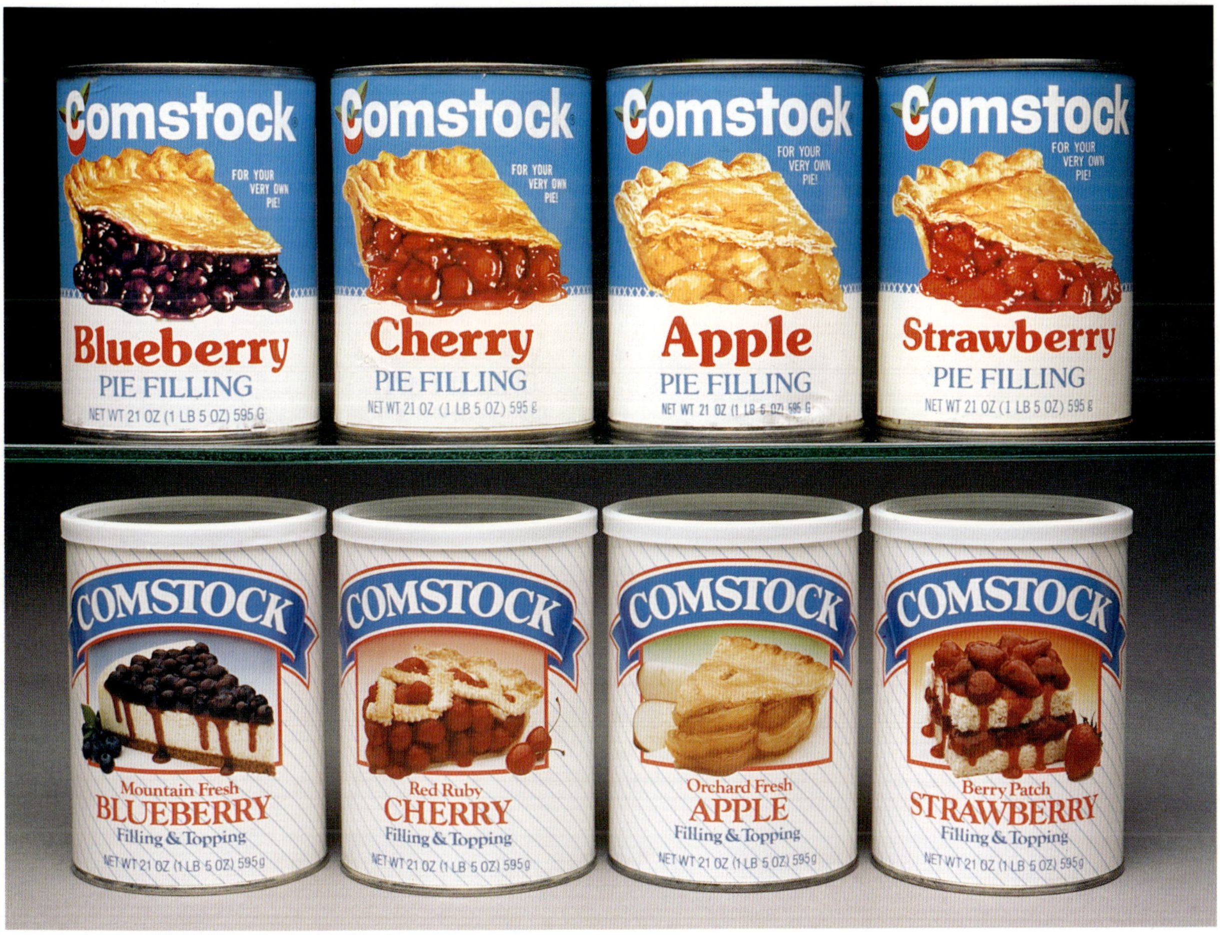

Fallstudie: Spielwaren

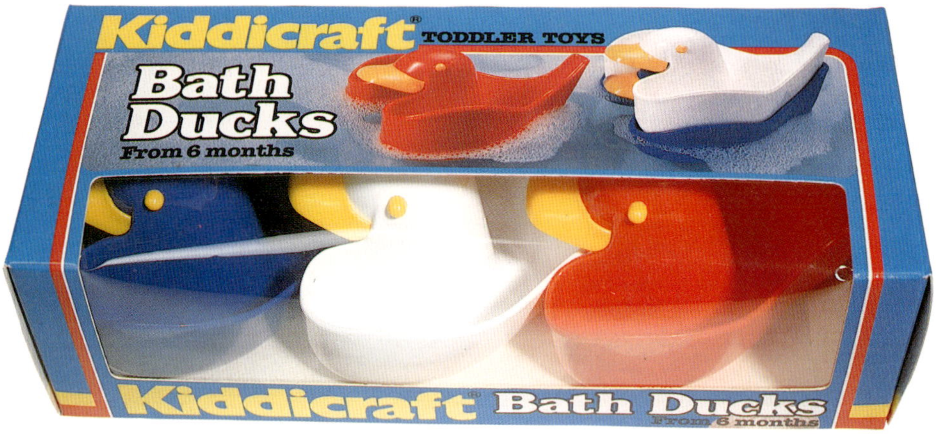

Nirgendwo ist der Gebrauch von modisch-flotten Grafiken und Farben wichtiger und dennoch komplexer als bei der Verpackung von Kinderspielzeug. Vor allem hat der Spielwarenmarkt vielleicht das kritischste Publikum, denn Kinder lassen sich von Preisen wenig beeindrucken. Aber auf dem Spielzeugmarkt tummeln sich auch viele Hersteller. Farbe und Stil werden eingesetzt, um die Aufmerksamkeit von ihm oder ihr auf sich zu ziehen.

Darüber hinaus müssen die Verpackungen auch die Eltern ansprechen oder andere anwesende, voraussichtliche Käufer. Deshalb muß die Verkaufsbotschaft noch durch grelle Grafiken und moderne Bebilderung deutlich werden. Das gilt besonders für teure Spielsachen, die gewöhnlich unerreichbar für Kinder im Vor-Teenager-Alter sind, die wohl den ausgefallensten Geschmack haben.

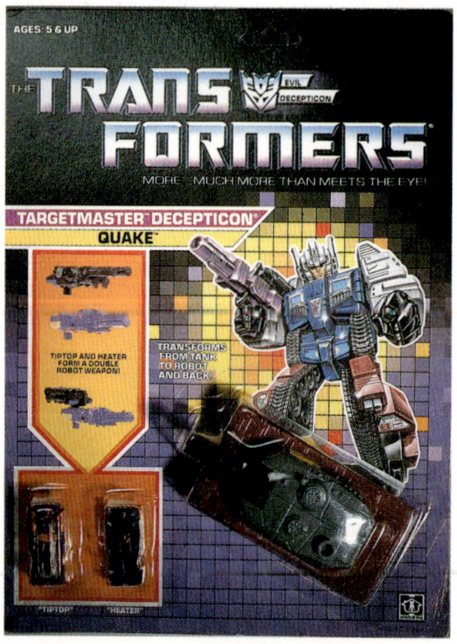

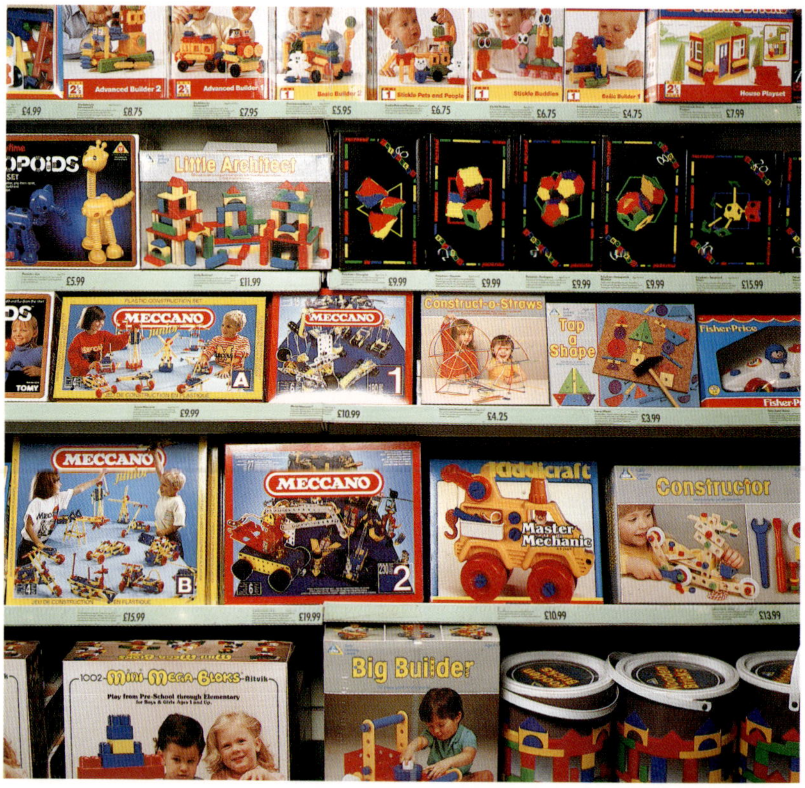

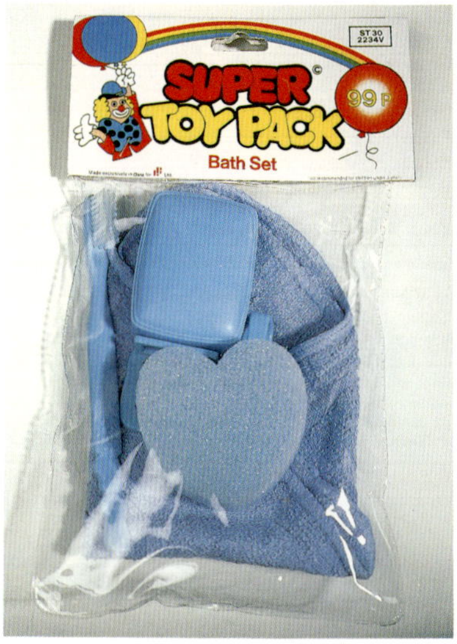

Spielsachen sind zuallererst Dinge zum spielen; aber wenn sie fürs Bad, den Strand oder den Garten entworfen wurden, zielen sie auch darauf ab, den Erwachsenen einige Minuten Ruhe zu verschaffen. Durch transparente Polyethylentüten und PVC-Fenster spricht das Spielzeug für sich selbst.

Heute werden, besonders in den USA, Charaktere des Fernsehens und von Comics bei Markenprodukten benutzt. Internationale Vermarktungsverhandlungen werden täglich geführt, denn niedliche Tierchen, die heute auf dem Bildschirm erscheinen, müssen morgen in den Verkaufsregalen stehen. Es scheinen eher Fernsehserien als Filme zu sein, die wegen der längeren Laufzeit Einfluß auf die Entwicklung neuer Spielzeuge haben. Der Film Ghostbusters, obwohl ein Renner an der Kinokasse, beeinflußte den Handel erst, als eine Kartoonserie mit dem Namen »The Real Ghostbusters«, die auf seinen Charakteren beruhte, ausgestrahlt wurde. Jedoch haben andererseits auch erfolgreiche Fernsehserien, die um Spielzeug entstanden, zu Filmen angeregt. Ein Beispiel ist »Transformers«, ein anderes »Masters of the Universe«.

Andere Spielsachen umfassen Nachbildungen von Haushaltsgegenständen, wie Teeservice, Töpfe und Pfannen, die Kinder an die Erwachsenenwelt gewöhnen sollen. Spielsachen, die Badespaß versprechen, sollen kleine Kinder auch dazu verführen, sich später selbst zu waschen. Die Verpackungen dieser Spielsachen sind funktionell, oft eine Wegwerfpakkung oder ein Beutel mit einer Halterung aus Karton, leicht zu öffnen. Farbe und Stil zielen auf die jungen Konsumenten.

Wie bei anderen Verpackungen auch, müssen die verwendeten Materialien den Inhalt schützen. Wellpappe, litholaminiert und hochwertig bedruckt, ist die Norm, obwohl auch normal gefaltete Kartons, häufig mit PVC-Fenster, bei anspruchsvolleren Spielwaren für etwas ältere Kinder üblich sind.

Spielzeugverpackungen müssen auch sicher sein. Der Kunststoff darf nicht toxisch sein, und alle Winkel und Ecken müssen abgeschrägt oder abgerundet sein. Noch einige Tage später, manchmal auch Wochen, werden Spielzeugverpackungen als Behälter für alte und neue Spielsachen zu Hause, im Bett oder in der Garage benutzt.

Ganz links: Internationale Vermarktungsverhandlungen führen dazu, daß Charaktere wie »Transformer« überall in der Welt auftauchen. Die Verpackung ist eine auf einer Karte befestigte, einfache PVC-Blisterpackung, inzwischen fast typisch für das Verpackungsdesign bei Spielzeugen. Das Logo ist eine einfache Transformerabbildung mit metallischen Glanzeffekten, die Farben sind leuchtend.

Links: Farben sprechen junge Käufer mehr an als die Form und Gestalt. Deshalb müssen Designer ihre Aufmerksamkeit darauf verwenden, strahlender zu erscheinen als die Konkurrenz, ohne kitschig zu wirken.

Nostalgie gibt es auch in der Welt der Spielzeugverpackungen. Dieser Faltkarton mit Marmoreffekt, rechts, versehen mit Goldbanner und feiner Beschriftung, spricht das etwas ältere Kind mit einem Versprechen vergangener Zeiten an.

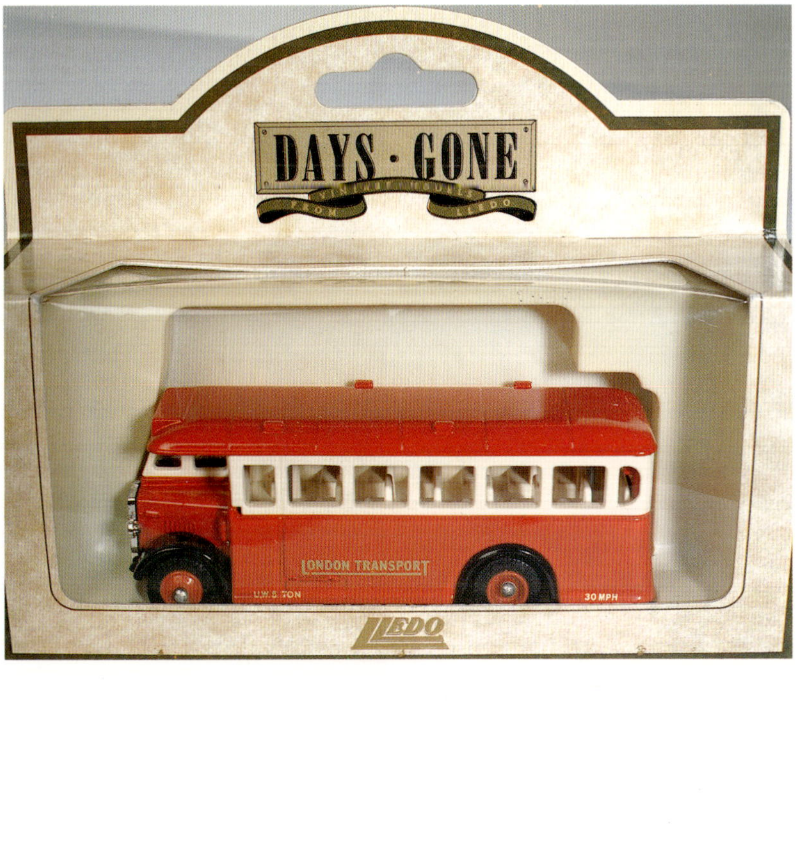

Fallstudie: Sharwood's

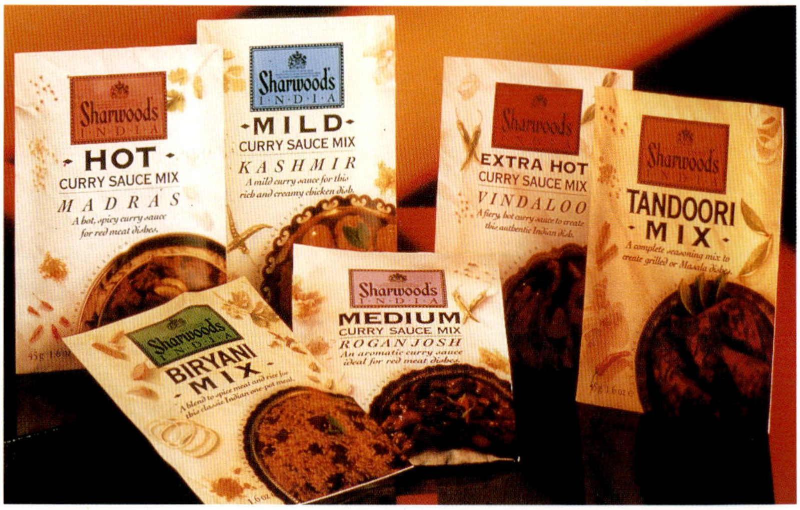

In mancherlei Hinsicht verursachen Zweitentwürfe mehr Probleme als ein neuer Entwurf. Dies ist der Schluß, zu dem man bei J. A. Sharwood kam, einem Unternehmen, das seit fast einhundert Jahren indische Gerichte herstellt. Das Unternehmen begann mit Currypulver und erweiterte sein Sortiment auf Pasten und Soßen, eine Reihe von Zutaten, wie Gewürze und Ghee (Butterschmalz), und verschiedene Beilagen, wie Poppadums (Fladenbrot), mehrere Reissorten und Gemüsecurrys.

Als das Unternehmen neue Produkte auf den Markt brachte, wurden auch neue Verpackungsformen und -arten eingeführt. Um eine einheitliche Linie in das Sharwood-Sortiment zu bringen, beschloß das Unternehmen, die vorhandenen 54 Verpackungen neu zu entwerfen. Aber bei näherer Betrachtung dessen, was man wirklich wollte – welche Aufgabe der Neuentwurf haben sollte –, stellte sich heraus, daß das Unternehmen von einem simplen Neuentwurf zu viel verlangte.

Die Designanweisung des Unternehmens besagte, daß das indische Sortiment den Verbraucher in die Lage versetzen sollte, ein schmackhaftes und authentisches indisches Gericht einfach und erfolgreich zuzubereiten. Das Sortiment sollte Menschen mit den unterschiedlichsten Kochkünsten ansprechen, daher mußten die Produkte leicht zu verwenden sein. Der »unsichere« Kunde brauchte klare Informationen über die Art der Produkte und ihre Zubereitung – besonders was die Schärfe des Currys betraf.

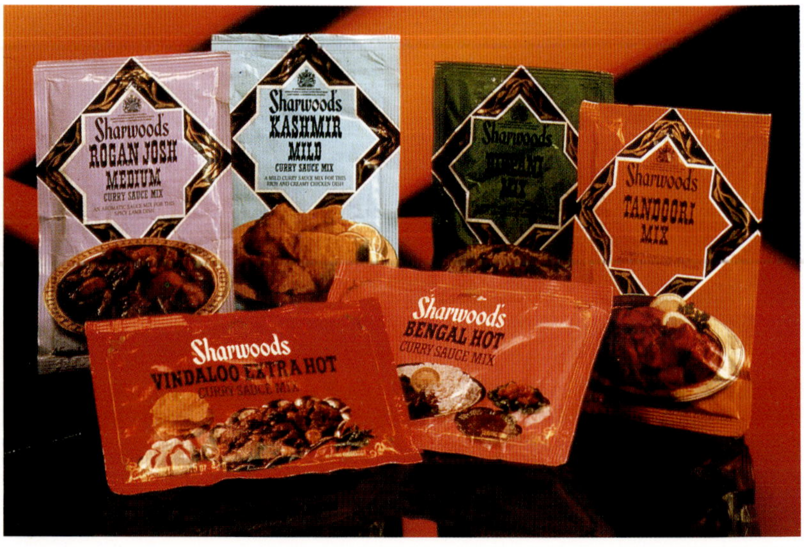

Auf der gegenüberliegenden Seite ist Currypulver abgebildet: oben das neue Design und unten das alte.

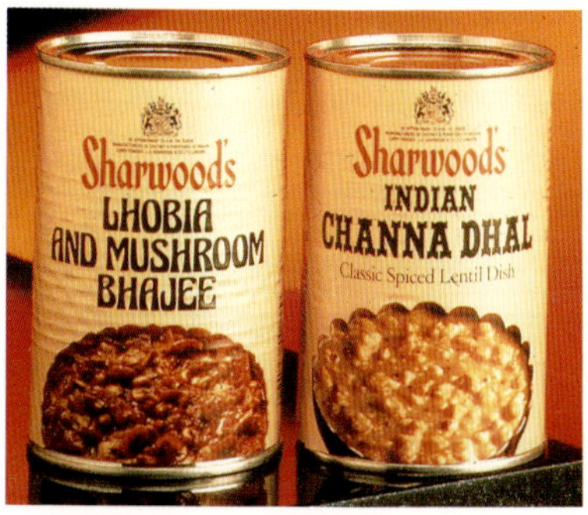

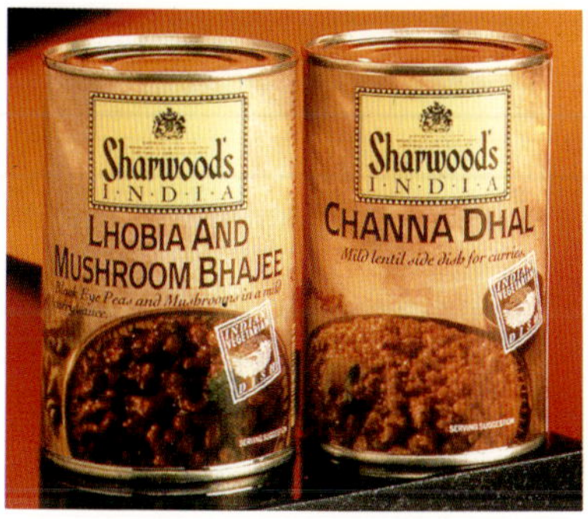

Currygericht aus der Dose: das alte Design ganz oben und darunter das neue.

Unten: das neugestaltete Sortiment chinesischer Gerichte.

Tatsächlich war Sharwood der Meinung, daß seine Verpackungen als Rezeptbücher dienen sollten, die den Konsumenten über die Möglichkeiten, die man mit indischen Gerichten von Sharwood hat, informieren und unterrichten. Das Design sollte laut Anweisung nicht zu viele indische Symbole wie das Taj Mahal oder Elefanten, die bereits abgenutzt waren, verwenden.

Sharwood stand auch vor dem Problem, daß seine indischen Gerichte meistens mit chinesischen und mexikanischen Gerichten in einem Regal standen und mit ihnen eine exotische Auswahl bildeten, was auf den Kunden eine große Wirkung ausübte und ihm Zeit gab, auszuwählen. Aber in einigen Fällen standen bestimmte Artikel der Produktfamilie an anderer Stelle – Currypulver stand meistens bei anderen Gewürzen –, und daher mußte das Design in beiden Situationen wirken.

Der Schlüssel zum Neuentwurf war ein Konzept, das das Sortiment zusammenhält. In Zusammenarbeit mit der Londoner Agentur Design Bridge konzentrierte sich Sharwood auf den stärksten Aspekt der Produktfamilie: auf den Markennamen. Nachdem der Arbeitsentwurf fertig war, wandte man die Aufmerksamkeit dem hauptsächlichen Gebrauch der Produkte zu. Die Gerichte wurden ihrer Art entsprechend gruppiert. Dann entwickelte man die Aufschrift für die Verpackungen, wobei es wichtig war, Vertrauen zu erwecken und nicht herablassend zu wirken. Das Unternehmen befaßte sich zuerst mit dem Entwurf der Rückseite der Verpackung und der Rezepte. Dieser Teil des Projektes mußte unbedingt richtig gemacht werden, sagte Sharwood, bevor irgendwelche Emotionen durch die Grafik eingebaut wurden.

Die Grafik, die von Sharwood übernommen wurde, umfaßte einen Farben-Code für die Schärfe des Currys und Fotografien der geeigneten, dazugehörigen Produkte wie Soßen und Pasten und zusätzliche Fotos der Zutaten. Die Entwürfe wurden mit qualitativen und quantitativen Methoden überprüft, um den Eindruck und die Wirkung zu testen und um sicherzugehen, daß alle Forderungen der Anweisung erfüllt worden waren.

Nach dem Erfolg des Neuentwurfs ging Sharwood genauso vor, um sein chinesisches Produktsortiment kurz darauf auf den Markt zu bringen. Das Symbol, das man hier verwendete, war eine chinesische Flagge zusammen mit dem Markennamen.

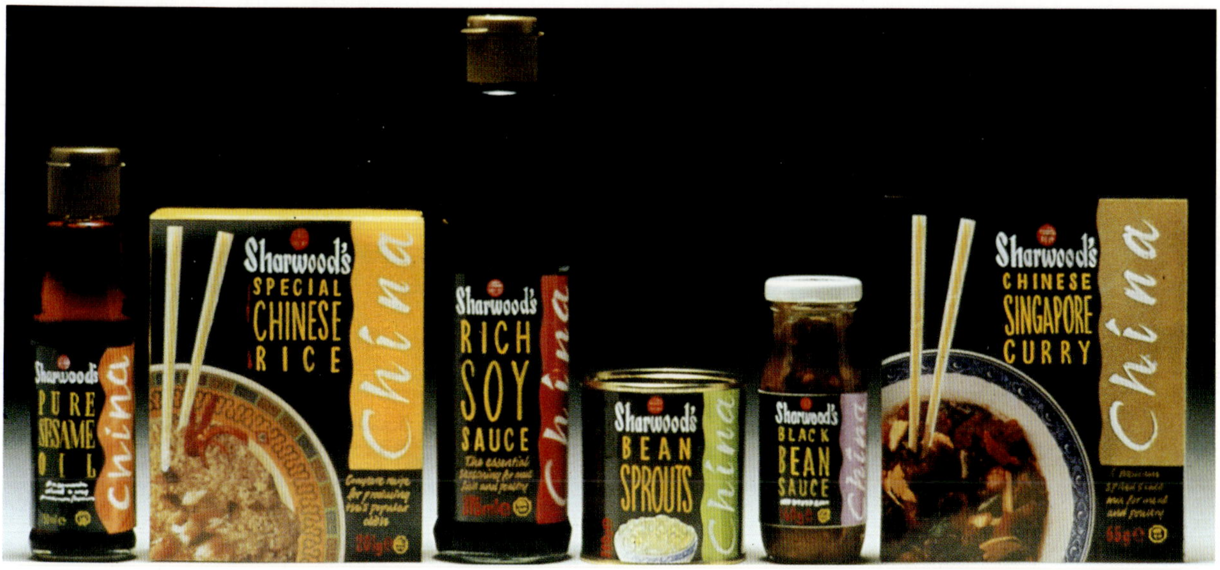

1.5 Etiketten und Etikettierung

Etiketten und Etikettierung haben eine lange Geschichte. Römische Apotheker sollen Kräuter in kleinen Gläsern verkauft haben, auf denen der Name des Medikaments und des Verkäufers stand. Wein wurde in gekennzeichneten Gläsern verkauft, bis im siebzehnten Jahrhundert transparente Flaschen eingeführt wurden; dann wurden Etiketten aus Silber oder Elfenbein um den Flaschenhals gehängt – eine Sitte, die noch heute bei manchen Whisky-Karaffen üblich ist, jedoch mehr aus optischen Gründen als zur Information des Verbrauchers.

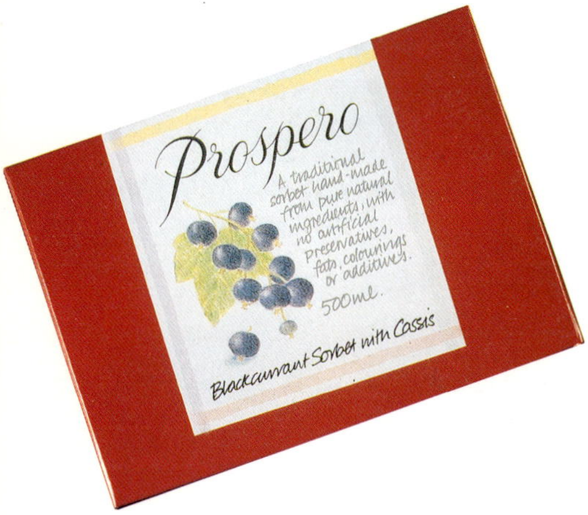

Dieser Karton aus Wellpappe wurde von Brand New für das Speiseeis der Marke Prospero entworfen. Er trägt ein separates, vierfarbiges Etikett mit Handschrift, um sich von den starren Druckbuchstaben abzusetzen. Die Botschaft lautet: »Hausgemacht, hohe Qualität.« In Großbritannien ist Eis deutlich teurer als in anderen Ländern.

Die Gewohnheit, Erzeugnisse in Papier zu wickeln, setzte ursprünglich im sechzehnten Jahrhundert ein, aber niemand weiß, wer als erster das Packpapier beschriftete, um den Inhalt zu kennzeichnen. Man weiß auch nicht, wer als erster ein kleineres Etikett bedruckte und es dann auf die Packung klebte. Es war eine jener einfachen Entwicklungen, die übernommenn wurde und sich wie ein Lauffeuer in den jungen Einzelhandelsunternehmen verbreitete.

Die Werbewirkung des Etiketts wurde bis ins letzte Jahrhundert hinein kaum genutzt, bis ein französischer Weinhersteller begann, Weinbergszenen auf seine Etiketten zu drucken, die vorher nur Text enthalten hatten. Etwa zur gleichen Zeit begann ein irisches Unternehmen, Guiness, das Bild einer Harfe einzusetzen, um die Verkäufe der Dubliner Brauerei zu steigern.

Etikettendesign heute

Etiketten und der Etikettierungsprozeß wurden jedoch immer anspruchsvoller; die Etiketten wurden attraktiver und konnten kostengünstiger produziert werden. Der Trend hin zu qualitätsvollerem Druck setzt sich weiter fort, so daß immer attraktivere Packungen auf den Regalen erscheinen.

Für den Designer sind die Überlegungen beim Etikettdesign heute wichtiger als in der Vergangenheit. Die Herstellung moderner Etiketten macht dagegen weniger Probleme. Die Funktion des Etiketts hat sich verändert. Es muß nicht nur den Inhalt kennzeichnen, sondern ihn auch verkaufen. Infolgedessen ist das Design und das Layout von Etiketten wie auch die anderen Aspekte der Verpackung in zunehmendem Maß Teil des Marketingprozesses. Beim Entwurf des Etiketts muß der Verpackungsdesigner dieselben Marketingfaktoren wie beim Entwurf der Packung berücksichtigen und die passende Kombination von Grafik und Material wählen, um die Botschaft des Produkts eindeutig zu vermitteln.

Wie die Verpackung erfüllen Pakkungsetiketten heute eine komplexere Funktion. Sie werden eingesetzt um:

- ein passendes Image zu produzieren
- die Identität des Produktes und des Produzenten darzustellen
- einen bestimmten Charakter anzudeuten oder eine bestimmte Stimmung zu erwecken
- den Kunden über das Produkt und seinen Gebrauch zu informieren.

Neben der Verkaufsfunktion der Packung muß das Etikett aus gesetzlichen Gründen oft bestimmte Informationen enthalten. Die Menge des Packungsinhalts muß zusammen mit dem Namen des Herstellers klar angegeben werden, in manchen Fällen zusammen mit einer Liste der tatsächlichen Zutaten, oder es müssen spezielle Warnhinweise angebracht werden, wenn der Inhalt gesundheitsgefährdend ist. (Dies wird eingehend in Kapitel 4.2 behandelt.)

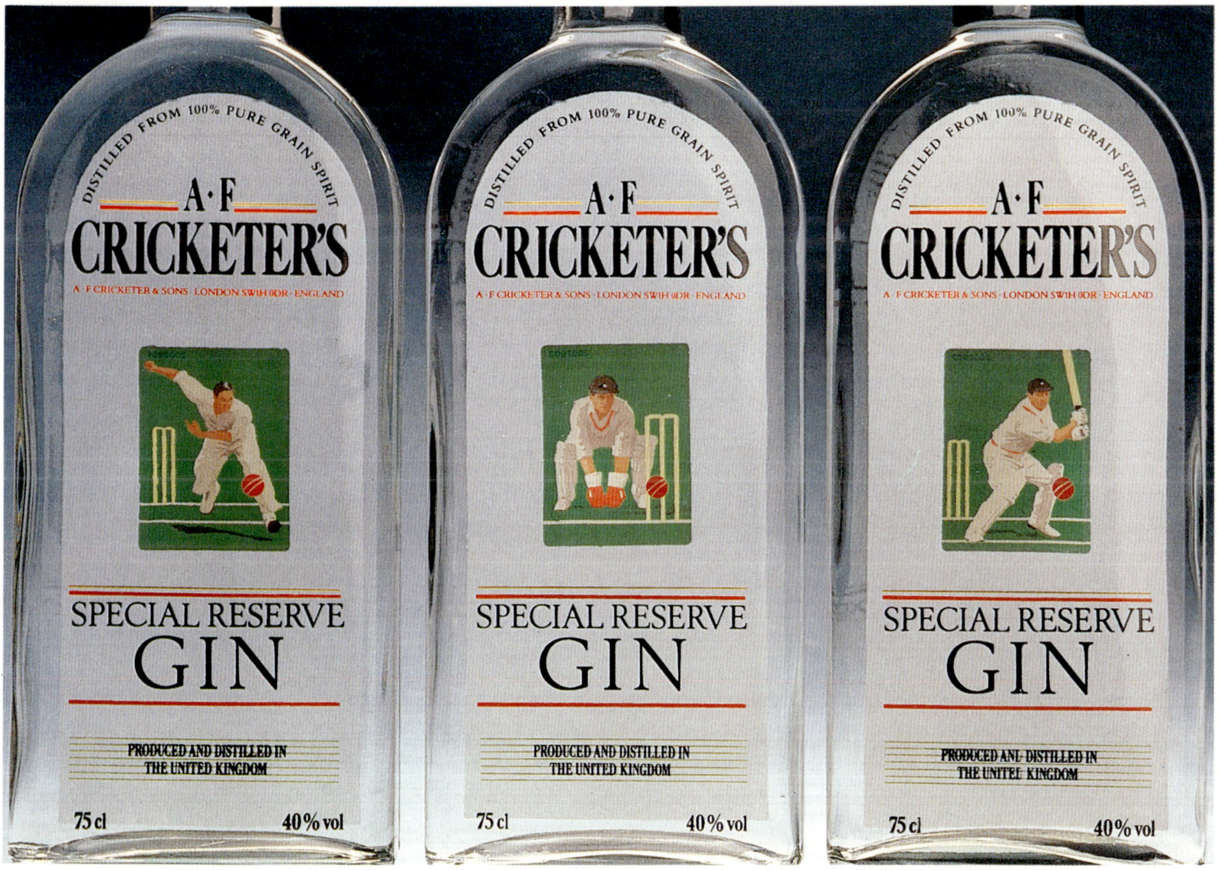

Eines der interessantesten Beispiele für gegenwärtige Flaschenetiketten ist dieser Entwurf der Michael Peters Group für den Cricketer's Gin. Die Hauptillustration ist auf die Rückseite des selbstklebenden Etiketts aus durchsichtigem Vinyl gedruckt. Das Etikett befindet sich auf der flachen Rückseite in einem eingearbeiteten Feld, während nur der rote Ball auf die Vorderseite lackiert wurde.

Materialien und Verfahren

Etwa 700 Millionen Quadratmeter an Etikettenmaterial werden allein in Großbritannien jedes Jahr verbraucht. Die neuesten amerikanischen Zahlen zeigen, daß 1,5 Milliarden Papieretiketten im Wert von etwa 900 Millionen Dollar in den USA verbraucht werden. Das Design dieser Etiketten ist ein wichtiger Aspekt des Verpackungsdesigns, der nicht unterschätzt werden sollte.

Etiketten werden aus einer Vielzahl von Materialien einschließlich Papier, Pappe, Kunststoffilmen oder -bögen, Folien und Folienlaminaten oder metallisierten Materialen hergestellt. Metallisierte Folienetiketten werden immer stärker dort eingesetzt, wo ein Qualitätsimage gefördert werden soll, beispielsweise bei Flaschenbier, Lagerbier und Spirituosen.

Trotz der immer größer werdenden Auswahl an Materialien gibt es im Grunde nur einige Haupttypen und -techniken bei Etiketten, die der Designer kennen sollte, wenn er die unterschiedlichen Arten von Etiketten ausarbeitet. Es gibt zwei Hauptverfahren zur Etikettierung von Produkten: das Anbringen von Etiketten oder die direkte Beschriftung des Verpackungsmaterials.

Etiketten werden mit den folgenden Verfahren angebracht:
- einfaches Papier und Flüssigklebstoff
- druckempfindliche Etiketten (auch als selbstklebend bezeichnet)
- gummierte Etiketten (meistens Papier)
- hitzeversiegelte Etikettierung (verzögert oder sofort)
- Etikettierung in der Form (in-mould labelling)
- Einschweißmanschetten

Direkte Beschriftungsprozesse umfassen:
- Farbdruck
- Prägung
- Emaillierung

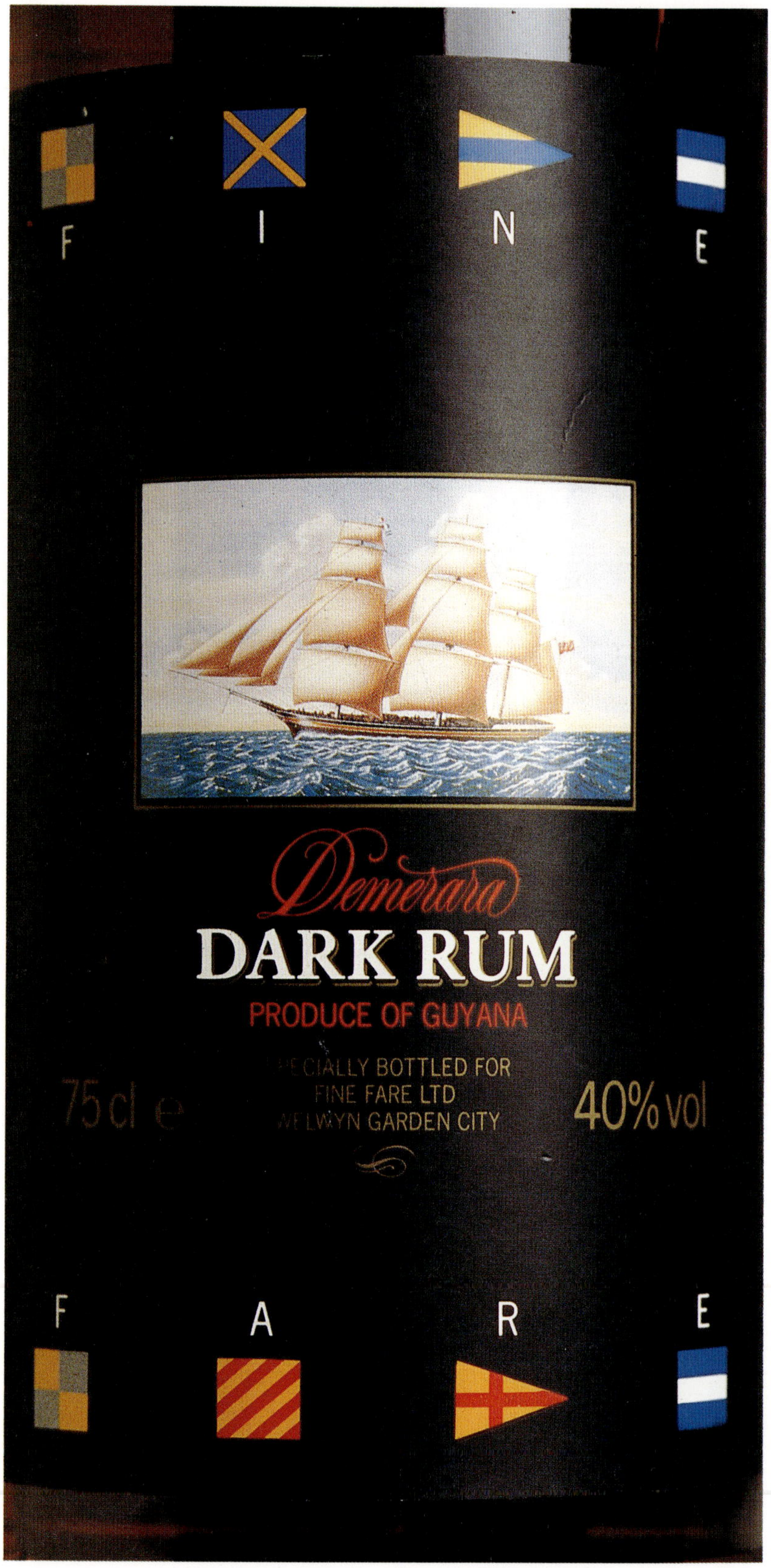

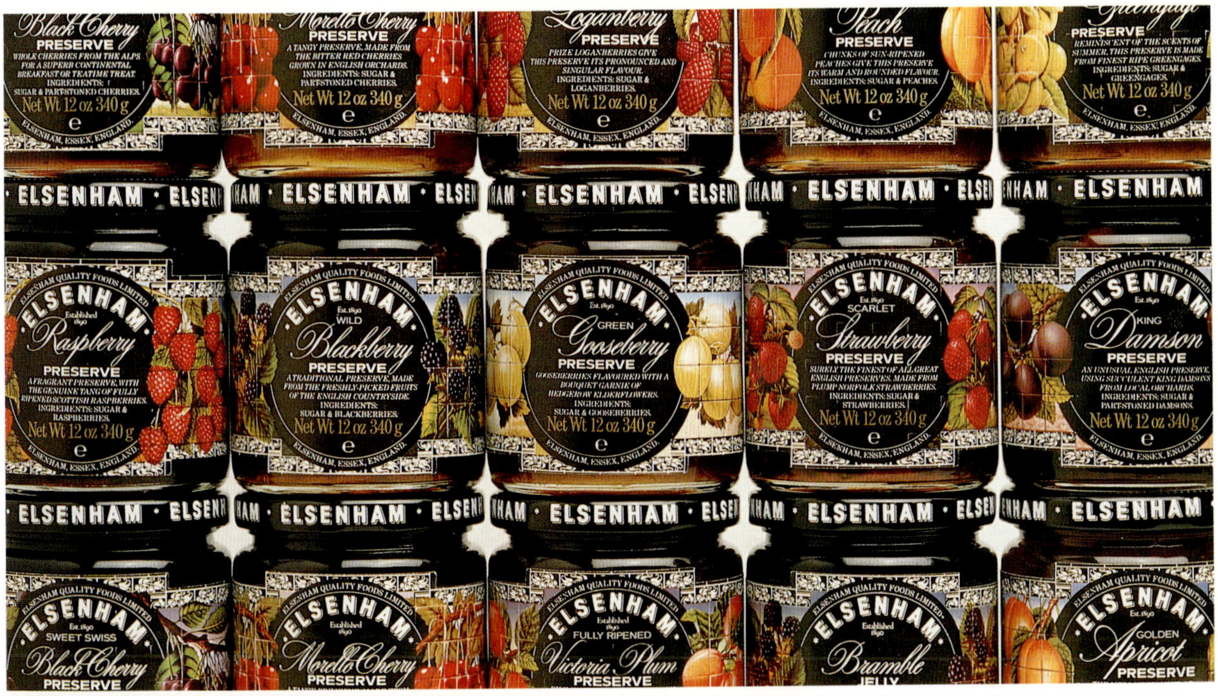

Die Etiketten auf dieser Auswahl von Konserven, die von der Michael Peters Group entworfen wurden, übernehmen eine feine, fließende Schrift auf schwarzem Hintergrund. Der Rest des Etiketts wird von vierfarbigen Darstellungen der Früchte eingenommen. Sie wecken Appetit auf den Inhalt.

Farbe und Bildsprache spielen eine große Rolle in diesem Etikett für die Rum-Eigenmarke des Britischen Unternehmens Fine Fare. Das nautische Element wird stark betont durch die Abbildung des großen Segelschiffs und der Signalflaggen auf schwarzem Hintergrund.

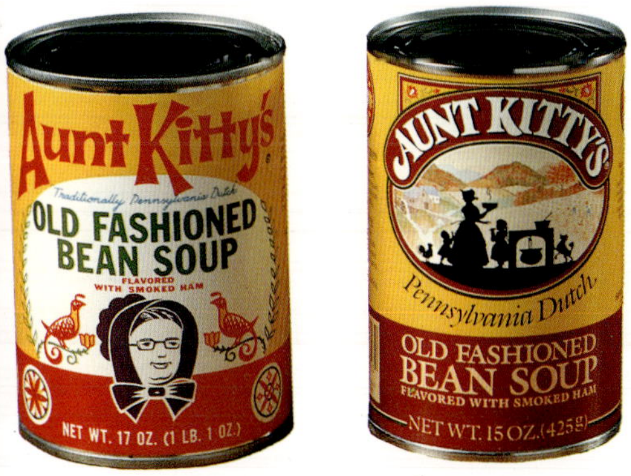

Der Neuentwurf dieses Papieretiketts vermeidet den Eindruck einfacher Nützlichkeit, den die ursprüngliche Verpackung erweckte. Die vierfarbige Illustration und die scherenschnittartige Darstellung der Figuren überläßt das Aussehen der »Aunt Kitty« der Phantasie der Käufer. Gleichzeitig ist die Schrift weniger grob und die Farbe des neuen Etiketts nicht so grell.

Anbringen von Etiketten

Bis in die jüngste Zeit hinein beherrschten nichtklebende Papieretiketten den Etikettenmarkt, aber inzwischen ist fast die Hälfte der Etiketten weltweit selbstklebend. Diese sind offensichtlich leichter anzubringen, aber teurer bei der Herstellung. John Waddingtons Mono-Web-Etikettierungsverfahren, das ohne das übliche Silikon-Trägerpapier auskommt, ist eine verhältnismäßig neue Entwicklung, die einen recht großen Marktanteil zu gewinnen scheint. Die Entwicklung dauerte drei Jahre. Sie hat eine Reihe von produktionstechnischen Vorteilen. Eine Rolle selbstklebender Etiketten ohne das Trägerpapier enthält doppelt so viele Etiketten wie eine normale Rolle, so daß sie ohne Aufsicht doppelt so lange laufen kann. Waddington glaubt auch, daß das Etikett dem Designer noch direkter hilft. Eine größere Vielfalt an Materialien können im Mono-Web-Verfahren verwendet werden, und es läßt sich eine größere Vielfalt von Formen von der Rolle schneiden. Lizenzen für dieses Verfahren wurden in den Benelux-Ländern, in Schweden, der Schweiz und in Westdeutschland vergeben.

Nahezu alle Hersteller von einfachen Papieretiketten, einschließlich des Marktführers Avery, arbeiten innerhalb des Nahrungsmittel- und Getränkesektors, wie die folgende Tabelle zeigt:

Einsatzbereiche	Markt weltweit (%)
Nahrungsmittel in Dosen	25
Erfrischungsgetränke	20
Bier	10
Wein und Spirituosen	10
Nahrungsmittel in Flaschen	8,5
Andere Nahrungsmittel	7,5
Anderes (Medikamente, Pharmazeutika, Chemikalien, Heimwerkerbedarf, Spielzeug und Spiele usw.)	18
Summe	100

Quelle: Schätzungen der Industrie

Einschweißmanschetten

Eine Alternative zu klebenden Papier- oder Kunststoffetiketten für Flaschen oder Behälter ist eine Schrumpfmanschette aus PVC. Bei dem Verfahren legt eine Maschine ein Kunststoffetikett um einen Behälter, der dann einen heißen Tunnel passiert. Auf diese Weise schrumpft das Etikett und liegt eng am Behälter an. Einige Systeme können so eingestellt werden, daß auf einige Bereiche mehr Hitze einwirkt als auf andere. Dies verhindert, daß der Film sich überhitzt, was Löcher in das Material reißen würde.

Mehrere Hersteller bieten in diesem Bereich ihre Dienste an und stellen PVC-Schrumpfmanschetten für eine Vielzahl von Behälterformen und -materialien her, einschließlich Glas-, Metall-, Holz- und Pappverpackungen. Die Etiketten können auch vorher bedruckt werden und bieten Grafik auf der ganzen Fläche. In diesen Fällen muß der Designer auf die genaue Farbregistrierung der Etikettengrafik und des Strichcodes bestehen. Schrumpfetiketten lassen sich auch dazu verwenden, Doppelpackungen mit Proben oder kostenlosen Angeboten von neuen Produkten herzustellen. Diese Werbemaßnahme war auf dem Markt für Kosmetika und Toilettenartikel und in geringerem Maß auf dem Heimwerkermarkt wirkungsvoll.

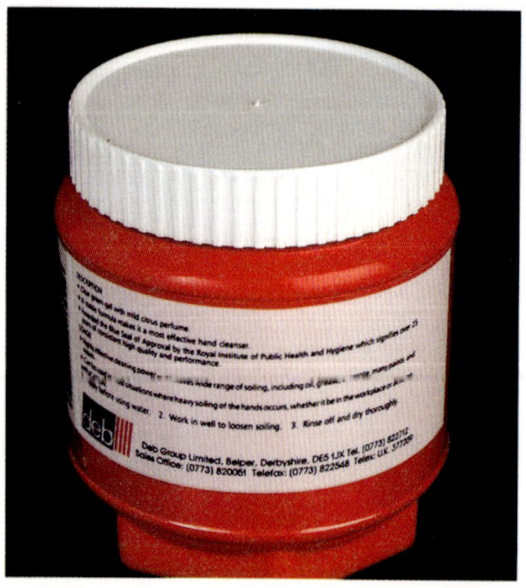

Ein Benutzer der PVC-Manschette ist das Unternehmen DEB Chemicals, dessen Handreinigungsmittel Swarfega in Dosen mit 250 g, 500 g und einem Liter Inhalt verkauft wird. Der Hauptvorteil der PVC-Etiketten für DEB war die Möglichkeit, die Behälter zu dekorieren, ohne viel für neue Maschinen zu investieren. Die häufig geringen Auflagen von Swarfega bedeuten, daß das Unternehmen die auffallenden rot-schwarzen Etiketten falls nötig von Hand anbringen lassen kann.

Direkte Beschriftung

In vielen Fällen wurde die Funktion des Etiketts von der Packung selbst ersetzt. Designer können heute Text- und Grafik-Informationen direkt auf den Behälter, beispielsweise Kartons, Trommeln, Dosen und extrudierte Tuben, drucken. Wo das direkte Bedrucken zu teuer oder unpraktisch ist, gibt es alternative Verfahren wie Prägung und Emaillierung.

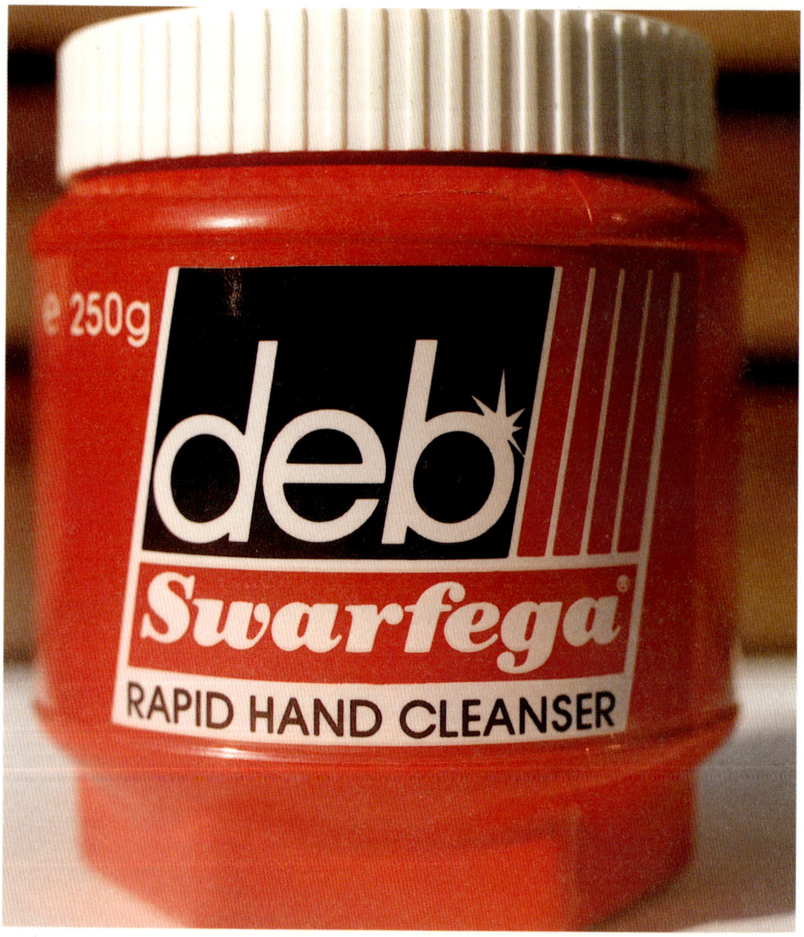

Auf verschiedenen Märkten ersetzen Schrumpfmanschetten zunehmend Papieretiketten. Die glänzende Oberfläche ist sicherlich ein Vorteil, aber wichtiger ist der Umstand, daß die Kosten niedriger sind als beim direkten Bedrucken von Weißblech und daß die Produktionsgeschwindigkeit erhöht wird. Das bekannte Rot und Weiß von Swarfega und die große Schrift wird durch das Grafikdesign unterstrichen.

Emaillierung von Glas

Obwohl es eine relativ teure Methode ist, bringt die Glasemaillierung gute Ergebnisse und ist dauerhaft. Das Design ist gegen Stöße und Abnutzung widerstandsfähig. Jede Farbe wird durch eine Siebdruckschablone aufgebracht, ein Prozeß, der bei vielen Druckverfahren angewandt wird. Moderne Lacke werden sehr schnell hart, und mehrere Farben können schnell hintereinander aufgebracht werden. Der Aufdruck wird fixiert, indem die Flasche in einem Brennofen zwischen 500 und 600 Grad Celsius gebrannt wird. Auf diese Weise wird der Lack mit der Flasche verschmolzen. Die Farbauswahl ist groß, und Linien und Abtönungen können mit diesem Verfahren ebenfalls erreicht werden, so daß sich dem erfindungsreichen Designer viele neue Türen öffnen.

Glaslack kann als eine Art Umdruck oder Abziehbildverfahren aufgebracht werden – ein Kollodiumfilm auf einer Papierunterlage wird auf den Behälter aufgebracht, wobei das Kollodium beim Brennvorgang des Lackes verbrennt. Dieses Verfahren ist besonders nützlich für die Etikettierung von Teilen der Flasche, die beim Siebdruckverfahren nicht zugänglich sind, oder wenn mehr als vier Farben erforderlich sind. Es kann jedoch kostspielig sein.

Beträchtlicher Erfolg wurde mit der Entwicklung synthetischer Farben erreicht, bei denen der Brennvorgang nach dem Druck nicht erforderlich ist. Die Farben basieren auf Epoxidharzen und werden durch verschiedene Katalysatoren gehärtet. Sie können im Siebdruckverfahren oder mit anderen Verfahren aufgetragen werden.

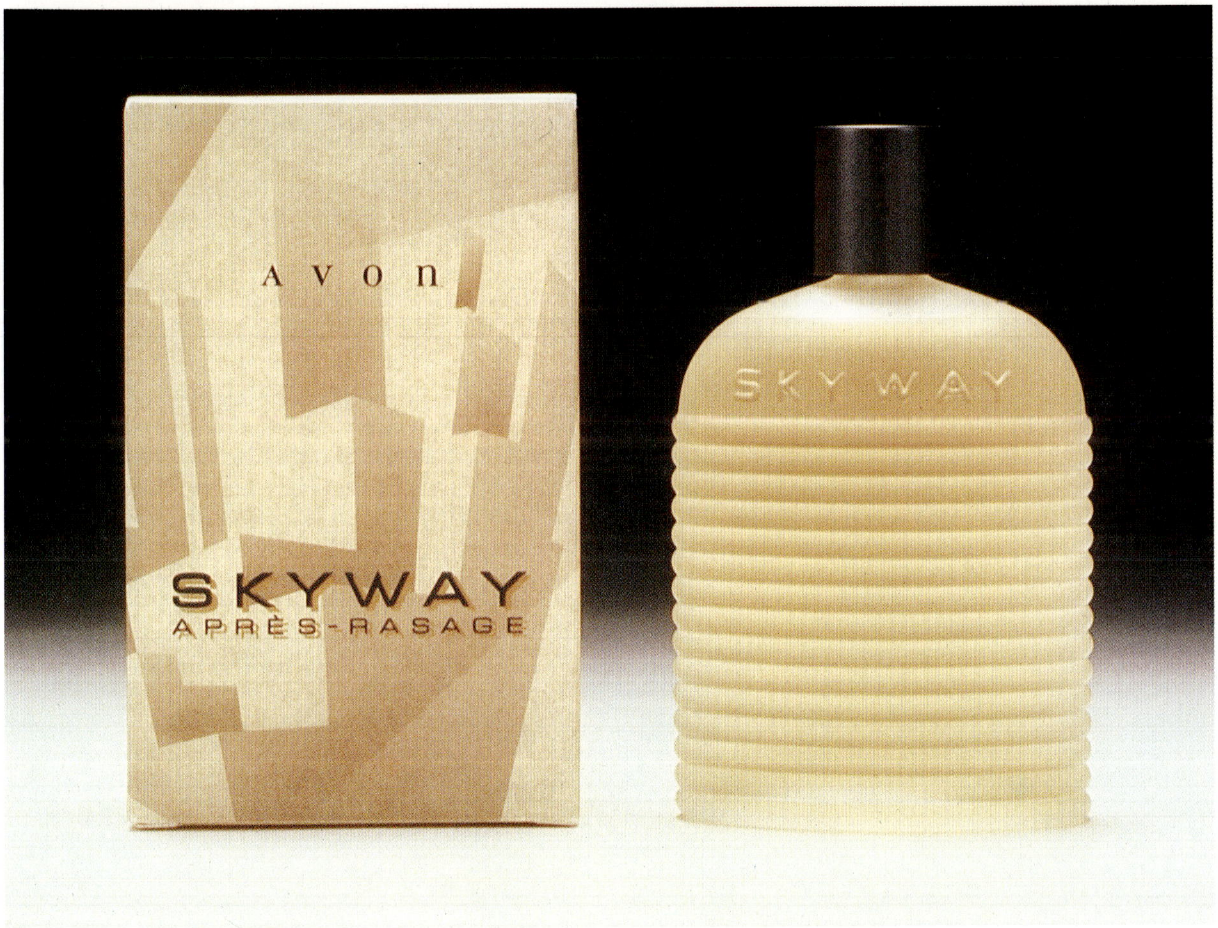

Die Schachtel der After-shave-Lotion von Avon ist auf der Vorderseite mit einem Skyline-Design bedruckt. Die Kunststoffflasche ist mit Rippen geformt, um das Greifen zu erleichtern. Der Name des Produkts, Skyway, befindet sich eingeprägt am oberen Rand des Behälters. (Design von David Davies Associates)

Prägeverfahren

Glas- und Kunststoffflaschen können auch während des Pressens geprägt werden, wodurch eine Etikettierung überflüssig wird. Kartons und Kunststoffpackungen mit glatter Außenfläche können ebenfalls bedruckt werden, so daß kein Etikett nötig ist.

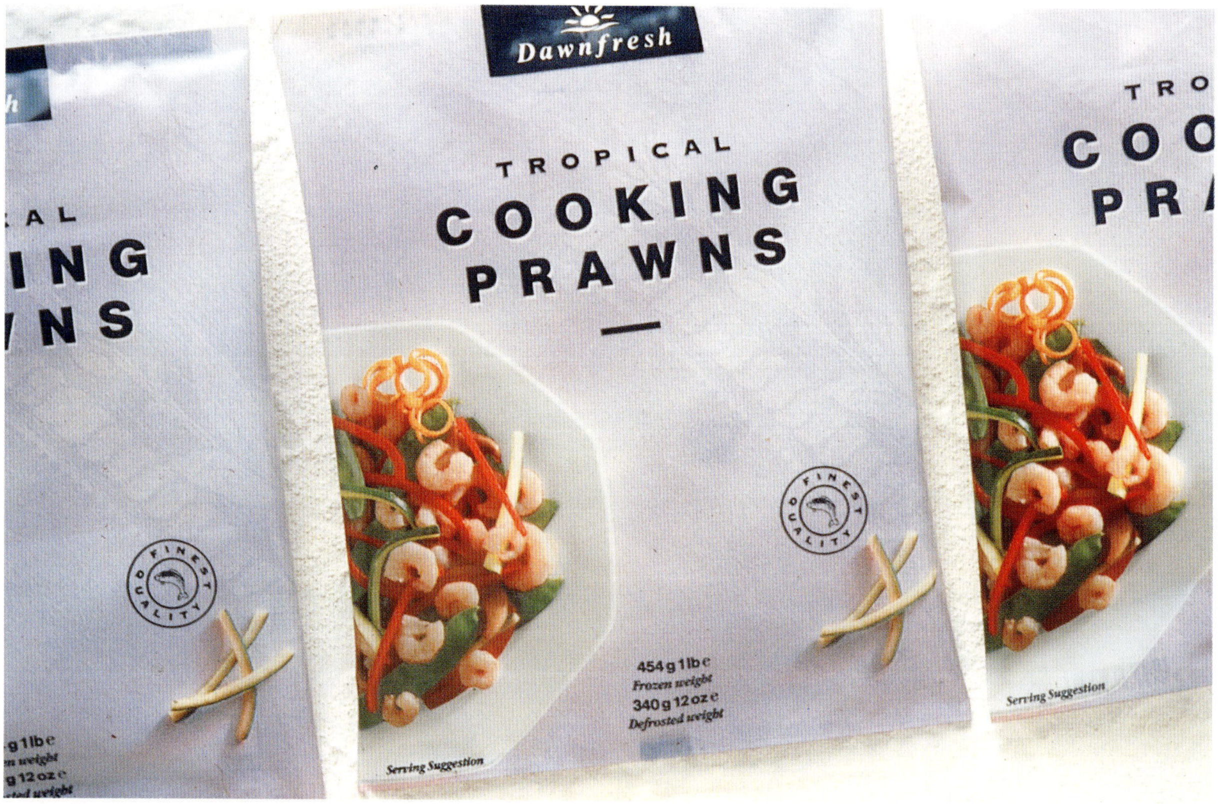

Die modische Fotografie wird mit einer subtilen Typografie, die einen Schatteneffekt aufweist, verbunden, um das Tiefkühlprodukt in der großen Masse hervorzuheben. Der leicht marmorierte Hintergrund suggeriert hohe Kochkunst. Eine Reproduktion dieser Qualität wäre noch vor wenigen Jahren nicht möglich gewesen. (Design von David Davies Associates)

Direktes Bedrucken

Bedrucken von Kunststoffen

Der Grund für die wachsende Anwendung und den Erfolg des direkten Bedruckens von Kunststoffpakkungen ist, daß die Bearbeiter von Kunststoffmaterialien eine viel positivere Einstellung zu den Möglichkeiten solcher Techniken haben als früher. Dies trifft besonders auf die Drucker zu, die mit dem Flexodruck-Verfahren arbeiten. Sie versuchen, die traditionell hohe Qualität der Gravüre zu erreichen.

Der Flexodruck ist nicht so schnell wie andere Druckverfahren, und die Qualität ist nicht so gut wie die eines Gravüredruckzylinders, weil Druckplatten aus Gummi benutzt werden. Er kann jedoch bei kleineren Auflagen preiswerter sein. Für große Auflagen – eine Million Artikel etwa –, ist die Gravüre zuverlässig und wird kostengünstiger. Die Farben, die von Gravüredrukkern eingesetzt werden, bleiben für eine ganze Auflage beständig, und im Verfahren können sehr detaillierte fotografische Bilder reproduziert werden.

Die Qualität und Konsistenz des Flexodrucks hat jedoch einen Punkt erreicht, an dem er jetzt für die Hersteller aktzeptabel ist, die bei vernünftigen Kosten ein qualitätsvolles Bild produzieren wollen.

Farbkontrolle

Einer der Gründe für die Verbesserung des Flexodrucks ist die elektronische Farbkontrolle. Durch die Anwendung eines Verfahrens, das als »Under-Colour Removal« oder UCR bezeichnet wird, eliminieren elektronische Scanner unerwünschte Primärfarben aus einem Bild, so daß verhindert wird, daß sich die Farben bei einer großen Auflage stark verändern.

Ein weiterer Vorteil der modernen Flexodruckpresse ist, daß sie bei mehr Materialien (Oberflächen) als zuvor angewandt werden kann. Moderne Systeme können sowohl Karton als auch die wachsende Anzahl von Kunststoffilmen, die es heute gibt, in erster Linie Polyethylene und Polypropylene auf dem Nahrungsmittel- und Industrieölmarkt, bedrucken. Andere Filme und Materialien, die bedruckt werden müssen, sind Zellulosen, die mit einem Derivat des PVC beschichtet sind, das als Polyvinylidenchlorid (PVDC) bezeichnet wird. Für den Designer bedeutet der Trend also, daß es für jedes Material mit großer Sicherheit ein Drucksystem gibt.

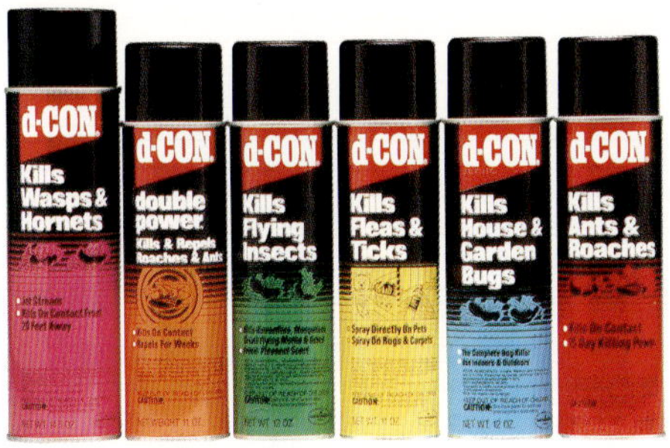

Das Bedrucken von Metall

Ähnliche Druckprozesse können auch zum direkten Bedrucken von Metallverpackungen wie Blechbehältern und Spraydosen eingesetzt werden. Die Qualität des Bildes, das auf das Metall übertragen wird, hängt von vielen Faktoren ab wie z. B. Temperatur und Feuchtigkeit in der Druckerei und den Farben und Lösungsmitteln, die verwendet werden. Die Farbschicht ist meistens nur 2,5 Mikron dick, so daß die Druckfarbe kräftig sein muß und meistens eine Grundierung nötig ist. Dies kann die Kosten erhöhen. Viele Designer sind allerdings der Ansicht, daß diese aufgrund der Ergebnisse, die erzielt werden können, gerechtfertigt sind.

Offsetdruck

Der traditionelle Offsetdruck wird seit mehr als einhundert Jahren eingesetzt, um Blech zu dekorieren. (Der Prozeß wird als »Offset«-Druck oder Flachdruckverfahren bezeichnet, weil die Farbe erst von einer Druckplatte auf eine Gummirolle oder ein Gummituch aufgebracht wird, bevor sie auf die Oberfläche gelangt.)

Einfarbmaschinen sind in diesem Bereich am häufigsten anzutreffen; daher müssen die bedruckten Bleche erst trocknen, bevor eine zweite Farbe hinzugefügt werden kann.

Oben wird eine amerikanische Auswahl von Sprays abgebildet, die von Lister and Butler entworfen wurde. Sie verwendet helle, leuchtende Farben, um ein besseres Wiedererkennen zu ermöglichen. Das Wort »kills« und die abgebildeten toten Insekten machen deutlich, was der Zweck des Produkts ist.

Einige Zweifarbmaschinen wurden entwickelt, und trotz ihrer hohen Kosten können sie zweckmäßig sein, wenn die Farben des Verpackungsentwurfes sich nicht überlagern. Wenn man Entwürfe für Spraydosen einmal genau betrachtet, wird man feststellen, wie Designer das Weißblech oder Aluminium durch den Entwurf hindurch einsetzen, um den Anschein von mehr Farben zu erwecken (siehe Kap. 3.4). Eine weitere optische Täuschung ist der Druck einer zweiten Farbe über einer ersten, getrockneten Farbe, so daß der Eindruck einer dritten Farbe entsteht.

Naß-in-Naß-Druck

Da für einige Entwürfe mehr als eine Farbe nötig ist und die Farben sich überlappen müssen, wurde der Versuch unternommen, eine nasse Farbe auf eine andere zu drucken – Naß-in-Naß-Druck –, so daß die erste Schicht nicht während des zweiten Durchlaufs von den Rollen abgenommen wird. Diese Methode ist jedoch bei sehr schnellaufendem, erstklassigem Druck noch nicht ganz befriedigend, da sie nicht beständig kontrolliert werden kann.

Trockener Offsetdruck

Eine Drucktechnik, die auf der Lithographie beruht und bei der Produktion von dreiteiligen Dosen häufig genutzt wird, ist der trockene Offsetdruck oder Offset-Hochdruck. Die Dose wird mit Hilfe einer zylindrischen Platte, die sich um sie legt, bedruckt. Da die Platte praktisch ein einfacher Stempel ist, ist kein Wasser erforderlich. Dies bringt einige Vorteile bei der Herstellung, auch wenn dadurch höhere Kosten verursacht werden.

»Plastischer« Druck

Das Bedrucken vorgeformter Blechbehälter – meistens als »plastischer« Druck bezeichnet – wird schon seit vielen Jahren bei faltbaren und starren Aluminiumtuben mit bis zu sechs Farben, die von einer Presse aufgetragen werden, durchgeführt. Hochwertige Packungen werden in der Regel hinterher in einem zweiten Arbeitsgang lackiert.

Es ist immer noch ratsam, die Farben, wo möglich, getrennt zu lassen, aber dies ist schwierig und schränkt das Design ein. Man konnte die Verfahren verbessern, und auf manchen Maschinen können 150 Dosen und mehr pro Minute bedruckt werden. Mit den Neuentwicklungen von Verfahren bei der Herstellung von Getränkedosen wurden schnellaufende Druckmaschinen für Dosen entwikkelt, besonders in den USA. Diese Maschinen können mehr als 800 Dosen pro Minute bearbeiten und bis zu vier Farben plus eine Schicht Lack auftragen, bevor die Dosen in

Diese zweiteilige Getränkedose wurde mit einer wirksamen und dennoch einfachen, ins Auge springenden Grafik bedruckt. Das Produkt, für das das Design von Brand New entworfen wurde, hat sich sehr gut verkauft, seit es auf dem Markt ist. Die Wirkung des vierfarbigen Kastens, der vom Text eingerahmt wird, wird auf dem Regal durch die nebenstehenden Dosen verstärkt.

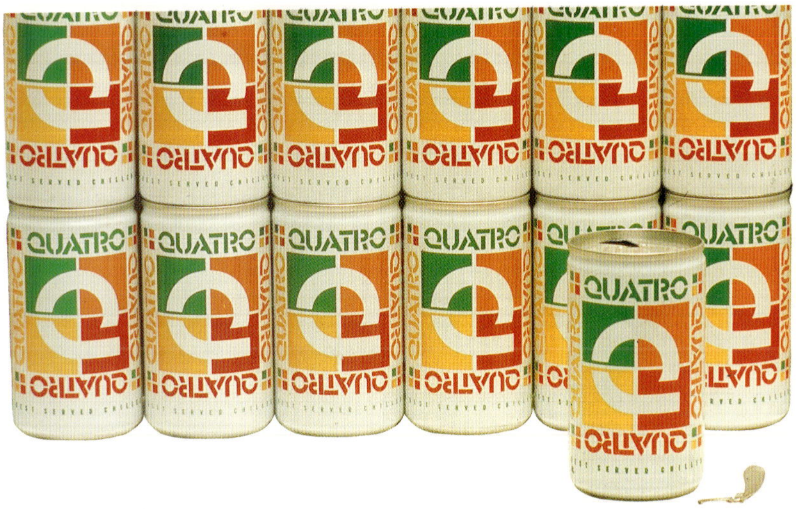

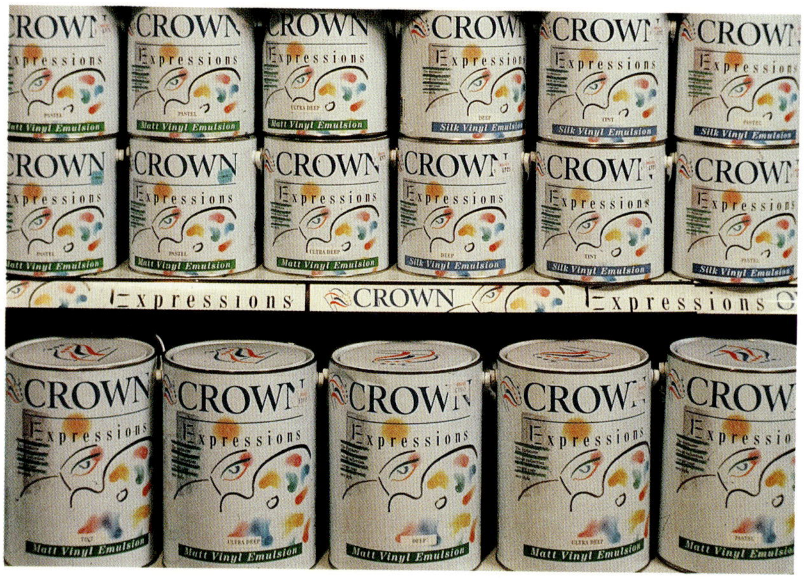

Abweichend von den herkömmlichen, massiven Farbbändern auf Farbbehältern zeigen diese Strichzeichnungen auf den Büchsen von Crown, daß das Dekorieren nicht so sehr eine Hausarbeit ist, sondern eher eine Kunstform.

einer Trockenkammer getrocknet werden. Obwohl diese Maschinen nur von Herstellern mit großen Markennamen wie Coca Cola, die ein großes Volumen haben, genutzt werden, ist es wichtig, daß sich die Designer der Möglichkeiten der unterschiedlichen Systeme bewußt sind.

Wie man den Druckprozeß beschleunigt

Während der letzten Jahre wurden verschiedene Trockenmethoden eingeführt, um den Druckprozeß zu beschleunigen: Luftzufuhr unter hohen Temperaturen und Flammenbehandlung sind zwei Beispiele, aber am erfolgreichsten ist es, das Material im Trocknungsprozeß der ultravioletten (UV) Strahlung auszusetzen. Der Erfolg des Verfahrens ist leicht zu erklären: man braucht etwa eine Hundertstelsekunde, um einen Bogen zu trocknen, und selbst bei Papier, Pappe und Kunststoffsubstraten wird heute die UV-Trocknung eingesetzt. Die Geschwindigkeit des Verfahrens kann die Vorgabezeiten bei der Produktion radikal ändern, wodurch der Designer in der Lage ist, die heute immer enger werdenden Termine einzuhalten.

Eine relativ neue Technik – die elektronische Strahlentrocknung – verwendet einen Strom oder Vorhang von Elektronen aus einer erhitzten Metallquelle, um Oberflächen in einer Vakuumkammer zu trocknen. Der Prozeß der Erzeugung von Elektronen ähnelt etwas dem Erzeugungsprozeß von Röntgenstrahlen.

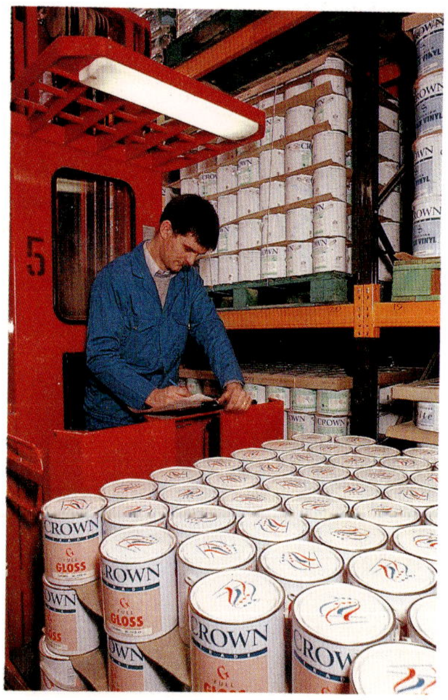

Der gründliche Neuentwurf für die Farbbehälter von Crown hat sich in Großbritannien als sehr erfolgreich bei dem Versuch erwiesen, Marktanteile von ICIs Produkt Dulux zurückzuerobern. Die Designagentur Wolff Olins hatte sich entschlossen, auch die Deckel zu dekorieren, damit die Farbbehälter unterhalb der Augenhöhe identifiziert werden können.

Druckfarben

Aufgrund der immer größer werdenden Zahl von Materialien, die für Verpackungen verwendet werden, mußten die Druckfarben ebenfalls angepaßt werden. In den siebziger Jahren waren PVDC-beschichtete Polypropylen-Filme das beliebteste Material, und damals gab es nur Polyamidfarben oder einige wenige instabile Nitrozellulose-/Acryl-Farbmischungen, die an ihnen hafteten. Aber allzuoft schmolzen sie, wenn die Temperaturen etwas zu hoch wurden. Außerdem waren sie nicht geruchsneutral, so daß das Produkt in der Pakkung manchmal beeinträchtigt wurde. Daher wurden von den Farbenherstellern Spezialfarben entwickelt, um den Anforderungen der neuen Materialien gerecht zu werden

Hitzeversiegelbare Farben

Eine der interessantesten Entwicklungen war das Auftauchen von Farben, die Packungsenden versiegeln, wenn sie durch Klemmen erhitzt werden. Farben, die sich durch Hitze versiegeln lassen, tauchten zum ersten Mal Mitte der achtziger Jahre auf, vor allem bei Kekspakkungen. Durch sie wurden traditionelle PVDC-Kunststoffversiegelungen bei bestimmten Anwendungen überflüssig, was im Verpackungsablauf Zeit und Geld spart. Weil diese neuen Farben jedoch PVDC-Beschichtungen unnötig machen, geht die Steifheit des Films etwas verloren, und die maschinelle Verarbeitung wird zu einem Problem. In diesen Fällen sollte vom Designer ein dickerer Film vorgesehen werden.

Der britische Kekshersteller United Biscuits, Inhaber der Marken McVities und Crawfords, testete 1986 eine Reihe von hitzeversiegelbaren Farben für seine Keksmarke Marie. Dabei fand man heraus, daß die Haltbarkeit der Packungen etwa neun Monate betrug, doppelt so lang wie zu Anfang für nötig gehalten wurde.

Neue Trends bei der Etikettierung

Etikettierung in der Form

Die vielleicht aufregendste neue Etikettierungstechnik der letzten Jahre ist die Etikettierung in der Form (In-Mould Labelling, IML). IML-Maschinen, die ursprünglich in den USA entwickelt wurden, haben Roboterhände, die ein Papieretikett in eine Form geben, kurz bevor die vorgeformten Kunststoffbehälter (die wie kleine Reagenzgläser aussehen) hineingegeben und aufgeblasen werden, so daß sie die Form ausfüllen. Die im Offset- oder Gravüredruckverfahren bedruckten Etiketten haben meistens auf einer Seite eine Beschichtung mit Schmelzklebstoff, der von dem heißen Kunststoff aktiviert wird. Diese verzögerte Aktivierung des Etikettklebemittels ist wichtig, um zu verhindern, daß die Etiketten den Zufuhrmechanismus verstopfen.

Dieses Verfahren hat viele Vorteile für den Designer: Es besteht in hohem Grad Etikettensicherheit, weil das Etikett ein Bestandteil des Behälters ist. Weder beim Versand noch nach dem Verkauf löst sich das Etikett von der Verpackung. Außerdem wirft das Etikett keine Falten und knittert nicht, und, weil es unterhalb des Oberflächenniveaus des Behälters liegt, kann kein Shampoo oder Maschinenöl unter das Etikett gelangen und es ablösen. Das Etikett wird auch gegen Feuchtigkeit und in Räumen mit hoher Luftfeuchtigkeit, wie Küche und Badezimmer, geschützt. Der Behälter sieht daher länger gut aus, was immer ein wichtiger Punkt ist, an den man im Wettbewerb denken sollte, damit der Verbraucher das Produkt wieder kauft.

Das Fehlen von Falten und Kniffen verbessert die Ästhetik von IML-Packungen, und es können größere Etiketten entworfen werden, als normalerweise praktisch wäre. Dies bedeutet natürlich eine größere Wirkung beim Marketing. Auf der technischen Seite ergibt sich die Möglichkeit, das Gewicht eines IML-Behälters zu reduzieren, indem weniger Kunststoff eingesetzt wird, denn die Steifheit des Etiketts stärkt die Seitenwand des Behälters.

IML in Europa

Das erste Unternehmen, das die Technik aus den USA übernahm, war wahrscheinlich Procter & Gamble, das IML für sein »Head and Shoulder«-Shampoo 1986 in Europa einsetzte. Die Flasche und der Verschluß wurden von United Closures and Plastics entworfen und hergestellt (damals Teil von Owens-Brockway), und die Etiketten wurden von der britischen Firma Sanderson and Clayton bedruckt und lackiert. Über die Zusammenarbeit der Hersteller und Lieferanten bei dieser Neuerung sagt Procter & Gamble, daß »wir immer kreative Ideen von unseren Lieferanten willkommen heißen. Nachdem wir das IML-Verfahren von UCP beurteilt hatten, erkannten wir sein großes Potential für unser Geschäft und haben gerne mit diesem Unternehmen bei diesem Projekt zusammengearbeitet.«

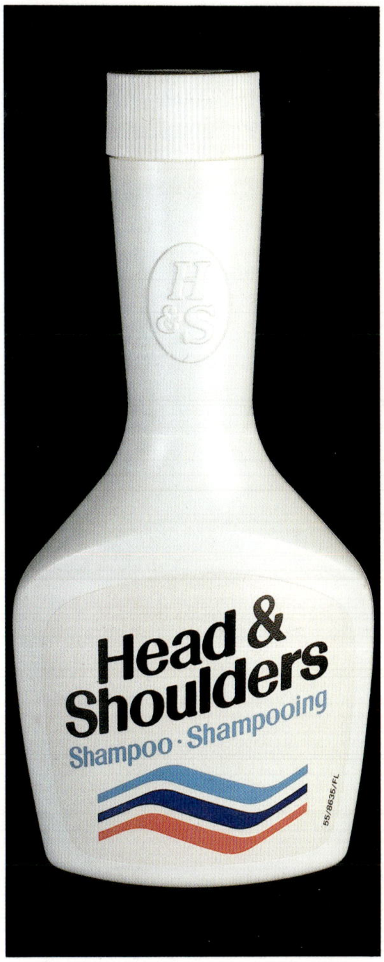

Merkblatt-Etiketten

Ein weiterer wichtiger Trend beim Etikettieren wird von den Merkblatt-Etiketten von Denny repräsentiert, die als »Fix-a-Form« bekannt sind. Sie werden oft eingesetzt, wenn gesetzliche Vorschriften dazu zwingen, mehr Daten mitzuteilen, als man normalerweise auf einem Standardetikett unterbringen könnte. Dies ist beispielsweise bei landwirtschaftlichen Produkten und Produkten für den Gartenbau der Fall, die nur auf bestimmte Weise vorbereitet oder verwendet werden dürfen. Bei manchen pharmazeutischen Produkten wird diese Art von Etiketten ebenfalls verwendet.

Die Zukunft der Etiketten

Etiketten werden auch in Zukunft von Designern eingesetzt werden, weil sie vielseitig sind, besonders bei Werbepackungen und Artikeln mit kurzem Produktionsdurchlauf. Ihre größte Bedrohung entsteht durch den Abstieg traditioneller Materialien oder Medien wie Glasbehälter und Dosen zugunsten von neuen zusammengesetzten, flexiblen Behältern aus Kunststoff, die durch den Flexodruck oder das Gravüreverfahren leicht bedruckt werden können. Aber es gibt Neuentwicklungen, wie die bereits bedruckten Schaum- oder Filmmanschetten, beispielsweise das Plastishield-Etikett von United Glass, das jetzt auf Glas- und Kunststoffflaschen weitverbreitet ist.

Eines der ersten Produkte mit einem in der Blasform angebrachten Etikett (in-mould labels), das in Großbritannien und in den USA in die Regale kam, war das Head & Shoulders-Shampoo von Procter & Gamble. Das Etikett wird in der Blasform für die Flasche von einem Robotergreifer plaziert. Das geschmolzene Kunststoffmaterial hält es dann an der richtigen Stelle. Die Vorteile dieser Technik liegen in der Geschwindigkeit und in dem Umstand, daß sich das Etikett nicht lösen kann und dadurch der Behälter nicht unansehnlich wird.

2.1 Papier

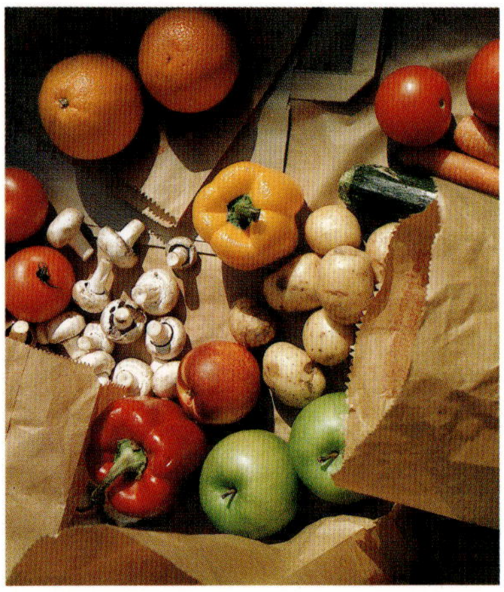

Die Verwendung von Papier als Verpackungsmedium hat eine lange Geschichte. Wahrscheinlich war die älteste und einfachste Form der Papierverpackung ein Blatt aus behandelter Maulbeerbaumrinde, das die Chinesen im ersten oder zweiten Jahrhundert v. Chr. herstellten. Die Araber übernahmen das Verfahren mehrere Jahrhunderte später und verbreiteten die Technik in Spanien, Frankreich und in anderen Ländern Europas. Obwohl Papier und natürlich Pappe nicht die einzigen und festesten pflanzlichen Produkte sind, die für das Verpacken verwendet werden, blieben beide Materialien am längsten in Gebrauch. Holzkisten finden immer noch Verwendung beim Export schwerer Maschinen; bei allen leichteren Gegenständen spricht ihr Gewicht gegen den Einsatz als Verpackung. Stoffe und andere Textilien wurden jahrhundertelang in Form von Säkken genutzt, bis Papier sogar sie ersetzte. Zusammen mit Zellulose war Papier das bis weit in unser Jahrhundert am weitesten verbreitete Verpackungsmaterial für alltägliche Verwendungen – entweder als Blatt, Bogen oder in Taschenform.

Dieses Symbol für Recycling-Material erscheint auf einer zunehmenden Zahl von verpackten Produkten. Mit wachsendem Umweltbewußtsein beginnen immer mehr Konsumenten über Recycling nachzudenken. Da mehr Wegwerf- oder Einwegverpackungen entworfen werden, ertönt der Ruf nach wiederverwertbaren oder abbaubaren Verpackungen.

In der zweiten Hälfte des zwanzigsten Jahrhunderts wurde Papier immer stärker von den Kunststoffen ersetzt: Die allgegenwärtige Einkaufstüte besteht nicht mehr aus braunem Papier, sondern aus Kunststoff. Papier hat jedoch durch seine besonderen Eigenschaften eine wichtige Stellung behalten. Heute sind die wachsende internationale Besorgnis über die Umweltauswirkungen von Materialien, die nicht biologisch abbaubar sind, und die Notwendigkeit, nichterneuerbare Rohstoffquellen zu bewahren, sein Vorteil.

Derartige Anliegen haben den Rückgang bei der Verwendung von Recycling-Papier für Verpackungen zum Stillstand gebracht und den Trend umgekehrt. Ein Anlaß für die Umkehrung in Italien war Mitte der achtziger Jahre, daß man in den Mägen von gestrandeten Pottwalen Kunststofftüten fand. Die italienische Regierung beschloß fast auf der Stelle, bis zum Ende der neunziger Jahre die Verwendung der Tüten zu verbieten. Das Verbot bezieht alle Verpackungsmaterialien und Behälter ein, die nicht biologisch abbaubar sind; die Auswirkungen für die Verpackungsdesigner, die Kunststoff bei der Verpakkung verwenden müssen, werden also drastisch sein und sich auch auf den Ausstoß der italienischen Kunststoffindustrie auswirken. Außerdem wird das Verbot Importe aus anderen Ländern der Welt nach

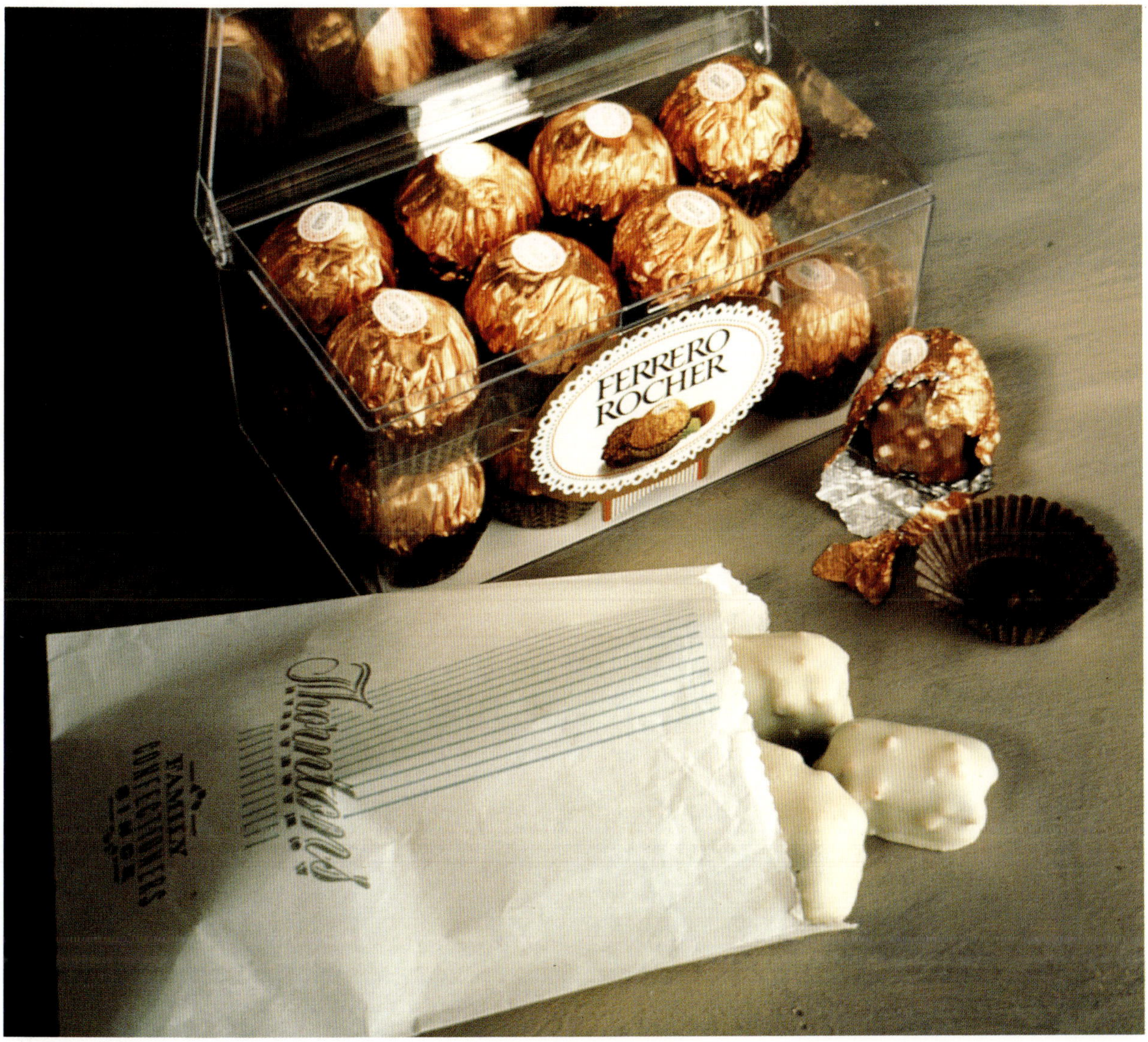

Italien stark einschränken. Das Verbot zeigt, wie ökologische Fragen die Ebene der nationalen und internationalen Politik erreicht haben. Zumindest im Augenblick scheint es eine Rückkehr zu den traditionellen Materialien wie Papier und Karton, die sich wiederverwerten lassen, zu geben.

Konkurrierende Technologien bei Papier und Kunststoff

Der technologische Fortschritt und die zunehmende Verwendung von Kunststoffen hat in den traditionellen Sektoren der Verpackungsindustrie, die auf Papier und Karton basierten und die sicherlich Rückgänge zu verzeichnen hatten, Probleme aufgeworfen. Aber es gibt auch Anzeichen dafür, daß nach einem gewissen Maß an Rationalisierungen und Konsolidierungen in den späten siebziger und frühen achtziger Jahren, als Verpackungen aus Papier von der Szene verschwanden, Papier sich jetzt einer steigenden Beliebtheit erfreut. Designer können Papierbögen verwenden, die mit Kunststoff beschichtet oder mischextrudiert sind, um neue Produkte mit eigenen, besonderen Eigenschaften anzubieten. Die unterschiedlichen Arten von antistatischen Bögen für die Verpackung von elektrischen und elektronischen Bauteilen sind ein gutes Beispiel. Einige Papierlieferanten verzeichnen sogar Zuwächse bei ihrem Geschäft.

Es erfordert heute einen gewissen Aufwand, Waren in Papier einzuwickeln. Der Konsument muß die Produkte schützen, die sich nicht selbst ausreichend schützen können – deshalb macht der Geschenkemarkt umfassenden Gebrauch von Papiertüten, die mit Verzierungen und Farben bedruckt sind, die auf anderen Verpackungen nicht zu finden sind. Ferrero Rocher verwendet gekräuselte Papierformen, um sein teures, in Folien gepacktes Schokoladenkonfekt zu stützen. (Foto: Friends of the Earth)

Papierherstellung

Reines Papier ähnelt in gewisser Weise dem Löschpapier. Durch unterschiedliche Verfahren und bestimmte Zugaben zu der Zellstoffmischung während der Papierherstellung können unterschiedliche Papiere hergestellt werden. Neben relativ einfachen Änderungen, beispielsweise Veränderungen der Farbe durch Hinzufügen von Farbstoffen, kann man Papier herstellen, das Feuchtigkeit abweist. Der häufigste Zusatz ist ein natürliches Harz, das als »Appretur« bezeichnet wird und zusammen mit Aluminiumsulfat diese Beständigkeit gegen Feuchtigkeit bietet. Andere Zusätze – beispielsweise fettabweisende Substanzen – kann man auf die Oberfläche aufbringen, aber die häufigste Grundbeschichtung ist Stärke, die die Oberfläche des Papiers versiegelt und es fester macht. Für den Verpackungsdesigner ist die Festigkeit des Papiers wahrscheinlich seine wichtigste Eigenschaft.

Packpapier

Dieses grobe Papier, das für seine Festigkeit bekannt ist, ist ein wichtiges Verpackungsmaterial aus Papier, das häufig für braune Einkaufstüten und -taschen verwendet wird. Der größte Anteil dieses Papiers wird in den USA, Kanada und Skandinavien hergestellt. Natürlich kann braunes Packpapier in verschiedenen Beigetönen und sogar Weiß gebleicht werden. Ein ähnliches Papier, das manchmal als Papier für Versandtüten bezeichnet wird, verwendet man, um Tüten und Säcke mit mehreren Wänden herzustellen, die zwei bis sieben Schichten haben. Eine Kunststoff- oder Folienschicht kann in besonderen Fällen an die Stelle von Papier treten, wenn beispielsweise eine zusätzliche Sperre gegen Feuchtigkeit erforderlich ist. Diese mehrschichtige Konstruktion macht Tüten besonders fest und nützlich für Produkte wie Hundefutter und Tiernahrung, Holzkohlenbriketts, Zement und andere Baumaterialien. Sie werden auch für Düngemittel und Agrarchemikalien eingesetzt. Aber immer ist die Art des Produkts für die Art der Verpackung entscheidend. Der Designer muß die Eigenschaften des Produktes sorgfältig prüfen, bevor er Papier als Verpackungsmedium wählt. Es eignet sich beispielsweise nicht für feuchte oder scharfkantige Artikel. Die festen Bestandteile von Getreidesirup zum Beispiel brauchen eine feuchtigkeitsbeständige Tüte, während bei Insektiziden und anderen Giften die Luftzufuhr eingeschränkt werden muß, da sie geruchsbeständig sein müssen. Im Vergleich dazu brauchen Zement und andere dichte oder scharfkantige Produkte wie Kies und einige Arten von Holzkohle feste Sackmaterialien.

Gebleichtes Papier

Gebleichte Papiere können für Tüten oder andere Papierprodukte verwendet werden, wo das Erscheinungsbild und der Schutz des Pakkungsinhalts wichtig ist. Maschinenerzeugte oder maschinensatinierte Papiere können eingesetzt werden, um Tüten oder Einwickelpapier unter anderem für Bäckereien und Fast-Food-Geschäfte herzustellen. Tissues werden ähnlich hergestellt und können, den Anforderungen entsprechend satiniert werden, falls nötig. Eine spezielle Form von gebleichtem Papier wird für Etiketten verwendet: Das Papier wird mit einem feinen Kaolinpulver beschichtet, um die normalerweise rauhe Oberfläche zu glätten. So läßt sich die Oberfläche der Etiketten leichter bedrucken und das Ergebnis glänzender und attraktiver machen.

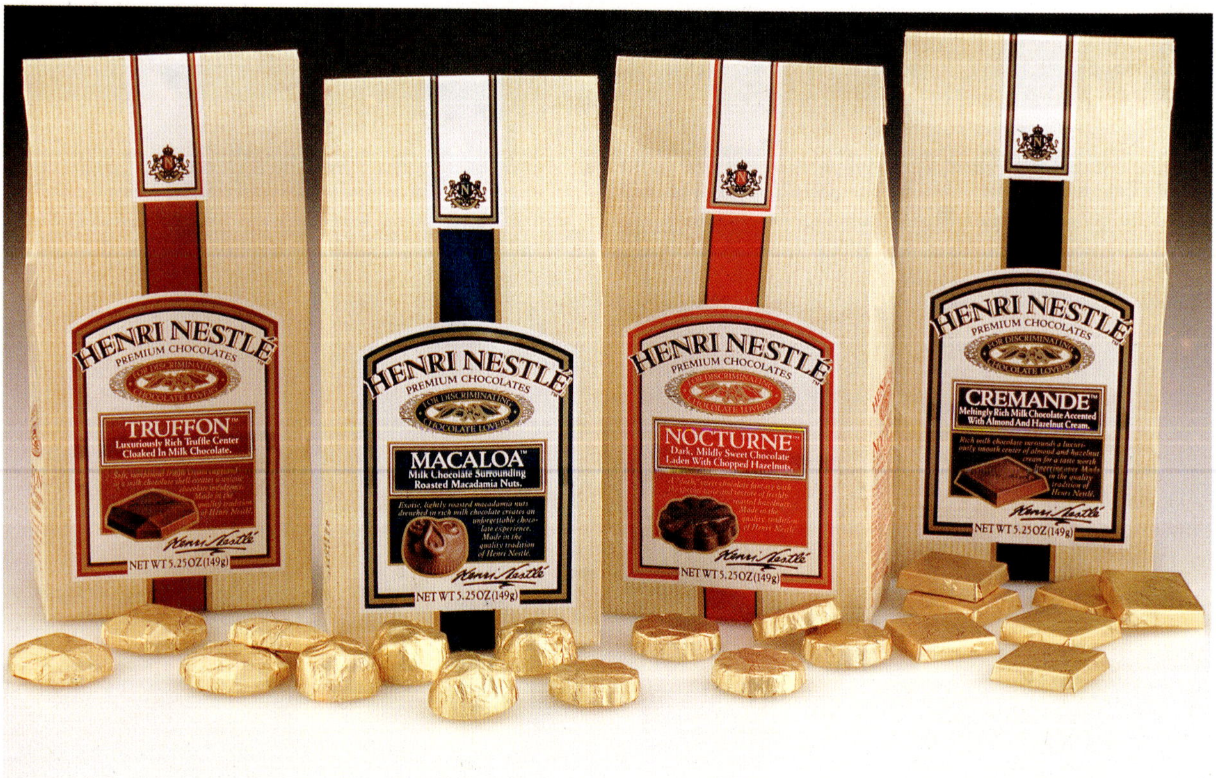

In dieser Entwurfsarbeit für die Kollektion von Henri Nestlé, die auf der gegenüberliegenden Seite abgebildet ist, wird häufig der Hinweis »high quality« verwendet.

Eine feste Papiertüte steht aufrecht wegen ihrer Konstruktion mit einem flachen Boden. Sie ist mit einer goldenen Wappenverzierung und einem farbigen Streifen bedruckt, der an ein blaues Zierband erinnert. (Design von Lister and Butler)

Papier wird schon lange verwendet, um Nahrungsmittel einzuwickeln – besonders fettabweisendes und Wachspapier. Mit dieser Produktreihe (Design von Wolff Olins) beabsichtigt der Hersteller Dairy Crest, ein Image der Tradition aufzubauen, indem die Butter zylindrisch und nicht rechteckig geformt wird.

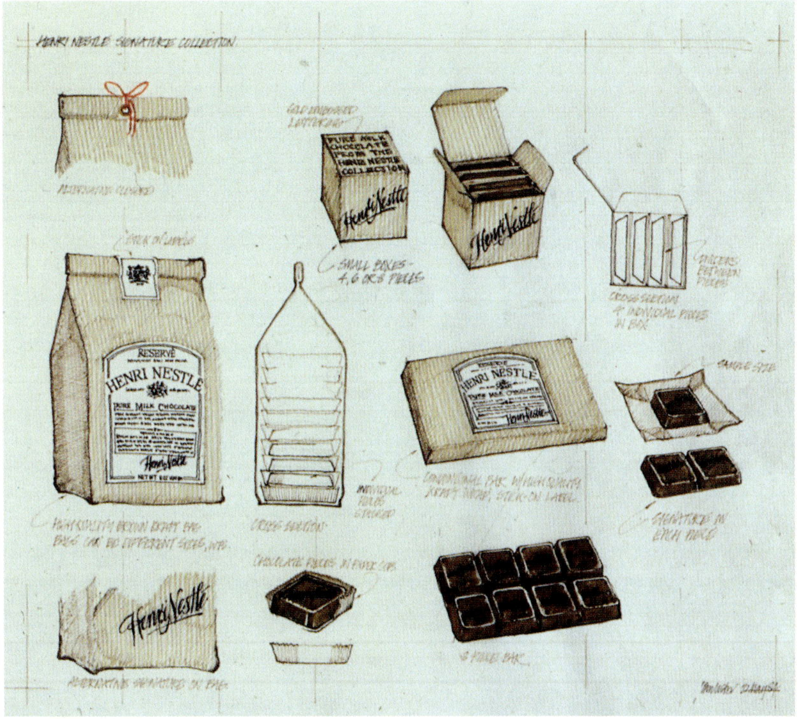

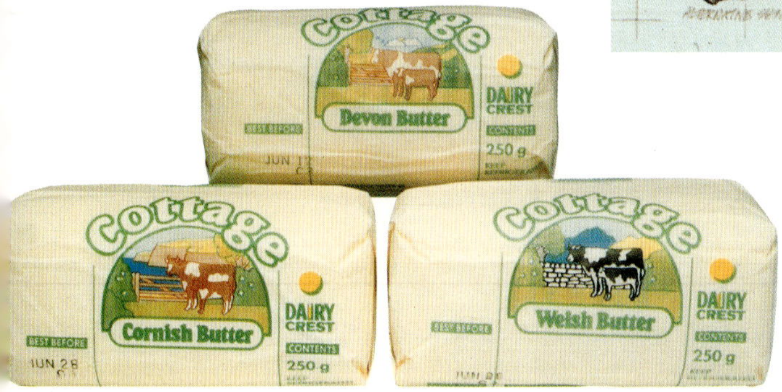

Papier für Nahrungsmittelverpackungen

Obwohl Papier bei Verpackungen für ein großes Produktsortiment eingesetzt werden kann, genau wie andere Verpackungsmaterialien auch, wird es zum allergrößten Teil für die Verpackung von Nahrungsmitteln verwendet, wie die nebenstehende Tabelle zeigt. Es gibt mehrere wichtige Richtlinien, die der Designer bedenken muß, wenn er Papier für die Verpackung von Nahrungsmitteln einsetzen will. Im allgemeinen sollten bei Nahrungsmitteln Pergamin oder fettdichte Papiere verwendet werden, da diese fett- und ölabweisend sind und unerwünschte Gerüche und Feuchtigkeit nicht durchlassen. Wachspapiere können ebenfalls für die meisten Nahrungsmittel eingesetzt werden, da sie geschmacks- und geruchsneutral sind, ungiftig und reaktionsträge. Fetthaltige Nahrungsmittel brauchen im Vergleich dazu sehr festes Pflanzenpergament, das den typischen Flecken von Fett und Öl widersteht.

Endverbrauch von Verpackungspapieren weltweit	
– Nahrungsmittel	81%
Gewürze und Zucker	30%
Brot	10%
Süßwaren	10%
Innentüten für Zerealien	8,5%
Fette und Molkereiprodukte	5%
Snacks und Kartoffelchips	5%
Haustierfutter	4%
Getränke	3%
Fertignahrung	2%
Eiskrem	1,5%
Milchpulver und Babynahrung	1%
Kekse, Kuchen, Fleisch, Geflügel und Tiefkühlkost	1%
– Zigaretten	5%
– Medikamente und Pharmazeutika	5%
– Papierprodukte (Servietten usw.)	5%
– Reinigungsmittel, Shampoos und Toilettenartikel	3%
– Chemikalien und Produkte für die Landwirtschaft	0,5%
– andere	0,5%
Summe	100%

Quelle: Schätzungen der Industrie

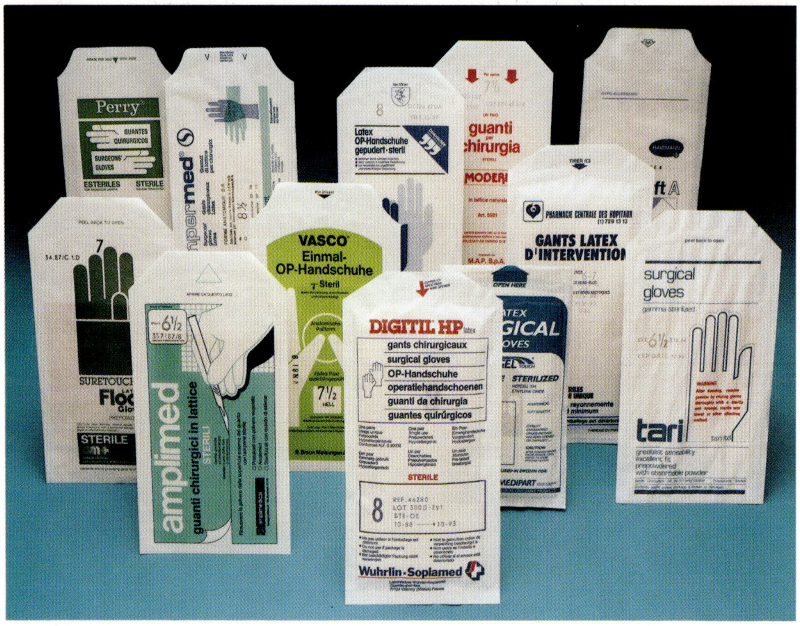

DRG Flexible Packaging, ein internationaler Marktführer im Bereich der Papierverpackungen, liefert eine Reihe von sterilisierbaren Papierverpackungen für Chirurgiehandschuhe. Papier ist das Ausgangsmaterial für solche Verpackungen. Seine Verarbeitung und Behandlung wird sorgfältig an den Schutz vor Bakterien angepaßt, der im jeweiligen Fall erforderlich ist.

Verpackung für Medikamente

Einen kleinen, aber wichtigen Anwendungsbereich für Verpackungsmaterial aus Papier findet man in Krankenhäusern oder bei Erste-Hilfe-Kästen. Hier ist es ein wesentliches Verpackungsmedium, das beim Entwurf von 80 Prozent der Krankenhauspackungen eingesetzt wird. Es ist unwahrscheinlich, daß es in den nächsten Jahren als Verpackungsmedium für Medikamente durch ein anderes ersetzt wird.

Papiertüten für die medizinische Verpackung haben unterschiedliche Porositäten und Schichten und spezielle Faltungen an den Öffnungen, die verhindern, daß Bakterien eindringen. Die Packungen müssen porös sein, damit Dampf, Gas oder radioaktive Teilchen eintreten können, um den Inhalt zu sterilisieren. Papiere mit kleinen Löchern – die nicht größer als 0,3 μ sind – funktionieren gut. Die kleinsten der störenden Krankheitserreger haben einen Durchmesser von 1,0 μ.

Ein großer Teil des Papiers, das eingesetzt wird, ist jedoch mit Polyvinylacetat (PVAC) beschichtet oder mit einem anderen Lack, um das Material gegen die Einwirkung von Bakterien zu stärken. Dies erhöht jedoch die Kosten der Verpackung beträchtlich. Wo Kunststoffilme verwendet werden – in den Fällen, in denen der Designer sicherstellen muß, daß der Inhalt sichtbar ist – findet man Papier fast immer auf der Rückseite der Packung. Packungen, die völlig aus Kunststoff oder Zellulose bestehen, sind selten.

Medizinische Papierverpackungen können in zurechtgeschnittener Bogenform sowie in fertigen Tüten oder Beuteln verwendet werden. Rollen mit Papierschläuchen sind ebenfalls gebräuchlich.

Das Design medizinischer Verpackungen

Die Designanforderungen der medizinischen Verpackung sind relativ unkompliziert: Der Inhalt muß vor Umwelteinwirkungen geschützt werden, er muß leicht zugänglich und erkennbar sein. Flexible Materialien sind im allgemeinen preiswerter als starre Behältnisse, und sie lassen sich in der Regel leichter öffnen – entweder, indem ein selbstklebender Streifen entfernt wird oder indem der Packungsrand aufgerissen wird. Sie können leicht mit Gas, Dampf oder durch Strahlung sterilisiert werden und lassen sich leicht beseitigen. Durchsichtige Kunststoffenster zum schnellen Erkennen sind ein weiterer, nützlicher Bestandteil des Designs.

Offensichtlich sind die Kriterien für jeden Designfaktor abhängig vom Kunden unterschiedlich, aber im allgemeinen erfüllen diese wenigen Richtlinien die Bedürfnisse von großen Kunden wie Smith and Nephew oder Johnson and Johnson als auch von kleinen, hauseigenen Sterilisationsabteilungen, die die meisten europäischen Krankenhäuser benutzen.

Ein wichtiger Designtrend war die Wahl von »Langfaserpapier«, das keine Lackbeschichtung hat, aber dennoch einfach von erhitzten Klemmen versiegelt werden kann. Das Papier läßt sich auch leicht abziehen, was es dem Chirurgen oder der Schwester besonders leicht macht, an den Inhalt zu gelangen.

Großbritannien ist führend bei medizinischen Verpackungen, und Unternehmen wie DRG haben ihre Stellung gestärkt, indem sie Tochtergesellschaften in Belgien und den USA gegründet haben, so daß Designer außerhalb Großbritanniens einige der aufregenden neuen Materialien, die in diesem Bereich immer mehr verfügbar sind, verwenden können. Für den amerikanischen oder kontinentaleuropäischen Designer lohnt es sich, sich mit Papierverpackungsspezialisten wie Gothic House Incorporated, Bonar, Pakcel und Akerlund and Rausing zu beschäftigen sowie mit Senegewald, Finnconverta und Safta.

Papiertüten und -beutel

Die Wörter Tüte und Sack sind meistens austauschbar, obwohl manche Hersteller zwischen ihnen durch die Verwendung einer willkürlichen Gewichtsgrenze unterscheiden. »Tüten« enthalten nicht mehr als 11,5 kg, während Säcke größere Gewichte enthalten, bis hin zu den riesigen Papierbögen für zugeschnittenes Holz, die von manchen Sägewerken verwendet werden.

Die Papiertüte ist vielleicht die älteste und eine der preiswertesten Verpackungsformen, die es gibt. Sie ist sicher und staubdicht, wenn sie an allen vier Seiten versiegelt ist, und nimmt automatisch die Form des Produktes an, das sie enthält. Produkte wie Nägel oder Korn, die sich setzen, wenn sie stehend gelagert werden, brauchen weniger Lagerraum, weil die Tüte ebenfalls ihre Form verändert. Diese Eigenschaft hat jedoch auch einen Nachteil: Die Tüten stehen nicht ordentlich auf dem Regal des Einzelhändlers, wenn sie nicht irgendwie verstärkt oder gestützt werden.

Die meisten Lieferanten von Beuteln für den Suppen- und Soßenmarkt produzieren jetzt beispielsweise Außenkartons, die gleichzeitig als Transportpackungen dienen. Sie halten die Beutel im Laden aufrecht, wenn Vorder- und Oberseite abgerissen werden.

Außerdem können die Falten und Kniffe, die einige Papierpackungen haben, unattraktiv sein. Aus diesem Grund werden Produkte, die für den anspruchsvolleren Markt bestimmt sind, normalerweise nicht in Tüten angeboten. Dieses schlichte Erscheinungsbild kann jedoch bei nostalgischen Produkten wie Konfekt, Gewürzen, Chemikalien für den Garten und für Pflanzen vorteilhaft eingesetzt werden.

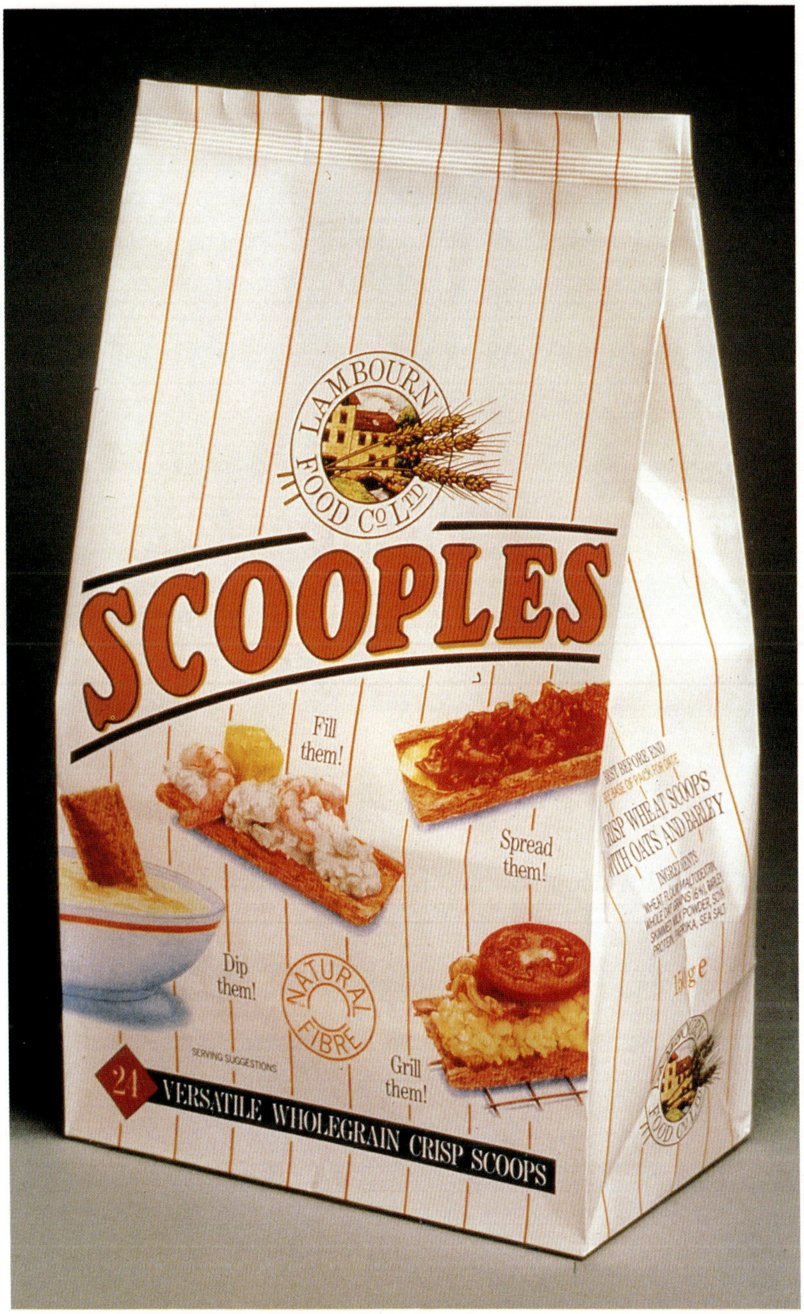

Die Tüten mit flachem oder quadratischem Boden sind in den USA üblich. Snacks wie Popcorn und Kekse erscheinen häufig in dieser Art der Verpackung. Mit diesen neuen Crackern der Marke Scooples plante der Hersteller, sich in Großbritannien den Erfolg anderer Lebensmittel in der gleichen Verpackung zunutze zu machen. Die Verwendung dieser Art von Verpakkung erinnert den Konsumenten an etwas Vertrautes, noch bevor er das Produkt gesehen hat. (Design von Brand New)

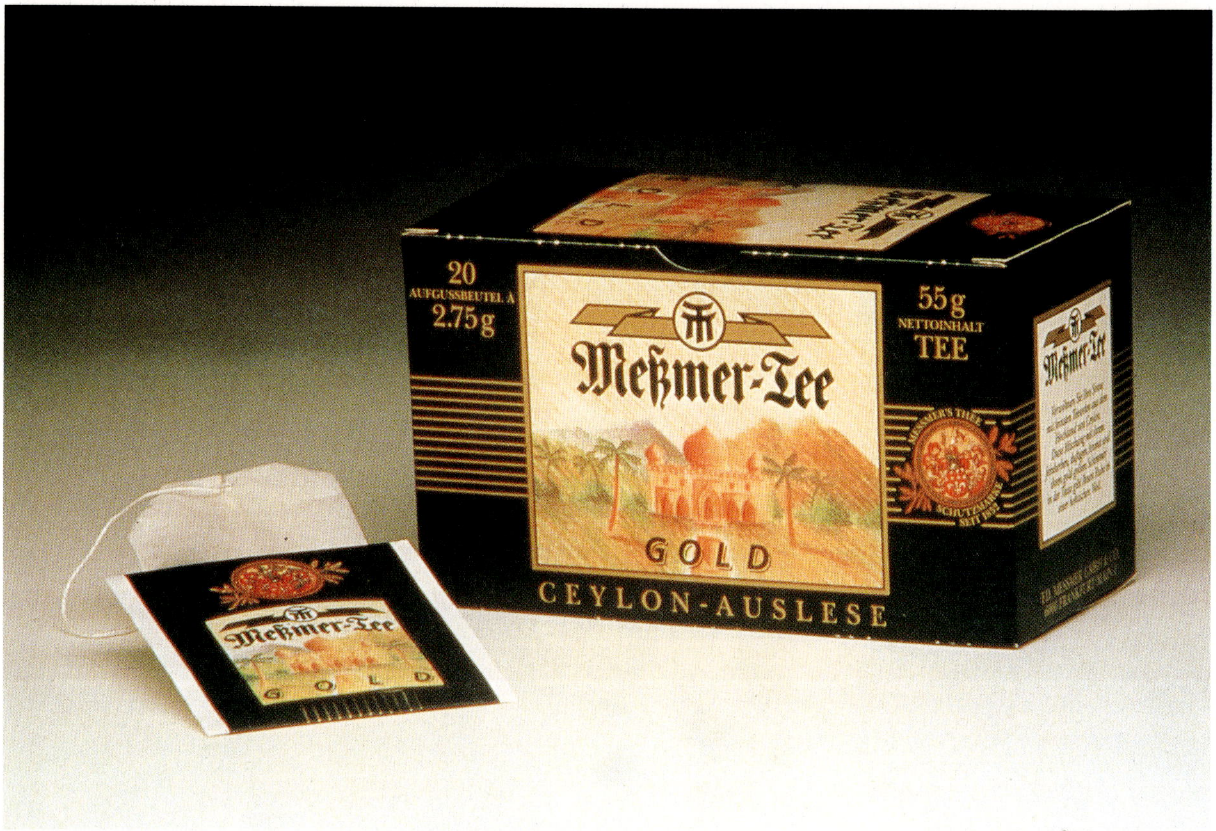

Tütenarten

Für dünne Produkte ist die flache Tüte oder der Umschlag die wirtschaftlichste Form, aber im allgemeinen ist eine der anderen Formen erforderlich. Tüten mit Zwickel, wie die traditionelle Lebensmitteltüte, sind bei sperrigem Inhalt nützlich.

Es gibt vier Hauptarten bei Tüten:
- automatischer Boden oder selbstöffnend
- quadratischer oder gekniffener Boden
- flache Tüte
- Mappenboden

Papiersäcke

Papiersäcke mit Mehrfachwänden gibt es im allgemeinen in zwei Formen: Sie sind entweder oben und unten zusammengenäht oder verklebt. In beiden Fällen wird die Seitennaht geklebt. Der genähte Sack ist meistens preiswerter, aber er ist bei Feuchtigkeit nicht so sicher wie der geklebte Sack. Wenn Säcke zum Packer kommen, sind sie in der Regel an einem Ende offen oder haben eine kleine Eckenöffnung, durch die das Produkt hineingegeben werden kann. In den letzten Jahren wurden die Sackfüllmaschinen verbessert, und Säcke werden schneller als je zuvor gefüllt: 12 bis 15 können von einer Maschine pro Minute gefüllt werden. Mit wachsender Geschwindigkeit kann jedoch die Sackkonstruktion selbst der Füllgeschwindigkeit Grenzen setzen. Das Hauptproblem ist es, die Luft herauszulassen – der Vorgang heißt »Entlüftung« –, daher bieten die meisten Sackhersteller heute eine Vielfalt an Nähten oder Ventilen an, die es dem Designer gestatten, Säcke nach den Wünschen des Kunden maßzuschneidern. Der Designer, der für den Sackmarkt arbeitet, lernt schnell, welche Formen vom funktionalen und Präsentationsstandpunkt her am besten geeignet sind.

In Kombination mit anderen Materialien wie Kunststoffen und Folien können Papiersäcke bis zu 50 kg Produktgewicht sicher und mit geringer Platzverschwendung enthalten. Man benutzt sie meistens für nichtgebundene Granulate und Pulverprodukte wie Kunststoffharze, Sämereien und Tiernahrung. Reine Papiersäcke lassen Kartoffeln und andere frische Wurzelgemüse atmen, und sie sind weniger anfällig für Löcher oder Risse, als man im allgemeinen denkt.

Die Zementherstellung ist ebenfalls weltweit ein traditioneller Anwendungsbereich für Papiersäcke, in erster Linie, weil die Hersteller ihre eigenen Packstationen vor Ort gebaut haben. Außerdem wird Zement abgepackt, wenn er noch heiß ist, und nur wenige Kunststoffsäcke können für die heiße Abfüllung verwendet werden. Milchpulver für Tierfutter wird ebenfalls noch heiß abgepackt. Daher bevorzugen die Designer auch hier Papier.

Sackausführungen

Für den Designer, der Papiersäcke als Medium wählt, gibt es wie bei anderen Papierverpackungen immer mehr Ausführungen, die es gestatten, die Behälter mit zwei oder vier Farben zu bedrucken. Viele Versandkaufhäuser liefern bedruckte Tüten und Säcke als attraktives Mittel der Eigenwerbung. Das Multimillionengeschäft des Versandhandels in den USA scheint in erster Linie aufgrund des traditionellen Aussehens und Gefühls von Papiersäcken entschlossen zu sein, bei Papier zu bleiben, trotz des Eindringens von Kunststoffen.

Obwohl sie einer starken Konkurrenz von neuen Kunststoffen gegenüberstehen, erweisen sich Säcke, die mit anderen Materialien wie Aluminium und Polyethylen beschichtet sind, als ungeheuer beliebt als Ersatz für die starre Teekiste. Papier hat immer noch die Vorteile seiner Steifheit, die es ermöglicht, es extrem schnell zu Säcken zu verarbeiten, und seiner Durchlässigkeit für Gase. Dieser letzte Faktor macht es immer noch zum besten Verpackungsmaterial für Zucker, obwohl eine immer größere Menge in Kunststoffilmen verpackt wird.

Interessanterweise ist ein wichtiger Faktor, der den Verkauf des Papiersackes entscheidend beeinflußt, das Wetter. Wenn es in einem Jahr eine schlechte Kartoffelernte gibt oder die Kornerträge sinken, werden nicht so viele Säcke benötigt. Wenn andererseits das Wetter gut und das Gras üppig ist, müssen die Farmer nicht so viel zufüttern, so daß auch dann weniger Säcke benötigt werden. Abgesehen von der Industrie für Erfrischungsgetränke ist kein anderer Einzelhandelssektor so stark vom Wetter abhängig.

Diese Teeschachtel (links), die für den deutschen Markt bestimmt ist, verwendet Schwarz und Gold, um den Eindruck hoher Qualität zu verstärken. Zusätzlich wird jeder Teebeutel einzeln verpackt, was ebenfalls die Vorstellung von Qualität fördert.

Das ins Auge fallende blaue Logo und der Name der Blue Circle Cement Company sind auf allen Seiten der Papiersäcke deutlich sichtbar, auch wenn sie gestapelt sind.

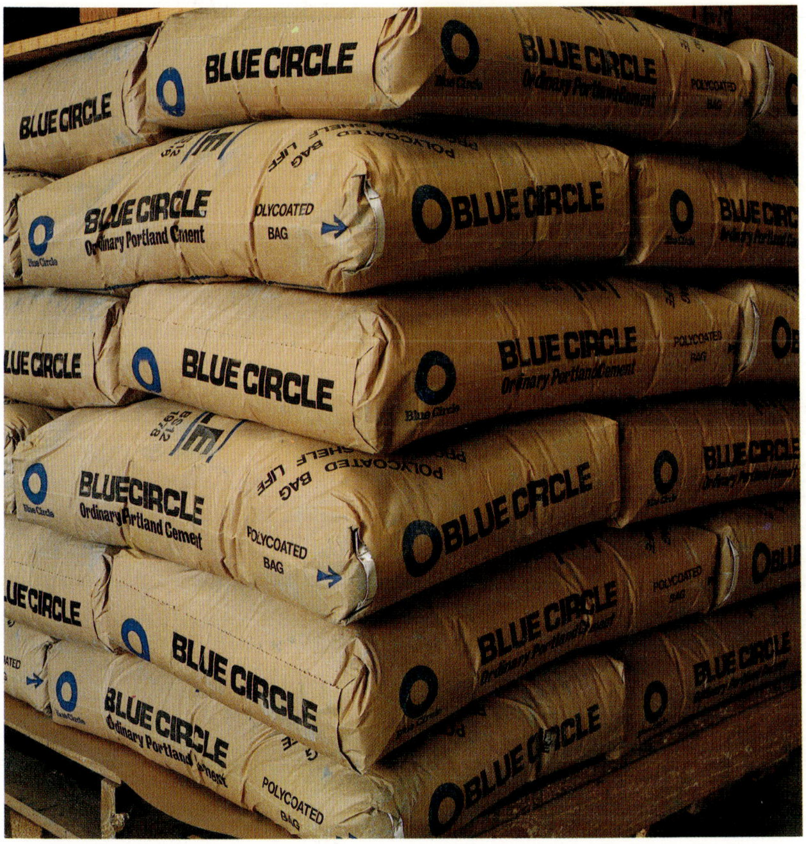

Endverbrauch von Papiersäcken weltweit	
– Zement und anderes Gestein	24%
– Kartoffeln (keine Kleinpackungen)	20%
– Futterstoffe	17%
– Nahrungsmittel	15%
– Chemikalien	8%
– Abfälle	5%
– anderes	11%
Summe	100%

Quelle: Schätzungen der Industrie

Zellulose

Genau genommen sollte dieses Kapitel auch regenerierte Zellulose einbeziehen oder Zellophan, das ebenfalls aus Zellstoff gewonnen wird. Als transparenter Verpackungsfilm steht es jedoch in direkter Konkurrenz mit Kunststoffilmen und -bögen und nicht mit Papier und Pappe; daher wird es im nächsten Kapitel behandelt.

2.2 Kunststoffilme

Die Entwicklung synthetischer Polymere folgte aus der Erforschung der bekannten natürlichen Polymere um die Jahrhundertwende. Eines der ersten Polymere, das direkt für Verpackungen eingesetzt wurde – und auch heute noch von Designern verwendet wird – war das glänzende, steife Zelluloseacetat. Einer der ersten im Handel erhältlichen formbaren Kunststoffe war Zelluloid, das aus Zellulosenitrat und Campher gebildet wurde und noch heute unter anderem bei der Herstellung von Tischtennisbällen verwendet wird.

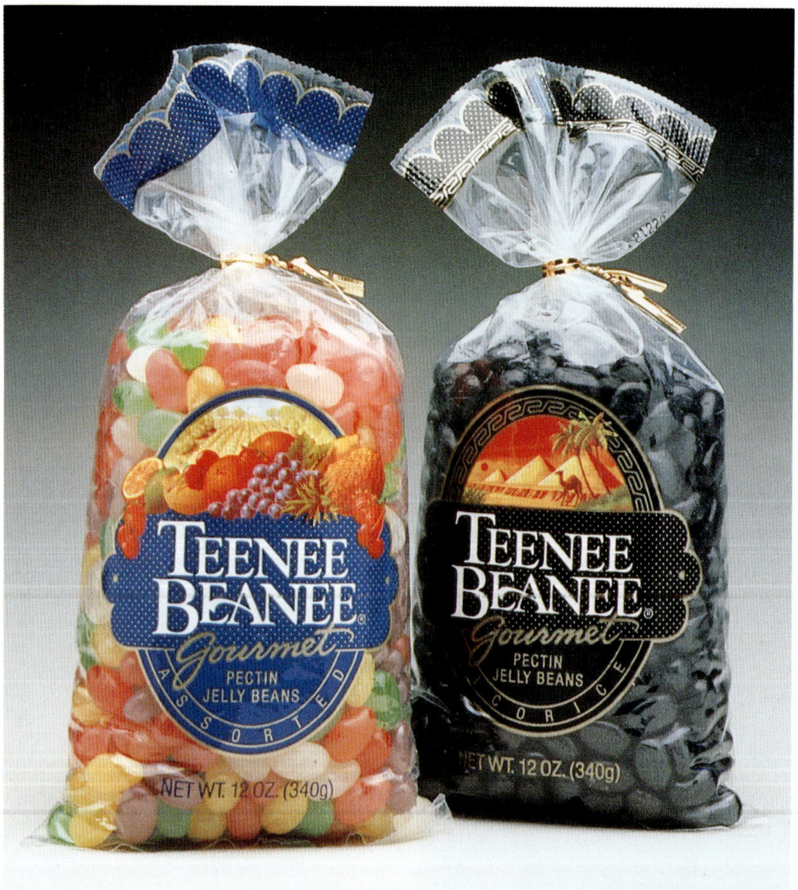

Die archetypische Kunststofftüte wird eigentlich aus Zellulose hergestellt, einem pflanzlichen Produkt. Der Film besitzt einen hervorragenden Glanz und unerreichte Eigenschaften beim Einwickeln.

Obwohl Zelluloseprodukte eigentlich aus Zellstoff gewonnen werden und nicht aus petrochemischen Produkten, steht das resultierende Material – transparent und fest – hauptsächlich mit Kunststoffen in Konkurrenz. Kunststoffilme und ihre Einsatzmöglichkeiten für Designer bilden den Hauptteil dieses Kapitels.

Synthetische Folien und Kunststofffilme werden aus langen Ketten hergestellt, den Polymeren, die aus sich wiederholenden Gruppen derselben Moleküle, die als Monomere bezeichnet werden, gebildet werden. Es gibt verschiedene in der Natur vorkommende Polymere, beispielsweise das Protein Keratin, aus dem das menschliche Haar und die Haut besteht. Gummi ist ebenfalls ein Polymer, genau wie Seide, Holz und Zellulose. Die Art der Bausteine und wie diese miteinander verbunden werden, kann große Wirkung auf das Erscheinungsbild und die Eigenschaften des Materials haben. Der Designer muß sich der Eigenschaften der unterschiedlichen Filme, und wie sie genutzt werden können, bewußt sein.

Heute kann es orientiertes Polypropylen in der Qualität annähernd mit der Zellulose aufnehmen. Dieses farbenreiche Design stammt von der amerikanischen Agentur Peterson and Blyth.

Zellophan

Einer der ersten weitverbreiteten und praktischen Verpackungsfilme wurde aus regenerierter Zellulose hergestellt, besser bekannt als Zellophan, das heute in mehr als 25 Ländern der Welt hergestellt wird. Ursprünglich wurde es nur als Material zum Einwickeln verwendet, aber eine Beschichtung aus Zellulosenitrat machte den Film weniger feuchtigkeitsdurchlässig. Und was vielleicht noch wichtiger ist: Die Beschichtung bedeutet, daß aus Zellophan Tüten und Beutel hergestellt werden konnten, indem zwei Bögen des Films durch Hitze miteinander verschweißt wurden. Zellophan wird häufig bei den speziellen Laminaten und mischextrudierten Materialien, die später besprochen werden, eingesetzt.

Der Glanz der Zellophanoberfläche macht den Film zu einer ausgezeichneten Verpackung für Qualitätswaren, besonders wenn seine Transparenz vorteilhaft eingesetzt werden kann. Außerdem können die ausgesprochen guten Falteigenschaften des Films – Kniffe bleiben bestehen – ideal zum Einwickeln von Konfekt eingesetzt werden. Für Bonbons, Zuckerstangen, Pfefferminzbonbons und andere Süßigkeiten wird heute trotz der Konkurrenz durch andere Materialien wie dem orientierten Polypropylen (PP-O) noch viel Zellophan verwendet. Designer können auch Muster auf den Film prägen lassen und das Produkt so noch wertvoller erscheinen lassen.

Zigaretten sind einer der größten Non-food-Bereiche, in denen Zellophanverpackungen noch verwendet werden, heute meistens mit irgendeiner Form eines Bandes zum Aufreißen, um das Öffnen der Packung zu erleichtern. Viele Designer sind jedoch der Meinung, daß Zellophanpackungen solche Bänder zum Aufreißen nicht brauchen, da sich das Material leicht zerreißen läßt. Seine Zerreißbarkeit macht Zellophan für Einzel- oder Portionspakkungen für Zucker und Gewürze geeignet.

Neben dem bekannten transparenten Film gibt es jetzt auch undurchsichtiges und farbiges Zellophan. Die Filme lassen sich mit den meisten Techniken leicht bedrucken. Das Bedrucken beschränkt sich jedoch oft auf einfache Grafik, die auf Preisvorteile hinweist oder für das Produkt wirbt, so daß die Pakkung unter dem Film den Hauptteil der Verkaufs- und Marketingbotschaft tragen kann. Warum sollte man einen glänzenden Film stumpf machen, indem man große Bereiche bedruckt?

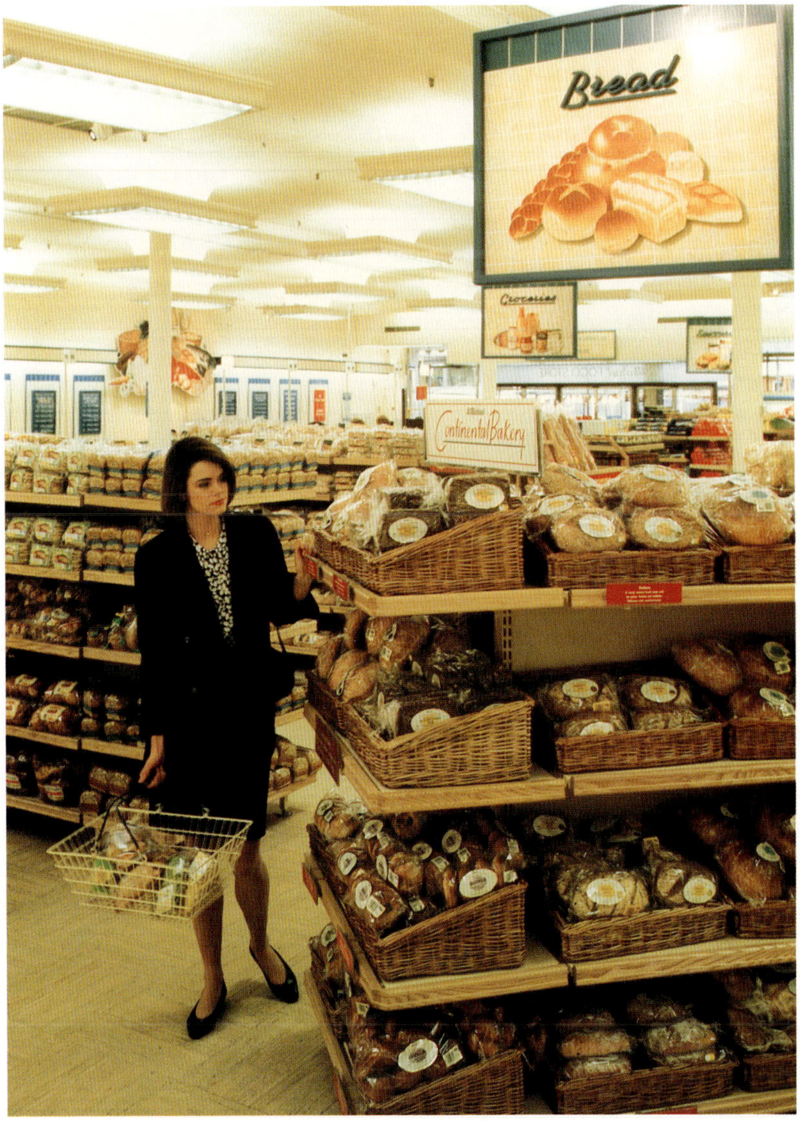

Zellophan, manchmal mit Mikroporen versehen, die das Atmen des Brotes ermöglichen, hat in den Backwarenabteilungen, wie hier in einem Supermarkt von Marks and Spencer, das fettabweisende Papier fast ganz verdrängt.

Vielseitigkeit von Kunststoffen

Viele der neuen Produkte und Entwicklungen in der Verpackungstechnologie und beim Design gibt es im Bereich der Kunststoffe in erster Linie, weil die wenigen verbliebenen Beschränkungen bei der Arbeit mit Kunststoffen aus dem Weg geräumt werden konnten. Früher ließen sich beispielsweise wegen des Drucks, der auf den Behälter ausgeübt wurde, keine kohlensäurehaltigen Getränke in Kunststoffen verpacken; dasselbe galt für Produkte, die bei hohen Temperaturen hergestellt wurden. Heute gibt es Schalen, die man in das Mikrowellengerät oder in einen konventionellen Backofen stellen kann. Außerdem gibt es Packungen, die ihren Inhalt wie durch eine Haut atmen lassen.

Die Möglichkeiten dieses Materials für den Designer werden durch die Erwartung verdeutlicht, daß zu Beginn der neunziger Jahre die Kunststoffe das Glas als Verpackungsmedium in den USA überholen werden. Um das Jahr 2000 werden sie wahrscheinlich das Metall weitgehend ersetzen. In Europa rechnet man damit, daß die Kunststoffe bis zum Jahr 2000 mehr als 50% der Nachfrage nach Verpackungen decken werden. Zur Zeit wird etwa nur ein Viertel aller Verpackungen aus Kunststoff hergestellt.

Kunststoffilme

Der Begriff »Kunststoffverpackung« bezieht sich auf eine Gruppe von Materialien, die sich aus den synthetischen Polymeren, die oben beschrieben wurden, zusammensetzen. Diese Materialien können wie Ballons aufgeblasen oder in verschiedene Formen gepreßt werden, um als Behälter zu dienen. Man kann sie zu Filmen mit verschiedener Dicke verarbeiten, je nach gewünschter Funktion. Die wichtigsten Kunststoffe, die für die Herstellung von Filmen benutzt werden, sind:

- Niederdruck-Polyethylen (PE-HD) und lineares Niederdruck-Polyethylen (PE-LHD)
- Hochdruck-Polyethylen (PE-LD)
- Polypropylen (PP)
- Polyvinylchlorid (PVC)
- Polyethylenterephthalat (PET) – wird in Polyesterfilmen verwendet, um beispielsweise Bänder für Videokassetten herzustellen, aber in erster Linie für Behälter

Duftkissen aus Kunststoffilmen wie Zelluloseacetat bieten eine Lösung für das Verpacken von delikaten Gewürzen und Kräutern, wie zum Beispiel dieses Safran aus Spanien. Sie sind durchsichtig, so daß der Käufer das Produkt sehen kann.

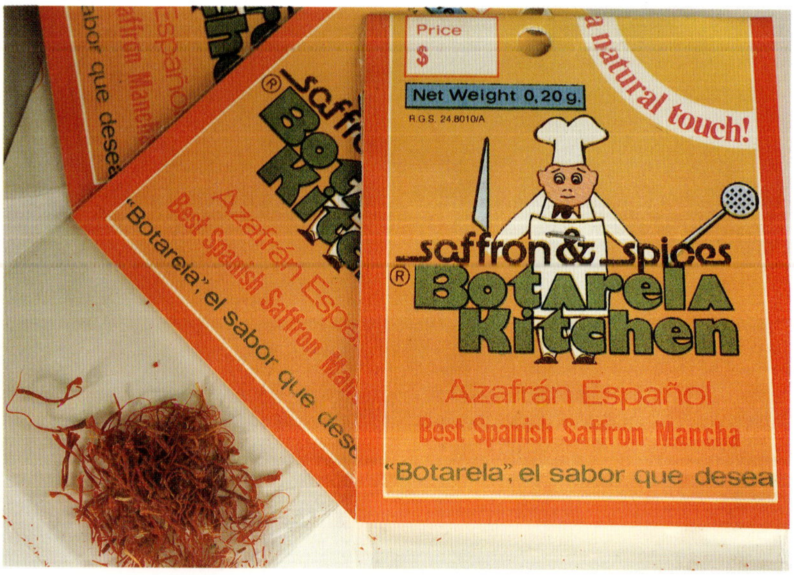

Orientiertes Polypropylen (PP-O)

Der Hauptkonkurrent von Zellulosefilmen ist das orientierte Polypropylen (PP-O), ein weißer und undurchsichtiger Film, der in großen Mengen in den Beneluxländern hergestellt wird. Kalle, British Cellophane Ltd (BCL) und Mobil sind ebenfalls Hauptlieferanten. Für Designer ist das PP-O besonders für die Keks-, Snacks- und Süßwarenmärkte nützlich, da es nach der Versiegelung luftdicht ist. Daneben hat es ein glänzendes Erscheinungsbild und läßt sich gut bedrucken. Hauptproduzenten für Süßwaren, einschließlich Mars und Aero, sind von Papierverpackungen zu PP-O-Filmen übergegangen. Die Einkäufer von Verpackungsmaterial für Süßwaren bei Cadbury sagen, daß diese Entwicklung in erster Linie darauf zurückzuführen ist, daß der Film außen keine feuchten oder fettigen Spuren zeigt.

Der Luftschokoladeriegel Aero ist gegenüber Feuchtigkeit in der Atmosphäre extrem empfindlich und muß auch vor den Gerüchen starkriechender Süßwarenartikel und von Tabak geschützt werden, die durch die Verpackung dringen und den Geschmack des empfindlichen Produktes beeinträchtigen können. Nestlé sagt, daß der Schutz erreicht wurde, indem man PP-O verwendete. Das Material läßt sich mit Verpackungsmaschinen gut verarbeiten und ist eine gute Grundlage für den Druck. Andere große Süßwarenproduzenten, die zu PP-O übergegangen sind, sind Picnic and Double Decker in Großbritannien und Chocolate Caviar von Dearborne in den USA. Der Film hat seine Beliebtheit auch bei spanischen und australischen Designern erwiesen, da in ihrem Klima ein Schutz vor Schäden beim Transport und vor Feuchtigkeit erforderlich ist.

Das britische Unternehmen Allied Bakeries wählte ein sehr klares orientiertes Polypropylen von MCG Venus Packaging für sein Produkt Vitbe Raisin Brans. Die fotografische Illustration der natürlichen Zutaten des Produkts wurde in sechs Farben im »Superflexo R«-Verfahren gedruckt, das speziell von MCG Venus entwickelt wurde.

Festere, dünnere Filme

Wie bei anderen Filmen geht der Haupttrend weltweit zu einer Reduzierung der Filmdichte. Festere, dünnere Filme sind das Ergebnis; billigere Materialien und Herstellung sind das Ziel. Diese Entwicklungen haben für die Designer überall Auswirkungen: Grafiken lassen sich möglicherweise schwerer drukken oder das gewellte Ende könnte zu schlaff für ein qualitätsvolles Packungsdesign sein. Designer sollten experimentieren, um die besten Effekte zu erreichen, aber sie sollten sich immer mit den Materialexperten zusammmensetzen, bevor sie zu weit gehen.

Zelluloseacetat kann sehr attraktive Umhüllungen für Luxusgegenstände abgeben, wie zum Beispiel hier für Brillenetuis von Giorgio Armani, die von der Michael Peters Group entworfen wurden.

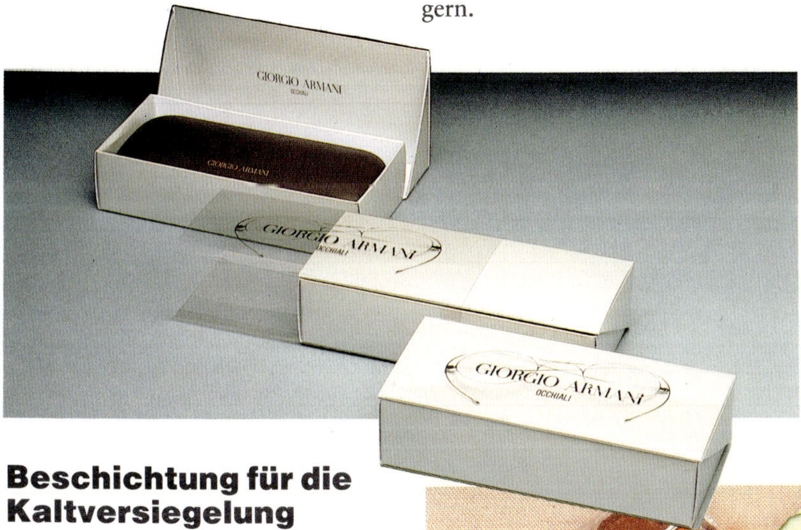

Snacks und Kartoffelchips

Transparentes PP-O wird auch für Snacks und Chips eingesetzt, obwohl neue metallisierte PP-O-Filme in diesem Bereich sehr populär werden (siehe Kapitel 2.3). Dieser Film kann vom Designer genauso wie normale Kunststoffe eingesetzt werden – er läßt sich gut bearbeiten und versiegeln –, aber da der Film eine sehr gute Grundlage für Grafik bietet, sollten Designer hier bis an die Grenze gehen und, wenn möglich, vier oder sogar sechs Farben einarbeiten. Auf den Märkten für Snacks und Süßwaren verschärft sich der Wettbewerb weltweit; daher werden die attraktivsten Entwürfe unausweichlich am erfolgreichsten sein. Auch technisch gesehen werden diese Filme immer annehmbarer: die Hersteller behaupten, daß sie das Regalleben von Chips von etwa zehn Wochen auf 28 Wochen oder mehr verlängern.

Fehlende Falteigenschaften

Die Attraktivität von PP-O ist jedoch nicht umfassend. Der Einsatz sollte im Licht von Marktuntersuchungen betrachtet werden wie jener, die von Cadburys Verpakkungsabteilung durchgeführt wurde. Diese zeigte im Fall von Cadbury Flake, daß sich für das Produkt zwar hinsichtlich Kosten und Langlebigkeit Vorteile ergeben, wenn man statt Zellophan PP-O verwendet, aber der Verbraucher mag die gelbe Wickelpackung mit Falte so sehr, daß die Verkäufe wahrscheinlich rückläufig sein werden, wenn das Unternehmen die Änderung vornimmt. Durch die fehlenden Falteigenschaften von PP-O läßt sich das Papier nur schwer falten und kniffen. Dies ist ein großer Nachteil. Deshalb glaubt Cadbury, daß in absehbarer Zeit gepreßte Schokoladeriegel wahrscheinlich weiter in Folie mit Papiermanschetten oder Bandverpakkungen verpackt werden. Man untersucht jedoch metallisierte Filme, die gute Falteigenschaften haben. Transparentes Polypropylen ist ein weiteres Material, das bei der Verpackung von Strümpfen und Strumpfhosen verwendet wird. Es läßt sich jedoch ohne Klebstreifen schwer versiegeln und ist etwa doppelt so teuer wie ähnliche Packungen aus Polyethylen. Aus diesen Gründen wird Polypropylen nur bei erstklassigen Produkten eingesetzt, die die Produktionskosten auffangen können.

Beschichtung für die Kaltversiegelung

Kunststoffilme werden herkömmlich versiegelt, indem die Enden gekräuselt und die Filmbögen verschmolzen werden. Schokoladen- und Bonbonpackungen können nicht auf diese Weise versiegelt werden, da die hohen Temperaturen die Schokolade zum Schmelzen bringen. Eine Beschichtung der Süßwarenfilme mit Polyvinylidenchlorid (PVDC) ist die Lösung und ermöglicht es, daß Packungen nur durch Druck der Klemmbacken versiegelt werden. Diese PVDC-Beschichtung ist daher als Beschichtung für die Kaltversiegelung bekannt.

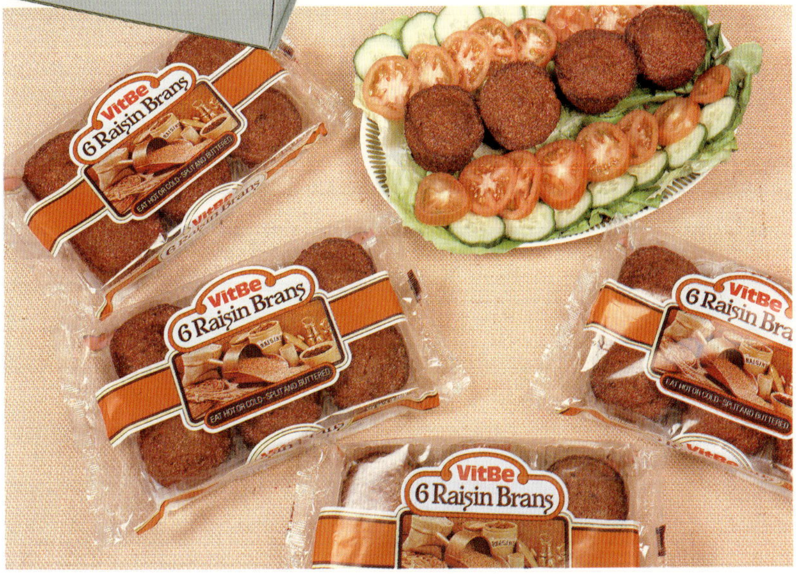

Polyethylen

Das Arbeitspferd der Kunststoffdesignwelt ist das Polyethylen, aus dem etwa ein Drittel aller Kunststoffverpackungen weltweit bestehen. Davon erscheinen mehr als 35 Prozent in der Form von Kunststoffilmen und -bögen, die am häufigsten bei Tüten und Einkaufstaschen Verwendung finden. Designer können für unterschiedliche Anwendungsgebiete unter verschiedenen Dichten wählen. Die Dichte des Films hat Auswirkungen auf bestimmte Schlüsseleigenschaften wie Steifigkeit, Widerstand gegen niedrige Temperaturen und Festigkeit.

Es gibt zwei Hauptarten von Polyethylen – PE mit niedriger und mit hoher Dichte –, aber die Hersteller können auch die Bestandteile eines Films mischen, um dem Käufer spezielle Eigenschaften anzubieten. Lineares PE niedriger und sehr niedriger Dichte gibt es ebenfalls. Letztere sollen 200–300 Prozent fester sein als Polyethylen niedriger Dichte.

Schnellaufende Filme

Die Situation des Designers wird etwas schwieriger, da die richtige Wahl des Papiers eine genaue Kenntnis des Verhaltens des Films unter verschiedenen Bedingungen erfordert. Für das Einwickeln von Papierprodukten ist beispielsweise für den Einsatz auf schnellaufenden Verpackungsstraßen ein steifer Film nötig, aber der Designer muß dennoch einen klaren Film mit einer glänzenden Oberfläche anbieten. Ein Polyethylen mittlerer Dichte ist vielleicht die beste Lösung. Eisbeutel und Verpackungen für Tiefkühlkost müssen dagegen ihre Aufgabe bei niedrigen Temperaturen gut erfüllen. Filme mit niedriger Dichte könnten eingesetzt werden, aber sie haben nicht ganz die richtigen Eigenschaften. Kunststofftechniker haben alle Informationen zur Hand, oft in einer Computer-Datenbank. Der Verpackungsdesigner sollte sich an diese Spezialisten wenden, um nähere Einzelheiten über Hochleistungskunststoffe zu erfahren und darüber, wie sie diese in wirkungsvolle und moderne Entwürfe einarbeiten können.

E/VA-Copolymere

In der Familie der Polyethylene werden Ethylenmoleküle mit anderen Ethylenmolekülen verbunden oder polymerisiert, so daß sich lange Ketten bilden. Aber Ethylen kann auch mit Molekülen ähnlicher Zusammensetzung, Vinylacetat, polymerisiert werden, um Ethylenvinylacetat, E/VA-Copolymere, zu bilden. Diese haben bei niedrigen Temperaturen bessere Eigenschaften. Für Nahrungsmittel, die einen starken Schutz – beispielsweise gegen Fett, Wasser oder Gase – brauchen, bieten Polyethylene hoher Dichte die beste Lösung.
Ein Material, das der Designer anstelle von E/VA in Betracht ziehen könnte, ist das Ultra-Niederdruck-Polyethylen, das von der Dow Chemical Co. entwickelt wurde und unter dem Markennamen Attane auf den Markt gebracht wurde. Seine Hauptvorteile sind, daß es angeblich zwei- oder dreimal fester ist als das Niederdruck-Polyethylen. Es hat fraglos bessere optische Eigenschaften – Glanz und Klarheit beispielsweise. Diese sind ein Geschenk für Designer im Kunststofffilm-Markt. Dow behauptet, daß aufgrund der Festigkeit des Ultra-Niederdruck-Polyethylens sehr dünnere Filme produziert werden können, so daß die zusätzlichen Kosten für Rohharz entfallen. Fleisch und Käse sind die ersten Produkte, die in diesem Film abgepackt werden.

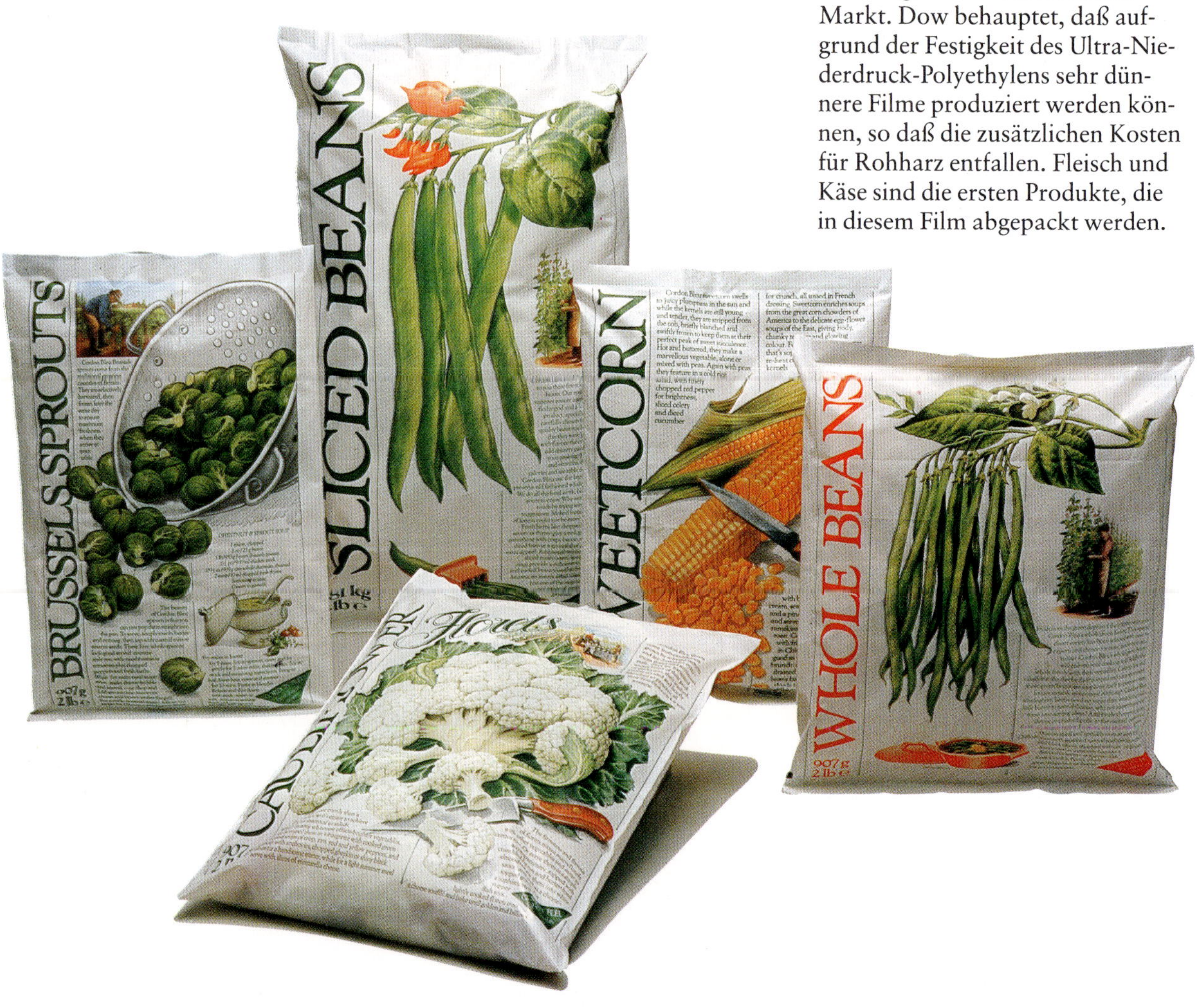

Lösung der technischen Probleme

Unter den Topdesignern der Welt gibt es keinen Zweifel, daß der flexible Kunststoffilm schließlich viele traditionelle Verpackungsmaterialien verdrängen wird. Polyethylen beispielsweise hält Wasserdampf drinnen – oder draußen –, was für frische Nahrungsmittel nützlich ist. Es ist auch als schrumpfender oder dehnbarer Film geeignet, an dem man erkennen kann, ob die Packung manipuliert wurde. Polypropylen ist ebenfalls leicht und relativ preiswert – auch hier arbeiten die Designteams der Hersteller daran, es als Verpackungsmaterial für frische Produkte einzusetzen.

PVC wird als Film zunehmend bei Schalen mit frischen Nahrungsmitteln eingesetzt, die man unter modifizierter Atmosphäre verpackt. Polyesterfilme werden für Kartons mit Innenschlauch und als Deckelfilm für Mikrowellengerichte verwendet. Diese werden immer häufiger mit aufregenden Grafiken dekoriert und auch mit Kochinformationen.

Zusätzlich gibt es eine Reihe von durchsichtigen Polyamidfilmen, die eine wirkungsvolle Barriere für Gase sind und sich außerdem leicht bedrucken lassen. Sie finden ihre Hauptanwendung bei Käse, Fleisch, Kaffee und Nahrungsmitteln im Kochbeutel. Die amerikanische Behörde für Nahrungsmittel und Medikamente ließ dieses Material kürzlich für die Verwendung bei Trockennahrungsmitteln und säurehaltigen Produkten zu. Daher sollten Designer neben den üblichen Materialien auch an diese denken.

Eine weitere Entwicklung der jüngeren Zeit, der Polycarbonatfilm, soll gute physikalische Eigenschaften haben und Hitze widerstehen. Sein erster Einsatz in Großbritannien war wahrscheinlich als Packung für vorgebackene Brötchen und Baguettebrötchen des Tiefkühlkosthändlers Bejam.

Die ständig zunehmende Qualität des Flexodruckverfahrens bei Gebrauchsartikeln wie diesen Tiefkühlprodukten bedeutet, daß immer anspruchsvollere Abbildungen zur Dekoration der Erzeugnisse verwendet werden können. (Design von Michael Peters Group)

Zellulose, die leicht einreißt, ist trotzdem fest und kann verwendet werden, um außergewöhnlich geformte, manchmal auch kantige Artikel in sehr verschiedenen Formen zu verpacken. Bei dieser Auswahl von Teigwaren unterschiedlicher Form von Fine Fare wird das Material mit guter Wirkung eingesetzt. Das von David Davies Associates stammende Design nimmt die italienischen Farben auf.

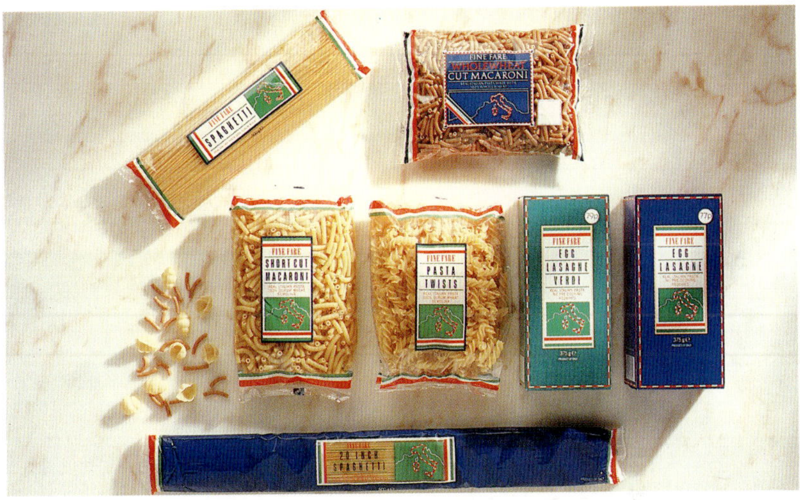

Der Designer der Zukunft wird wie selbstverständlich mit allen diesen Materialien arbeiten und muß verstehen, wie sie eingesetzt werden können, um ein erfolgreiches Verpackungsdesign zu produzieren. Immer mehr wird das grafische Design einer Verpackung die sehr komplexen Materialien und Produktionstechnologien in Betracht ziehen müssen. Der Verpackungsdesigner muß alle Stadien des Verpackungsprozesses berücksichtigen und sichergehen, daß das gewählte Material zum Produkt paßt, besonders wenn es sich um Nahrungsmittel handelt, und daß der Verpakkungsprozeß die Bedingungen von Produkt und Verpackung erfüllt. Medizinische Güter beispielsweise, die unter aseptischen Bedingungen hergestellt werden, müssen während des Verpackungsprozesses steril gehalten werden. Die Kompatibilität von Verpackung und Nahrungsmittel, das zur Verfügung stehende Verpackungsgerät und der Grad des geforderten Schutzes spielen eine Rolle bei der Herstellung einer Qualitätspackung, obwohl dies vom Verbraucher nicht wahrgenommen wird.

Die Schutzwirkung ist beispielsweise unterschiedlich und hängt von der Zerbrechlichkeit des Produktes und der geforderten Haltbarkeit ab. Verderbliche Nahrungsmittel wie Brot und Fleisch können attraktiv verpackt werden und durch die Entwicklungen in der Filmtechnologie und durch Verpakken in modifizierter oder kontrollierter Atmosphäre dennoch eine recht lange Haltbarkeit haben. Der Nutzen dieser Verfahren wird vom Konsumenten oft nicht direkt wahrgenommen, aber Einzelhändler können dadurch oft Produkte besserer Qualität anbieten.

Tüten und Beutel

Kunststofftüten unterscheiden sich stark von Papiertüten, besonders in ihrer Verarbeitung und durch die Produkte, die sie enthalten. Anders als die Papiertüten können Plastiktüten beispielsweise als fortlaufender Schlauch hergestellt werden, der in Abständen verschweißt und abgeschnitten wird. In einigen Fällen kann ein Gewebe oder ein Filmbogen von einer Rolle an den Seiten gefaltet und hitzeversiegelt werden, so daß eine Tüte mit Seitennaht entsteht. Die umgefaltete Kante bildet den Boden, der sich wie ein Akkordeon zusammenzieht und einen Zwickel bildet. Das obere Ende hat meistens einen Rand, der sich leicht öffnen läßt. Dies ist ein wichtiger Designvorteil der Tüte mit Seitennaht gegenüber anderen Tüten, die an der Öffnung bündig abgeschnitten werden müssen.

Tüten können für den Transport flach zusammengelegt und gelagert werden, aber am wirtschaftlichsten ist es, Beutel, die an allen vier Seiten versiegelt werden, an dem Ort herzustellen, an dem sie gefüllt werden. Polyethylenbeutel können beispielsweise für Frischmilch, wie z. B. in Kanada, verwendet werden. Diese Verpackung, die dekoriert werden kann, hat eine Reihe von Vorteilen gegenüber Flaschen aus Glas oder Kunststoff. Sie braucht weniger Platz und ist außerdem wirtschaftlich, hygienisch und nimmt weniger Platz in der Mülltonne ein.

Diese Verpackung hat jedoch außerhalb Kanadas, wo es eine Zeitlang keine alternative Milchverpakkung gab, wenig Erfolg gehabt. Dies scheint daran zu liegen, daß die Verbraucher sie für unbequem halten. Lecks haben bei diesen Behältern zu gewissen Problemen geführt. Die Hersteller sind aber der Meinung, daß sich dieses Problem in den Griff bekommen läßt, indem die Packungen aus stärkerem Kunststoff hergestellt werden und bessere Entwürfe mit Keilen verwendet werden. Obwohl das Potential für die Packung groß ist – Abpacker von Fruchtsäften und Hersteller von Motoröl haben gewisses Interesse bekundet –, ist die Marketingaufgabe, der Designer und Lieferanten gegenüberstehen, schwierig. Es ist unwahrscheinlich, daß der Beutel ein großer Erfolg bei den Konsumenten wird. Dies mag verschiedene Gründe haben, einschließlich der vertrauten Assoziation von Flüssigkeiten wie Milch in festen Flaschen oder Kartons. Es gibt aber auch ökologische Bedenken beim Recycling und bei der Entsorgung. Dies ist für den Designer ein interessanter Fall, da die Vorliebe des Konsumenten bei der Materialwahl wichtiger ist als rein praktische Designerwägungen.

Inzwischen stehen Kunststoffmaterialien zur Verfügung, die den Reifeprozeß bei Lebensmitteln unterbrechen. Die Verfahren wie Einsalzen, Vakuumverpackung und Abpacken unter modifizierter Atmosphäre verlängern die Haltbarkeit von frischen Waren. (unten, Design von SBG Partners für Culinary Brands)

Die Luftkissenverpackung ist inzwischen die wichtigste Alternative für zerbrechliche und empfindliche Teile. Diese Materialien sind in einer Vielzahl von Farben erhältlich – von Schwarz bis Rosa, so wie die antistatische Air-Cap® von Sealed Air.

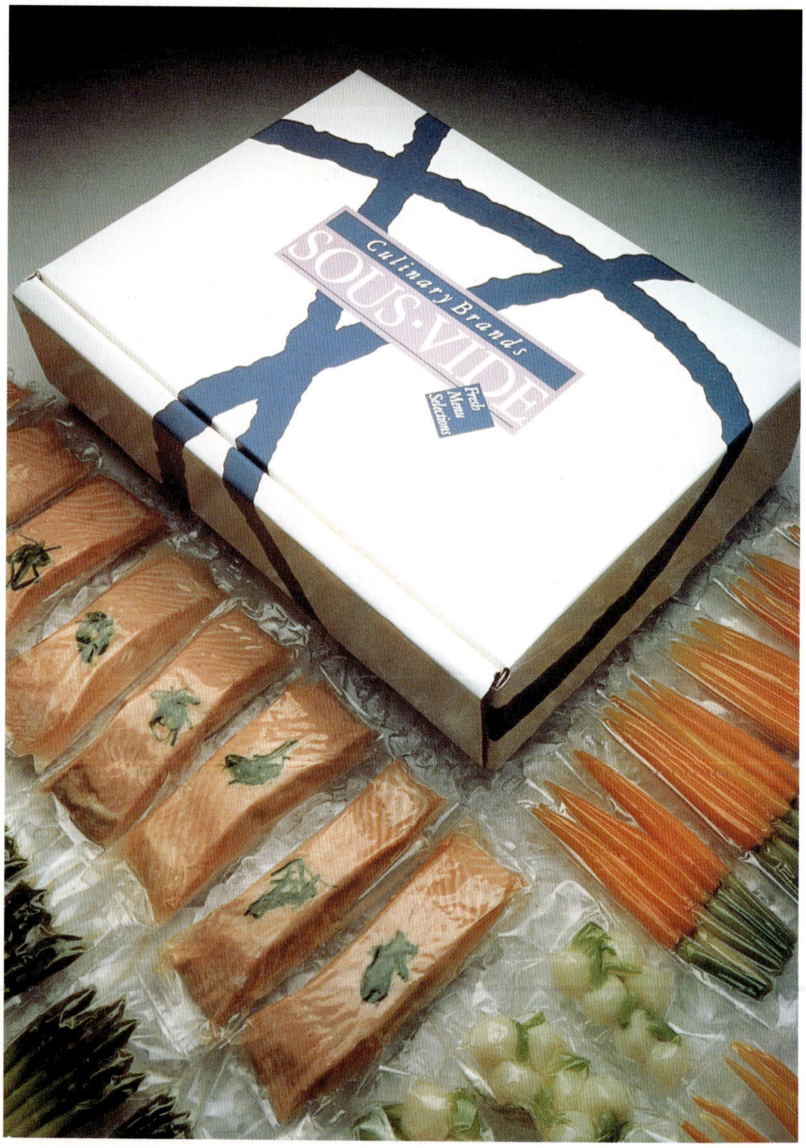

Kochbeutel

Kochbeutel können in Wasser erhitzt oder gekocht werden, um Nahrungsmittel und medizinischen Bedarf zu erwärmen. Sie werden in großem Umfang von medizinischen Institutionen und vom Militär für Nahrungsmittel und medizinische Artikel benutzt. Es gibt bereits einfache Reisgerichte und Soßen, die im Beutel gekocht werden, von denen viele überall erhältlich sind. Es gibt inzwischen auch Feinschmeckergerichte in Kochbeuteln in besonders dekorierten Kartons.

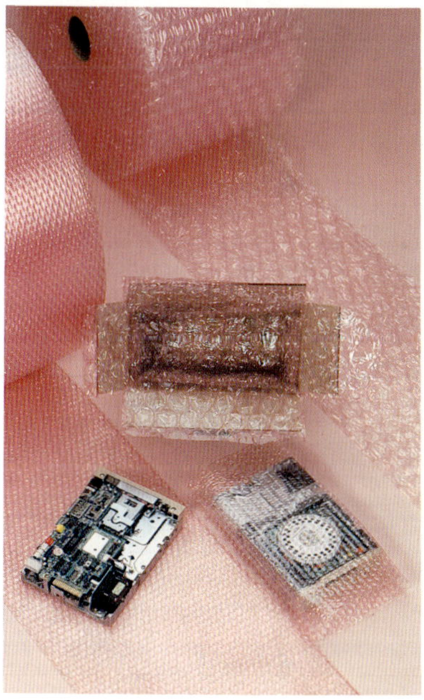

Wasserlösliche Beutel

Eine phantastische Designentwicklung mit vielen Möglichkeiten von Ciba Geigy, Du Pont und anderen ist der Kunststoffbeutel, der sich auflöst. Er kann beispielsweise genaue Mengen von Chemikalien für die Landwirtschaft enthalten, was den Landwirten viel Zeit erspart: Sie müssen die manchmal gefährlichen Chemikalien nicht mehr in kleinen Meßbechern abmessen. Der Landwirt gibt den wasserlöslichen Beutel in ein großes Faß Wasser, wo er sich auflöst. Diese Form der Verpackung könnte für Gartenchemikalien und Farbstoffe oder andere Materialien des allgemeinen Hausgebrauchs eingesetzt werden.

Antistatische Verpackung

Zu den anderen Entwicklungen, die der Designer nutzen kann, gehören der antistatische Beutel für elektronische oder elektrische Bauteile wie Computerchips. Schon niedrige Ladungen von etwa 50 Volt können diese empfindlichen Teile zerstören oder schädigen, und Ladungen von bis zu 4000 Volt können durch das einfache Öffnen einer Kunststofftüte oder durch das Entfernen von Packungsklebestreifen erzeugt werden. Wenn man über einen Teppich läuft, können 30 000 Volt entstehen. Statische Aufladung ist daher ein großes Problem. Ein bedeutender europäischer Hersteller für Elektronikteile berichtete von einem hohen Verlust bei Bauteilen, die von der Eisenbahn transportiert wurden. In den Drehgestellen entstand Elektrizität, die durch den Boden des Güterwagens nach oben geleitet wurde.

Das Interesse der meisten Designer an antistatischer Verpackung entsteht beim Versuch, die funktionalen Erfordernisse der Verpackung zu berücksichtigen, nachdem sie möglicherweise zuerst konventionelle Materialien verwenden, um Artikel wie Fernsehgeräte, Videogeräte und Waschmaschinen gegen Erschütterungen und Vibrationen zu schützen. Zu den Materialien, die im allgemeinen für Transportverpackungen verwendet werden, gehören Polyethylen für allgemeine Zwecke und sogenannte nichtgebundene Polystyrole sowie die normalen Eckstücke.

Amerikanische Untersuchungen elektrostatischer Entladung zeigten, daß man neue Materialien braucht, um statische Aufladung und Entladung bei der immer größer werdenden Zahl von empfindlichen elektronischen Bausteinen in den heutigen elektrischen und elektronischen Geräten zu verhindern.

Luftblasenpolster

Eins der ersten Materialien, das bei Verpackungen zum Schutz gegen elektrostatische Entladung eingesetzt wurde, war das rosafarbene Luftblasenpolstermaterial, das von Unternehmen wie der amerikanischen Firma Sealed Air hergestellt wurde, um die Wirkungen der elektrostatischen Entladung zu reduzieren sowie Stöße zu absorbieren. Andere Hersteller folgten dem Beispiel bald und führten ihre eigenen antistatischen Blasenmaterialien ein. Diese Materialien sind leicht und können einfach zugeschnitten werden, obwohl sie sich nicht reißen lassen. Da sie durchsichtig sind, kann der Verbraucher den Inhalt sehen, so daß Packungen nicht geöffnet werden müssen, um den Inhalt zu inspizieren, was zu statischer Aufladung führen könnte. Ein weiteres wichtiges Merkmal ist, daß sich das Material hitzeversiegeln läßt.

Natürlich haben diese Materialien auch Nachteile. Das Bedrucken ist sehr unpraktisch, und die antistatischen Schichten werden etwas abgerieben, so daß ihre Wirkung mit der Zeit schwächer wird. Ein festeres Material, das von Designern entwickelt wurde, um elektrostatische Entladungen zu vermeiden, ist der schwarze, mit Graphit oder Kohlenstoff gefüllte Beutel, der im allgemeinen besser leitet als ein Luftblasenpolster. Meistens wird die Karbonfaserschicht zwischen zwei Lagen Film oder Schaumstoff geschoben, die man bedrucken kann. Die Beutel sind jedoch opak, und der Kohlenstoff kann abfärben, wodurch besonders empfindliche Gegenstände verunreinigt werden können.

»Kosmetische« Blasenpolsterung

Aufgrund der amerikanischen Vormachtstellung bei der Verpackung von elektronischen und elektrischen Artikeln waren sich die amerikanischen Entwickler schon lange der Notwendigkeit bewußt, daß ihre Artikel vor elektrostatischer Entladung geschützt werden müssen. Britische Designer haben sich viel Zeit gelassen, antistatische Materialien bei Verpackungsentwürfen einzusetzen. Einer der Hauptgründe für den Widerstand scheint »kosmetischer« Art gewesen zu sein, deutet ein britischer Hauptlieferant an, da es nur eine begrenzte Auswahl an Farben gab. »Es sind jedoch Entwicklungen im Gange, ein ganzes Sortiment in attraktiven und kommerziell akzeptablen Farben auf den Markt zu bringen, die die meisten Anforderungen erfüllen.«

Säcke

Viele Arten von Polyethylen (PE) wurden verwendet, um Industrie- und Handelssäcke für eine Vielzahl von landwirtschaftlichen und Gartenprodukten herzustellen. Ihre Fähigkeit, Feuchtigkeit abzuhalten und chemischen Einwirkungen zu widerstehen, machen sie zum bestgeeigneten Material für viele chemische Düngemittel und Insektizide sowie für Tierfutter. Für den Designer, der Industrieverpackungen entwirft, gibt es keine bessere Möglichkeit, diese Materialien kennenzulernen, als mit ihnen zu arbeiten.

Es gab Probleme, die Öffnungen einiger Säcke zu verschließen; diese Stellen sind meistens der schwächste Teil einer Verpackung. Eine Lösung beim Design ist, diesen Bereich mit einer zusätzlichen Schicht Polypropylen oder einem anderen halbstarren Kunststoff zu verstärken.

Bedrucken von Säcken

Säcke, die aus Polyethylen bestehen, können auf beiden Seiten mit bis zu vier Farben bedruckt werden, oft mit Spezialfarben, die nicht verwischen, für Abnehmer, die Säcke in einem Geschäft oder einem Schuppen aufeinanderstapeln müssen. In letzter Zeit haben Sackhersteller bis zu sechs Farben verwendet und die grafischen Entwürfe stark verbessert. Ein Grund dafür ist, daß Kunststoffsäcke nicht nur in den traditionellen Industriebereichen, die große Mengen einkaufen, sondern immer häufiger auch in Einzelhandelsgeschäften zu finden sind. ICI hat häufig erklärt, daß der Versandhandel der größte potentielle Markt für Kunststoffsäcke ist. Zur Zeit wird er allerdings noch von den preiswerteren Papiersäcken beherrscht. Diese haben das schlichte Aussehen, das die Leute mögen, sagt ICI.

Wiederverschließbare Säcke

Da immer mehr Konsumenten bei Versandhäusern bestellen, oft in kleinen Mengen, aber regelmäßig, glauben die meisten Hersteller von Kunststoffsäcken, daß wiederverschließbare Säcke kleiner und mittlerer Größe ein immer attraktiveres Angebot werden. Dies gilt für Europa sowie für die USA, wo der Versandhandel in allen Geschäftsbereichen gut etabliert ist. Wiederverschließbare Kunststoffsäcke werden schon als Postsäcke von den Kurierdiensten DHL und Federal Express eingesetzt. Ein weiteres Anzeichen dafür, daß diese Säcke gebräuchlicher werden, ist, daß die Kosten für Papiersäcke ständig steigen, zumindest in Europa.

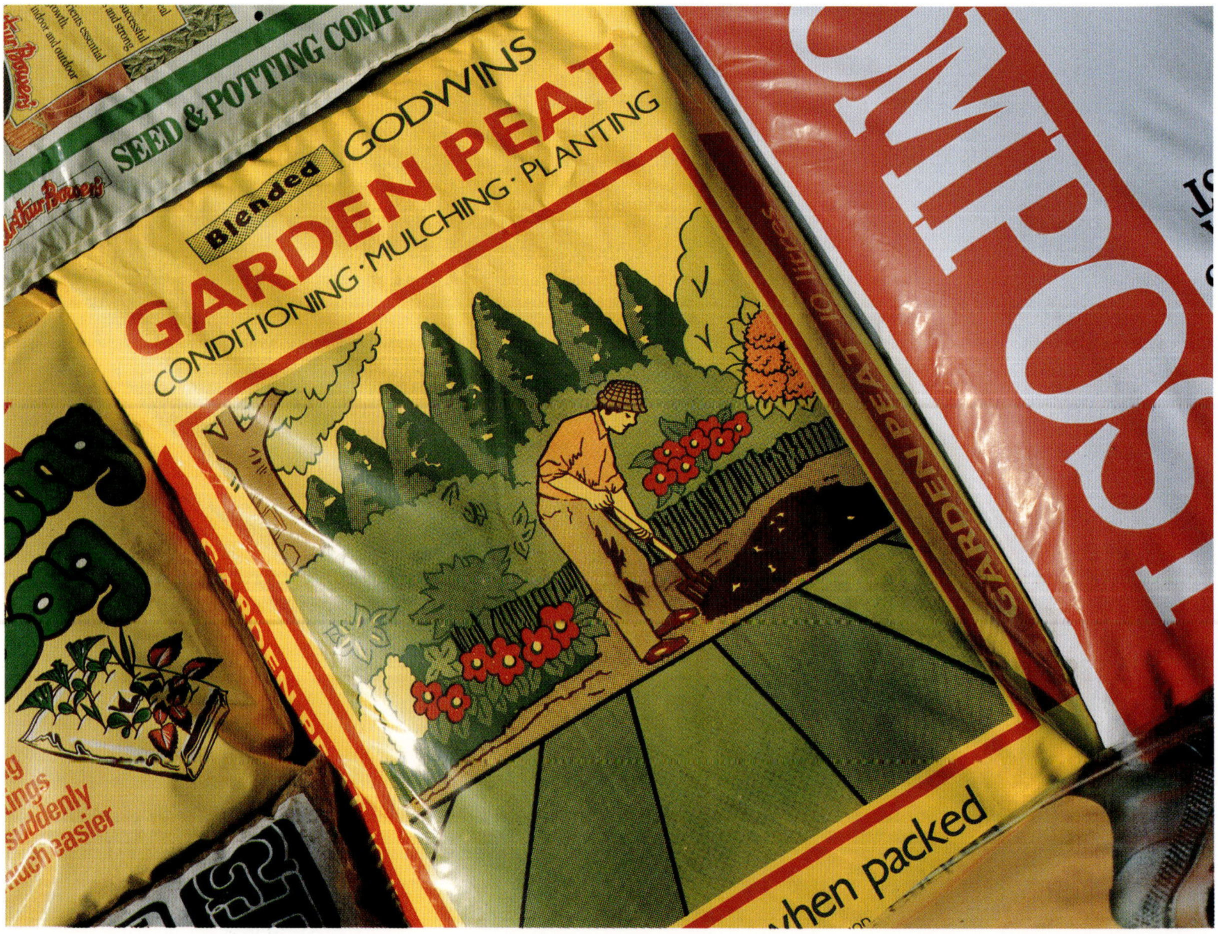

Entwicklungen beim Design

Ein anderer Sektor, in dem Kunststoffsäcke deutliche Vorteile beim Design bieten könnten, ist der große Markt für nicht-landwirtschaftliche Güter wie abgepackte Kohle sowie Sand und Zement für das Baugewerbe, auf dem der Wettbewerb in den letzten Jahren schärfer wurde. Zement wurde beispielsweise schon immer in Papier abgepackt, da er heiß abgepackt wird. Die meisten Kunststoffsäcke können den damit verbundenen Temperaturen nicht standhalten. Jetzt haben Hersteller, einschließlich ICI, vier- und sechsfarbige, strapazierfähige Säcke für Zement und andere Materialien, die heiß eingefüllt werden, entwickelt.

Ein weiterer wichtiger Trend beim Design von Säcken ist eine Verringerung der Dicke des Materials, weil die Filme fester werden. Ein kleines Problem dabei ist, daß dünnere Säcke ihre Steifheit verlieren. Das erschwert das Verschließen der schlaffen Öffnungen. ICI arbeitet jedoch zur Zeit mit Industriedesignern zusammen, die die Möglichkeiten von geriffelten oder geprägten Säcken untersuchen, um das Problem in den Griff zu bekommen.

Die vielleicht wichtigste Neuerung ergibt sich für den Grafikdesigner dadurch, daß die meisten Hersteller inzwischen Säcke mit sechs statt mit vier Farben bedrucken können. Bisher waren Säcke an sich langweilig, da aber Einzelhandelsgeschäfte heute mehr Säcke als je zuvor direkt an die Kunden verkaufen, erhält das Design eine größere Bedeutung beim Produktmarketing. Diese steigenden Umsätze zeigen sich in Großbritannien am Aufschwung von Gartencentern und Heimwerkermärkten sowie in den Verkaufsabteilungen von Baustoffhändlern.

Andere Entwicklungen, die Designer weltweit untersuchen, sind unter anderem atmende Kunststoffsäcke zum Verpacken von Pulvern oder Gemüse, z. B. Kartoffeln. Außerdem nimmt das Interesse am Verpacken von Waren bei hohen Temperaturen zu.

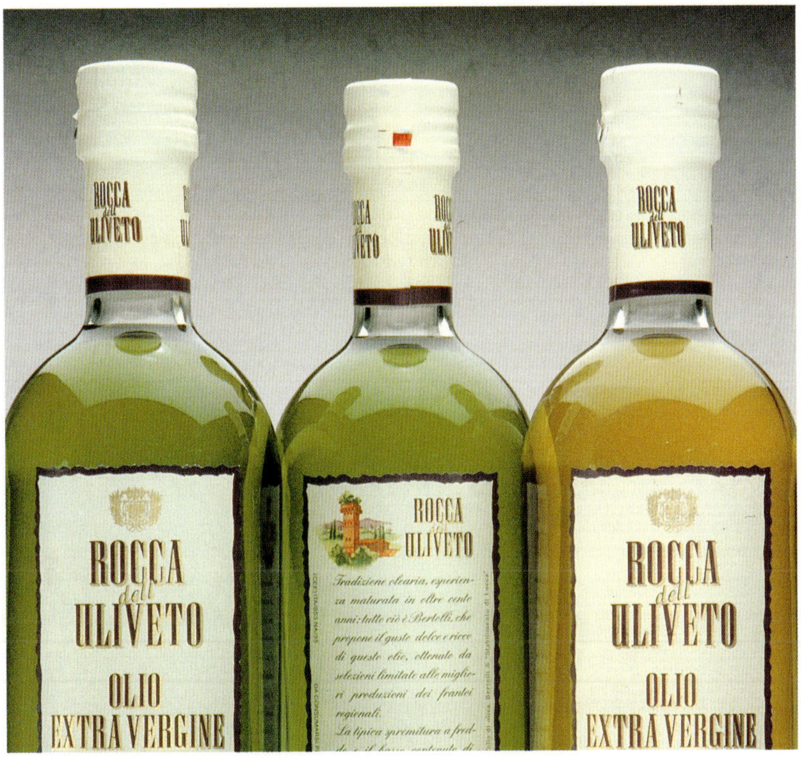

Es wird nicht mehr lange dauern, bis Gesetze vorschreiben, daß Produkte manipulationssicher verpackt sein müssen. Das Anbringen von Schrumpffolien an Flaschenhälsen wird dann üblich sein. Diese Olivenölflaschen (Design von Michael Peters Group) besitzen ein rotes Reißband, damit der Verbraucher die Versiegelung leicht entfernen kann. Unter der Versiegelung befindet sich ein Metallverschluß mit einem Ring am Flaschenhals, der ebenfalls dem Schutz vor Manipulationen dient.

Das Dekorieren von Gartenprodukten wie Torf, Blumenerde und Kies wurde früher für überflüssig gehalten. Heute werden Farben und Grafik eingesetzt, um gute Wirkungen auf dem Verpackungsmaterial zu erzielen, das von Polyethylen hoher Dichte bis zu speziellen, sonnenlichtundurchlässigen Laminaten und mischextrudierten Materialien reicht.

Sichere Verpackungen

In den letzten Jahren hat man sich zunehmend Gedanken über die absichtliche Verschmutzung oder Vergiftung von Lebensmitteln und Pharmazeutika gemacht. Das Problem führte zu einem Bedarf an Verpackungen, bei denen Manipulationen erkannt werden können (Keine Verpackung ist sicher vor Manipulationen). Eine Lösung ist die Anwendung von Kunststoffen wie PVC oder Viskose zur Versiegelung von Kappen und Verschlüssen, indem eine Manschette darüber gestülpt wird, die unter Hitzeeinwirkung schrumpft. Obwohl diese Maßnahmen Sicherheit bieten, kann es sich für einige Verbraucher, besonders ältere Menschen, als schwierig erweisen, die Versiegelungen zu entfernen. Immer mehr Hersteller bringen Perforierungen, Reißbänder oder Streifen an, damit die Versiegelung besser geöffnet werden kann.

Fallstudie: DRG Flexpak

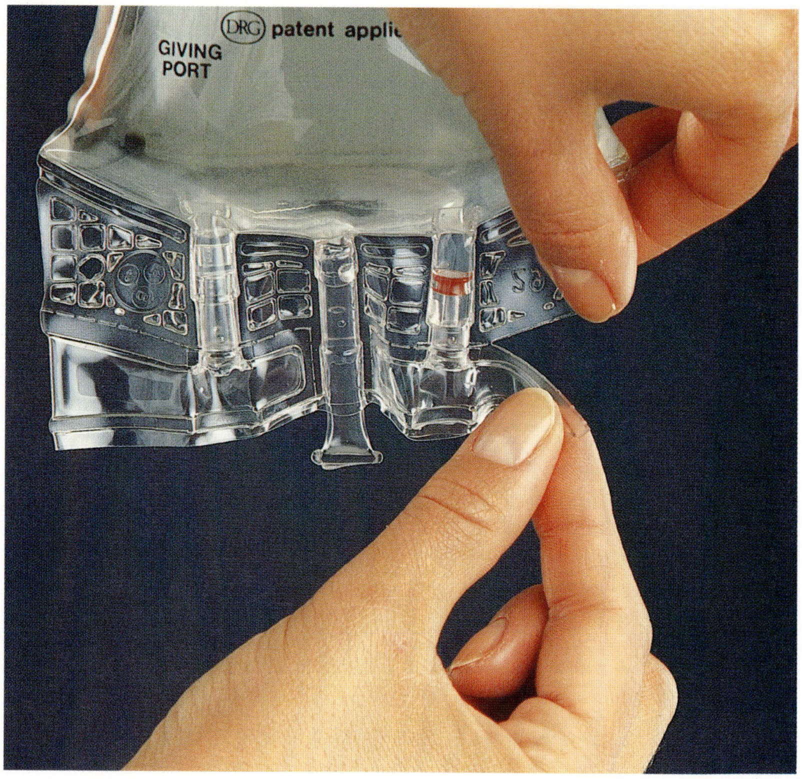

Die Anwendungsbereiche der Kunststoffolien, die heute eines der flexibelsten Designmaterialien sind, reichen von Lebensmitteln bis zu komplizierten elektronischen und Maschinenteilen. Es ist keine Überraschung, daß Materialien aus Kunststoff eine wesentliche Rolle beim Verpacken wichtiger steriler medizinischer Flüssigkeiten spielen, speziell für die intravenöse Therapie.

Es gibt drei Hauptgebiete für spezielle Kunststoffbeutel und -taschen: intravenöse Therapie, einschließlich der Medikamentengabe, Irrigation und Dialyse.

Die britische Firma DRG Flexpak hat weltweit die Rechte für das Design einer Reihe von Taschen und Beuteln aus Polyvinylchlorid für den klinischen Bedarf auf diesen Gebieten erworben. Die Beutel – von 60 ml bis 5 l Inhalt – berücksichtigen eine Anzahl von Sicherheitsfaktoren, um den Schutz der verschiedenen Produkte sicherzustellen und auch die Sicherheit des Arztes und der Schwester zu gewährleisten, die diese Verpackungen verwenden.

Das Wesentliche des Designs ist, daß die Beutel von DRG Flexpak eine einfache, »berührungsfreie Handhabung« ermöglichen, mit geringem Risiko der Kontamination. »Die patentierten Innenöffnungen zur Medikamentenanwendung werden durch ein einmaliges Herstellungsverfahren erreicht. Die Sterilität ist auch nach der Sterilisation bei Temperaturen bis 121 Grad Celsius gewährleistet.« Dies wird erreicht, weil der Zugang zu den Ausgangsventilen nur über einen patentierten Aufreißmechanismus möglich ist.

Der Erfolg der Verpackung kann an ihrer Verbreitung abgelesen werden. Nachdem er fast ein Jahrzehnt im Gebrauch ist, wurde der Beutel inzwischen von Designern pharmazeutischer Flüssigkeitsbehälter rund um die Welt nachgeahmt.

Links: Wenn die Krankenschwester den Beutel kontrolliert und die Umhüllung entfernt hat, wird der Einlaß für Medikamente durch Entfernen einer Abreißlasche zugänglich. Das Medikament kann dann hinzugefügt werden.

Rechts wird der Minibeutel von Flexpak im Gebrauch gezeigt. Eine Vorrichtung zur Medikamenteneinführung wurde gestaltet, um die Auflösung von pulverförmigen Medikamenten oder solchen, denen Flüssigkeit entzogen wurde, sicherzustellen und in den Minibeutel zu überführen. Ein Schnappverschluß ist erhältlich, um die Einlaßöffnung nach der Medikamentenzuführung zu verschließen, damit die Zufuhr weiterer Medikamente verhindert wird.

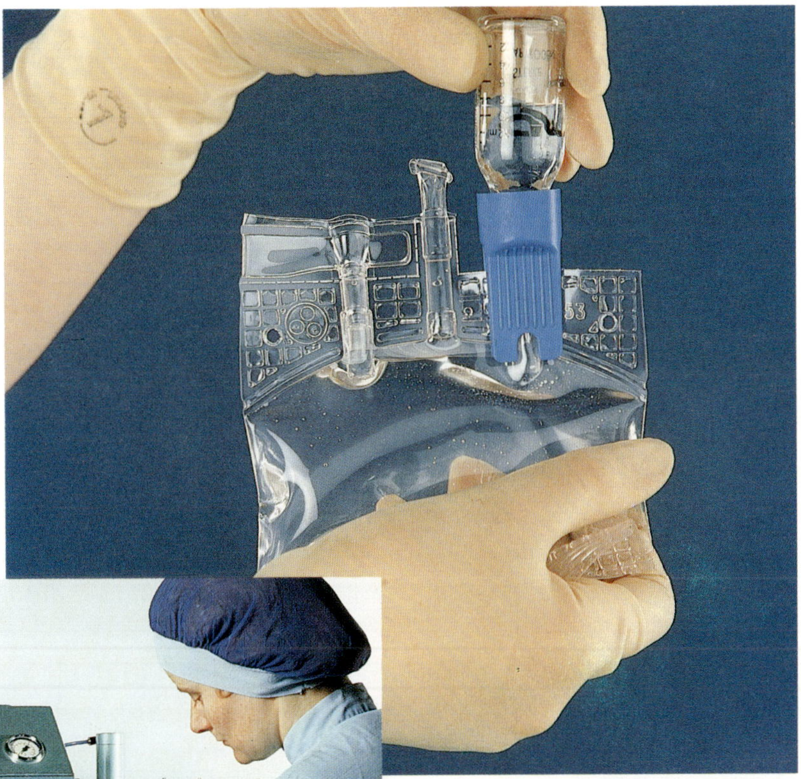

Unten: eine Hot-Foil-Druckmaschine.

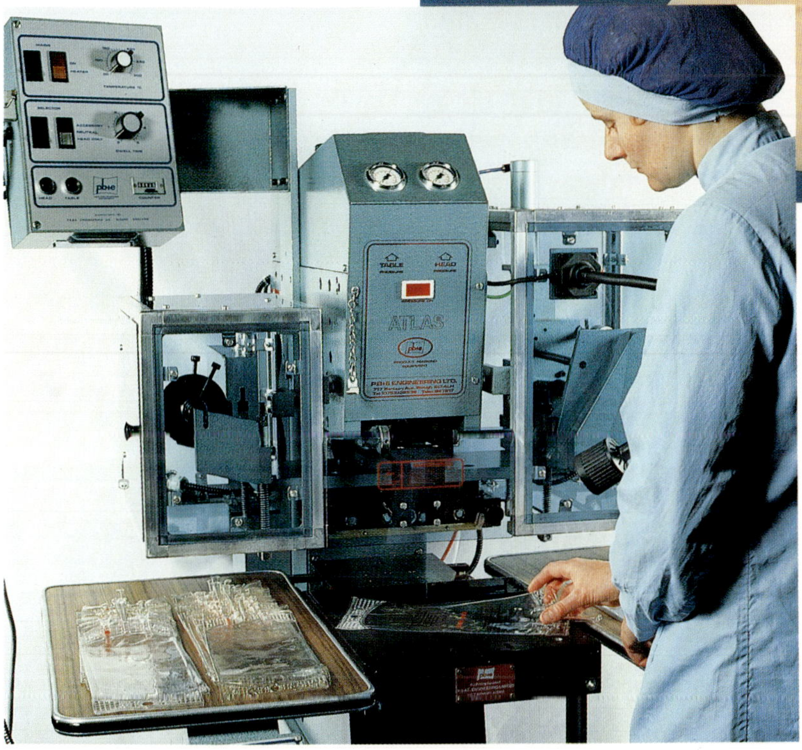

Unten: Teil eines Verpackungssystems von Flexpak mit vielen Gestaltungsneuerungen für höchsten Produktschutz und klinische Sicherheit.

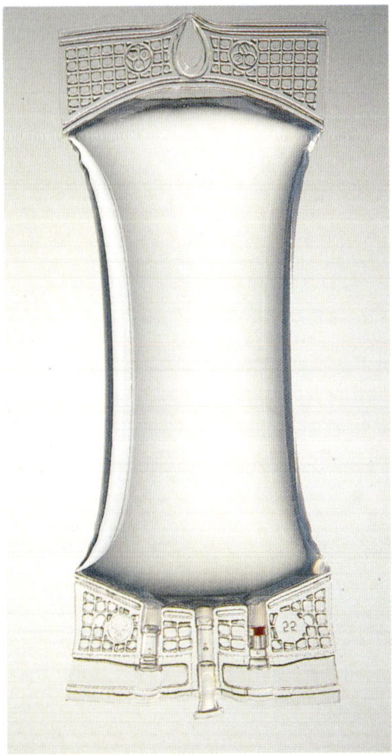

Für den Transport wurden die Beutel flach entworfen und gegen Kontamination versiegelt. Aus Sicherheitsgründen sind auf dem Beutel Qualitätskontrolldaten eingeprägt. Die Chargen- und Herstellungsnummer werden auf die Beutel gedruckt, wenn sie gefüllt werden. DRG schlägt vor, daß die Produktdaten nach dem sogenannten Hot-Foil-Verfahren aufgebracht werden, da die Druckplatte, die die Angaben trägt, leicht ausgewechselt werden kann.

Um die Sterilität der Beutel zu erhalten, ist es wichtig, daß sie in einem Arbeitsgang gefüllt und versiegelt werden und dann sofort umhüllt werden, um einen Gewichtsverlust des Inhalts durch Verdunstung zu verhindern. Wenn nötig, kann das Umhüllen auch vor der Sterilisation geschehen. Die Beutel und Füllsysteme stimmen mit internationalen pharmazeutischen Standards überein.

2.3 Folien und Spezialfilme

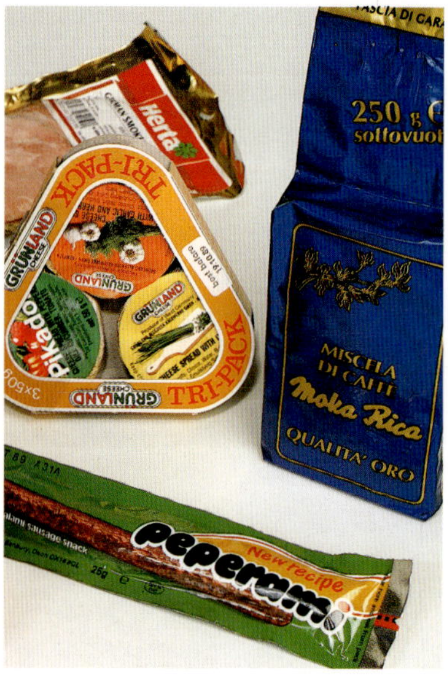

Es ist schwer, sich vorzustellen, daß reines Aluminium früher als Edelmetall betrachtet wurde. Es war aber in den ersten Jahren des neunzehnten Jahrhunderts eine Krone aus Aluminium, die den Kopf des Königs von Dänemark schmückte. Das reine Metall war erst kurz zuvor aus Erz gewonnen worden. Auch in Frankreich hatte das Metall eine große Bedeutung, und Napoleon III. benutzte ein Tafelservice aus Aluminium.

Es dauerte viele Jahre bis der Gewinnungsprozeß kommerzialisiert wurde. Der erste Einsatz von Aluminium als Verpackungsmaterial fand – wie auch bei vielen anderen Materialien – in den USA statt. In den letzten Jahren des neunzehnten Jahrhunderts begann die Firma Ball Brothers Aluminiumdeckel für Mason-Gläser zu verwenden. Dann sah man kurz vor Beginn des Ersten Weltkriegs in Europa die ersten Folienwickelpapiere für Kaugummi und Life-Savers-Konfektriegel.

Folien – einfach oder in Verbindung mit anderen Materialien – haben große Bedeutung bei der Verpackung von Lebensmitteln und pharmazeutischen Produkten gewonnen. Sie sind leicht, geschmeidig und wertsteigernd, was die Folien zu einem sehr geschätzten Verpackungsmaterial der Designer gemacht hat.

Aluminium und Stanniol

Die meisten Folien, die heute für Verpackungen eingesetzt werden, bestehen aus Aluminium anstelle des teuren Stanniols. Aluminiumfolie ist noch immer relativ teuer, aber die meisten Designer sind der Meinung, daß ihre Eigenschaften die zusätzlichen Kosten wert sind. Designer sollten die Leichtigkeit des Materials, seine Festigkeit und Haltbarkeit nutzen sowie seine anderen, spezielleren Eigenschaften wie die thermische und elektrische Leitfähigkeit. Wichtige Punkte bei Aluminium sind, daß es seine Aufgabe bei niedrigen Temperaturen gut erfüllt, Belastungen und Haarrißbildung widersteht und nicht magnetisch ist. Dies hilft, beim Recycling-Prozeß Blechdosen von Aluminiumdosen zu trennen.

Folien aus Stanniol werden dann eingesetzt, wenn ihre speziellen chemischen Eigenschaften gebraucht werden; da aber reines Zinn im Abbau und in der Gewinnung immer teurer wird, scheint es wahrscheinlich, daß seine Bedeutung für Verpackungen abnehmen wird.

Weltverbrauch von Aluminiumfolie

Anwendung	Prozentsatz
Flexible Verpackung	54
Halbfeste Schalen	38
Laminate und mischextrudierte Materialien und dekorative Etiketten	6
Deckeleinlagen und Siegel	2

Quelle: Schätzungen der Industrie

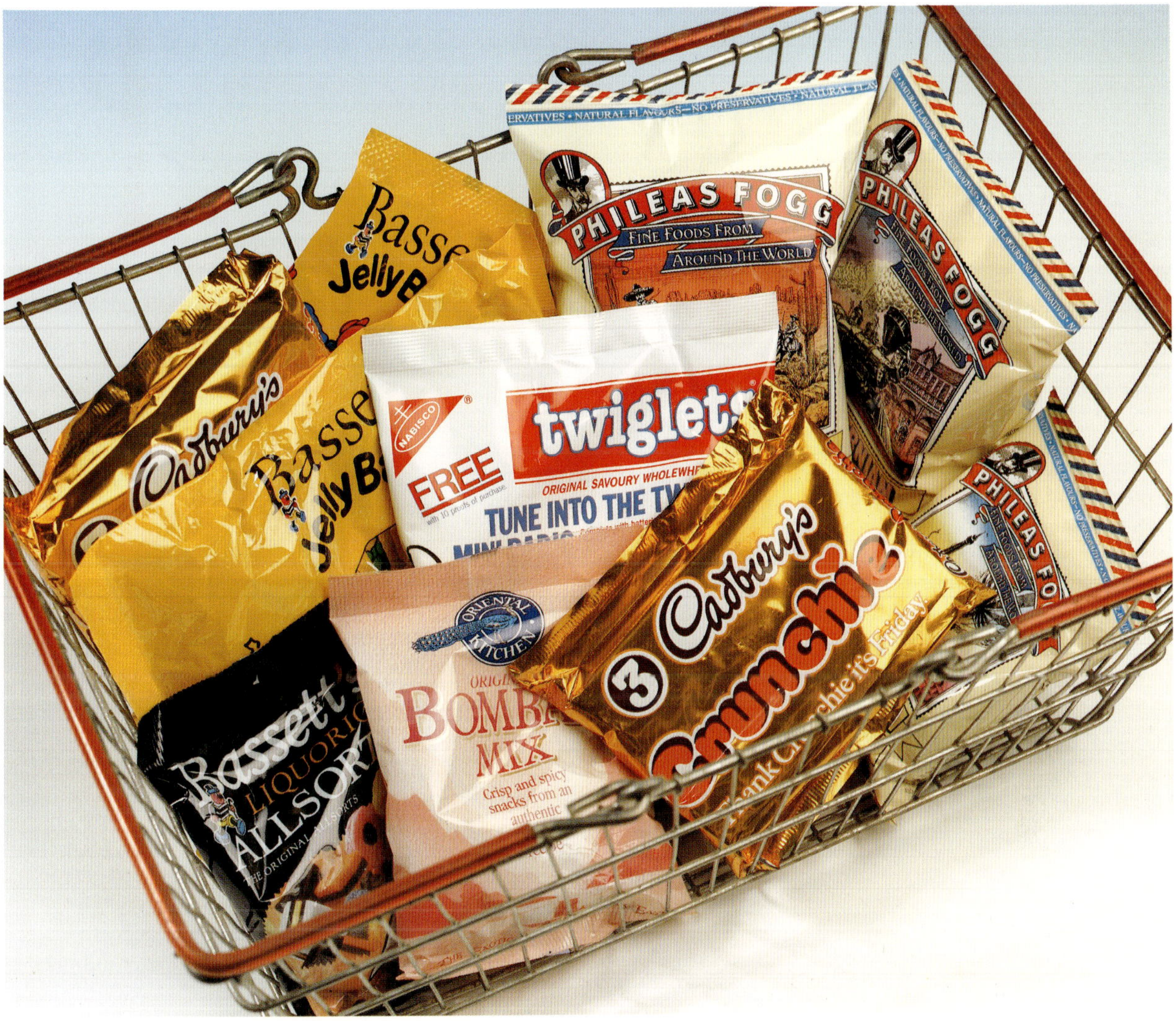

Bis zum Aufkommen spezieller Techniken des Mischextrudierens und Laminierens waren viele Produkte, vor allem Süßigkeiten und Snacks, nur zweite Wahl. Heute können diese Erzeugnisse besser frisch gehalten werden als jemals zuvor. Man verwendet Materialien, die mit einem außergewöhnlichen Design bedruckt werden können. (Foto: MCG Venus Packaging)

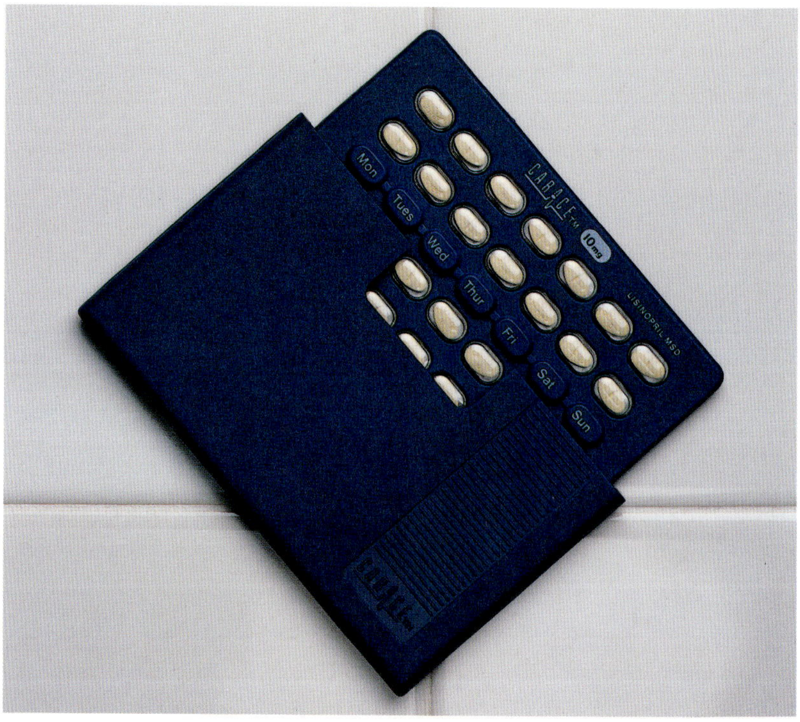

Was ist eine Folie?

Eine zweckmäßige Arbeitsdefinition einer Folie ist, daß es sich um ein ausgerolltes Metallblatt handelt, das weniger als 0,15 mm dick ist. Meistens beträgt die Breite höchstens 1,52 m, obwohl einige der stärkeren Folien bis zu 4,06 m breit sein können. Folien variieren im allgemeinen in der Stärke um 10 Prozent, und man sollte daran denken, daß sich die Dicke einer Folie nur schwer kontrollieren läßt, wenn sie erst einmal sehr dünn ausgezogen wurde.

Die meisten Folien sind nicht hundertprozentig rein, da die Herstellung Spurenelemente in dem Metall zurückläßt. Die reinste Form des Aluminiums, die nur 0,01 Prozent Verunreinigungen enthält, wird für Kondensatoren der Elektroindustrie verwendet. Die meisten Formen des Aluminiums im Handel, die für Verpackungen eingesetzt werden, sind zu etwa 99,5 Prozent rein und enthalten bis zu 0,4 Prozent Eisen und 0,1 Prozent Silizium, die die Differenz ausmachen. Wenn man die Eisenmenge in der Mischung erhöht, wird die Festigkeit der Folie größer, was beim Verpacken von Tabletten oder Kapseln in Streifen oder Blisterpackungen von Vorteil ist. Es kann allerdings zu Rostbildung kommen. Um halbfesten Schalen größere Festigkeit zu geben, werden oft Mangan und Kupfer hinzugefügt.

Haushaltsfolie wird heute aus einer Spezialmischung gerollt und nicht aus einem Metall von handelsüblicher Reinheit. In der Folge war es möglich, die Dicke der Folie in den letzten Jahren um etwa 15 Prozent zu reduzieren, weil die neuen Aluminiumsorten viel fester sind. Halbfeste Behälter für Pastete und Tiefkühlkost sind aufgrund der speziellen Mischungen, die für Festigkeit und Formbarkeit entwickelt wurden, ebenfalls um etwa 20 Prozent dünner als vor einigen Jahren.

Verringerung der Dicke

Diese Verringerung der Dicke ist Teil der Pläne der Metallhersteller, um sicherzustellen, daß Aluminium ein leichtes, attraktives und kostengünstiges Verpackungsmaterial bleibt, das mit den Hochleistungskunststoffilmen, die im Kapitel 2.1 besprochen wurden, konkurrieren kann.

In Großbritannien werden für Druck und Verpackung heute über 50 Prozent des Aluminiums verbraucht im Vergleich zu 30 Prozent in den siebziger Jahren. Es gibt in Europa allerdings große Unterschiede. Großbritannien hat beispielsweise einen Verbrauch an Aluminiumdosen, der über dem Durchschnitt liegt, verbraucht aber relativ wenig Folien. In Frankreich und Deutschland dagegen wird Aluminium gewöhnlich nicht für die Dosenherstellung verwendet, sondern für die gebräuchlicheren Folienbehälter. In Deutschland werden sie sogar für Haustierfutter verwendet.

Eigenschaften von Folien

Obwohl Aluminiumfolie ein dünnes, leicht reißbares Material zu sein scheint, ist es tatsächlich eines der besten Schutzmedien im Verpackungsbereich, weil es fast undurchlässig für Feuchtigkeit und Sauerstoff ist. Dies macht Aluminiumfolie zu einer idealen Verpackung für Geräte oder Maschinen für den Export, wo Rostbildung ein Hauptproblem ist. Ein zusätzlicher Vorteil ist, daß sie sehr attraktiv ist und vom Designer auf vielfältige Art dekoriert werden kann. Sie kann geprägt oder angerauht werden, um der Oberfläche Struktur zu geben, oder sie kann mit Farben dekoriert werden, um ihr eine reflektierende Metallicwirkung zu geben.

Andere nützliche Eigenschaften der Aluminiumfolien sind ihre Faltbarkeit, die Fähigkeit, Falten zu behalten und sich in fast jede Form bringen zu lassen. Folien mit diesen Falteigenschaften knittern jedoch leicht, und falls das Material nicht zur Dekoration verwendet wird, raten Hersteller meistens dazu, die Folie in einen Behälter zu geben, um sie zu schützen, wie es beispielsweise bei Fruchtsaftkartons üblich ist.

Der Trend zur Abgabe von Originalpakkungen im Pharmahandel hat zu einem gründlichen Wandel bei der Art der Verpackung geführt. Blisterpackungen, kleine PVC-Karten mit Blasen, die auf der Unterseite mit einer Folie bezogen sind, haben weite Verbreitung gefunden. Sie sind manipulationssicher und garantieren darüber hinaus, daß 100 Tabletten enthalten sind, wenn dies auf der Packung angegeben wird. Kritik wurde an manchen Blisterpackungen geübt, weil sie schwer zu öffnen sind – dies ist ein wichtiger Faktor, den Designer berücksichtigen müssen, wenn die Medikamente für ältere oder gebrechliche Personen bestimmt sind.

Verstärkung von Folien

Wenn Aluminium in etwas dickerer Form verwendet oder mit Vertiefungen oder Rippen verstärkt wird, kann es als Verschluß- oder Deckelmaterial äußerst wirkungsvoll sein. Bei dem Sealed-Safe-Verschluß, der von der Speciality Packaging Group in Zusammenarbeit mit Alcan Aluminium entworfen wurde, wird eine 60 Mikron starke Aluminiummembrane verwendet, die mit einer speziellen, hitzeversiegelbaren Schicht versehen ist. Die Membrane verschließt die starren Öffnungen bei verschiedenen Behältern, einschließlich zusammengesetzten Pappkanistern sowie Metall- und Kunststoffdosen, fest. Der Käufer kann sie mit einer Lasche oder einem Ring abziehen. Die Hersteller erklären, daß die Membrane nicht wieder verschlossen werden kann. Dadurch ist dieser Verschluß besonders geeignet für medizinische oder Pharmaverpackungen, für die besondere Sicherheit gegen Manipulationen erforderlich ist. Andere potentielle Anwendungsgebiete sind Nahrungsmittel und Getränke, leichte Industrieöle und Fettmassen zur Handreinigung.

Obwohl Aluminium gegenüber Lösungsmitteln und Fetten widerstandsfähig ist, ist die Resistenz gegen starke Säuren und Laugen nicht besonders gut, wenn es nicht mit einer Wachs- oder Lackschicht geschützt ist. Andererseits schützt Folie den Packungsinhalt vor Sonnenlicht und wird daher oft eingesetzt, um empfindliche medizinische Artikel zu verpacken. Temperaturen bis zu 550 Grad Celsius können ihr nichts anhaben, daher können Chirurgiemesser und Spritzen in Folienbeuteln sterilisiert werden. Beutel können sowohl für sperrige als auch für kleine Artikel hergestellt werden, indem Taschen geformt werden, die die Form des Produktes annehmen.

Der Designer muß jedoch daran denken, daß Aluminium recht schwach ist und bei geringer Dicke leicht einreißt – technisch ausgedrückt hat es eine niedrige Zugfestigkeit. Aus diesem Grund ist es besonders schwierig, auf unverstärkten Folien mit Farben zu drukken und Beschriftungen vorzunehmen. Daher lohnt es sich oft, Beziehungen zu Unternehmen zu pflegen, deren Ingenieure mit dünnen Folien arbeiten können. Die Fähigkeit, beispielsweise dünne, unverstärkte Folien zu bedrucken, ermöglicht es dem Designer, sie für Qualitätswaren im Süßwarenmarkt einzusetzen – besonders in dem Bereich von Figurinen und Ostereiern, die in Folie eingewickelt werden.

Weil Folie in ihren dünneren Formen zu schwach ist, um allein verwendet zu werden, wird sie meistens zusammen mit Packpapier eingesetzt (siehe Kapitel 2.1), das ihr Festigkeit und Steifigkeit gibt. Es können jedoch andere, attraktivere Papiere benutzt werden, wenn das Erscheinungsbild wichtig ist, da Packpapier langweilig aussehen kann. Die billigste Möglichkeit, um Aluminium mit Papier zu verbinden, ist eine Lösung aus Natriumsilikat, das häufig bei der Herstellung von Wickelpapier für Zigaretten und Seife verwendet wird.

Bedrucken von Folien

Folien werden meistens im Flexodruck bedruckt, aber bei hohen Auflagen und Qualitätsarbeiten ist, wie bei Papier und Kunststoffilmen auch, ein Wechsel zum Gravüreverfahren von Vorteil. Weil die Oberfläche der Folie glänzt, ist es oft notwendig, eine Grundierung zu benutzen. Die Wahl der Grundierung hängt von den speziellen Farben oder der Behandlung, die der Designer gewählt hat, ab. Farblacke können beispielsweise Gold-, Kupfer- oder andere Metalliceffekte hervorrufen, aber es ist jeweils eine andere Grundierung notwendig, abhängig von der Ausarbeitung des Entwurfes.

Zwar besitzen die Verpackungen aus laminierten Folien den Vorteil, daß sie mit interessanten Designs bedruckt werden können, aber sie haben gegenüber den herkömmlichen Zellulose- oder Polyethylenhüllen den Nachteil, daß das Produkt nicht gesehen werden kann, wenn nicht ein spezielles Fenster eingeschweißt wird. Diese Snackverpackungen, die von der Michael Peters Group für das britische Einzelhandelsunternehmen Marks & Spencer entworfen wurden, zeigen ersatzweise fotografierte Fenster.

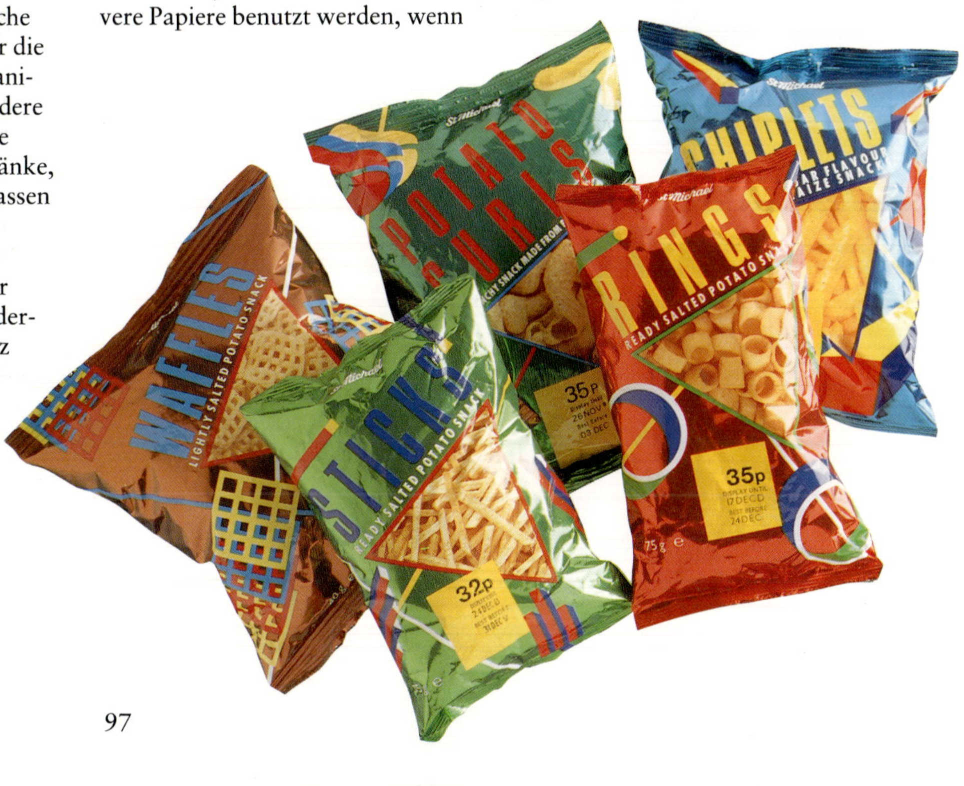

Metallisieren von Kunststoffen

Die Entwicklung von Lametta zu einem Weihnachtsfest in den dreißiger Jahren war möglicherweise das erste Beispiel eines metallisierten Kunststoffes. Aber erst im letzten Jahrzehnt wurden die Möglichkeiten von metallisierten Kunststoffen für Verpackungen erkannt. Weil Metallfolien so luft- und feuchtigkeitsundurchlässig sind, haben die Hersteller lange versucht, sie mit anderen Materialien zu verbinden oder zu beschichten, um diese Eigenschaften weiterzugeben. Ein kostengünstiges Verfahren, einem Kunststoffilm die Eigenschaften von Folie zu geben, ist das Beschichten mit Teilchen des verdampfenden Metalls in einer Vakuumkammer. Dieses Verfahren wird als Metallisierung bezeichnet.

Diese Snacks von KP wurden auf den Markt gebracht, um neue Gebiete auf einem umsatzstarken, aber statischen Markt zu erschließen. Das Folie/PP-O – Laminat läßt sich gut bedrucken und gibt den Verpackungen eine lange Haltbarkeit, was bei diesen empfindlichen Lebensmitteln wichtig ist. Die Karikaturen beziehen sich auf das Ursprungsland der Produkte und zielen auf eine bestimmte Käufergruppe. (Design von Michael Peters Group)

Polyester ist das häufigste Material oder Grundlage für die Beschichtung. In den USA wählte Golden Flake Snack Foods anstelle der traditionellen Pergamintüte ein auf der Rückseite bedrucktes PP-O, ein metallisierts Polyester – Melinex 850 von ICI. Es sah nicht nur attraktiver aus, sondern hielt auch die Kartoffelchips länger frisch, wie die Designer des Unternehmens behaupteten. Die Umstellung bei den Pakkungen mit Einzelportionen war ein Experiment, sagt der Einkaufsdirektor des Unternehmens, aber es hat sich als so erfolgreich erwiesen, daß auch die mittelgroßen Tüten umgestellt wurden. Polyethylen-, Nylon- und Polypropylenfilme werden immer häufiger verwendet.

Metallisierte Kunststoffilme werden im Gegensatz dazu nicht oft allein eingesetzt, sondern meistens zur leichteren Verarbeitung mit anderen Filmen kombiniert. Eine typische Kombination ist metallisiertes Polyester verbunden mit Polyethylen, wie es heute für Tüten mit gemahlenem Kaffee und Kaffeebohnen verwendet wird. Die Tüten funktionieren wie ein Einwegventil, das die Gase, die beim Rösten und Mahlen entstehen, langsam hinausläßt, ohne daß Luft hineingelangt – insgesamt dauert der Prozeß neun Monate. Diese neuen Ventiltüten verlängern das Regalleben (Haltbarkeit) von Kaffee bis zu einem Jahr und sind kostengünstiger, da sie direkt bedruckt werden können, im Gegensatz zu den festen Vakuumtüten, die meistens einen Karton brauchen.

Papier kann ebenfalls metallisiert werden, vorausgesetzt es ist zur Grundierung der Oberfläche lakkiert. Dies kann in vielerlei Hinsicht erfolgreich sein. Erstens sieht das metallisierte Papier genauso attraktiv aus wie eine echte Folie, kostet aber viel weniger. Zigarettenpakkungen zum Beispiel, die aus einem Laminat aus Folie und Papier bestehen, kosten in der Produktion etwa 25 Prozent mehr als metallisierte Papiere.

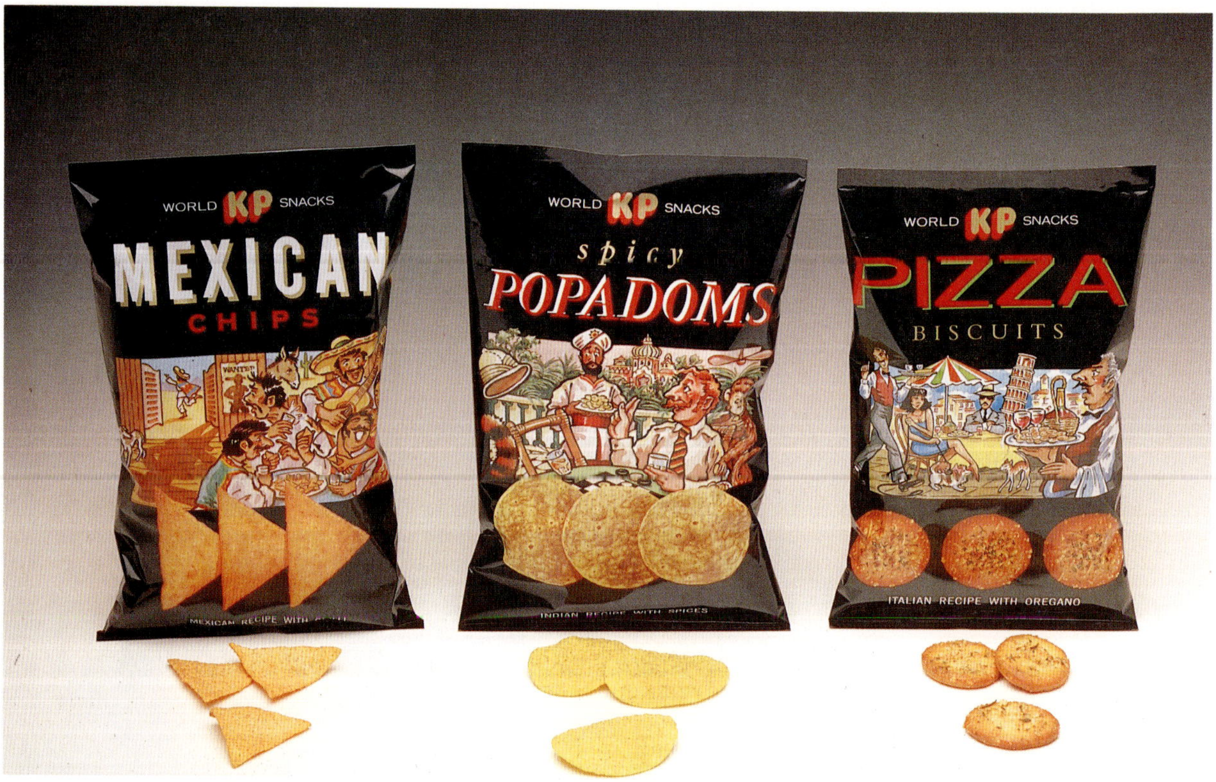

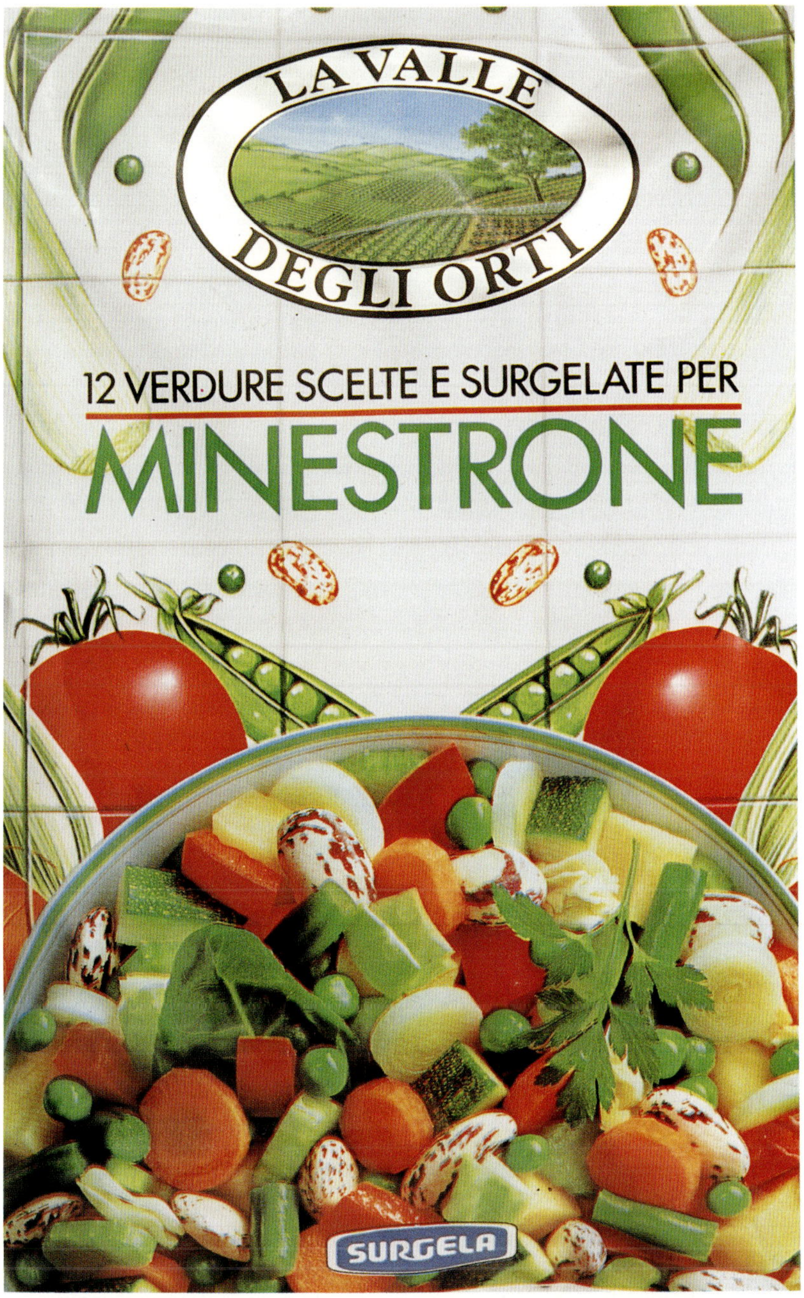

Diese Papier/Folien-Laminate ermöglichen das Bedrucken mit Halbtönen und Artwork auf der Außenseite, während die Folie auf der Innenseite den Inhalt vor Sauerstoff aus der Atmosphäre schützt. Das Layout auf der Vorderseite bezieht das Schild des Herstellers ein. Die Fotografie zeigt die verschiedenen Gemüsesorten. (Design von Michael Peters Group)

Laminierungen

Beim einfachen Laminierungsverfahren werden zwei oder mehr Materialien von verschiedenen Rollen mit Klebstoffen verbunden. Dem Designer stehen jedoch abhängig von den Materialien, die miteinander kombiniert werden, eine Reihe von Optionen offen. Geschmolzene Kunststoffe können auf einen vorbeilaufenden Bogen oder eine Papierbahn extrudiert werden, obwohl das Verfahren etwas komplexer und das Endresultat etwas kostspieliger ist. Der Designer sollte immer zuerst Papier in Betracht ziehen, weil es die wirtschaftlichste Unterlage ist und dem Material Steifheit gibt.

Für den Designer ist die Bedruckbarkeit ebenfalls ein wichtiger Punkt: Laminierte Papiersäcke mit Folien-/Polyethylenfutter können mit Vier- oder Sechsfarb-Grafiken normal bedruckt werden. Diese Säcke sind nicht nur dekorativ, sie sind im Vergleich zu den meisten anderen Säcken auch technisch ausgereift und können für die unterschiedlichsten Anwendungsbereiche entworfen werden. Sie können zum Beispiel für verderbliche Produkte wie Tierfutter und Milchpulver verwendet werden.

Bevor der Designer ein Laminat wählt, muß er erst feststellen, ob es keinen einzelnen Film gibt, der die geforderte Aufgabe übernehmen kann. Die Laminierung ist eine kostspielige Angelegenheit, besonders dann, wenn der Prozeß nach Anweisung des Designers ausgeführt wird. Wenn ein einzelner Film die Aufgabe nicht übernehmen kann, sollten erst die verschiedenen lieferbaren Beschichtungen in Betracht gezogen werden, wiederum aus Kostengründen.

Häufige Anwendungsbereiche von laminierten Filmen wie orientierte Polypropylen-/Zellophanlaminate für Nahrungsmittel sind Snacks. Fleisch und Käse erfordern ein festeres Material wie Nylon/PVDC/Polyethylen, während PP-/Zellophanlaminate am häufigsten zur Verpackung von Süßwaren eingesetzt werden.

Für ein Produkt, das Wert auf Frische und Geschmack legt, ist es unbedingt notwendig, das Erzeugnis zu zeigen, um den Konsumenten zum Kauf zu animieren, wie hier bei der amerikanischen Marke Santitas. (Design von Apple Design)

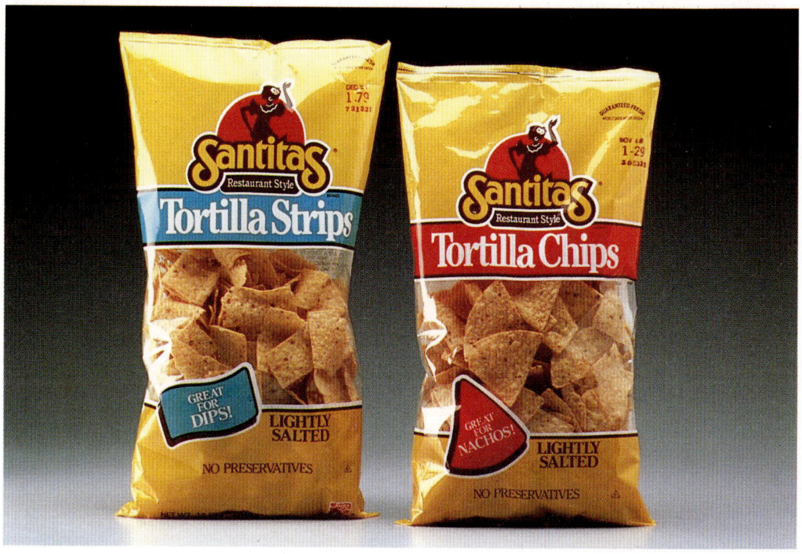

Polyester/ Polyethylen-Laminate

Laminierte Filme werden immer häufiger auch im Non-food-Bereich eingesetzt, da die Designer lernen, mit den Technikern zusammenzuarbeiten. Polyester-/Polyethylen-Laminate beispielsweise können verwendet werden, um Trommeln vor ätzenden Chemikalien zu schützen. Papier-/PE-Materialien können nicht nur für Zigaretten- und Brühwürfelpackungen verwendet werden, sondern auch zur Verpackung von Schmerztabletten. Diese und schwächere Salben können auch in Zellophan-/PE-/Folien-/PE-Laminaten verpackt werden. Stärkere Salben und Hustensäfte erfordern Folien-/PVC-Laminate, oft in der Form eines Behälters oder Beutelfutters.

Wie immer im Verpackungsbereich ist es auch bei der Wahl laminierter Materialien wichtig zu verstehen, wie sich das zu verpackende Produkt verhält. Wenn es sich bei dem Produkt um frisches Gemüse handelt, stellt sich die Frage, welche Gase es abgibt. Vorschläge beim Bedrucken oder zur Dekoration sollten mit Kunststoff- und Folieningenieuren besprochen werden, bevor ein Laminat gewählt wird.

Kunststoff-beschichtungen

Technische Entwicklungen bei der Papierherstellung sowie im Bereich der Kunststoffe haben den Designern neue Möglichkeiten eröffnet. Die zunehmende Zahl von Mikrowellengeräten hat beispielsweise zur Entwicklung von Beuteln und Pappbehältern geführt, die für das Kochen bei hohen Temperaturen geeignet sind. Hersteller wie American Can, Westvaco, International Paper und John Waddington kündigen regelmäßig neue Materialien und Packungen für diesen Markt an.

Tüten für Popcorn und Poppadums (indisches Fladenbrot) kann man in Supermärkten häufig sehen. Sie lassen sich wie Pappschalen reizvoll bedrucken. Für die Konsumenten ist es bequem, daß die meisten Papier- und Pappverpackungen für Mikrowellengeräte gleich auf den Tisch gebracht werden können. Diese Anforderung wird in den USA immer häufiger an die Nahrungsmittel gestellt. Der vielleicht wichtigste Teil dieser Packungen ist jedoch die 0,03 mm starke Beschichtung aus Polyester oder Acryl, die die Pappe davor schützt, von Säften und Soßen bei Temperaturen bis zu 200 Grad Celsius durchweicht zu werden.

Beschichtungen und Nahrungsmittel

Es ist von Bedeutung, daß es bei Polyesterbeschichtungen für Nahrungsmittel in den USA und Europa, besonders in Deutschland, Beschränkungen gibt, da Testergebnisse darauf hindeuten, daß ein wichtiger Bestandteil der Beschichtung bei Tieren zu Tumoren führt. Dies zeigt die Notwendigkeit für Designer, die internationale Märkte bedienen, sich zuerst mit wichtigen gesetzlichen Vorschriften auseinanderzusetzen, bevor sie mit neuen Projekten beginnen.

Kunststoffbeschichtungen können auch bei Kunststoffen verwendet werden. Wenn man aber nach eingehenden Untersuchungen zu dem Schluß kommt, daß ein Laminat für die erforderliche Stärke unbedingt notwendig ist, sollte die Anzahl der Schichten so gering wie möglich gehalten werden. Eine andere kostenverringernde Möglichkeit für Designer bietet die Verwendung leichter Stärken für jede Schicht; das Material darf jedoch bei der Weiterverarbeitung nicht zu schlaff werden. Außerdem sollte das Material, das am reaktionsträgsten ist und am besten schützt, so nah wie möglich am Produkt im Innern eingesetzt werden und nicht als Mittelschicht in einer Kartonwand.

Mischextrudierte Materialien

Ein weiterer Spezialfilm besteht aus mischextrudierten Materialien, wobei zwei oder mehr geschmolzene Kunststoffe durch einen Schlitz in eine Gußform geblasen werden. Es gibt zwei Hauptverfahren, derartige Materialien herzustellen, die auch unter dem Namen Coex-Filme bekannt sind: das Blasverfahren, bei dem geschmolzene Kunststoffe durch konzentrische Ringe geblasen werden, um ringförmige Materialien herzustellen, und das Gießverfahren zur Herstellung flacher Filme auf einer Rolle. Fast 70 Prozent mischextrudierter Filme bestehen aus Polyethylen oder Polypropylen als Hauptbestandteil; bei den anderen Filmen wird in der Regel Nylon, PVDC und Styrol verwendet.

Der Zusammenhalt zwischen Gewebe und dem mischextrudierten Material kann bei einigen Filmen Probleme aufwerfen, aber oft kann eine dünne Schicht eines anderen Materials, das an beiden festklebt, eingefügt werden. Für kleine Auflagen ist dieses Verfahren aufgrund der großen Abfallmenge, die anfällt, teuer, aber für größere Auflagen kann es äußerst kostengünstig sein.

Überlegungen zum Design

Für den Designer sind die Details der beiden Verfahren für mischextrudierte Materialien relativ unwichtig, abgesehen davon, daß die dabei entstehenden Filme sehr unterschiedliche Eigenschaften haben können. Geblasene Filme werden eher für schwere Lasten wie Garten-, Abfall- und Postsäcke verwendet, während gegossene Filme häufiger für recht empfindliche Materialien eingesetzt werden: zur Verpackung von Tiefkühlkost und für Weinschläuche in Kartons. Wie immer im Verpackungsbereich gibt es Überschneidungen, aber diese Unterscheidung trifft im großen und ganzen zu.

Es gibt bei diesem Verfahren jedoch einen großen Nachteil: Es können keine Folien in diese Materialien eingearbeitet werden. Für manche Designer kann dies durchaus der entscheidende Faktor sein, wenn man an die sehr nützlichen Eigenschaften der Folie denkt.

Der moderne Verpackungsdesigner spielt eine Hauptrolle, wenn es darum geht, alte und neue Materialien bei diesen innovativen Pakkungen einzusetzen. In der Tat haben die Verbraucher von heute, die neuen Verpackungsformen immer stärker ausgesetzt sind, entsprechende Erwartungen.

Diese vorgebackenen Brötchen und Baguettes können tatsächlich in den Plastiktüten gekocht werden. Der Film – ein mehrschichtiges Polycarbonat, von Metal Closures Venus Packaging hergestellt – widersteht den hohen Temperaturen, die erforderlich sind, um die Laibe zu backen. Er schützt das Brot sogar vor dem Verbrennen. Das Bedrucken muß sorgfältig erfolgen. Das Design suggeriert mit Farbe, Bildsprache und Schrift einen französischen Ursprung.

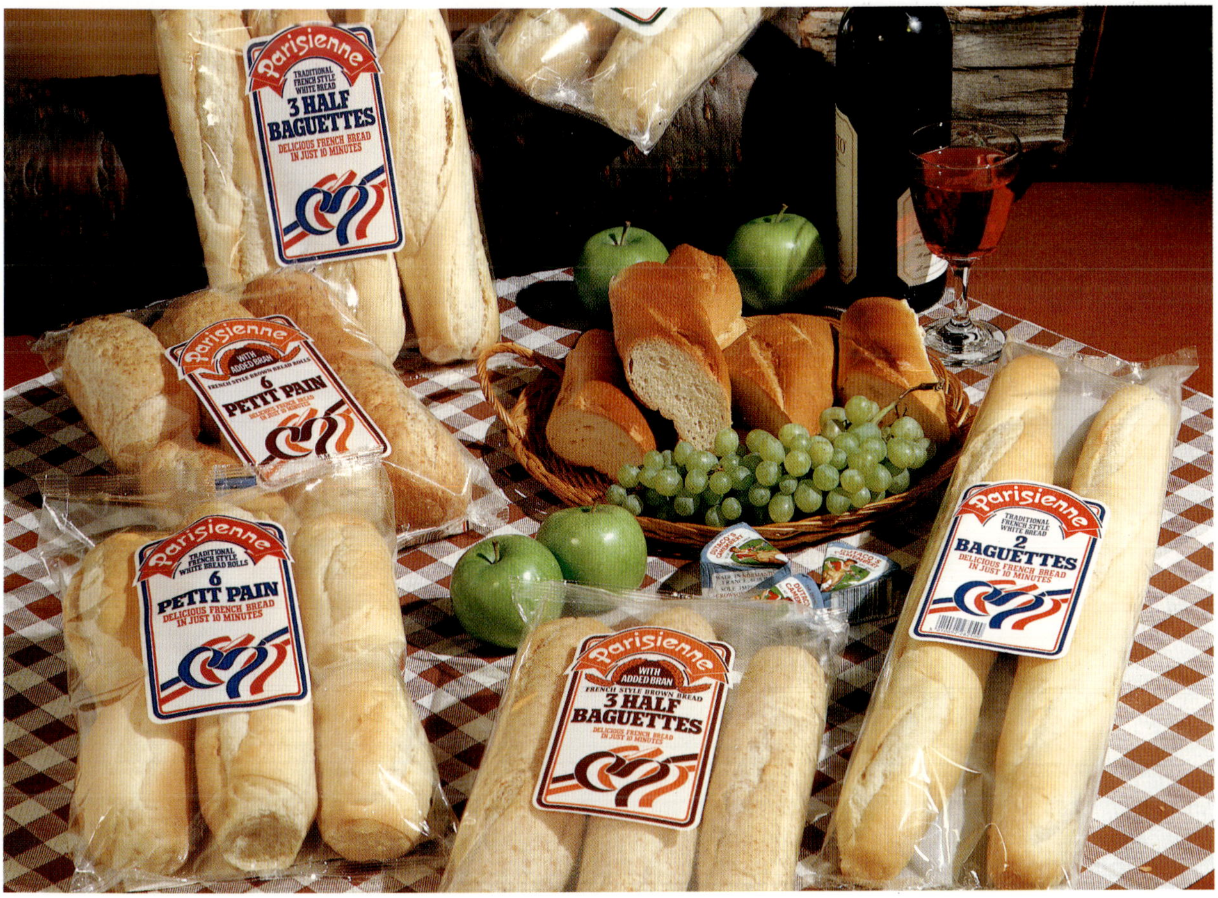

3.1 Pappbehälter

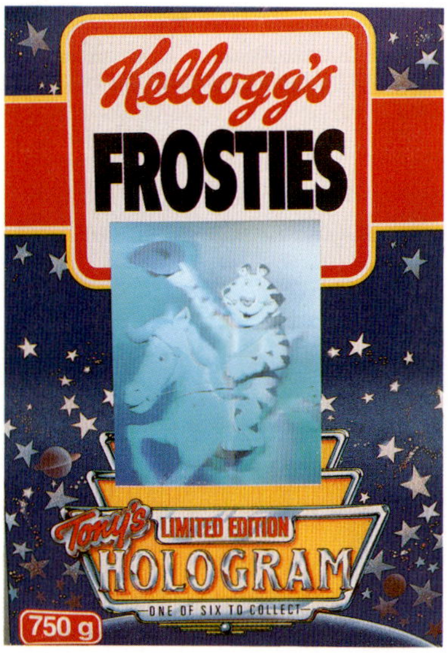

Der Karton ist zweifellos eine amerikanische Entwicklung. Wie so viele große Entdeckungen der Welt war sie ein Zufall. In den siebziger Jahren des achtzehnten Jahrhunderts bedruckte der Drucker und Papiertütenhersteller Robert Gair eine Reihe von Samentüten. Während des Druckdurchlaufs verschob sich ein metallenes Winkeleisen, das dazu diente, die Tüten zu falten, wenige Millimeter nach oben und durchschnitt die Tüte. Gair erkannte sofort die Vorteile, die das Schneiden und Falten von Karton in einem Durchgang bringen konnte und entwickelte eine ganze Reihe von Verfahren zur Kartonherstellung. Er soll angeblich mehr Kartonpatente gehabt haben als alle anderen Einzelpersonen oder Organisationen. Bald begannen jedoch andere, Kartons zu entwerfen, und heute sind die meisten Techniken zur Kartonherstellung mit Namen amerikanischer Erfinder verbunden.

Das Design des ersten Kartonprodukts, die Kellogg's Cornflakes, hat sich in den letzten 50 Jahren kaum verändert und widerspricht damit dem Ratschlag, regelmäßig neue Verpackungsentwürfe auf den Markt zu bringen. In dem Beispiel ist jedoch eine sehr aktuelle Gestaltung zu sehen, die auf ein bestimmtes Käufersegment zielt. Mit dem Hologramm auf der Frosties-Packung werden Kinder angesprochen.

Der Beitrag von Kellogg

Einer der ersten Anwender des Kartons waren die Brüder Kellogg, die ihr berühmtes Frühstück aus Getreideflocken im Battle Creek Sanatorium erfanden. Die Frühstückskost wurde ursprünglich als Reformkost entwickelt, aber das Vermarktungstalent von W. K. Kellogg machte es zu einer gesunden Nahrung für jeden.

Kellogg arrangierte bald landesweite Probierveranstaltungen, für die er Lieferwagen mietete, die mit dem Schriftzug von Kellogg's versehen waren, um für die Getreideflocken zu werben. Er entwarf Displays für Lebensmittelhändler und verteilte kostenlose Probepackungen. Als eines der ersten Unternehmen mietete Kellogg die allergrößte Werbetafel auf dem Times Square und ließ den Schriftzug diagonal und großflächig über die Tafel laufen. Die Packung trägt noch heute seinen Namen. »Wenn Kellogg's nicht auf der Packung steht, ist Kellogg's auch nicht in der Packung«, wird heute zum Slogan, der sich gegen Getreideflockenhersteller von Eigenmarken richtet.

1915 startete Kellogg seine 40% Bran Flakes und ließ 1916 All Bran folgen, um die Gesundheitswelle weiter zu nutzen. Beide Marken werden noch heute verkauft, wie auch Rice Crispies, die in den dreißiger Jahren entwickelt wurden, um Kinder direkt anzusprechen. Heute hat man für andere Produkte wie Weetabix recht ähnliche Methoden bei der Packungsdekoration und in der Fernsehwerbung.

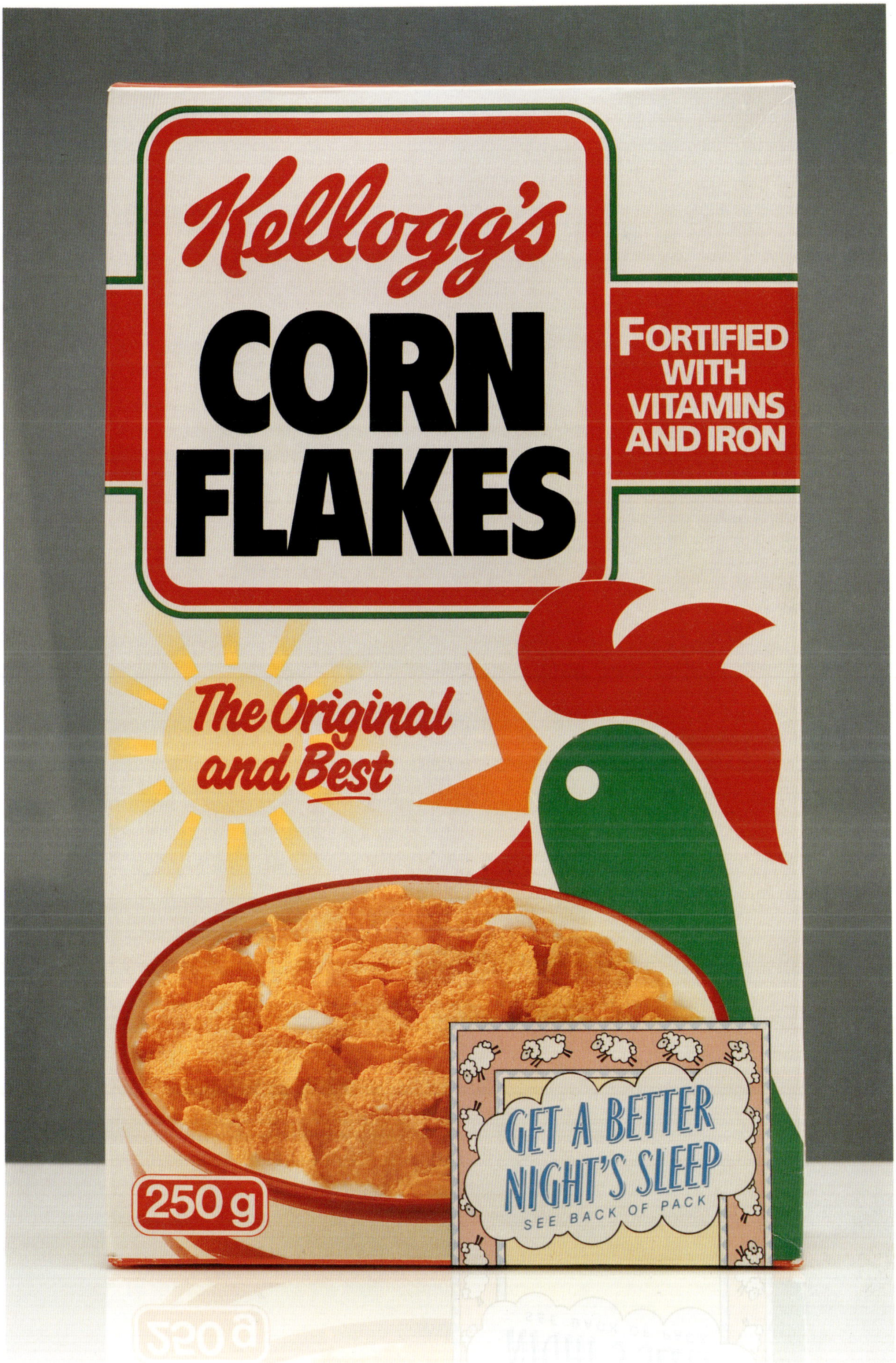
Kellogg's
CORN
FLAKES
FORTIFIED
WITH
VITAMINS
AND IRON
The Original
and Best
250 g
GET A BETTER
NIGHT'S SLEEP
SEE BACK OF PACK

Innentüten von Schachteln

In den 20er und 30er Jahren wurden patentierte Packungen von Kellogg entwickelt, die schnell von anderen Herstellern aufgenommen wurden. Die Erste bestand aus der hitzeversiegelten Wachstüte, die Waxtite genannt wurde, und die anfangs auf die Außenseite der Packung geklebt wurde, um die Getreideflocken beim Transport frisch zu halten. Dann wurde sie in das Innere der Packung verlegt, so daß die Oberfläche des Kartons für Druck und Werbung frei war. Die Tüte gibt es noch heute, aber meistens besteht sie aus Kunststoff, wodurch der Inhalt eine noch längere Haltbarkeit hat. Natürlich gibt es heute viel mehr Produkte in Schachteln als in den dreißiger und vierziger Jahren. Führend sind Kosmetika und Toilettenartikel, Nahrungsmittel, nicht-rezeptpflichtige Medikamente und Tabakwaren. Die Schachtel ist bequem, sauber und kompakt. Es gibt immer noch Verbesserungen: neue und verbesserte Verfahren für die Beschichtung, das Falten, Öffnen und Verschließen.

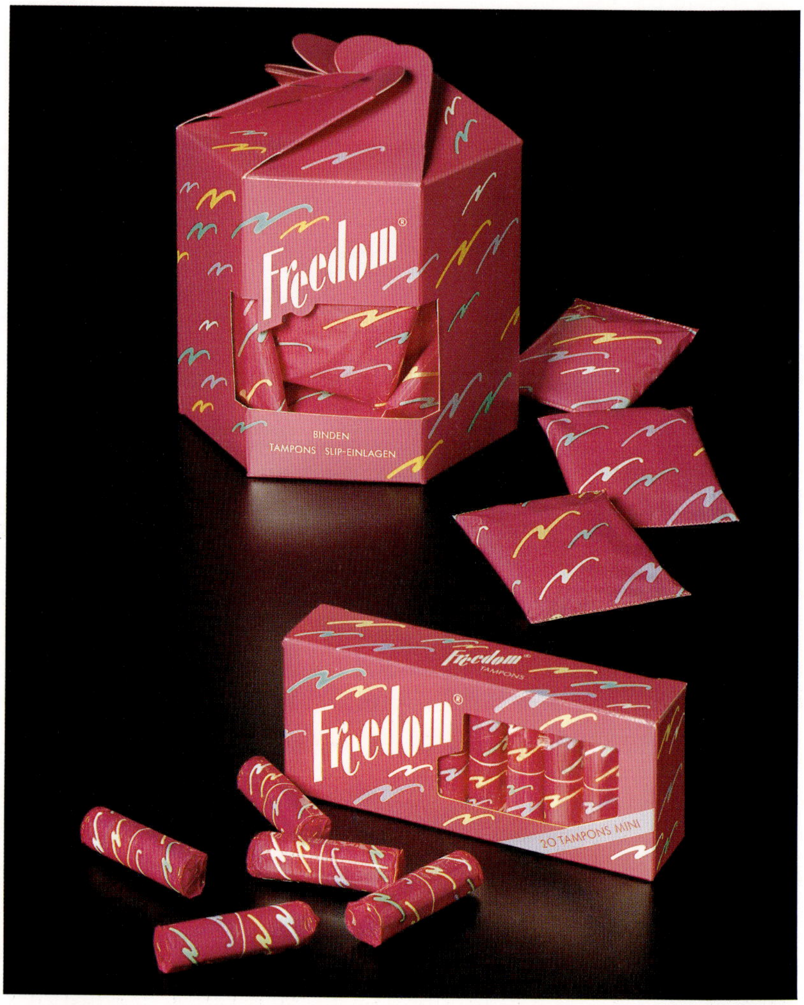

Bei den Verpackungen für Hygieneprodukte von Freedom (Design vom deutschen Studio Kreuser) wurde Pappe eingesetzt, um ein normalerweise langweilig wirkendes Produkt zu beleben. Der Faltkarton, in dem sich ein Sichtfenster befindet, ist eine interessante Lösung, aber der sechseckige Behälter für handtaschengroße Verpackungen ist typisch für einen Entwurf im Entwicklungsstadium. Die zurückhaltende Grafik und die attraktive Farbgebung machen den Behälter allerdings zu einem Gegenstand, den man sich zu Hause hinstellen würde.

Um den Verkauf von Tissues zu steigern, mußten die Hersteller die Käufer dazu ermuntern, die Schachteln offen herumstehen zu lassen, griffbereit bei der kleinsten Gelegenheit. Um dies zu erreichen, mußten Verpackungsdesigns angeboten werden, die zu jedem Geschmack, zu jedem Raum im Haus, zum Badezimmer und zum Büro passen. Unten wird einer der vielen Entwürfe von Studio Kreuser für Kimberley Clark gezeigt.

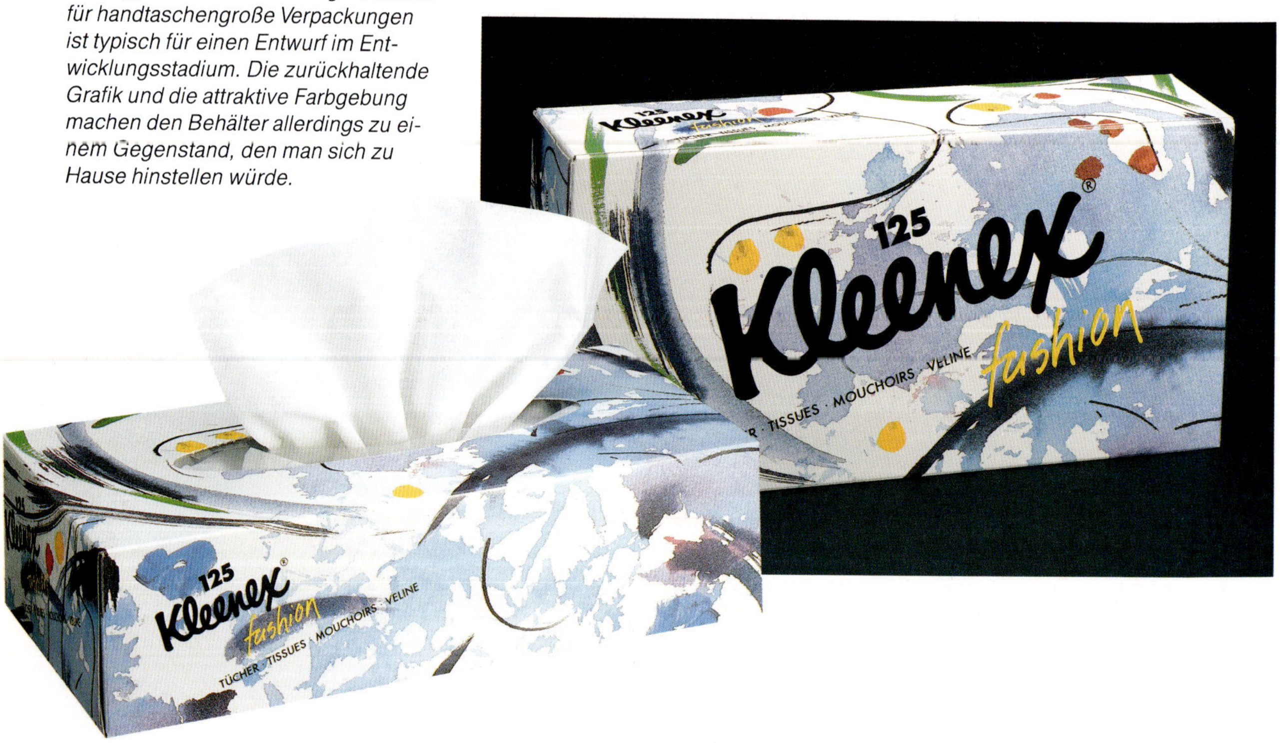

Der Entwurf von Schachteln

Es gibt eine willkürliche Grenze in der Verpackungsindustrie, nach der eine Schachtel ein Behälter ist, der aus Karton mit einer Stärke zwischen 250 Mikron und 1000 Mikron besteht. Außerhalb dieser Grenzen liegen Papier und Pappe – unter 250 Mikron – und gewellte Holzfaserplatten oder starre Behälter – dicker als 1000 Mikron. Aber hier hört die Definition auch schon auf, denn Schachteln können fast jede Form und Konstruktion haben. Abhängig von der Oberflächenbeschaffenheit, der Qualität des Kartons, den der Designer wählt und der Fähigkeit des Druckers, können Schachteln zu einer eleganten Geschenkpackung für Schmuck und Kosmetika werden oder zu einem einfachen Behälter für Schrauben oder Nägel. Das herkömmliche Design einer Schachtel folgt jedoch immer demselben Muster, egal um welches Produkt es sich handelt:

- Eine Schachtel muß das Produkt enthalten, so daß es sich leicht transportieren läßt und, wenn nötig, leicht entnehmen läßt.
- Sie muß den Inhalt vor Bruchschäden, Verderb, Feuchtigkeitsaufnahme oder -verlust und Auslaufen schützen.
- Sie muß beim Verbraucher für das Produkt werben.
- Sie muß dem Verbraucher das Produkt verkaufen.

Qualität und Konstruktion

Designer, die eine Schachtel für ein Produkt in Betracht ziehen, müssen untersuchen, welchen Gefahren das Produkt möglicherweise ausgesetzt ist, damit die richtige Kartonqualität und die richtige Konstruktion gewählt wird – manche Schachteln sind von Natur aus stabiler als andere. Wenn der Inhalt beispielsweise wachshaltig oder ölig ist, sollte ein Wachskarton oder ein mit Kunststoff beschichteter Karton verwendet werden.

Wie bei jedem Verpackungsdesign muß die Schachtel die Aufmerksamkeit des Kunden auf sich lenken und Interesse wecken. Das Äußere der Schachtel ist daher so wichtig wie das Innere, wenn nicht sogar wichtiger: Es ist unter Umständen das einzige Werbemedium, das das Produkt im Einzelhandel hat. Wenn die Schachtel wirkungsvoll wirbt, muß sie anschließend das Produkt verkaufen. Sie muß dem potentiellen Käufer sagen, um welches Produkt es sich handelt und welche Menge die Packung enthält. Sie muß auch den Markennamen tragen und verdeutlichen, warum diese bestimmte Marke besser ist als andere Marken oder auch Eigenmarken (Handelsmarken) derselben Art. Wenn nötig, muß die Schachtel auch erklären, wie man das Produkt gebraucht. Selbst etablierte Marken müssen Gebrauchsanweisungen bieten, wenn sie neue Kunden anziehen sollen.

Die Schachtel als visuelle Erinnerungshilfe

Alle diese Facetten des Designs müssen sich verbinden und dem Kunden einen einleuchtenden Grund geben, daß es sich lohnt, das Produkt zu kaufen. Aber die Funktion der Schachtel hört nicht einfach an der Kasse auf. Egal wo man das Produkt schließlich aufbewahrt – zu Hause, im Garten oder im Büro zum Beispiel –, es muß, wenn man es wieder sieht, daran erinnern, daß es gut und wert ist, damit das Produkt wieder gekauft wird.

Dieser entscheidende Wiederkaufsfaktor wird von Verpackungsdesignern oft vergessen. In den letzten Jahren gab es beispielsweise den Trend, Schachteln für Tissues mit herausreißbaren Mittelfeldern zu versehen, auf denen gleichzeitig der Name des Herstellers steht. Dies soll vermutlich den Kunden veranlassen, überall im Haus hübsche Schachteln herumstehen zu lassen. Regelmäßig tauchen Entwürfe für das Schlafzimmer und das Wohnzimmer auf. Designer setzen sogar Cartoonfiguren auf Schachteln für das Kinderzimmer. Wenn sie jedoch den Markennamen herausgerissen haben, können sich manche Verbraucher nicht mehr an das Fabrikat erinnern. Da es keine detaillierten Untersuchungen gibt, ist auf Seiten des Designers klares und manchmal abweichendes Denken erforderlich, um genau feststellen zu können, wie ein Produkt vom Käufer verwendet wird.

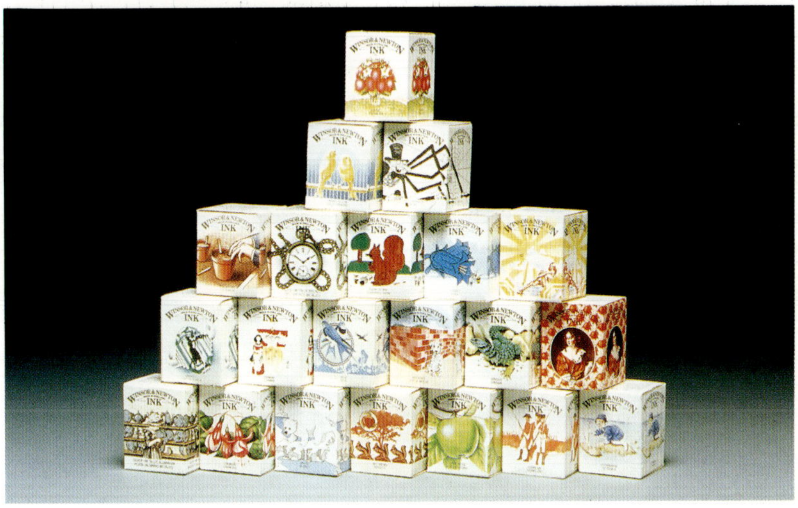

Das Verpacken einzelner Tuscheflaschen mag als Geldverschwendung erscheinen, aber diese attraktiven Entwürfe veranlaßten die Einzelhändler, diesem Sortiment mehr Platz auf dem Regal einzuräumen. Es sprach normale Verbraucher und professionelle Benutzer an. Das Design, entworfen von der Michael Peters Group, wurde schnell als eine Art Sammlerobjekt betrachtet, so daß Verbraucher oft den ganzen Satz haben wollten.

Grafikdesign

Wenn die Designkriterien für die beabsichtigte Schachtel festgestetzt wurden, macht sich der Designer Gedanken über das grafische Design der Packung. Dies sollte in einem frühen Stadium erfolgen, da es oft Auswirkungen auf die Art des Kartons und seine Oberflächenbeschaffenheit hat. Vierfarbfotografien brauchen beispielsweise eine andere Behandlung als Zweifarbfotografien oder einfarbige Linienzeichnungen. Eine wirkungsvolle Designlösung ist es, das Produkt selbst durch ein Fenster in der Pakkung zu zeigen. Die Sichtbarkeit des Produktes, besonders wenn es sehr wertvoll ist, kann der Verkaufsbotschaft besonderes Gewicht verleihen.

Nach dem Entwurf müssen technische Überlegungen angestellt werden. Es gibt umfassende Bedarfslisten, mit denen alle Schachtelhersteller gerne weiterhelfen; es gibt allerdings einige grundlegende Faktoren zu bedenken:

- Sind Vorrichtungen oder Unterteilungen notwendig, um das Produkt in der Schachtel an seinem Platz zu halten? Sollten diese Formen aus Schaumstoff oder -gummi bestehen? Sollte irgendeine Form der Polsterung vorhanden sein? Kann die Vorrichtung ein weiteres Kartonstück sein?
- Ist eine äußere Manschette, ein Karton oder ein Etikett erforderlich?
- Handelt es sich um ein jahreszeitliches Produkt?
- Gibt es mehr als ein Produkt in dem Sortiment? Wenn ja, muß der Entwurf für alle unterschiedlichen Größen anwendbar sein?
- Wie werden die Schachteln gefüllt und verschlossen?
- Wie werden die Produkte eingelagert?
- Wie werden die Packungen im Handel gezeigt? Können sie allein stehen oder brauchen sie einen Stützkarton?

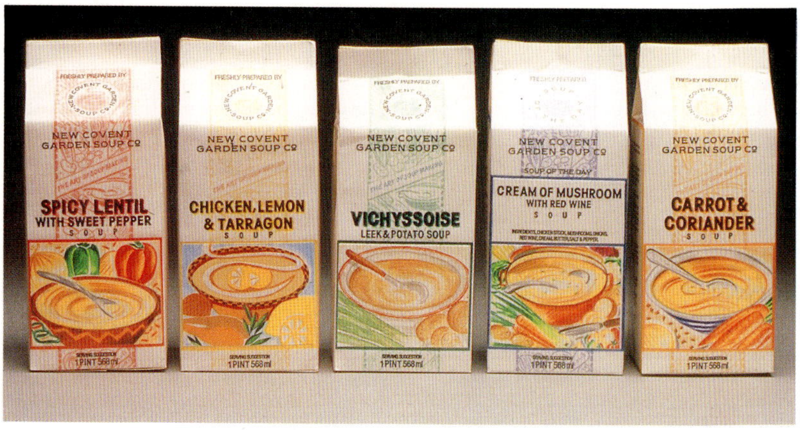

Die Beachtung dieser Aspekte des Verpackungsdesigns sollte dem Designer genug Informationen geben, um dem Kunden Vorschläge für den Entwurf zu machen. Die Vorschläge sollten auch die Art und Stärke oder das Greifzirkelmaß des gewählten Kartons umfassen und die Anzahl der Farben, die in dem Entwurf verwendet werden. Die Vorschläge sollten auch die Kosten in allen Einzelheiten aufführen und beispielsweise darlegen, wieviel die Vorbereitung von Positiven der Fotolithografien und das Probedrukken kostet. Es lohnt sich, zusätzliche Vorgänge, die möglicherweise notwendig werden, getrennt aufzuführen: Dazu zählen die Hochglanzlackierung, das Pressen oder Bronzieren von Metallfolien sowie das Prägen oder die Latexbeschichtung zum Schutz.

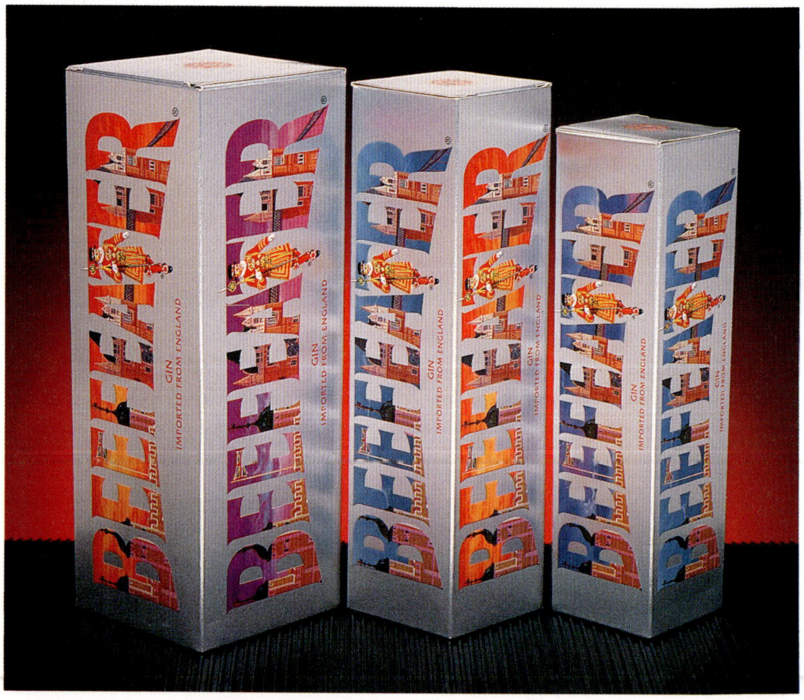

Diese frischen Suppen (oben), die von der New Covent Garden Soup Company hergestellt werden, sind in den herkömmlichen, giebelförmigen Kartons verpackt, deren Verwendung sonst auf andere frische Getränke wie Milch beschränkt bleibt.

Die Verpackung schwerer Glasflaschen für Spirituosen in Karton mit hellen Farben ist ein Marketingschritt, der eindeutig auf den Geschenkemarkt gerichtet ist. In dem Beispiel oben sind Buchstaben aus einem Bild ausgeschnitten, das die Beefeater vom Tower in London zeigt, nach denen der Gin genannt wird. (Design von Mittleman/Robinson)

Kartonsorten

Es ist für einen Kartonhersteller einfach unmöglich, jede Art von Karton vorrätig zu haben. Die meisten Kartonhersteller haben jedoch ein großes Sortiment auf Lager. Außerdem gibt es eine Reihe von Beschichtungen, die die Eigenschaften von Karton ändern können, zum Beispiel wasser- oder wachsabweisende Imprägnierungen. In den letzten Jahren bestand eine starke Nachfrage nach Folien als Dekorationsmittel, und Millionen von Kosmetikschachteln werden aus Karton hergestellt, der mit verschiedenen Folien laminiert wurde.

Jede Kartonart muß bestimmte grundlegende Bedingungen erfüllen. Die Außenfläche muß dafür geeignet sein, wenn sie im Offsetdruck bedruckt werden soll – die Farben müssen gut auf der Oberfläche haften oder sich ihr anpassen. Der Karton sollte auch für Klebstoff aufnahmefähig sein. Er muß sich außerdem auf schnellaufenden Klebemaschinen gut verarbeiten und verkleben lassen. Außerdem muß sich der Karton gut falten lassen, ohne rissig zu werden oder zu brechen, und er muß sich in die gewünschte Schachtelform auf automatischen Packungsmaschinen bringen lassen, ohne zusammenzufallen.

Mehrschichtige Kartons

Die mehrschichtigen Kartons, die als Duplex-Karton bekannt sind, werden aus Zellstoff mit einer gebleichten Packpapierbeschichtung hergestellt. Diese eignet sich gut zum Bedrucken mit kräftigen Farben und Halbtönen, was sie für Zigaretten-, Pharma- und verschiedenen Nahrungsmittelpackungen brauchbar macht. Fester weißer Karton wird aus gebleichtem Zellstoff hergestellt und ist durch und durch weiß. Er ist in beschichteter und unbeschichteter Form lieferbar und läßt sich gut bedrucken. Diese Art Karton wird im allgemeinen eingesetzt, um ein Image hoher Qualität zu erzeugen, beispielsweise bei Kosmetikverpackungen. Graupappe wird dagegen aus Zellstoff und Altpapier hergestellt. Diese Pappen haben eine graue Rückseite und eignen sich gut für Zeilendruck. Sie werden meistens für Wegwerfpackungen verwendet, für Fertiggerichte oder als Paßteile und Fächer in größeren Kartons.

Ausführung

Duplex- und feste weiße Kartons können so beschichtet werden, daß sie eine Oberfläche mit guten Eigenschaften erhalten. Dies macht sie schwerer, und die glattere Beschichtung ergibt nach der Grundierung einen höheren Glanz. Da das Verfahren teuer ist, werden diese Schachteln nur für sehr hochwertige Produkte wie Kosmetika und Schmuck verwendet. Für Packungen, die wirklich die Aufmerksamkeit auf sich ziehen wollen, versuchen Designer es mit folienbeschichteten Pappen. Das Laminieren kann jedoch sehr teuer sein, aber die Wirkung von mattem oder glänzendem Gold und Silber ist groß. Karton kann mit Kunststoffen laminiert oder mischextrudiert werden, damit er fett- oder ölabweisend wird. Diese Kartons werden für Nahrungsmittel und Wachs verwendet.

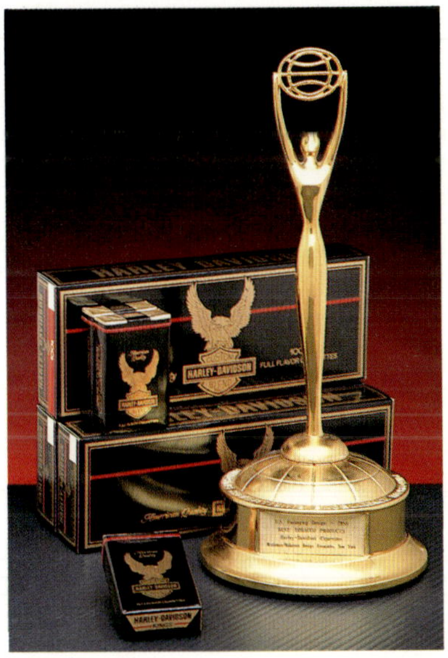

1988 gewann diese Verpackung für Zigaretten der Marke Harley Davidson (Design von Mittleman/Robinson) einen bedeutenden amerikanischen Preis für gutes Verpackungsdesign. Die Verbindung von Schwarz und Gold findet einen Kontrast in der feinen roten Linie.

Mit Karton läßt sich eine Reihe von Spezialeffekten erzielen – die teuersten sind wahrscheinlich das Pressen und Bronzieren. Beim Pressen preßt ein Messing- oder Kupferprägestempel Folie von einem Polyesterfilm unter hohem Druck und bei hoher Temperatur. Das gepreßte Bild kann flach oder geprägt sein, die Oberfläche matt oder glänzend.

Beim Bronzieren wird eine Spezialgrundierung auf einen bestimmten Teil des Kartons gebracht, auf den dann ein feines Metallpulver gestäubt wird, während der Karton die Bronziermaschine passiert.

Um der wachsenden Nachfrage nach Alternativen zu den teuren folierten Pappen und neuen Metallicfarben nachzukommen, wurden in den letzten Jahren verbesserte Standards für den Gravüredruck erreicht, die die Möglichkeiten des Offsetdrucks bei weitem übertreffen. Bei Nahrungsmittelschachteln vermeiden beispielsweise besondere Gravürefarben, die nicht riechen, daß Geruchsrückstände in die Nahrungsmittel eindringen. Dies war in der Vergangenheit besonders bei einigen Süßwarenverpackungen ein Problem.

Das beliebte Prägen von Buchstaben, Logos oder anderen Formen wird erreicht, indem der Karton zwischen Prägestöcke plaziert und dann Druck ausgeübt wird. Dieser Vorgang erfolgt gleichzeitig mit dem Schneiden und Falten. Immer häufiger sieht man auch lackierte Kartons, deren Oberfläche sehr unterschiedlich sein kann, von matt bis hochglänzend. Das Lackieren ist nützlich, wenn ein Karton unter anderem der Reibung, den Laugen und den tiefen Temperaturen in Tiefkühlgeräten widerstehen soll.

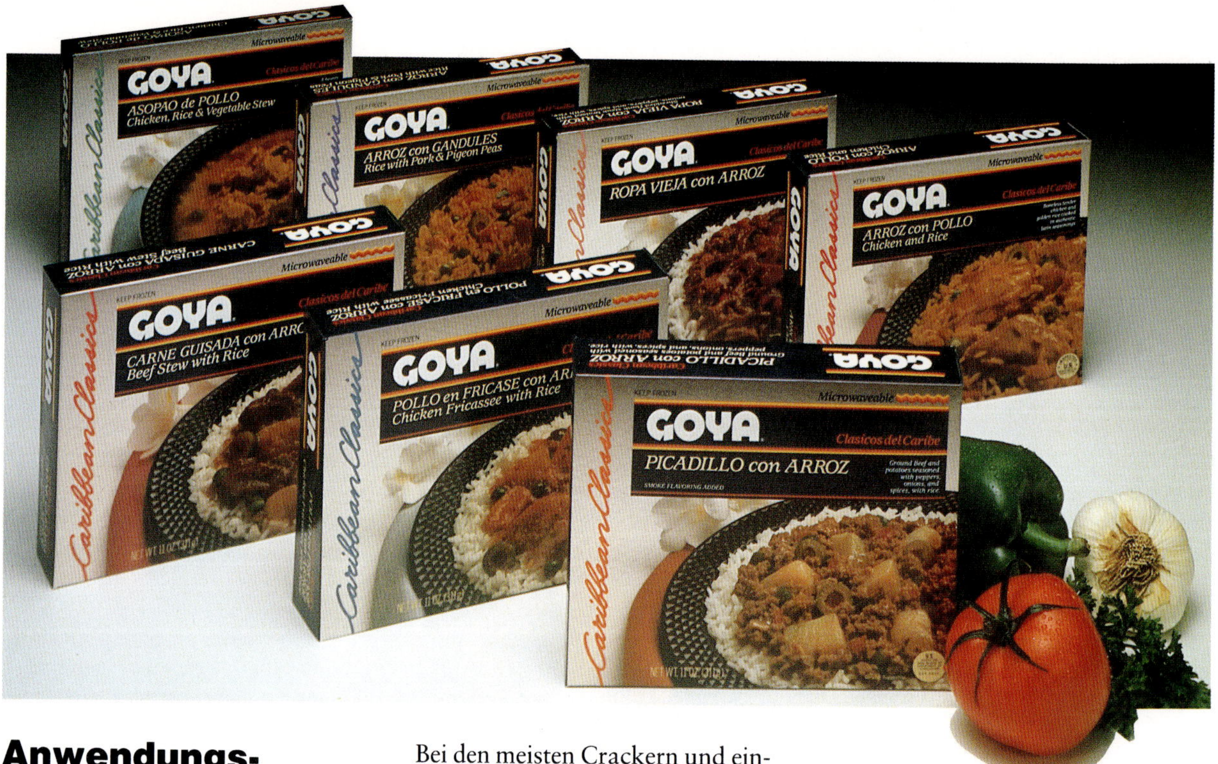

Der Markt für Fertiggerichte hat viele Jahre lang Pappkartons verwendet, weil diese das einzige Medium sind, mit dem Halbtonabbildungen reproduziert werden können, die den Verkauf des Produkts unterstützen. Mit den zunehmenden Verkäufen von Lebensmitteln für den Mikrowellenherd wird diese Verpackung ihre Stellung auf dem Markt halten. Aber der Wettbewerb beim Design nimmt zu. Die innovative Verwendung neuer Schrifttypen und Illustrationen, wie hier bei dem »Caribbean Classics« genannten Sortiment von Goya, wird weiter zunehmen.

Anwendungsbereiche

Beim guten Design gibt es einen deutlichen Trend hin zum metallisierten, laminierten und geprägten Karton, beispielsweise bei der Verpackung der Schokoladenmarke Biarritz des britischen Unternehmens Cadbury und der Schokoladenpyramidenprodukte von Terry's of York. Es gibt viele kleinere Papier- und Kartonhersteller, die ebenfalls mit hochwertigen Produktdesigns Erfolg haben. Die Hersteller von Frühstücksflocken nutzen das Interesse der Verbraucher an Gesundheit und Ernährung: Teure Getreideflocken mit hohem Ballaststoffanteil sind beliebt. Der amerikanische und britische Marktführer Kellogg vertraut z. B. immer noch stark auf Packungen, bei denen eine Tüte in der Schachtel enthalten ist. Eine zunehmende Zahl von kleineren Marken und Handelsmarken (Eigenmarken) verwendet flexible Packungen ohne Außenbehälter.

Obwohl Kekse noch immer in flexiblen Filmen verpackt werden, in zunehmendem Maße PP-O, gibt es im Bereich der teuren Produkte eine interessante Tendenz zurück zu einer Außenverpackung aus Karton. Diese wird mit bis zu sechs Farben bedruckt, was den Trend hin zu Qualitätsprodukten selbst im Bereich der Eigenmarken hervorhebt.

Bei den meisten Crackern und einfachen Keksen, einem wichtigen Sektor auf dem britischen Keksmarkt, wird noch immer eine gewellte Innenpackung verwendet, um die zerbrechlichen Kekse zu schützen.

Tiefkühlkost

Neue Tiefkühlkost- und Eisprodukte werden noch immer auf den Markt gebracht, wodurch sich die Größe des Marktes jedes Jahr um etwa 5 Prozent vergrößert. Dabei werden Kunststoffbehälter immer stärker für Großeinkäufe verwendet. Schachteln werden dagegen für raffinierte Fertiggerichte wie Currygerichte und anderes Essen in Soße bevorzugt. Wichtige britische Lieferanten für Verpackungen in diesem Bereich sind Field Packaging, DRG, Taylowe, Metal Box und Robinsons and Sons.

Ofenfeste Schalen

Ein immer wichtigerer Bereich für moderne Designer ist der Markt für Fertiggerichte, für die ofenfeste Pappschalen erforderlich sind. Europas »Mikrowellenbevölkerung« ist inzwischen fast so groß wie die der USA und ist mit Sicherheit groß genug, so daß die Massenproduktion dieser neuen Verpackungsformen Absatz findet. Eine wichtige technologische Entwicklung war hier die Einführung sogenannter dielektrischer (nichtleitender) Pappen. Sie bestehen aus metallisierten Filmen, die mit Pappe laminiert sind. Sie beschleunigen den Bräunungsvorgang bestimmter Fleischsorten in Mikrowellengeräten, wodurch der Einsatz der Mikrowelle für den Verbraucher noch interessanter wird.

Eine weitere Neuerung auf diesem Gebiet war Diotite von Metal Box. Dieses ofenfeste Schalensystem verwendet polyesterbeschichtete Pappformstücke für die Verpackung von besonderen Fleischstücken im Fertignahrungssektor. Die kanadische Gruppe Lawson-Mardon und Reedpack's Field Packaging haben ähnliche Systeme, und fünf wichtige Kunden wurden schnell an sie gebunden: Dalepak, McCains, Imperial Bakeries, Moray Seafoods und Coop.

Spiralenförmig gewundene Behälter

Eine Verpackungsform, die seit ihrer Wiedergeburt vor einigen Jahren etwas Erfolg hatte, ist der spiralenförmig gewundene Pappbehälter, der häufig als Innenröhre bei Produkten wie Toilettenpapier, Küchentücher und Folien eingesetzt wird. Jetzt findet man sie auch als eigenständige Behälter, oft mit einem Überzug aus Aluminium im Innern. John Waddingtons Ultrakan ist vielleicht der Bekannteste in Europa, obwohl zwei andere Erzeugnisse – Akerlund & Rausings Cekacan und Bonars Canshield – ebenfalls fest etabliert sind. Europa Can hat eine Lizenz für Cekacan in Westdeutschland. Ultrakans größten Erfolg gab es im Bereich der Joghurtverpackungen, was die Verwendbarkeit des Mediums als Behälter sowohl für Flüssigkeiten als auch für trockene Produkte zeigt. Cekacans erster Vertrag hatte ein Milchpulverprodukt von St. Ivel zum Gegenstand.

Getränkepackungen

Einer der ständig innovativen Designbereiche bei den Papier- und Pappverpackungen sind Getränkekartons. Der Fruchtsaftmarkt ist ein weiterer Nutznießer der neuen Trends bei gesunder Ernährung. Die 1 l-Packungen von Unternehmen wie den skandinavischen Firmen Tetra Pak und Elopak haben zusammen mit dem britisch-deutschen Gemeinschaftsunternehmen Bowater PKL das bei weitem größte Verkaufsvolumen. Aber die 250 ml-Einzelpackung erreicht dieses in manchen Bereichen fast. Bowaters PKL hat auch eine 2 l-Packung für reine Fruchtsäfte eingeführt; ob diese vom Einzelhändler in großem Umfang angenommen wird, bleibt abzuwarten. Eine interessante Entwicklung bei der Packung ist ein Ausschnitt, der als Luftloch dient, so daß das Gießen leichter wird.

Frischmilch und Joghurtprodukte fordern Designer auch weiterhin stark heraus, besonders bei den Excello- und Elopak-Giebelkartons. Einer der ersten Milchkartons wurde in den dreißiger Jahren von dem deutschen Unternehmen PKL entworfen. Aber die vielleicht interessantesten Entwicklungen sind bei aseptischen, langlebigen Kartons zu erwarten, die die Kartonverpackung von Flüssigkeiten mit Stückchen oder Partikeln ermöglicht hat, beispielsweise von Suppe, die bisher ein Dosenprodukt war.

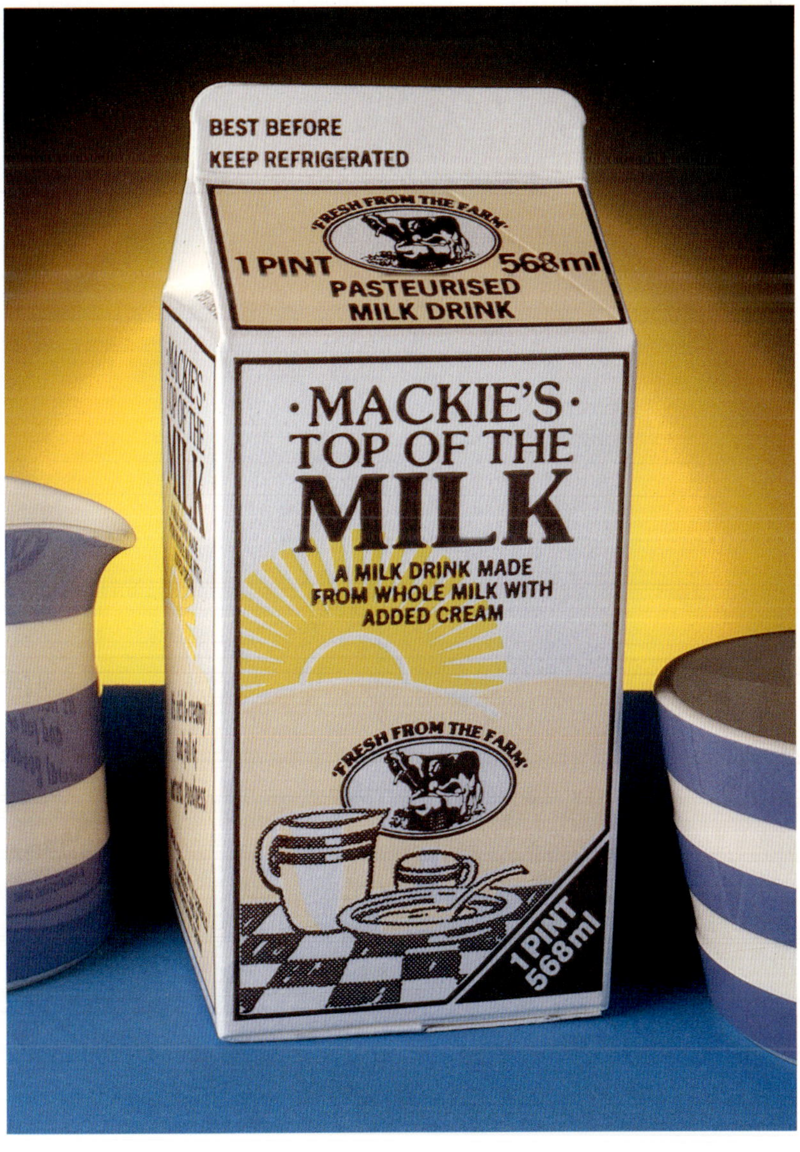

Der herkömmliche giebelförmige Karton von Elopak, der in den USA in Lizenz von Ex-Cell-O hergestellt wird, wird in Europa für den größten Teil der Frischmilch und Säfte eingesetzt. Der Karton ist relativ teuer in der Produktion, aber seine Benutzerfreundlichkeit ist wichtiger als die Herstellungskosten. Das Bedrucken ist normalerweise auf einfache Strichzeichnungen und zwei oder drei Grundfarben beschränkt, wie auf dieser Verpackung der Mackie-Molkerei zu sehen ist.

Aseptische Verpackung

Die Bezeichnung »aseptische Verpackung« bezieht sich auf die Bedingungen, unter denen das Produkt verpackt wurde, d. h. die unabhängige Sterilisation des Produktes und der Verpackung, gefolgt vom Füll- und Versiegelungsvorgang. Das Produkt – eine Suppe oder ein Joghurt zum Beispiel – wird normalerweise durch eines der vielen Kurzzeit-Hochtemperaturverfahren sterilisiert. Bei Milch- und Molkereiprodukten ist dies meistens die Ultrahocherhitzung, aber für Säfte sind niedrigere Temperaturen besser. Die Packung selbst wird getrennt sterilisiert; manchmal wird sie auf niedriger Stufe einer radioaktiven Bestrahlung ausgesetzt, aber häufiger verwendet man Dampf oder das Bleichmittel Wasserstoffsuperoxid.

Das oberste Ziel bei der aseptischen Verpackung ist, ein Verderben des Nahrungsmittels oder Getränks durch Mikroorganismen zu verhindern. Ein zusätzlicher Nutzen ist, daß der Geschmack erhalten bleibt. Produkte in Kartons schmecken wohl besser als Produkte in Dosen, die für eine längere Haltbarkeit hergestellt werden. Neben einer – aus der Sicht des Verbrauchers – »besseren« Behandlung des Inhalts ergeben sich aus der aseptischen Verpackung auch Vorteile für den Hersteller. Die Packungshersteller behaupten, daß bei den Frachtkosten mancher Einzelhändler Ersparnisse bis zu 75% erreicht werden. Außerdem müssen die Packungen nicht ins Kühlregal, was Energiekosten spart. Die rechteckige Form spart außerdem teuren Regalraum und bietet eine große, leicht zu bedrukkende Vorderseite für gelungene Grafiken.

Maggi (rechts) hat eine Suppe mit Croutons eingeführt und dabei das Problem der Verpackung dicker Flüssigkeiten, die Stückchen enthalten, bewältigt. Das deutsche Studio Kreuser hat ein Design mit hellen, frischen Farben und Fotografien der servierfertigen Suppen ausgearbeitet.

Verpackung von Flüssigkeiten

1985 kam von Bowater-PKL die möglicherweise im Bereich der Kartonverpackung bisher wichtigste Ankündigung: Suppen mit festen Bestandteilen wurden in der Combicloc-Packung für das Crosse and Blackwell-Suppensortiment Four Seasons auf den Markt gebracht. Der schnelle Kochprozeß ermöglichte es dem Nestlé-Tochterunternehmen delikate Suppen zu entwikkeln, die Einlagen und Stücke bis zu 25 mm² enthalten. Der Einsatz neuer Materialien – Karton, der mit Kunststoff und/oder Folie laminiert ist (siehe Kapitel 2.3) – machte die Packung zur Konkurrenz für die Metalldose als Konserve. Marktuntersuchungen hatten gezeigt, daß die Packung dem Verbraucher wahrscheinlich gefällt, und daß die Lieferanten ohne große Schwierigkeiten einen höheren Preis fordern können. Die 400 ml-Pakkungen wurden im Rotagravüre-Verfahren bedruckt, um den Eindruck von Qualität zu vermitteln. Das Regalleben des Produktes wird auf einen Zeitraum zwischen neun und 12 Monaten eingeschätzt.

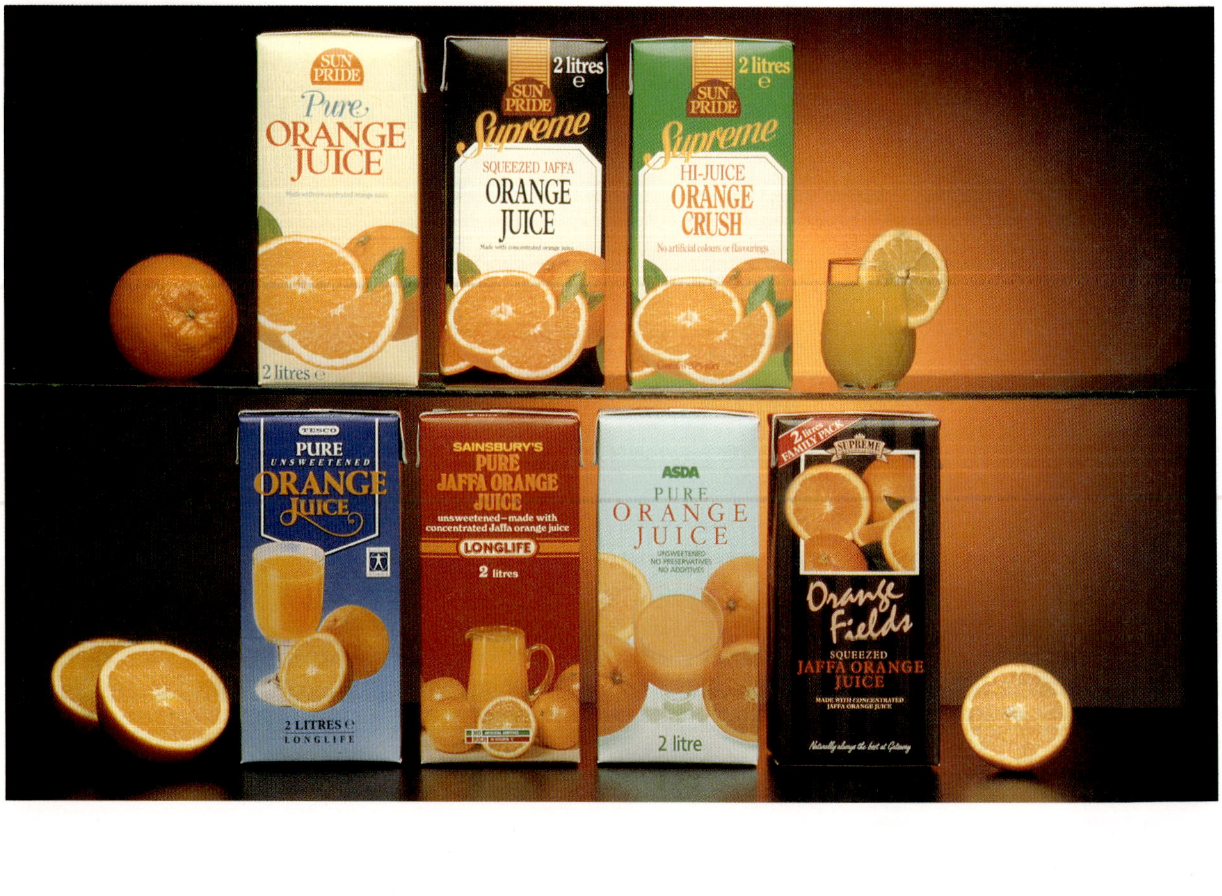

Diese Kartons (unten) der englisch-deutschen Gesellschaft Bowater PKL und ähnliche Kartons des skandinavischen Unternehmens Tetra-Pak werden am häufigsten für ultrahocherhitzte Flüssigkeiten wie Fruchtsäfte und Suppen verwendet. Sie müssen nicht gekühlt werden und bieten eine lange Haltbarkeit des Inhalts.

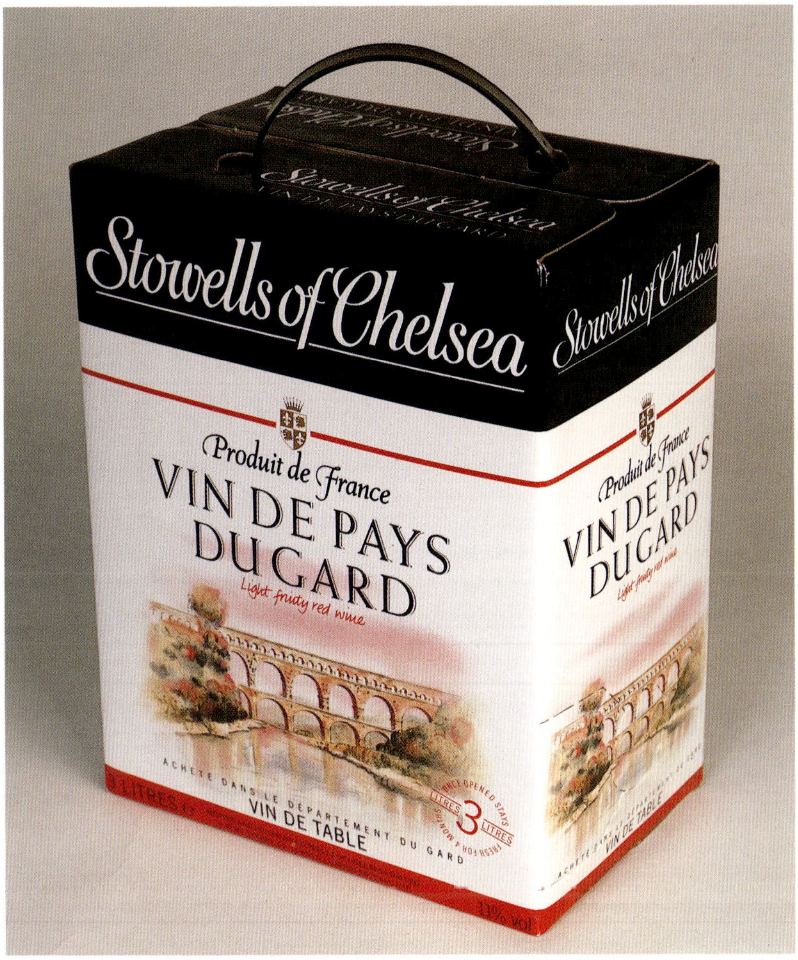

Die besten Entwicklungsmöglichkeiten unter den gegenwärtigen Flüssigkeitsbehältern aus Pappe haben vielleicht die Kartons, die einen Schlauch enthalten. Die Eigenschaften dieser Verpackungen werden auf den Märkten für Wein und Sirup geschätzt, aber in anderen Bereichen sind ihre Verwendungsmöglichkeiten beschränkt. Diese Verpackung von Stowell's of Chelsea zeigt, wie wirksam eine große, rechteckige Packung für die Verkaufsförderung mit einem traditionellen Wein-Image, verbunden mit niedrigen Kosten, eingesetzt werden kann.

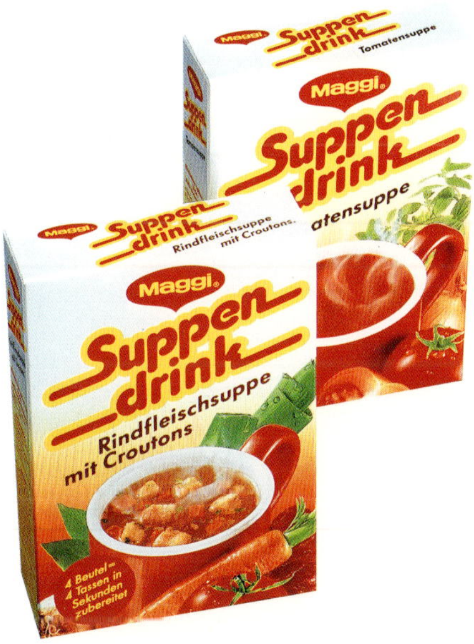

Die Abfüllbarkeit dieser Suppen hat es Nestlé ermöglicht, das neuentworfene Maggi-Suppensortiment in Europa in Kartons auf den Markt zu bringen. Ein weiteres Beispiel einer sehr zähflüssigen Suppe, die ganze Stücke enthält, ist Parmalats Pais-Sortiment, das in Spanien und Italien verkauft wird und für das die Combicloc-Packung verwendet wird.

Obwohl Bowater-PKL eines der fortschrittlichsten Unternehmen im Bereich dieser Verpackung ist, ist es nicht das einzige Unternehmen auf dem Markt. Metal Box und das skandinavische Unternehmen Elopak arbeiten an Odin, einem Gemeinschaftsunternehmen, das die Partikulattechnologie voranbringen will. Das Forschungsprogramm ist lang und detailliert, aber die Unternehmen erwarten, daß sie mit ihren Produkten erst Mitte der neunziger Jahre auf den Regalen erscheinen werden.

Kartons mit Schläuchen

Einer der wichtigsten Aspekte des wachsenden Weinmarktes weltweit, besonders für Einzelhändler und Großhändler, war die Entwicklung neuer Verpackungsformen. Seit Beginn der achtziger Jahre haben drei Hauptverpackungsarten die Glasflaschen aus den Supermarktregalen verdrängt: die 1 l-Packung, die bereits besprochen wurde, die Getränkedose (siehe Kapitel 3.4) und der 3 l-Schlauch im Karton oder Faß. Die Zahl der Weinkartons, die verkauft werden, wächst jedes Jahr um etwa 25 Prozent und scheint besonders in Großbritannien erfolgreich zu sein. Auf dem deutschen Markt wird offensichtlich noch die traditionelle Glasflasche bevorzugt. Es gibt Widerstand gegen den Versuch deutscher Designer und Hersteller, das Faß durchzusetzen.

Wein ist jedoch nicht die einzige Flüssigkeit, für die der Schlauch im Karton in Frage kommt. Der in Australien entworfene Beutel aus Kunststoff und Folie, der bestrahlt wird, um ihn aseptisch und infektionsfrei zu machen, macht die Verpackung zusammen mit einer Auswahl an Ventil- oder Zapfhahnsystemen zu einem idealen Behälter für empfindliche Flüssigkeiten wie Blutserumprodukte in Krankenhäusern.

Dieser spezielle Behälter ragt jedoch als Wein und manchmal als Bier- oder Apfelweinverpackung heraus. Zu den Marktführern im Bereich der Weinverpackungen in Großbritannien gehören Stowell's aus Chelsea und Colman's aus Norwich. Beide Unternehmen setzen Grafiken ein, um die relative Neuheit des Kartons als Weinverpackung zu verbergen. Die Entwürfe vermitteln einen Eindruck von Qualität und Natürlichkeit.

Qualität

Es gibt jedoch Fragen in bezug auf die Qualität des Weinkartons als Behälter. In einer Untersuchung, die von der britischen Verbraucherorganisation durchgeführt wurde, dem Herausgeber der renommierten Zeitschrift *Which?*, wurden 29 Weinkartons aus der ganzen Welt geöffnet und eine Woche später im Geschmack untersucht. Nur neun Kartons waren »gut«, drei waren »erträglich«, einer war »ungenießbar« und fünf waren sehr schlecht. Für Designer, die den Weinkarton als Qualitätsbehälter in Betracht ziehen, ist der Schluß der Testjury wichtig, daß derartige Packungen den Geschmack des Weins über einen Zeitraum von mehreren Tagen auf jeden Fall beeinflussen.

Es ist sicherlich nötig, das Image von Schlauchverpackungen in Kartons bei Weintrinkern und Einzelhändlern zu verbessern. Hier kann der Designer helfen. Bessere Schlauchmaterialien steigern die Produktqualität, führen zu niedrigeren Kosten oder erschließen neue Anwendungsbereiche. Außerdem könnte der Entwurf neuer Hähne, Tüllen und Verschlüsse die Haltbarkeit verlängern und die Packung für den Verbraucher noch praktischer machen.

Sekundärverpackung

Eine aufregende Entwicklung für Verpackungsdesigner ist das steigende Interesse an der bisher zweckmäßig gestalteten Sekundärverpackung – der allgegenwärtige braune Kasten – als Marketingmedium, indem vorgedruckte Pappen für den Transport verwendet werden. Heute wird fast ein Fünftel aller Wellpappenbehälter in Westeuropa mit mehr als zwei Farben bedruckt. Der Anteil steigt jedes Jahr. Der Anteil ist in den USA wahrscheinlich noch höher, aber die Statistiken lassen sich nur schwer vergleichen. Die wichtigsten Druckverfahren sind die Litho-Lamination und der Vordruck mit anspruchsvollen Vier- und Sechsfarbarbeiten, während der Flexodruck für den Hauptanteil der Entwürfe in diesem Stadium auszureichen scheint.

Der Grund für die Abkehr vom braunen Karton ist die Erkenntnis der Einzelhändler, daß die Präsentation der Produkte im Regal große Bedeutung für das Image hat, und die Entwicklung der Transportverpackung zu einer Primärverpackung mit Verkaufspotential. Je besser die Qualität der Packung ist, desto größer ist die wahrgenommene Qualität. Das Ergebnis ist größerer Profit.

Die Anforderungen im Export haben ebenfalls bei neuen Ansprüchen an die Grafik eine Schlüsselrolle gespielt. Amerikanische Vertreter geben beispielsweise schottischen Whiskybrennereien klar zu verstehen, wie wichtig die Außenverpackung ist. Die Technik kann teuer sein, aber sie ist günstig im Vergleich zu den Kosten von etikettierten Kästen.

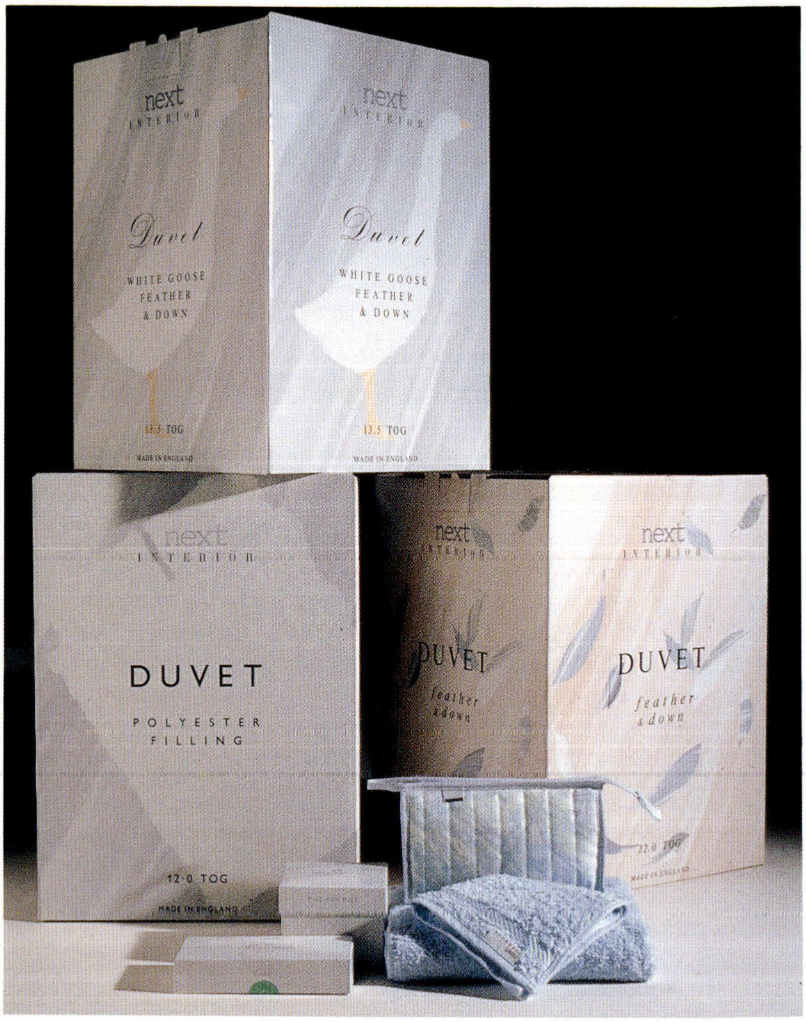

Der braune Karton ist nicht mehr fester Bestandteil des Einkaufens. An seine Stelle sind farbige, litholaminierte Pappbehälter getreten, wie diese Bettzeugverpackungen der britischen Einzelhandelskette Next, die von David Davies Associates entworfen wurden. Sie bieten bessere Möglichkeiten der Verkaufsförderung. Außerdem lassen sich diese Verpackungen vom Handler besser lagern und verteilen und vom Käufer besser mit nach Hause nehmen.

Anwendungsbereiche

Für das Bedrucken kommen Produkte in Frage, für die bereits weiße oder tonbeschichtete Pappen verwendet werden, und Kästen, bei denen der Inhalt durch Etiketten definiert wird. Designer sollten die Wirkung durch das Bedrucken von Kartons nicht unterschätzen. Hersteller von Küchengeräten wie Braun und Kenwood haben sich beim Druck auf ein attraktives, vierfarbiges Design umgestellt. Der Karton ist lackiert, zeigt die Geräte und trägt Gebrauchsanweisungen.

Kästen aus fester Pappe

Obwohl die Hersteller von Kästen aus festen Holzfaserplatten in den letzten Jahren einen Rückgang erlebt haben, halten die Manager in der Verpackungsindustrie daran fest, daß sich das Gefälle ausgeglichen hat und daß ihr Absatz dank der aufregenden neuen Packungsentwürfe möglicherweise wieder zunehmen wird. Dies trifft besonders für die Frischnahrungsmittelindustrie zu, wo feste Kästen bei der Verpackung von Tiefkühlkost vorherrschen. Das Material ist auch bei Waschmittelverpackungen weitverbreitet, obwohl der Erfolg der neuen Flaschen aus Kunststoff für Produkte wie Wisk aus dem Unternehmen Lever Brothers eine starke Konkurrenz darstellen.

Anfang der siebziger Jahre gab es für den Zustand der Verpackungsszene kein besseres Barometer als die Entwürfe von Verpackungen aus festen Faserstoffplatten und deren Markt. Der Markt nahm Mitte bis Ende der siebziger Jahre zu, als die Anwendungen im Gartenbereich wuchsen. Hier wurden gute Designerfolge erreicht, indem feste Platten zusammen mit Polyethylenfutter verwendet wurden, um die Wasserfestigkeit zu gewährleisten. Ein weiterer wichtiger Wachstumsfaktor war der blühende Supermarkthandel mit vakuumverpackten, entbeinten Fleichstücken und Geflügel und die größere Nachfrage nach Eiern. Heute wird jedoch ein Großteil der Geflügelprodukte in Schalen aus Polystyrol abgepackt.

Schlußfolgerungen

Insgesamt betrachtet bleibt Pappe eines der flexibelsten Verpackungsmaterialien, die je entwickelt wurden. Die unübertroffene Bedruckbarkeit der Oberfläche ermöglicht es, daß litholaminierte Wellpappekartons beispielsweise Fünf- und Sechsfarb-Halbtonillustrationen der höchsten Qualität haben können. Durch die Beständigkeit und durch das gute Verhältnis von Steifheit und Kosten ist es ein technisch hervorragendes Material. Und – was im letzten Jahrzehnt des zwanzigsten Jahrhunderts von immer größerer Bedeutung ist – es läßt sich völlig wiederverwerten.

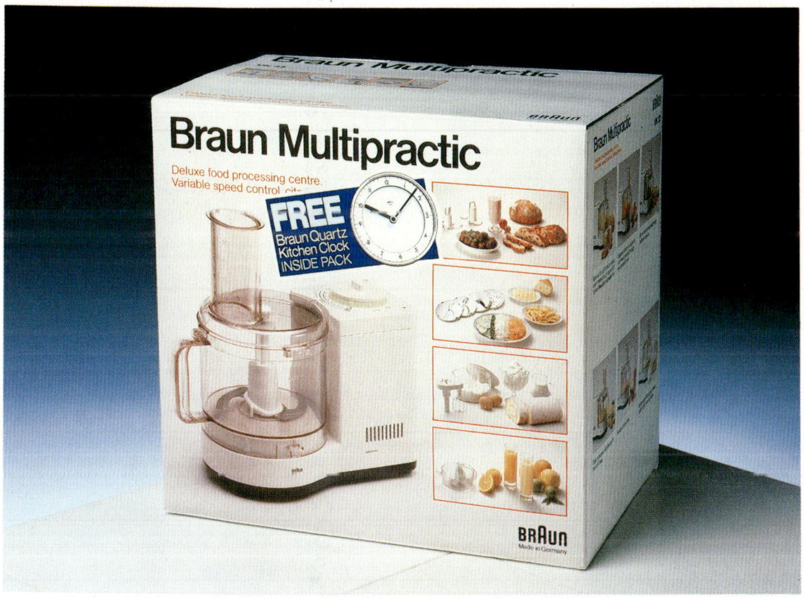

Einer der Marktführer im Bereich der Küchengeräte, die Firma Braun, hat sich dazu entschlossen, hochwertige Reprografiken auf vorbedruckten Kartons zu verwenden. Die Groteskschrift und die Bildfolge wurden bald zum Stil des Hauses. In der Verpackung dienen unbehandelte Pappwände dazu, die Geräte zu halten und beim Transport zu schützen.

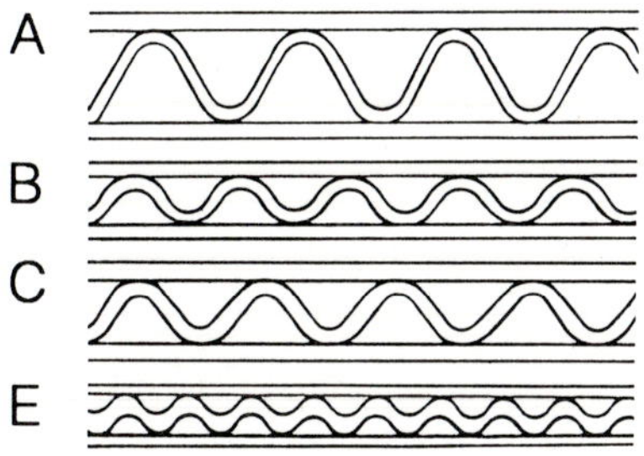

Wellpappe ist deutlich stabiler als normale Pappe. Über die Jahre hinweg haben sich die Designer auf die Standardisierung der verschiedenen Wellpappen, die man herstellen kann, geeinigt. Die Hauptarten der Wellpappe, die heute Verwendung finden, sind die sogenannten A-, B-, C- und E-Rippen (A-, B-, C-, E-flute), wie sie in dieser doppelwandigen Wellpappe gezeigt werden. Sie haben 36, 51, 42 bzw. 96 Rippen auf etwa 30 cm. Pappen mit drei Wänden können auch hergestellt werden.

Fallstudie: DearFoam

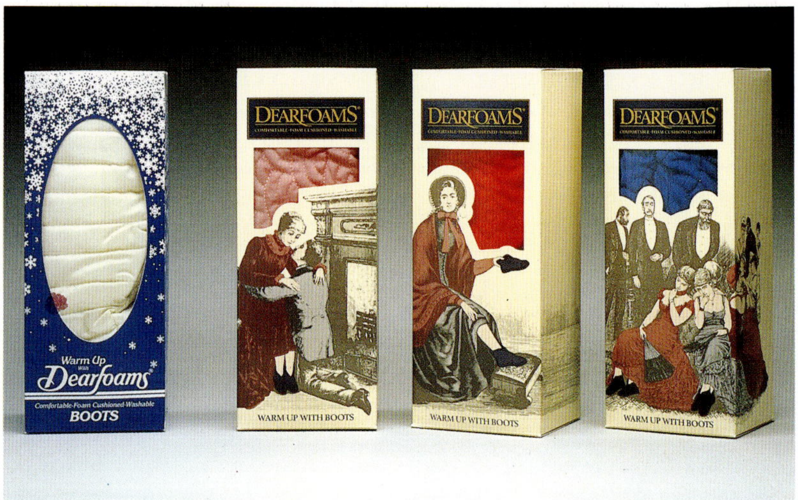

Schachteln oder Kartons sind eine der ältesten Verpackungsformen; außerhalb der modernen Verpackungsbereiche für Nahrungsmittel und Pharmazeutika werden sie offenbar für herkömmliche Produkte wie Schuhe oder Heimwerkerbedarf benutzt. Dies macht sie zu einer der schwierigsten Verpackungsmedien, um sie auf verschiedene und interessante Art zu benutzen.

Die amerikanische Agentur Peterson & Blyth entwickelte die Nostalgieidee als Hauptthema der Produktverpackung für pelzbesetzte, leichte Hausschuhe der Firma DearFoam, die Marke der meistverkauften Slipper in den USA. Sie wollte alte Radierungen oder Gravuren auf einem ebenen, lederfarbenen Hintergrund farbig abbilden. Die Designer übertrafen sich und gaben dem Dargestellten einen fröhlichen Anstrich, was die Verpackung von einem einfachen Geschenk oder einer funktionellen Verpackung abhob; sie sprach für sich selbst. Peterson & Blyth änderten die Illustrationen geringfügig, steckten die Slipper von DearFoam in die Verpackung und brachten den Humor kraftvoll und einprägsam zum Ausdruck.

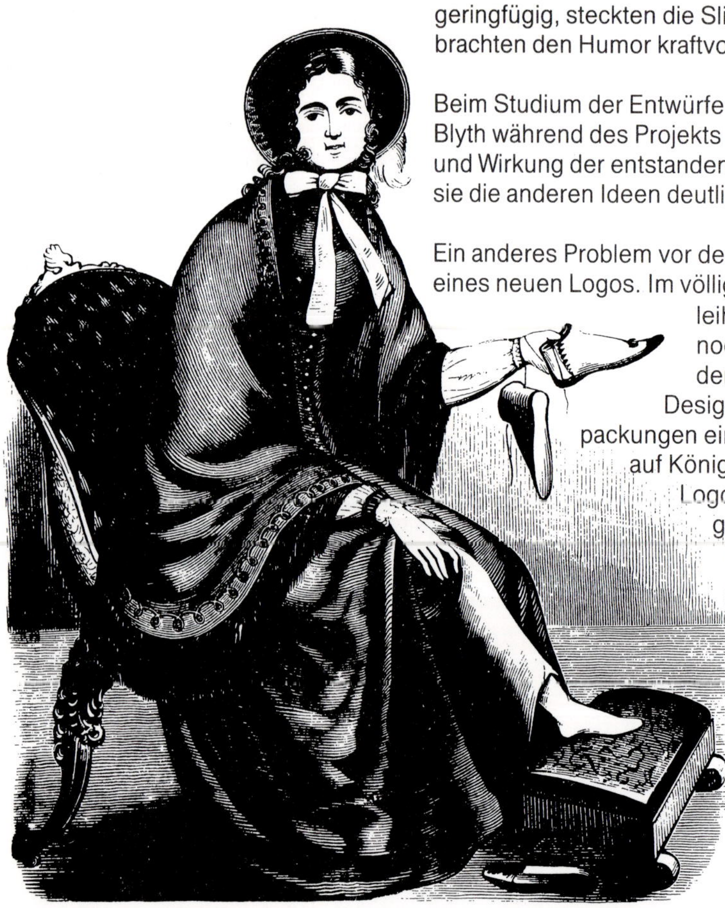

Beim Studium der Entwürfe und Ideen, die die Designer von Peterson & Blyth während des Projekts prüften und verwarfen, kann man die Klarheit und Wirkung der entstandenen Verpackungen sehen und erkennen, daß sie die anderen Ideen deutlich übertreffen.

Ein anderes Problem vor dem die Designer standen, war die Einführung eines neuen Logos. Im völligen Kontrast zur alten, fließenden Schrift verleiht das jetzt strengere Symbol mit kräftigen, dennoch feinen Haarstrich-Buchstaben dem Produkt den Anschein einer höheren Qualität, der beim alten Design fehlte. Metallic-Gold auf Ultramarin gibt den Verpackungen eine Wirkung, die mit der alten Beschriftung – Weiß auf Königsblau – nicht erreicht wurde. Das erfolgreiche Logo wurde aus einer Reihe ähnlicher Entwürfe ausgewählt; aber die Schlichtheit der Wahl steht außer Frage. Seltsamerweise zeigt ein Vergleich der alten mit der neuen Verpackung deutlich, wie altmodisch die vorhergehende war. Die neuen Verpackungen sind hell, modisch und, noch wichtiger, die Farben und Abbildungen wirken warm.

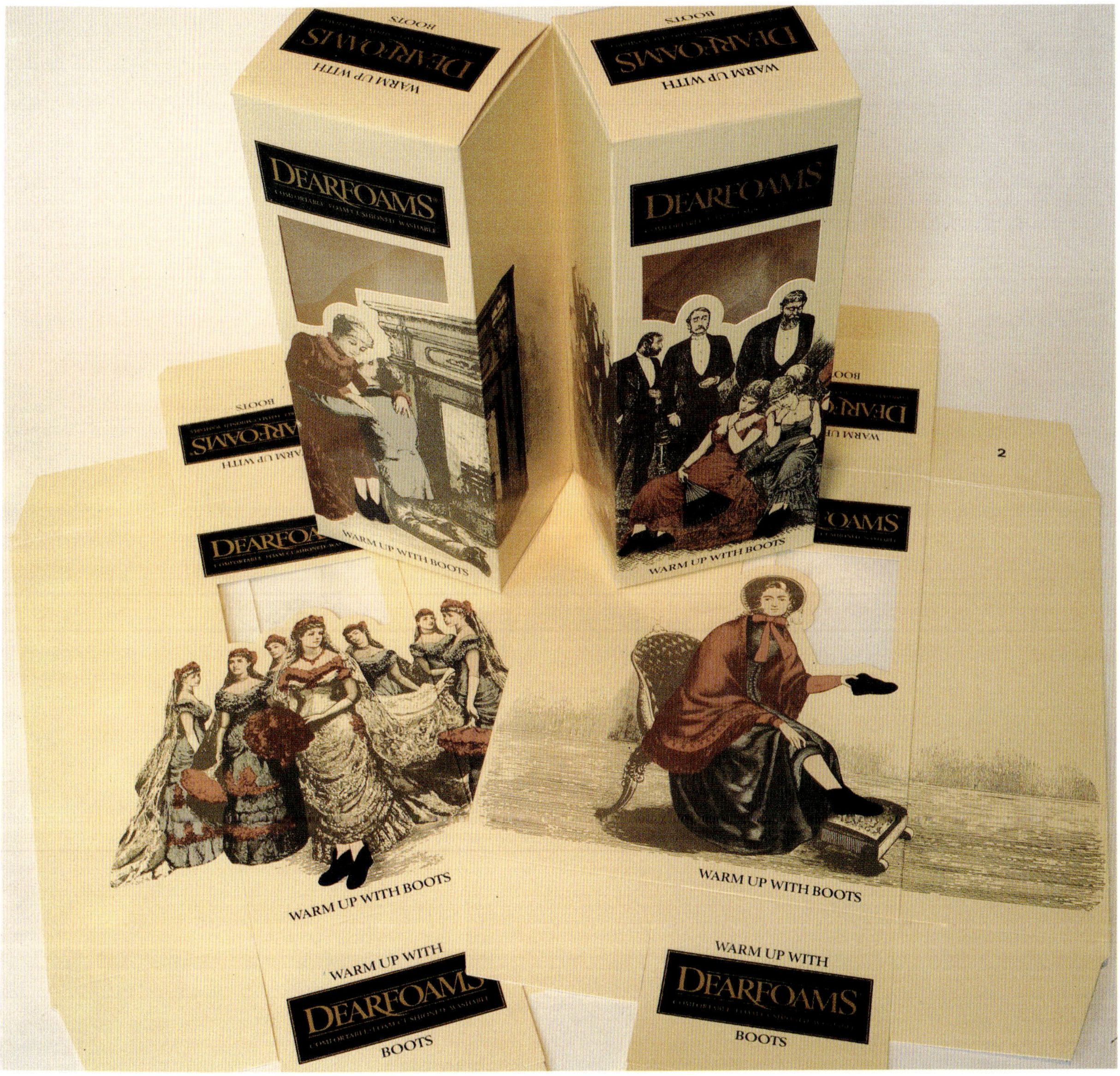

Den fertigen Artikel, flach verpackt, zeigt das Fenster, durch das der Käufer die Foam-Slipper sehen und fühlen kann.

DEARFOAMS
COMFORTABLE · FOAM CUSHIONED · WASHABLE

Rechts: Das neue Loge von DearFoam: einfach, treffend und einprägsam.

Links oben: Ein Vergleich des alten und neuen Designs zeigt, vielleicht überraschend, wie modern die neuen Entwürfe sind; ausgefallene, aber angemessene Farben auf stilvollen Grafiken, geschmackvoll wiedergegeben.

Links unten: einer der Originalstiche vor dem Retuschieren

3.2 Kunststoffbehälter

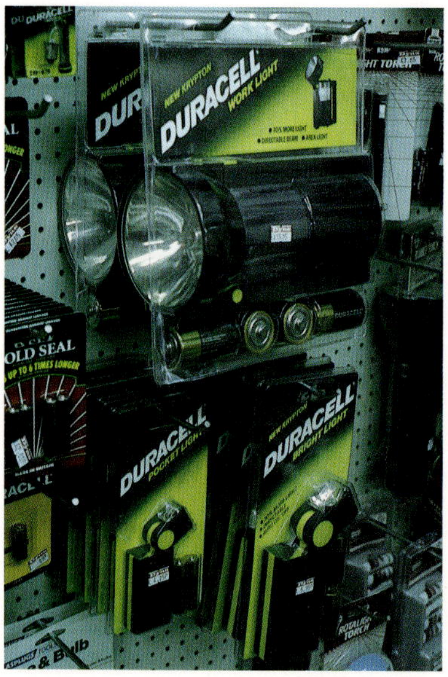

Die Geschichte der Kunststoffe ist eng mit dem Billiardspiel verknüpft. Ein amerikanischer Hersteller von Billiardkugeln bot während des amerikanischen Bürgerkrieges eine Belohnung in Höhe von 10 000 Dollar für einen Elfenbeinersatz an, weil es in Amerika einen Engpaß bei Elfenbein gab. Ein New Yorker Ingenieur, John Wesley Hyatt, hörte zusammen mit seinem Bruder Isaiah Smith Hyatt von dem Angebot und experimentierte einige Jahre lang mit der Reaktion von Campher auf Kollodiumwolle, ein Material, das sich bildet, wenn man Salpetersäure auf Baumwolle gießt. Das Material, das dabei entstand, ließ sich nicht in Formen gießen, aber es konnte wie Elfenbein geschnitzt und geformt werden. Isaiah nannte das Material »Zelluloid«, und bald gründeten die Brüder Hyatt ein erfolgreiches Unternehmen in Albany, um Billiardkugeln herzustellen.

Kunststoffe haben die Welt der Verpackung auf den Kopf gestellt; sie bieten Formen und Funktionen, von denen Designer früher nur träumen konnten. Dieses Schalen-Design von Innovations in Packaging für Taschenlampen von Duracell wurde schnell ein Klassiker.

Während der folgenden Jahrzehnte wurde eine Reihe von Kunststoffen entwickelt, einschließlich Bakelit, Zelluloseacetat und – im Jahr 1935 – das Arbeitspferd des Verpackungsdesigners, der mit Kunststoff arbeitet, Polyethylen, das in England von ICI entwickelt wurde. Das Material wurde mit neuen Techniken des Blasformens angewendet, die kurz vor dem Zweiten Weltkrieg entwickelt worden waren. Es erwies sich bei der Blasformung von Flaschen als nützlich. Nach vielen Untersuchungen und Entwicklungen wurde 1947 eine elastische Flasche für das Deodorant Stopette eingeführt.

Die Verwendung von Kunststoffbehältern heute

Für viele Verpackungsdesigner ist heute die erste Frage bei der Wahl eines Verpackungsmaterials, ob sie Kunststoff verwenden sollen oder nicht. Es werden inzwischen mehr Kunststoffe als jedes andere Material bei der Verpackung eingesetzt. Behälter aus Kunststoff sind extrem leicht und können in vielen verschiedenen Farben und in vielen komplizierten Formen angeboten werden. In letzter Zeit haben Designer auch eine Reihe verschiedenartiger Oberflächen entwickelt, um der Herausforderung der Glashersteller entgegenzutreten, daß Kunststoffpackungen nie ein Qualitätsimage haben können.

Ein weiterer Vorteil von Kunststoffverpackungen ist, daß man sie zusammendrücken und so das Produkt aus der Verpackung drücken

Die Möglichkeit, Kunststoffbehältern fast jede denkbare Form zu geben, hat zur Entwicklung innovativer Produkte geführt, die es sonst nicht gäbe. Ein gutes Beispiel ist die angewinkelte Spritzflasche für WC-Reiniger, die durch die Marke »Toilet Duck« berühmt wurde. Hier ist eine der vielen Varianten zu sehen. Die Flasche ist so geformt, daß sie gut in der Hand liegt. Der Hals ist so berechnet, daß die Flasche leicht gefüllt werden kann. (Design von Packaging Innovation)

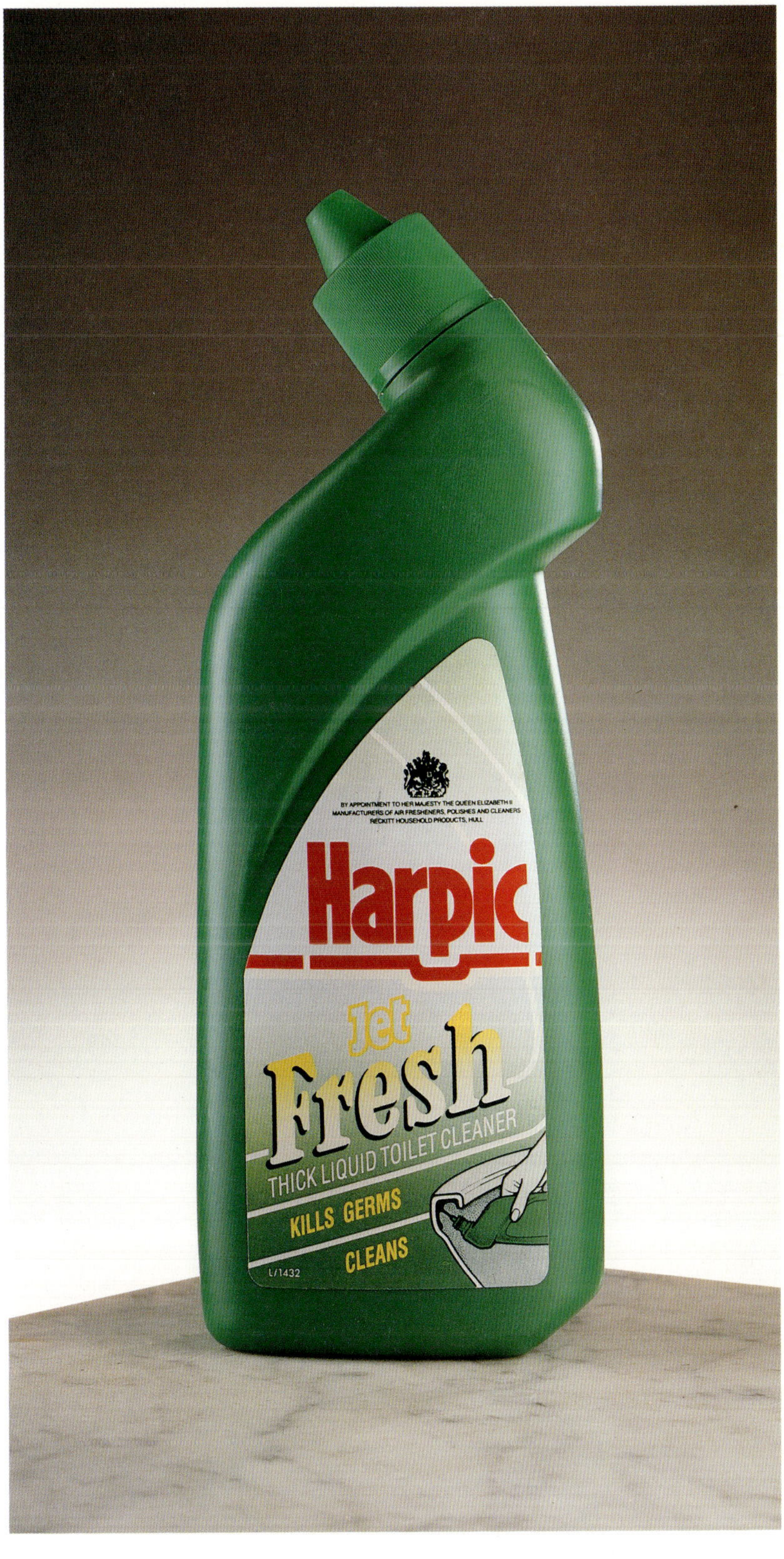

kann. Das vielleicht interessanteste Beispiel der letzten Jahre war die Ketchupflasche aus Kunststoff. Der Kunststoffbehälter ist infolge der Neuerungen durch Designer, die mit Kunststoffen arbeiten, ein weitverbreiteter und wesentlicher Teil bei Haushaltsanwendungen geworden, für Zahnpasten, Reinigungsmaterialien, Toilettenartikel, Nahrungsmittel und so weiter.

In den letzten Jahren hat sich der Trend hin zu Kunststoffen beschleunigt, und die Designer haben immer mehr Waren, die früher in traditionellen Materialien wie Pappe, Blech und Papier verpackt waren, in Kunststoff verpackt. Ein kurzer Blick in internationale Verpackungszeitschriften zeigt das wachsende Interesse an Kunststoff als Verpackungsmedium und die vielen Wege, die Designer finden, um Packungen zu formen und zu dekorieren. So wurden beispielsweise Kunststoffbehälter, die wie Porzellan aussehen, 1988 von Bramlage in Westdeutschland für Kosmetikcremes eingeführt.

Materialien für Kunststoffbehälter

Es gibt viele verschiedene Materialien, die für Kunststoffbehälter verwendet werden, und – wie auch bei den Kunststoffilmen, die bereits behandelt wurden – bestimmt der Inhalt oft, welches Material verwendet werden sollte. Im allgemeinen spielen die Kunststoffe, die bei der Herstellung von Filmen am nützlichsten sind – die Familie der Polyethylene – auch bei der Herstellung von Kunststoffbehältern eine Hauptrolle, beispielsweise Polyethylen niedriger und hoher Dichte. Zusammen mit Polypropylen (PP) und Polyethylenterephthalat (PET) sind es relativ preiswerte Kunststoffe für die Verpackung, die sich leicht formen lassen. Außerdem sind sie durch ihre glänzende, anspruchsvolle Oberfläche attraktiv. Die Merkmale und Eigenschaften dieser Kunststoffe sind in Tafel 1 und 2 dargestellt.

Ein Beispiel der Möglichkeiten, die Polypropylen bietet, ist die amerikanische Entwicklung eines Polypropylenkastens aus einem Stück mit Scharnieren für Binden oder Pflaster. Polypropylen besitzt sehr viele der Eigenschaften von Polyethylen, aber es ist im allgemeinen viel fester, und es ist das biegsame Scharnierteil, das es ermöglicht, den Behälter in einem Stück zu formen. Der Behälter ist auch eine der ersten unregelmäßig geformten Verpackungen, die erfolgreich mit Offsetdruck bedruckt werden konnte. Während der Testphase zu Anfang und in der ersten Verkaufszeit wurde der Behälter in zwei Größen hergestellt. Es wurde mit bis zu sechs Farben bedruckt und nachbehandelt, um die bedruckte Oberfläche zu schützen. Die Packung kann in einer Küche oder einem Badezimmer mit feuchter Atmosphäre nicht rosten, und sie ist in der Herstellung preiswerter als ihr Gegenstück aus Blech. Colgate-Palmolive glaubt, daß sich der im Spritzgußverfahren hergestellte Polypropylenbehälter verbreiten und für andere Produkte verwenden lassen wird.

Ein weiterer wichtiger Kunststoff für Behälter ist PVC, das unter anderem zur Herstellung von Kübeln, Schalen und Flaschen verwendet werden kann. Seine Hauptanwendungsgebiete liegen bei Säften, Stärkungsmitteln und Ölen. Sein Nachteil ist allerdings, daß das Material brechen oder zerspringen kann, wenn man es hinfallen läßt. Dies erklärt die Rippen und zusätzlichen Verstärkungen, die Designer bei PVC-Flaschen einarbeiten, um dies zu verhindern. Die meisten PET-Flaschen andererseits sind recht schlicht, abgesehen von Dekorationen, weil sie, außer am Boden vielleicht, wenig Verstärkung brauchen.

Herstellungsverfahren

Zusammen mit der Entwicklung dieser immer größer werdenden Vielfalt von Kunststoffen entstand eine große Gruppe von Produktionsverfahren. Für thermoplastische Materialien (Plastomere), die beim Erhitzen schmelzen, gibt es das *Spritzgußverfahren.* Materialien, die nicht wieder schmelzen, wenn sie erhitzt werden, werden als Duroplaste (Duromere) bezeichnet. Behälter können mit diesen Materialien in einem Verfahren hergestellt werden, das als *Druckpressen* bezeichnet wird. Ein weiteres Verfahren der Kunststoffverarbeitung ist das *Extrudieren,* wobei weiche Kunststoffe durch eine Preßform geschoben werden, so daß fortlaufende Formen und Filme entstehen. Diese Technik spielt eine wichtige Rolle bei der *Blasformung,* die als Kombination aus Extrudieren, Spritzgußverfahren und Blasen beschrieben werden kann, und dazu dient, dünnwandige, hohle Behälter herzustellen.

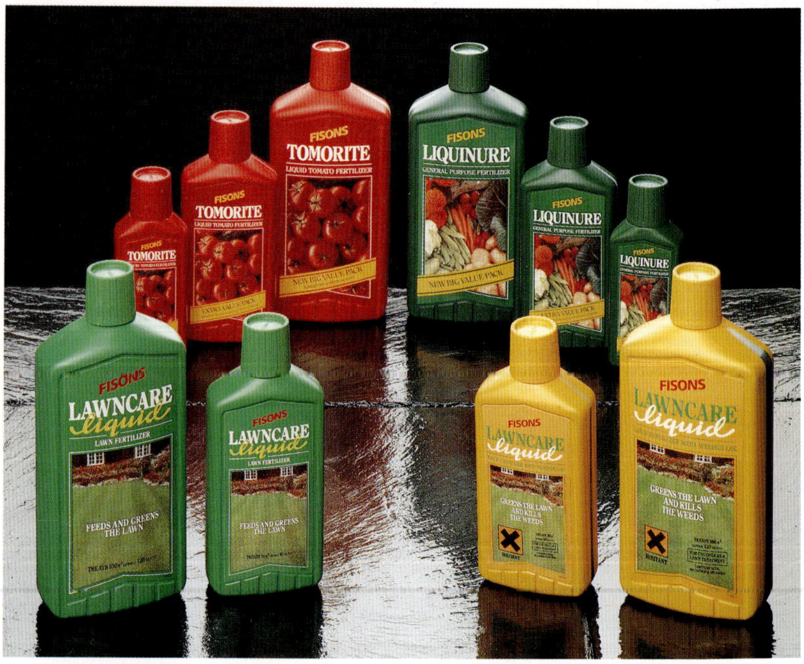

Diese Behälter aus leistungsfähigem PE-HD, die von Packaging Innovation für Fisons entworfen wurden, sind pigmentiert, um den Inhalt vor der Einwirkung von Sonnenlicht zu schützen. Die Farben kennzeichnen den Inhalt der Behälter. Die Flaschen wurden mit einem dünnen Streifen aus transparentem Kunststoff an der Seite geformt. Dadurch kann man erkennen, wie voll die Behälter sind.

Tafel 1 Merkmale von Materialien für Kunststoffbehälter Quelle: British Plastics Federation

Material	*Durchsichtigkeit*	*Stoßfestigkeit*	*Steifigkeit*	*Undurchlässigkeit*		*Chemikalienbeständigkeit*	*Bruchfestigkeit*	*Schmelzbereich (Celcius)*
				Wasserdampf	*Sauerstoff*			
PS-MI	durchscheinend	mäßig bis gut	gut	sehr schlecht	schlecht	schlecht	schlecht	80–100
Teil Kristallines	klar	schlecht	sehr gut	sehr schlecht	schlecht	schlecht	schlecht	80–100
PE-LD	durchscheinend	sehr gut	schlecht	gut	schlecht	sehr gut	gut, wenn der Grad richtig gewählt wird	75–100
PE-HD	durchscheinend	gut	gut	sehr gut	mäßig	sehr gut	gut, wenn der Grad richtig gewählt wird	120–130
PVC	klar–milchig trüb	schlecht–gut	gut bis sehr gut	mäßig	gut	mäßig	gut	70– 80
PP	durchscheinend	mäßig	gut	gut	gut	sehr gut	sehr gut	145–150
orientiertes PET	klar	sehr gut	sehr gut	gut	gut	sehr gut	sehr gut	80– 90

Tafel 2 Eigenschaften von Materialien für Kunststoffbehälter Quelle: British Plastics Federation

Beschreibung	*Werkstoffe*	*Anwendungen*	*Sekundäre Verpackungen*
Flaschen (bis 2 Liter)	Polystyrol (PS) Polyvinylchloride (PVC) Polyethylen niedriger Dichte (PELD)	Pharmazeutika, Toilettenartikel, Kosmetika, Haushaltsartikel	Kartons oder Kästen aus Wellpappe
	Polyethylen hoher Dichte (PE-HD)	Chemikalien	Kunststoffilme zum Einwickeln
	Polypropylen (PP)	Motorenöl	
	Polyethylenterephthalat (PET)	Lebensmittel und Getränke	Kartons und Kästen aus Wellpappe
Flaschen und kleine Kanister (2–20 Liter)	PVC	Haushaltsartikel	Kartons und Kösten aus Wellpappe
	PE-HD	Chemikalien	Paletten oder Palettenkästen frei stehend
	PE-HD mit hohem Molekulargewicht (PE-HMWHD)	Lebensmittel, kleine Industriepackungen	
	PP	Pharmazeutika	Kunststoffilme zum Einwickeln
Rechteckige und zylindrische Trommeln (20–250 Liter)	PE-HD, PE-HMWHD	Industrie- und Agrarchemikalien	Paletten, Palettenkästchen oder frei stehend
		Lebensmittel, ätherische Öle, Würze, Pharmazeutika	Paletten, Palettenkästen oder frei stehend
Offene Trommeln (30–250 Liter)	PE-HD, PE-HMWHD		frei stehend

Dekoration von Kunststoffbehältern

Neben der Etikettierung von Kunststoffbehältern können eine Reihe von direkten Drucktechniken angewendet werden. Für Kunststoffilme auf Rolle oder in Bogenform ist der Flexodruck das wichtigste und wirtschaftlichste Verfahren, aber für geformte Behälter wie Flaschen, Gefäße und Tuben sind Offset- oder Siebdrucktechniken erforderlich. Da das Verfahren teuer ist, wird es meistens nur für Produkte von hohem Wert eingesetzt. Es hat jedoch Fehler, da feine Details nicht reproduziert und hochauflösende Illustrationen oder Fotografien nicht befriedigend wiedergegeben werden können.

Eine weitere Drucktechnik, die der Designer bei starreren Kunststoffbehältern einsetzen kann, ist das Heißprägen, wobei ein Hochtemperaturprägestempel gegen ein Gold- oder Silberblatt gehalten und fest auf den Behälter gepreßt wird. Einige der leichteren, dünnwandigen Kunststoffbehälter können jedoch nicht standhalten; daher müssen Designer immer die physikalischen Eigenschaften des Materials überprüfen, bevor sie sich für ein bestimmtes Druckverfahren entscheiden.

Wahl des Kunststoffes

Obwohl die große Zahl der Kunststoffe dem neuen Designer entmutigen mag, werden die Wahlmöglichkeiten durch eine Reihe von Faktoren eingeschränkt. Erstens werden die Verpackungs-, Transport- und Lagervorgänge bestimmte Kunststoffe, beispielsweise als Schutz gegen Feuchtigkeit, mehr als andere empfehlen. Eine Flasche für Flüssigkeiten oder Pulver braucht einen sicheren Deckel oder Verschluß. Auch die Kosten spielen eine wichtige Rolle. Wenn sie zusammen mit den physikalischen Eigenschaften betrachtet werden, kann man schnell bestimmte Kunststoffe in die engere Wahl ziehen.

Das Produkt wird möglicherweise von Gesetzen erfaßt, die ebenfalls die Anzahl oder Arten von Materialien, die verwendet werden können, einschränken. In den USA wird die Food and Drug Administration (FDA) in dieser Hinsicht immer bestimmender, während in Europa nur einige Vorschriften, die von der Europäischen Gemeinschaft erlassen wurden, in großem Umfang wirksam sind.

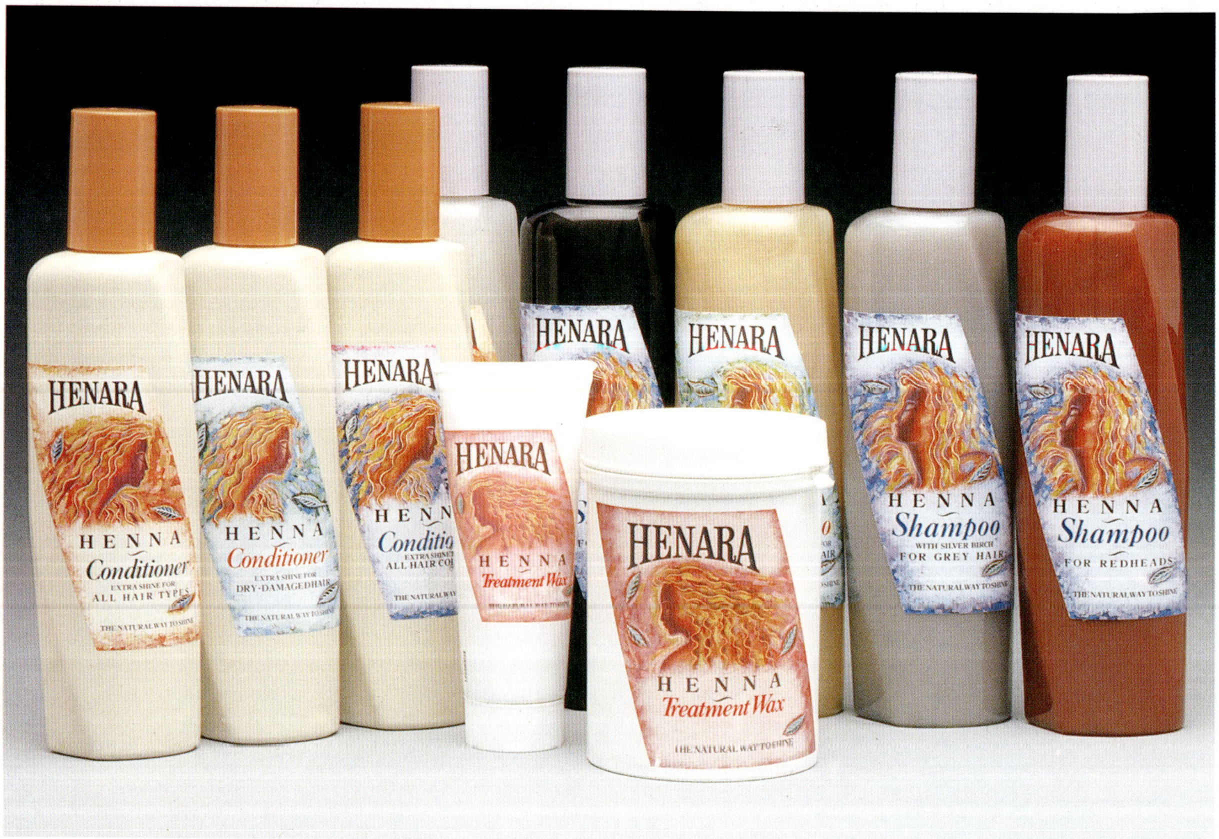

Diese Auswahl von Haarpflegeprodukten von Henara (Design von Michael Peters Group) nutzt die Formbarkeit von Kunststoffen, um eine neue Form zu wählen, die sich von der Marktnorm unterscheidet und der sich die Etiketten anpassen. Das Unternehmen hofft, die Produkte auf diese Weise deutlich genug von Shampoo- und Haarfestiger-Eigenmarken zu unterscheiden.

Pharmazeutische Vorschriften

Die Vorschriften der FDA, die sich auf Toilettenartikel, Kosmetika und sogar Nahrungsmittel beziehen, sind relativ einfach. Sie können jedoch unglaublich kompliziert sein, wenn es um die Zustimmung der Behörde zu Pharmaverpackungen geht. Die einzigen von der amerikanischen Behörde zugelassenen Kunststoffe für starre Behälter sind im allgemeinen Polyethylen (PE) und Polystyrol (PS). PVC kann verwendet werden, aber nur für bestimmte Produkte, und die Liste der zugelassenen Zusammensetzungen ändert sich ständig. Der Hauptgrund für diese Schwierigkeit mit Kunststoffen ist, daß die Hersteller von Pharmazeutika und Medikamenten *garantieren* müssen, daß ihre Produkte von den Behältern nicht beeinträchtigt werden. Das kann, sagen sie, sehr schwierig sein.

Entwürfe mit Kunststoffen

Mit den Thermoplasten können Behälter in fast allen Farben hergestellt werden, indem man einfach das Farbpigment zur Kunststoffmischung gibt. Farbe kann bei Kunststoffen im duroplastischen Verfahren ein Problem sein, da hier häufig nur dunkle Farben wirksam sind. Kunststoffe können natürlich völlig durchsichtig sein – die transparentesten Materialien sind vielleicht die Mitglieder der Zellulosegruppe sowie Polystyrol und bestimmte Acrylkunststoffe.

Produkte vor dem Geruch oder Geschmack anderer Produkte zu schützen, kann schwierig sein, da die meisten Kunststoffe gasdurchlässig sind. Eine immer erfolgreichere Packung ist jedoch die sogenannte Kunststoffflasche mit hoher Undurchlässigkeit, im wesentlichen eine Mischung oder mischextrudiertes Material aus Polypropylen und Ethylenvinylalkohol (E/VAL). Diese verhindert das Eindringen von Gasen, meistens Kohlendioxid und Sauerstoff, weil ihre Wände aus fünf oder mehr Schichten Kunststoff und Klebstoff dazwischen bestehen, wobei jeder Kunststoff eine andere Eigenschaft hat.

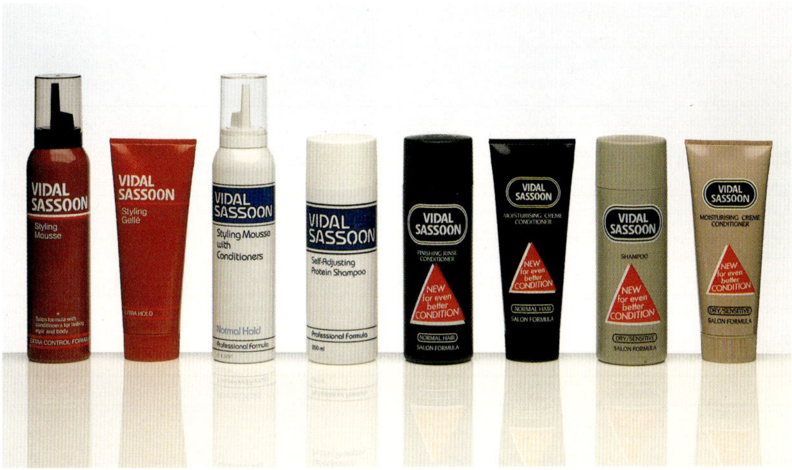

Bei diesen Entwürfen für Vidal Sassoon wurde eine Vielzahl von Kunststoffen verwendet, von unelastischen bis weichen Polyethylenen, verbunden mit Düsen aus Polypropylen. Auch schlanke Spraydosen aus Aluminium gehören zum Sortiment. Weil es dem Designer gelang, eine eindeutige Markenzeichenidentität auszuarbeiten, fallen dem Käufer, der nur das Logo von Sassoon wahrnimmt, die unterschiedlichen Materialien nicht auf.

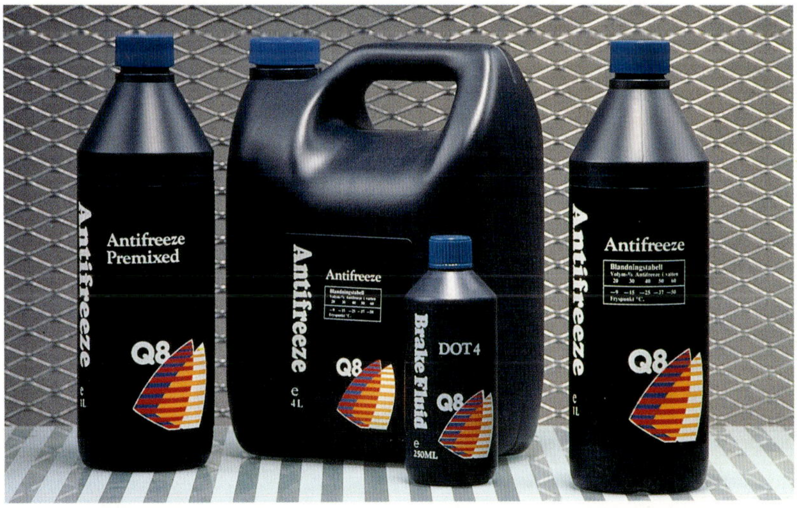

Für diese Frostschutzmittel und Bremsflüssigkeiten des Unternehmens Q8 wählte der Designer Wolff Olins schwarze Kunststoffbehälter aus, die mit einem schwarzen Etikett versehen sind, um das farbige, segelförmige Logo hervorzuheben.

Berücksichtigung des Gewichts

Einer der Hauptvorteile bei der Wahl von Kunststoffen im Gegensatz zu Glas oder Weißblechdosen ist ihre Leichtigkeit. Beträchtliche Ersparnisse ergeben sich bei den Transportkosten. Auch die Annehmlichkeit für den Verbraucher sollte schließlich nicht unterschätzt werden. Da die Zeit für den Einkauf immer knapper wird und mehr Menschen Großeinkäufe tätigen, muß das Gewicht der Packungen sinken. Dies wurde bereits beim Rückgang der Glasflasche für Erfrischungsgetränke und Bier beobachtet. Bei Motorölen und Fetten stellt man sich ebenfalls auf Kunststoffe um, und die Versuche der Hersteller herkömmlicher Materialien, das

Gewicht ihrer Produkte zu reduzieren, hat Designer nur dazu veranlaßt, das Gewicht ihrer Produkte ebenfalls zu verringern.

Schönheit und Körperpflege

Den wahrnehmbaren Wert von Produkten wie Toilettenartikel und Kosmetika zu steigern, ist fast eine Kunstform für sich. Die Kenntnis der Materialien und Verfahren, die eingesetzt werden können, um diesen Wert zu erhöhen, ist für das Design und Marketing entscheidend. Italienische Designer sind weltbekannt für ihr besonderes Design. Daher überrascht es nicht, daß die Italiener mehr als je zuvor für Schönheits- und Körperpflegeprodukte ausgeben. Etwa zwei Milliarden dieser Produkte wurden 1988 in Italien über drei Hauptkanäle verkauft: 40 Prozent im großen Einzelhandel (Kaufhäuser, Supermärkte und Drogerien auf Hauptgeschäftsstraßen), 33 Prozent in speziellen Parfümerien und 12,5 Prozent in speziellen Apotheken.

Ein kleiner, aber dennoch wichtiger Anteil geht auf Schönheitspflegeinstitute, Friseure und Verkäufe an der Haustür zurück. Das Interessante an diesen steigenden Verkäufen ist, daß immer weniger Produkte in einfachen Glasflaschen oder Schachteln verpackt sind: die meisten sind in Gefäßen oder Tuben aus Polyethylen oder Polypropylen erhältlich.

Ein sehr bekanntes Unternehmen, Helena Rubinstein, sagt, daß es immer nach neuen Ideen sucht, um das Erscheinungsbild seiner Behältnisse zu verbessern. Auf den Deckel des Parfümgefäßes Barynia setzten die Designer einen großen Würfel aus Diakron von ICI, ein Acrylkunststoff, der Glas an Klarheit und Brillanz übertreffen soll. Das Material wurde von Rubinstein zusammen mit dem französischen Linsenhersteller Gaggione ausgewählt, der mit Kunststoffen in den Bereichen Display und Verkaufspunkt seit über 30 Jahre tätig ist. Das Material sieht nicht nur gut aus, sondern kann auch dem Lösungsmittel im Parfüm widerstehen.

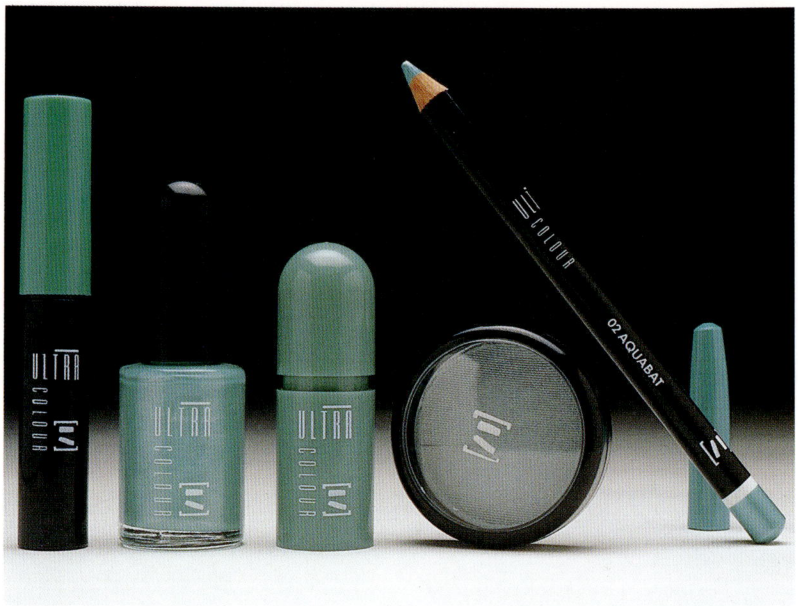

Das Kosmetika-Sortiment von Ultra (Design von David Davies Associates) bringt verschiedene Verpackungsmaterialien zusammen, einschließlich Glas und Kunststoff – aber was ist was? Der Glanz der Kunststoffgefäße kann nicht von jenem des Glases unterschieden werden, bis man die Artikel in die Hand nimmt. Dann merkt man, wie leicht Kunststoffverpackungen sind.

Verpackungen für Medikamente

Acrylpolymere sind auch wirkungsvoll bei Verpackungen für Medikamente eingesetzt worden. Diakon wird zum Beispiel regelmäßig für die Herstellung von Blutfiltern bei Transfusionen verwendet. Der Behälter für die Filter muß so fest sein, daß er Stößen und in gewissem Umfang unsanfter Behandlung standhält; auch die chemische Widerstandsfähigkeit ist wieder ein wichtiger Faktor. Die Klarheit des Kunststoffes ist ebenfalls von Bedeutung, da Chirurgen und Ärzte aus der Farbe verschiedener Blutproben oder anderer Flüssigkeiten oft wichtige Schlüsse ziehen können, während sie durch die Filter laufen. Materialien, die Verunreinigungen aufweisen, egal wie gering diese sind, müssen daher vom Designer vermieden werden.

Der Erfolg von Polyethylenterephthalat (PET)

Die Verbreitung und Verwendung von PET in seinen unterschiedlichen Formen war eine der größten Erfolgsgeschichten im Verpackungsbereich in den letzten zehn Jahren. Sein wichtigster Einsatz lag bisher im Bereich der kohlensäurehaltigen Erfrischungsgetränke. Die Designer beeilten sich, PET-Verpackungen für andere kohlensäurehaltige Getränke zu entwickeln. Heute hat sich der Handel mit Bier und Cidre für den Hausgebrauch beträchtlich vergrößert, besonders in den USA und in Großbritannien, aber auch in anderen Ländern Westeuropas. Eine zusätzliche Schicht Polyvinylidenchlorid (PVDC) verbessert die Widerstandsfähigkeit von Flaschen gegen das Eindringen von Sauerstoff, so daß die Haltbarkeit etwa neun Monate beträgt.

PET ist heute erfolgreich, daß es zum Traummaterial von Designern geworden ist. Arbeiten, die von verschiedenen Brauereien in Auftrag gegeben wurden, haben gezeigt, daß sich PET-Flaschen mit strukturierten Oberflächen leicht herstellen lassen. So wird das »Erfrischungsgetränke«-Image, das PET manchmal erweckt, vermindert. Einer der ersten Entwürfe war Metal Box' Bierglaslook mit Grübchen für

John Courage's Bitter und Light Ale. Milchglasflaschen und ein Rippeneffekt wurden für beliebte Spirituosen ebenfalls kreiert.

Mineralwasser in PET

Neben alkoholischen Getränken werden Flaschen für Mineralwasser ebenfalls in PET entworfen. In der Vergangenheit wurden sie in Glas- oder PVC-Flaschen auf den Markt gebracht, aber Klarheit und Glanz von PET zusammen mit der Tatsache, daß es fast unzerbrechlich ist, hat Designer auf dem Mineralwassermarkt gereizt, sich näher mit dem Material zu befassen.

Mineralwasser hat sich als schwieriges Produkt bei der Verpackung erwiesen, da es wenig Eigengeschmack hat. Das bedeutet, daß es von Resten von Unreinheiten im PET, die einen leichten Zitronengeschmack übertragen, beeinträchtigt werden kann. Hersteller von PET, einschließlich ICI, haben ein besonderes Polymer für empfindliche Produkte wie Wasser entwickelt, das nur wenige Verunreinigungen aufweist, die sich nicht nachweisen lassen.

Die Franzosen sind die Hauptkonsumenten von Wasser aus Flaschen. Sie konsumieren fast 5000 Millionen Liter jährlich, eng gefolgt von den Deutschen (3500 Millionen Liter) und den Italienern (2800 Millionen Liter). Großbritannien ist im Vergleich dazu ein relativ neuer Markt für Mineralwasser. Der jährliche Verbrauch hat noch keine 75 Millionen Liter erreicht. Aber der Markt wächst schnell und schafft neue Designmöglichkeiten.

Obwohl Glas Material nur schwer zu schlagen ist, da es geschmacksneutral ist, hat das PET-Design es dennoch geschafft, in den Markt einzudringen, besonders in Europa, wo Mineralwasser am erfolgreichsten sind. In Belgien beispielsweise, wird Spa in 1,5 l-PET-Flaschen verkauft, während das französische Unternehmen Evian PET-Flaschen für den Export verwendet. In der Schweiz wird die Marke Henniez in 1 l-Flaschen aus PET verkauft und in 190 ml-Miniaturflaschen für Luftfahrtgesellschaften.

Abgesehen von Großbritannien wird jedoch das meiste Mineralwasser in Glas- oder PVC-Flaschen geliefert. Der Hauptgrund dafür ist, daß in vielen europäischen Ländern PET von den Behörden anerkannt werden muß, bevor es für Mineralwasser verwendet werden darf. In Deutschland gibt es außerdem gesetzliche Vorschriften, die besagen, daß Hersteller und Einzelhändler betriebsfähige Recycling-Anlagen einführen müssen, bevor neue Kunststoffe eingeführt werden. PET bildet keine Ausnahme. Selbst die mächtige Coca Cola GmbH wurde daran gehindert, Coke in PET-Flaschen in Deutschland auf den Markt zu bringen, bis eine Wiederverwertungsanlage eingerichtet war. In der Vergangenheit war die Wiederverwertung des Materials ein Problem; heute trifft dies nicht mehr zu. Das Material kann jetzt zermahlen und in seine chemischen Bestandteile zerlegt werden, um in Non-food-Anwendungsgebieten wiederverwendet zu werden, beispielsweise als Heftpflaster, Artikel, die im Spritzgußverfahren hergestellt werden, und als Füllmittel für Schlafsäcke. In den USA wurde eine große Jacht aus wiederverwertetem PET von Coca-Cola-Flaschen hergestellt, das mit verstärkenden Glasfasern vermischt wurde.

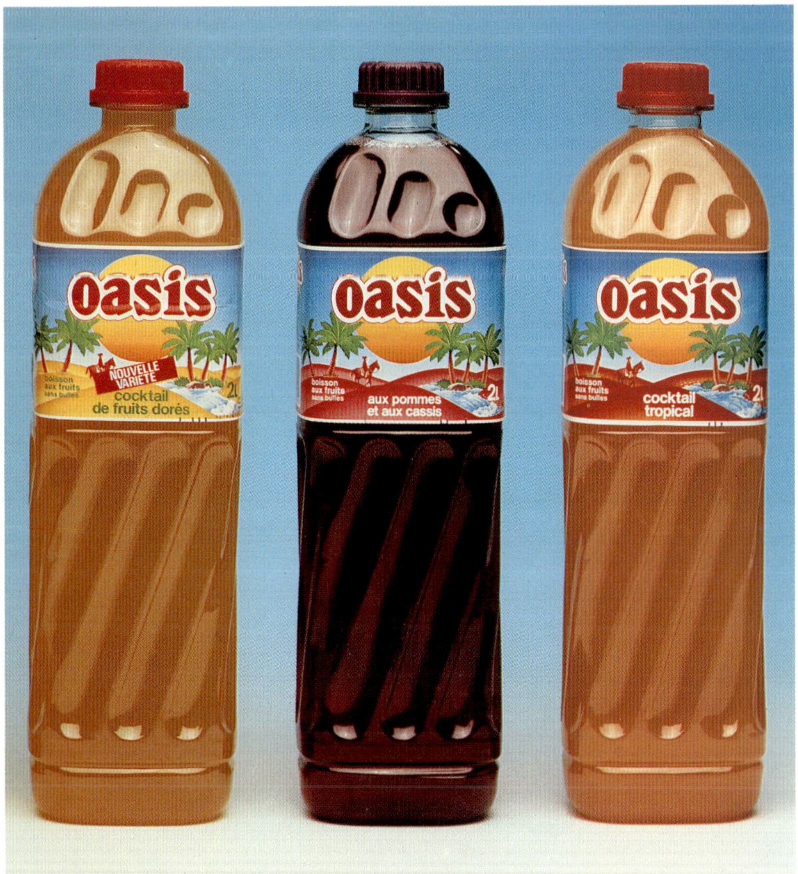

Diese französische Verpackung von Volvic wurde aus Melinar-PET von ICI hergestellt und mit diagonal verlaufenden Rippen geformt, um das Ausgießen zu erleichtern und dem Produkt eine unverwechselbare Identität zu geben. Das Motiv der Oase wird in der Illustration und im Namen verwendet, um den durstigen Käufer anzusprechen. Die neue Verpackung ersetzt jene aus PVC und verlängert die Haltbarkeit der Getränke auf drei Monate.

Weinverpackungen aus PET

Europa muß sich auch an Wein in Kunststoffflaschen gewöhnen. Anfangs gab es nur große Größen wie 1,5 l-Flaschen, da die Weinhändler mit Glas für die gefragten 75 cl-Größen zufrieden waren. Ein Grund der Abneigung gegenüber Kunststoffen mag die kürzere Haltbarkeit gewesen sein, aber PVDC-Beschichtungen verlängern jetzt das Regalleben auf 18 Monate oder mehr. Heute gibt es Wein in allen Größen von 3 l-Großpackungen bis zu Miniaturflaschen für den Luftverkehr. Eine nützliche Eigenschaft der Kunststoffflasche ist ihre Fähigkeit, sich in alle möglichen Formen bringen zu lassen – Miniaturweinflaschen, die sich ineinanderstellen lassen, haben sich bei den meisten Luftfahrtgesellschaften als beliebt erwiesen. Durch die hohle Seite lassen sich die Flaschen bei der Lagerung eng zusammenstellen, was Platz spart, und sie stehen gut auf den Tabletts der Passagiere, was die Möglichkeit des Verschüttens verringert.

Hersteller von Spirituosen zögern immer noch, Qualitätsmarken in PET abzupacken, abgesehen von einer großen Ausnahme: auf dem Duty-Free-Markt und bei Miniaturen. Die Lieferanten sind nicht gewillt zu sagen, wieviel PET bei den Kosten spart, aber sie erklären, daß die Gewichtsersparnis, die PET gegenüber Glas bietet, bedeutet, daß die Luftfahrtgesellschaften in einem Jahr genug Treibstoff einsparen können, um eine Boeing 747 von London nach New York zu fliegen.

Großbehälter

Die meisten Getränkebehälter von 0,25 bis 3 Liter können heute aus PET hergestellt werden. In letzter Zeit wurden in den USA auch 4 l-Flaschen produziert, aber die Verbraucher nahmen sie nicht an, weil sie zu schwer waren. Außerdem machte ihre Höhe sie beim Abfüllen

Unter Gesichtspunkten des Designs bieten diese Miniaturflaschen alles, was man von Flaschen in Originalgröße erwarten würde – die Etiketten haben einen angemessenen Stil und die Flaschen sind grün. Da die Flaschen aus Melinar-PET von ICI hergestellt wurden, sind sie leicht. Die Weinhändler zielen eindeutig auf eine Gruppe von Leuten, die Freude an Geschmack und Bewegung haben.

Dieser Kanister aus PE-HD von Castrol GTX besitzt zwei geformte Griffe – einer dient dem Tragen, der andere an der Seite soll das Ausgießen erleichtern. Ein weiteres nützliches Merkmal ist der integrierte durchsichtige Streifen, an dem der Inhalt abgelesen werden kann. Der bekannte grün-rote Streifen von Castrol GTX tritt sehr gut auf dem weißen Hintergrund des Etiketts hervor und paßt auch zur Form des Kanisters.

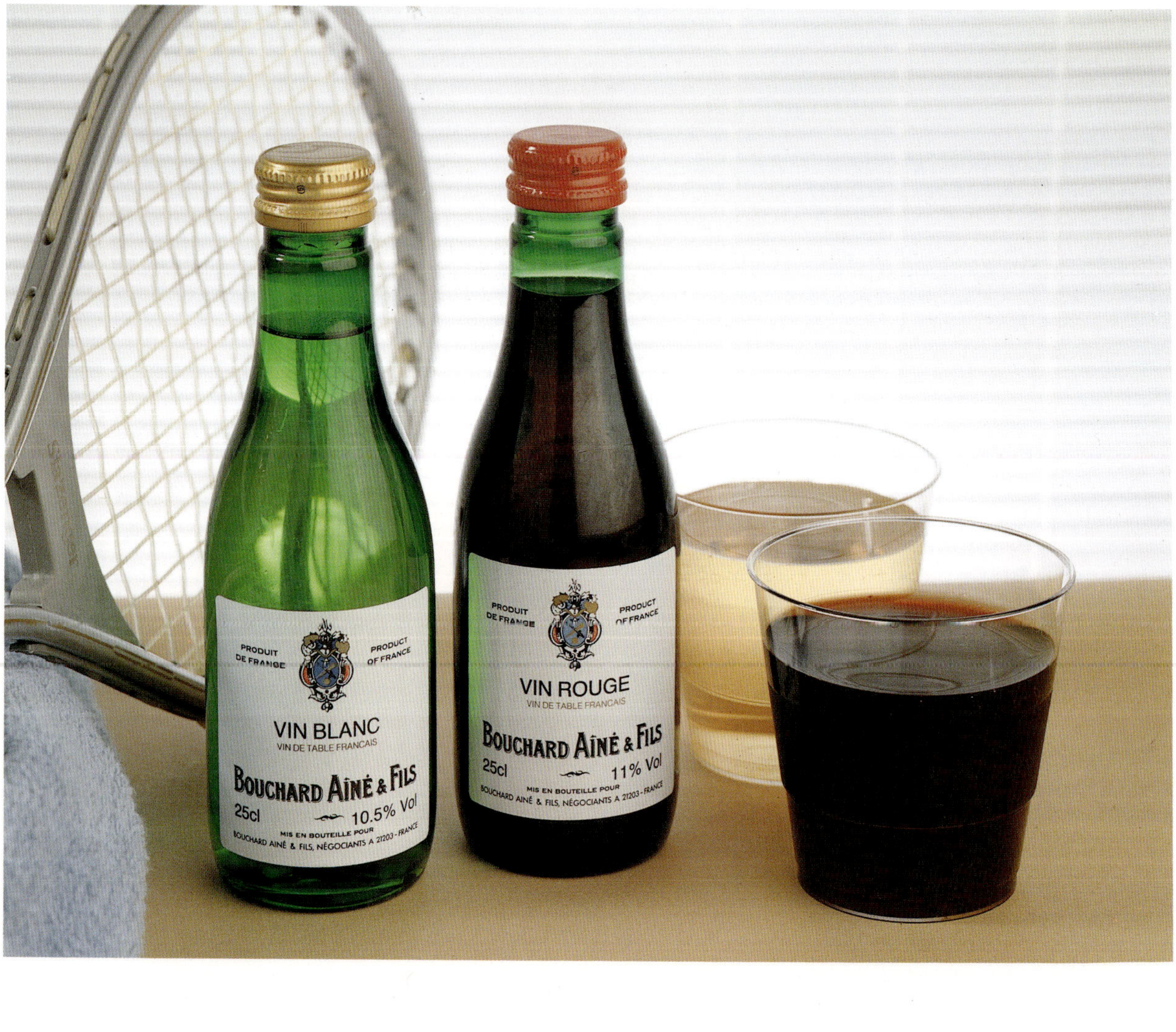

instabil, so daß sie auch aus der Sicht des Lieferanten unpraktisch waren.

5 l-Behälter, die durch spezielle Rippen verstärkt werden, sind heute ein gewohnter Anblick auf dem Markt für Agrarchemikalien, und ein zusätzlicher Tragegriff aus Polypropylen hilft dem Konsumenten, die ungewöhnlich schwere Flasche zu tragen. Die Behälter werden aus grünem, bernsteinfarbenem oder transparentem PET hergestellt, obwohl theoretisch jede Behälterfarbe produziert werden kann. Einer der ersten chemischen Produkte für die Landwirtschaft, das in Großbritannien in einem 5 l-Behälter aus PET hergestellt wurde, war ein Unkrautvernichtungsmittel von Shell Chemicals (Broadshot) zur Bekämpfung von Ampfer, Nessel und Distel. Der Behälter wurde mit einem besonders weiten Hals entworfen, der das Füllen und Gießen erleichtert. Das braungetönte Polymer reduziert die Einwirkungen von ultraviolettem Licht auf die Chemikalien im Innern. Der Behälter ist aus Sicherheitsgründen mit einer Folienmembran versiegelt, um nachzuweisen, daß die Packung nicht geöffnet wurde.

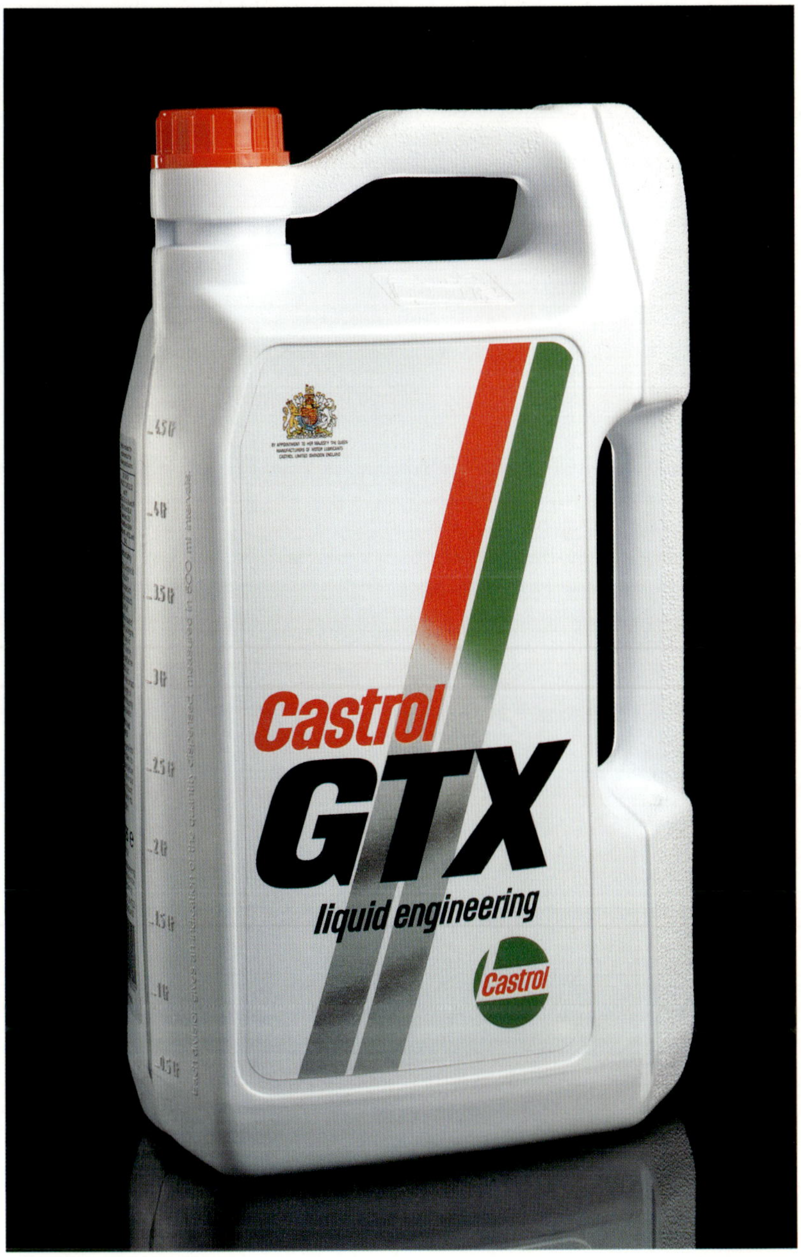

Hochleistung

Obwohl der Hauptmarkt für PET-Verpackungen die Erfrischungsgetränke sind, haben Designer das Material ständig für andere Bereiche übernommen. Lieferanten von Pharmazeutika, Wein- und Spirituosenhändler und Hersteller von Fertiggerichten haben sich den neuen, verbesserten Formen von PET zugewandt. Das vielleicht häufigste Ziel ist, das Verhalten von PET bei hohen Temperaturen zu verbessern. Das normale PET schmilzt normalerweise bei den Temperaturen, bei denen Marmelade oder Gelee hergestellt wird (bis zu 95 Grad Celsius). Auch Nahrungsmittel können in PET bei Temperaturen bis zu 75 Grad Celsius nicht pasteurisiert werden.

Inzwischen haben Hersteller wie Sidel in Frankreich jedoch Verfahren eingeführt, die es ermöglichen, PET so zu verstärken, daß es bei Temperaturen bis etwa 70 Grad Celsius seinen charakteristischen Glanz und seine Brillanz nicht verliert. Es gibt Verfahren, mit denen man PET behandeln kann, so daß es höheren Temperaturen standhält, aber die praktische Anwendung dieser Technologie ist noch nicht wirtschaftlich. In den USA machte das Erfrischungsgetränk Gatorade jedoch Schlagzeilen, als es in einem der ersten Behälter ganz aus Kunststoff, der heiß gefüllt wurde, lieferbar war. Der Behälter mit 1,5 kg Inhalt wird behandelt, um den hohen Temperaturen standzuhalten, bei denen dieses beliebte Sportgetränk abgefüllt wird. Die Flasche mit den speziell konstruierten Seitenteilen hat Rippen und eine steile Schulter, so daß sie dem großen Stapeldruck standhält. Dennoch hat sie ein attraktives, modernes Profil.

Geformte Füße

Eine weitere Entwicklung, die zur Attraktivität von PET-Flaschen beigetragen hat, ist die Einführung von Füßen, die im Boden der Flasche geformt werden, so daß sie frei stehen kann. Vorher konnte nur ein halbkugelförmiger Boden im Blasformverfahren hergestellt werden. Schwarze, im Spritzgußverfahren hergestellte Bodenschalen aus Hochdruck-Polyethylen waren notwendig, damit die Flasche aufrecht stehen konnte.

PET für Nahrungsmittel

Der Einsatz als Nahrungsmittelverpackung ist der nächste logische Schritt für PET. Eine Reihe von Versuchen von ICI in Skandinavien haben Nahrungsmittellieferanten und Designern gezeigt, wie vielseitig das Material ist. Durch die Reaktionsträgheit von PET ist es für Behälter mit breiter Öffnung geeignet, die für eine Reihe von Nahrungsmitteln von Kaffee bis hin zu Süßwaren eingesetzt werden können. PET-Behälter sind heute in Neuseeland ein gewohnter Anblick, und auch in Großbritannien sieht man Fertiggerichte wie Salate und Desserts in PET-Verpackungen. Flaschen für Speiseöl werden ebenfalls aus PET hergestellt, wo in der Vergangenheit bisher Glas und PVC die Hauptalternativen beim Design waren. ICI erwartet, daß bis zu Beginn der neunziger Jahre etwa die Hälfte des Speiseöls weltweit in PET verpackt sein wird, im Vergleich zu 10 Prozent im Jahr 1983.

Neben dem Flaschenformat gibt es PET-Schalen, die bei −40 Grad Celsius direkt aus der Tiefkühltruhe genommen und in das Mikrowellengerät oder den normalen Backofen gestellt werden können. In diesen Schalen kann auch gekocht werden. Sie haben normalerweise einen wasserdichten Deckel aus durchsichtigem PET. Zur Zeit werden diese Schalen für Fertiggerichte in schlichten Farben hergestellt – meistens weiß oder cremefarben – aber die Hersteller glauben, daß heute die Technologie zur Verfügung steht, farbige Polymere herzustellen und Grafik auf den Deckel aus Polyesterfilm zu drucken. Man könnte dann darauf verzichten, die Schalen in anspruchsvolle Kartonmanschetten zu packen.

Einige Designer sind der Meinung, daß der äußere Karton viel bessere Möglichkeiten für die Wiedergabe von Fotografien und Farben bietet und damit die Verkaufsbotschaft besser vermittelt als ein einfacher transparenter Film. Obwohl es immer gut ist, wenn der potentielle Kunde ein Produkt in der Packung sieht, kann dies bei wenig ansprechend aussehenden Produkten wie Tiefkühlkost oder Fertiggerichten ein ausgesprochener Nachteil sein. Es ist besser zu zeigen, wie das Produkt in seiner endgültigen, verarbeiteten oder zusammengesetzten Form aussieht.

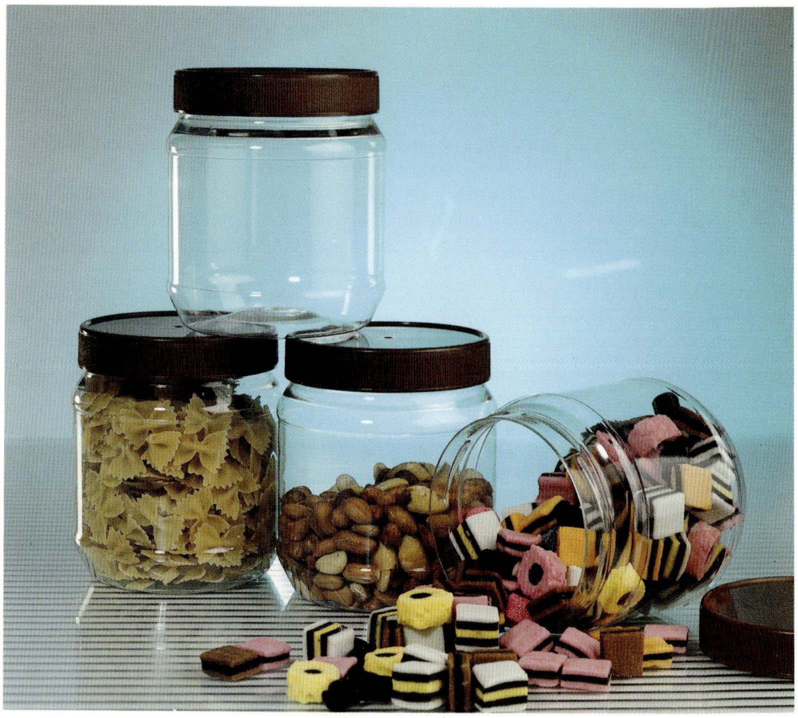

Designer haben nur zögernd Kunststoffmaterialien für Verpackungen von Lebensmitteln verwendet, zum Teil wegen der Probleme beim Abfüllen unter hohen Temperaturen, aber inzwischen gibt es Konfekt häufig in Gläsern aus PE-HD oder PET. Auch Kaffee und Marmelade werden in Gefäße aus PET gefüllt. Diese Gläser mit weiter Öffnung von Pac Plastic Mouldings bestehen aus Melinar-PET von ICI.

Gefährliche Chemikalien

Außerhalb der Bereiche Nahrungsmittel und Getränke kann PET auch für gefährliche Chemikalien der Gruppe 1 eingesetzt werden, wie sie von dem Expertenkomitee der Vereinten Nationen für den Transport von gefährlichen Gütern definiert wird. Bevor man jedoch pharmazeutische Produkte regelmäßig in PET-Verpackungen sehen wird, müssen lange klinische Versuche mit verschiedenen Medikamentengruppen zur Erforschung ihrer Auswirkungen auf Kunststoffe durchgeführt werden. Es werden jedoch heute schon Behälter mit 100 und 150 ml Inhalt für einfachere Pharmazeutika wie Parazetamol und Aspirin hergestellt.

Kosmetika und Toilettenartikel

Auf den Märkten für Kosmetika und Toilettenartikel untersuchen europäische Verpackungshersteller und Parfümhäuser PET als Verpackungsmaterial. Guy La Roche hat bereits eine Anlage installiert, um sein Parfümsortiment Fidji in PET-Flaschen abzufüllen. Das Material kann wie jedes andere Kunststoffmaterial gefärbt und bedruckt werden. Seine Festigkeit macht es zu einem fast perfekten Behälter. Für Gesichtscremes und Lotionen braucht man durchsichtige, dickwandige Behälter. Für diesen Markt wurde eine härtere Form, teilkristallines PET entwickelt.

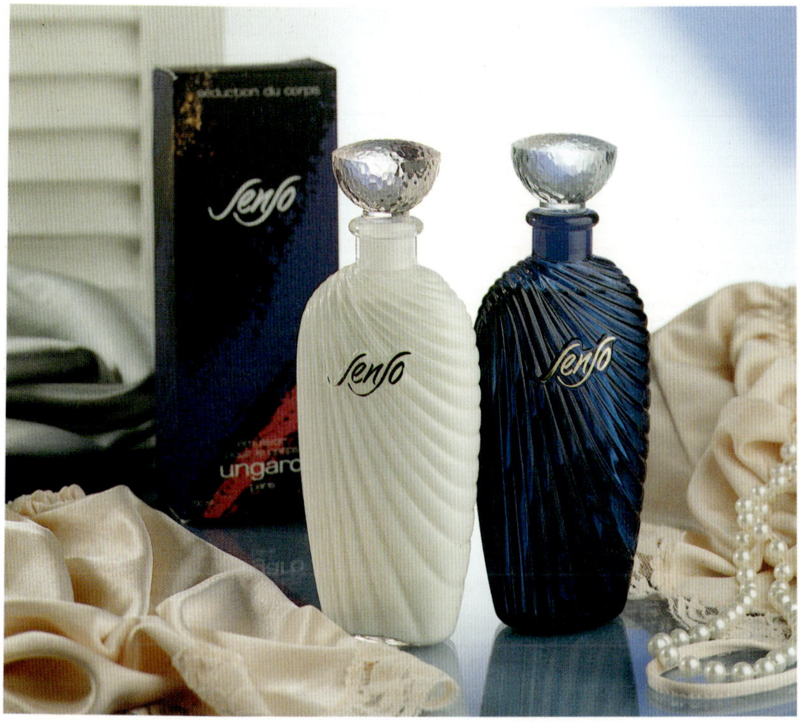

Die Vorteile von PET und Kunststoffen im allgemeinen – Formbarkeit und Transparenz – werden bei diesem neuen Parfüm der Marke Senso von Ungaro genutzt. Das ganze Sortiment von Parfüm, Eau de toilette, Seife und Deodorant-Spray wird in Verpackungen aus PET präsentiert.

Diese Sportkleidung des österreichischen Herstellers Huber wird in festen, durchsichtigen Schachteln aus PET verpackt und nicht in den sonst üblichen Zellophantüten. Die Qualitätssteigerung aufgrund der Verpackung läßt den Käufer verstehen, warum der Hersteller einen hohen Preis für die Artikel verlangt.

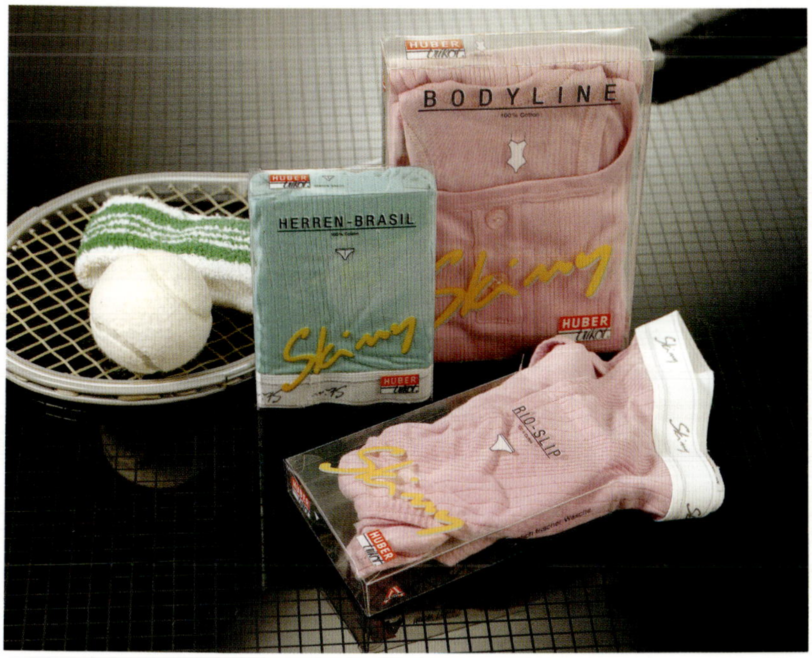

Schlußfolgerung

Designern steht heute eine große Bandbreite an Verpackungsmaterialien aus Kunststoff zur Verfügung, aber es scheint, daß neue Entwicklungen wie die relativ neue kommerzielle Anwendung von PET das Gesicht von Verpackungen schnell und radikal verändern kann. Ein Bericht des italienischen Battelle Instituts über Fortschritte in der Verpackungstechnologie legt nahe, daß die großen Designfortschritte in den letzten Jahren, beispielsweise Kunststoffprodukte mit hoher Undurchlässigkeit, aseptische Verpackungen und sichere Verschlüsse, durch Forschung entstanden sind, die die Welt der Verpakkungen weiter verändern wird.

Es lohnt sich fast, über PET ein eigenes Kapitel zu schreiben, um die neuen Wege, die sich Designern eröffnen, darzustellen. In den USA werden seit einiger Zeit Getränkedosen getestet, die extrem hohem Druck (13,6 bar) standhalten, während nicht-kohlensäurehaltige Getränke jetzt auch in Kunststoffdosen abgefüllt werden können. In Europa, das wie immer den USA etwas hinterherhinkt, steckt der Markt für Mikrowellengeräte noch in den Kinderschuhen. Der Designer von wirkungsvollen, innovativen Verpackungen, die im Mikrowellenherd verwendet werden können, hat viele Jahre mit vielen neuen Möglichkeiten vor sich. Mischextrudierte teilkristalline PET-Schalen sind bereits weit verbreitet.

Die Sterilisation, die früher auf Blechdosen und Glasbehälter beschränkt war, ist heute mit mischextrudierten oder beschichteten Kunststoffen mit hoher Undurchlässigkeit wirkungsvoll möglich. Zu anderen hochtechnologischen Anwendungsbereichen gehören die Verpackung unter kontrollierter Atmosphäre und die Vakuumverpackung, beides Spezialbereiche für Kunststoffe.

Kurz gesagt, die Zukunft sieht für den Designer von heute sehr interessant aus. Aber um den ganzen Vorteil der heute zur Verfügung stehenden Technologien zu erkennen, müssen Designer zur Welt der Kunststoffe eine enge Beziehung haben.

Fallstudie: Lamicon

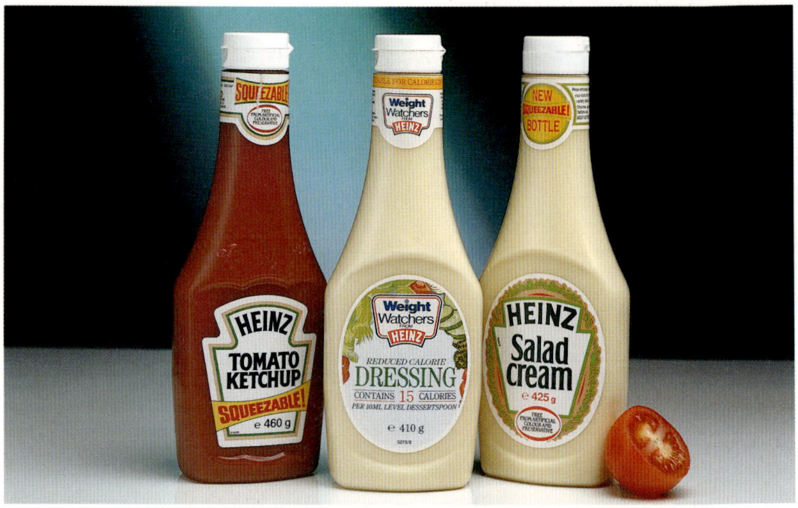

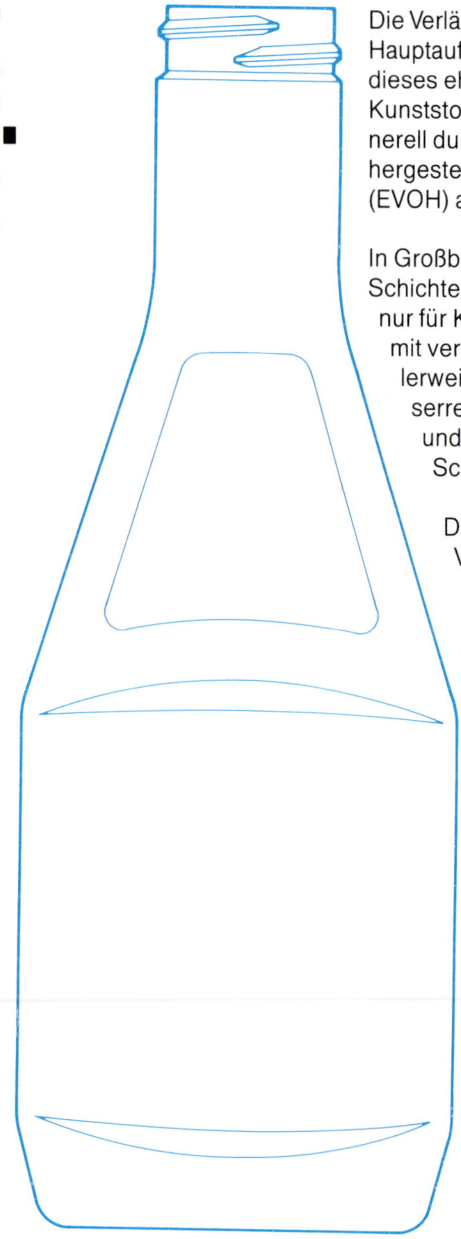

Die Verlängerung der Haltbarkeit unter Erhaltung des Aromas wurde eine Hauptaufgabe für den modernen Verpackungsdesigner. Eine Antwort auf dieses eher unangenehme Problem waren die undurchlässigen Kunststoffflaschen. Diese Mehrschichtflaschen und Behälter werden generell durch mischextrudiertes Blasformen unter Verwendung von Stoffen hergestellt, die undurchlässige Materialien ergeben, wie Ethylvinylalkohol (EVOH) als eine der Schichten.

In Großbritannien wurde die Lamicon-Flasche von Metal Box, die aus fünf Schichten besteht, vom amerikanischen Lebensmittelkonzern Heinz nicht nur für Ketchup, sondern auch für Salatmayonnaise und eine Salatsoße mit vermindertem Kaloriengehalt übernommen. Die Materialien, normalerweise aus fünf Schichten bestehend, haben innen und außen wasserresistente Schichten, meist aus Polypropylen oder Polyethylen, und dazwischen eine gegen Sauerstoff und Öle undurchlässige Schicht.

Die zunehmende Auswahl von undurchlässigen Materialien, die zur Verfügung stehen, bedeutet zusammen mit der Möglichkeit, die Lebensmittel heiß einzufüllen, daß diese undurchlässigen Behälter für viele Produkte benutzt werden können, für die Kunststoffe vor kurzem noch ungeeignet waren, einschließlich der Lebensmittel wie Ketchup und Mayonnaise. Weiterhin erlaubt das vielseitige Blasformverfahren Formwünsche der Kunden zu erfüllen, um das einmalige Markenimage des Kunden zu fördern.

Die Firma Heinz hat zum Beispiel einen neugestalteten 460 g-Behälter eingeführt, um die britische Version dem amerikanischen Produkt anzupassen. Die Flasche hat eine schlanke Kegelform, einschließlich der üblichen »Augenbrauen«, um die besondere Etikettform zu unterstreichen.

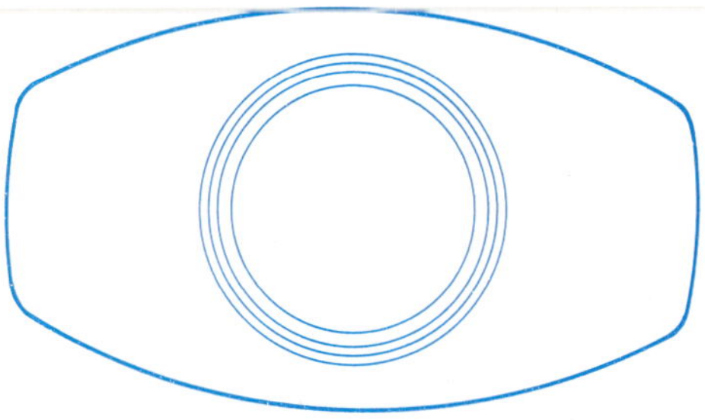

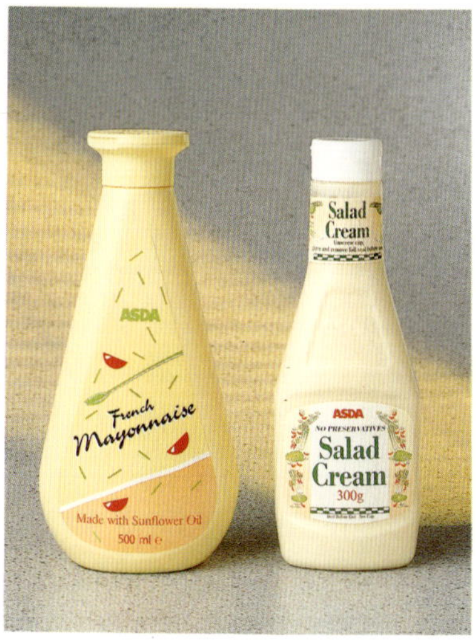

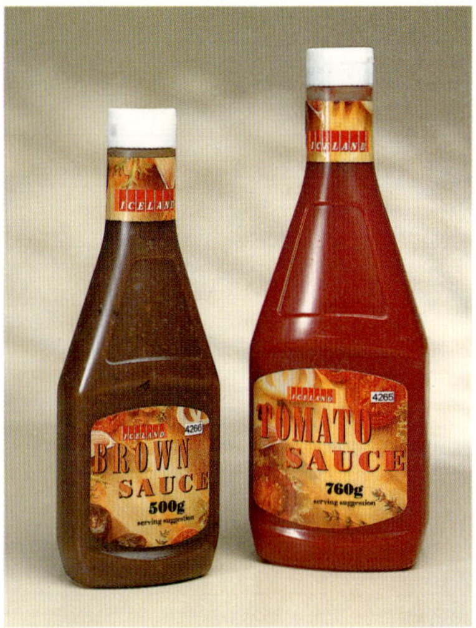

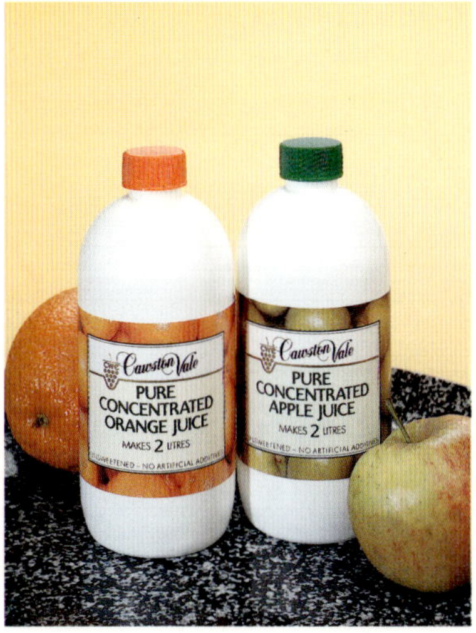

Das neue britische Design der Firma Heinz, gegenüber, ist eine Anpassung an die amerikanische Formgestaltung.

Die europäische Handelskette Asda nutzte die Vielseitigkeit des Blasformverfahrens. Sie trennte sich von den herkömmlichen, undurchlässigen Flaschen mit langem Hals und verwendete moderne Grafiken, die ins Auge springen, für diese Auswahl an englischen Dressings und französischen Mayonnaisen.

Die Firma Iceland wählte diese Flaschen für ihre Ketchup- und Soßen-Eigenmarken.

Die Firma Cawston Vale vermarktete ihr Sortiment konzentrierter Fruchtsäfte in einer weißen 500 ml-Falsche von Lamicon, die wie eine Standardflasche, bekannt als Boston Round, gestaltet war. Sie hat eine Haltbarkeit von einem Jahr. Die Konzentrate wurden früher in klaren Einschicht-Kunststoffflaschen verpackt und hatten eine Haltbarkeit von nur vier Monaten.

Viel mehr Firmen wählen inzwischen die undurchlässigen Behälter wegen der Verlängerung der Haltbarkeit der Produkte. Lamicon-Flaschen wurden auch von der Firma Hammond für eine 350 g-Flasche mit Ketchup im amerikanischen Stil eingeführt und für ein vollständiges Sortiment von Soßen und Senf. Die bruchsichere Flasche bietet eine Produkthaltbarkeit von 12 Monaten und hält den hohen Temperaturen des heißen Abfüllprozesses stand. Die Oberfläche der Flasche ist hell, sagt die Firma, obwohl die Farbe des Produktes, wie bei vielen undurchlässigen Flaschen, etwas trüber erscheinen kann.

Eine 750 g-Version der Flasche, mit einer Folienmembran über der Öffnung, wurde für die Ketchup-Marke Danish Beauvais entwickelt. Die Haltbarkeit des Ketchups wurde dadurch auf 18 Monate verlängert. Benedicta, einer der führenden Soßenhersteller Frankreichs, hat zwei neue Salatdressings in Lamicon-Flaschen auf den Markt gebracht: eine Mayonnaise mit geringem Kaloriengehalt und ein Salatdressing mit dem Namen Sauce Crudites Nature. Die flache Verpackung hat den inzwischen traditionellen langen Hals, den das Unternehmen für Werbung auf der Packung nutzen will, und eine breite Vorderseite für ein großes, häufig in der Form verändertes Etikett. Eine interessante Entwicklung ist die Verwendung farbiger Flaschen anstelle der unüblichen durchsichtigen Behälter: die Mayonnaise befindet sich in einer blaßgelben Flasche, während die Sauce Crudites sich in einer grünen befindet. Die Designer haben wegen der Vielfältigkeit der Formgebung Interesse an diesem Material. Obwohl der technische Nutzen des undurchlässigen Materials unbestritten ist, mag es zu Anfang Schwierigkeiten geben, Kunden davon zu überzeugen, diesen Weg zu gehen, da zusätzliche Kosten durch Material und des Produktionsverfahrens entstehen. Obwohl die Lamicon-Flasche in herkömmlichen Einzelhandelsgrößen teurer ist als Glas, glaubte Metal Box, inzwischen Teil des französischen Unternehmens CBM, daß bei Lieferantengrößen das Gegenteil zutrifft. Das Unternehmen fügt hinzu, daß Marktuntersuchungen zeigen, daß die meisten Einzelhändler in der Lage sind, den höheren Preis aufzufangen, weil die Handlingkosten niedriger sind – die Flaschen sind deutlich leichter als Glas – und es nicht zu Bruchschäden kommt. Metal Box geht davon aus, daß die neuen Verpackungen beim Niedergang der Glasflasche und des Glasbehälters nicht ausschlaggebend sein werden; aber natürlich wird der Wettbewerb sehr scharf sein.

ICI hat ebenfalls Interesse an der undurchlässigen Flasche gezeigt und arbeitet, im Zusammenwirken mit Nahrungsmittelherstellern, aktiv an neuen Materialien. Das Unternehmen glaubt jedoch, daß undurchlässige Kunststoffe für Kaffee, Toilettenartikel und Pharmazeutika ein noch besseres Design bieten müssen. Der Grund ist die immer breitere Anwendung von Polyethylenterephthalat (PET).

3.3 Glasbehälter

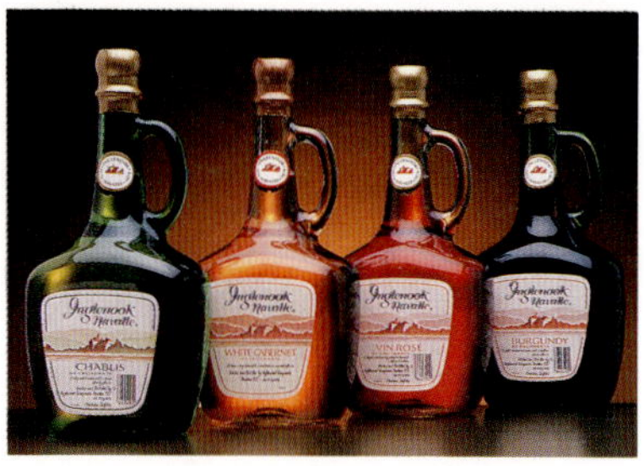

Glas war lange Zeit eine Massenware für Weinflaschen. Designer waren jedoch bestrebt, die Formbarkeit des Mediums voll auszunutzen, besonders für Behälter mit großem Volumen. Diese Flaschen tragen einen eingearbeiteten Ring am Hals und haben einen Griff. Interessant ist auch, daß die Form des Etiketts der etwas außergewöhnlichen Form des Flaschenkörpers folgt.

Bis im achtzehnten Jahrhundert die Blechdose erfunden wurde, waren Glasbehälter – Flaschen und Gläser – die festen Behälter für Nahrungsmittel oder Chemikalien und für die Lagerung im allgemeinen, die ohne Konkurrenz dastanden. Die Anfänge der Glasherstellung gehen auf das Jahr 7000 v. Chr. zurück. Sie war möglicherweise ein Ableger der Töpferei. Die erste Glasindustrie entstand in Ägypten um 1500 v. Chr.

Der Grund dafür, daß Glasbehälter von den Menschen schon früh hergestellt werden konnten, war, daß die Grundbestandteile – Kalkstein, Soda und Kieselerde oder Sand – in großen Mengen vorhanden waren. Wenn diese verschmolzen werden, verbinden sie sich miteinander und bilden ein klares Glas, das geformt werden kann, so lange es heiß ist.

Eigenschaften von Glas

Glas ist wegen seiner Festigkeit ein hervorragendes Material. Selbst der schwächste Behälter kann ein Gewicht von mehr als 100 kg tragen, obwohl es eine geringe Stoßfestigkeit hat und leicht zerbricht, wenn man es fallen läßt. Ein wichtiger Faktor für den größten Verpackungsmarkt – Nahrungsmittel – ist die Fähigkeit von Glas, den Inhalt vor Verunreinigung zu schützen.

Eine weitere Facette, die bei der Verwendung von Glas als Verpackungsmedium immer wichtiger wird, ist seine Fähigkeit, hohen Temperaturen standzuhalten, so daß man es direkt in das Mikrowellengerät geben kann. Bei dem starken Trend hin zu Fertiggerichten bedeutet dies, daß Designer Glas als Alternative für Dosen in Betracht ziehen sollten.

Moderne Designnormen fordern bei Produkten hoher Qualität die Wahl von Glas als Verpackungsmedium. Die Designer der Michael Peters Group arbeiteten in den Hals dieser Flasche der Marke Vecchia Romagna eine spiralenförmige Windung ein. Ein massives, goldfarbenes Medaillon in der mittleren Mulde ersetzt das Etikett. Der Stöpsel aus Glas verleiht der Flasche eine zusätzliche Wirkung von Qualität.

Arbeiten mit Glas

Wie bei jedem anderen Verpackungsmedium auch sollte der Designer alle Aspekte der Arbeit mit Glas bedenken. Da Glas als Verpackung eine große Bedeutung hat, gibt es bereits Richtlinien, an die man sich halten kann, wenn man neue Entwürfe erarbeitet. Der Flaschen- oder Glasinhalt (Volumen) wird meistens als Menge bezeichnet, die ein Behälter enthält, wenn er bis zu einer gewissen Höhe gefüllt wird; dies ist ein Durchschnittswert, denn die Flaschen können innerhalb bestimmter Toleranzgrenzen mehr oder weniger enthalten. In manchen Fällen gibt es gesetzliche Vorschriften, die festlegen, daß der Inhalt auf der Flasche aufgeprägt sein muß.

Bei den Überlegungen zur Art der Substanz, die eingefüllt werden soll, sollte der Designer sich früh um eine Probe bemühen, um das Aussehen des Produktes im Behalter abschätzen zu können. Er sollte feststellen, ob es kalt oder heiß abgefüllt wird, da Glas sich erweitert und seine Größe stark verändert. Die chemischen Eigenschaften des Inhalts können die Wahl des Verschlusses beeinflussen, denn manche Kunststoffe werden von starken Säuren wie Essig angegriffen.

Temperatur und Druck

Flaschen und Gläser sollen Schocks durch Temperatur und Druck standhalten. Deshalb muß der Designer die Einzelheiten von Temperatur- und Druckveränderungen, die möglicherweise während der Verarbeitung oder Lagerung der Verpackung auftreten, richtig beurteilen. Sie können beispielsweise während des Waschens oder Abfüllens auftreten. Kohlensäurehaltige Getränke können den Flaschendruck während des Füllvorgangs auf mehr als 5 bar erhöhen, während Bier den Druck in einer Flasche während des Pasteurisierens auf etwa 6 bar steigern kann. Zwischen Inhalt und Deckel ist meistens ein Hohlraum vorhanden, um die Ausdehnung der Flüssigkeiten bei unterschiedlichen Temperaturen zu berücksichtigen. Wenn ein verschlossener Behälter erhitzt wird, steigt sein Innendruck. Die Druckzunahme kann durch einen ausreichend großen Hohlraum ausgeglichen werden.

Kappen und Verschlüsse

Das Erscheinungsbild, die Farbe und Dekoration des Verschlusses oder der Kappe kann als unerläßlicher Teil des Packungsdesigns betrachtet werden. Die Kosten beschränken möglicherweise die zur Verfügung stehende Auswahl; daher sollte der Designer mit dem Budget sorgfältig umgehen.

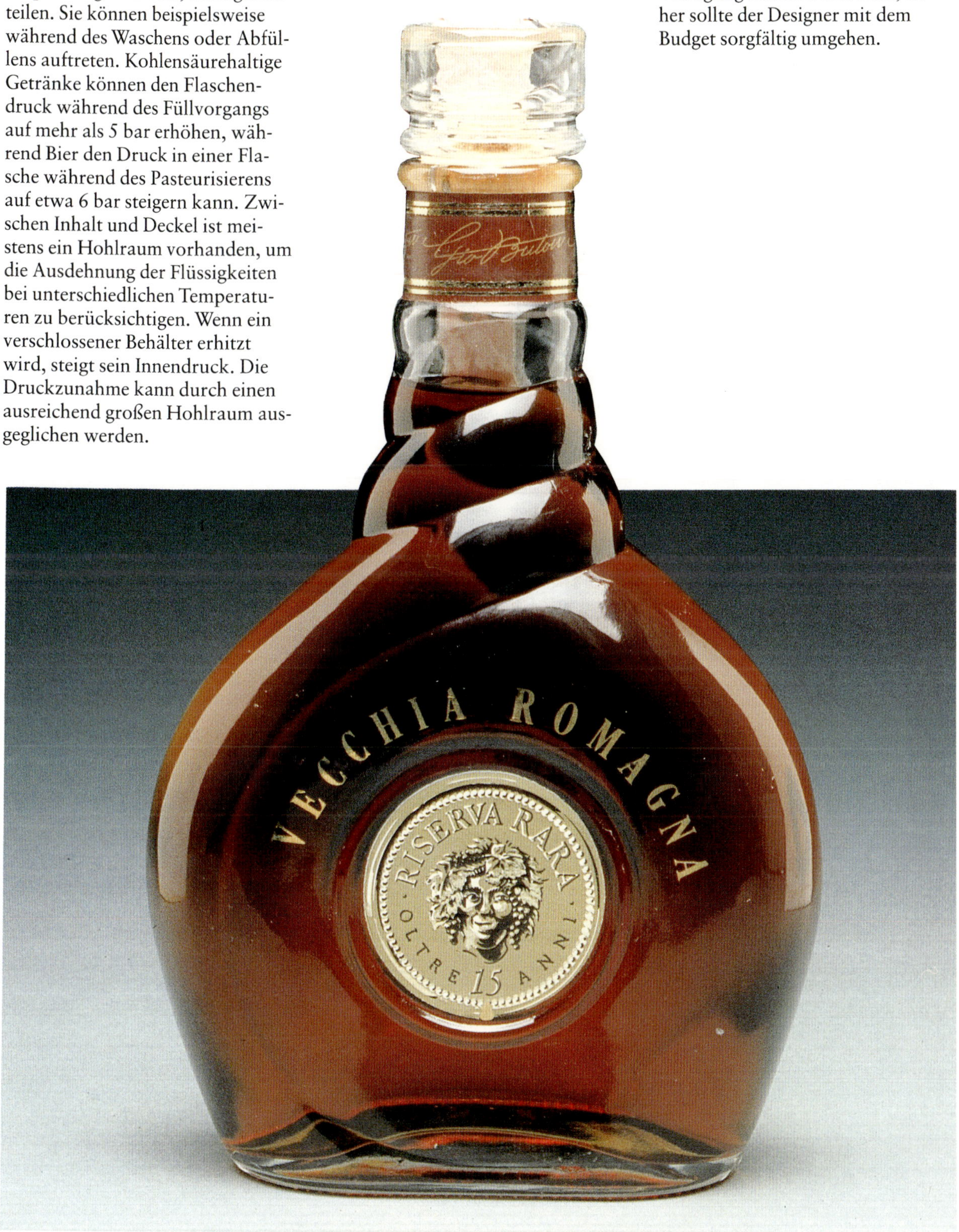

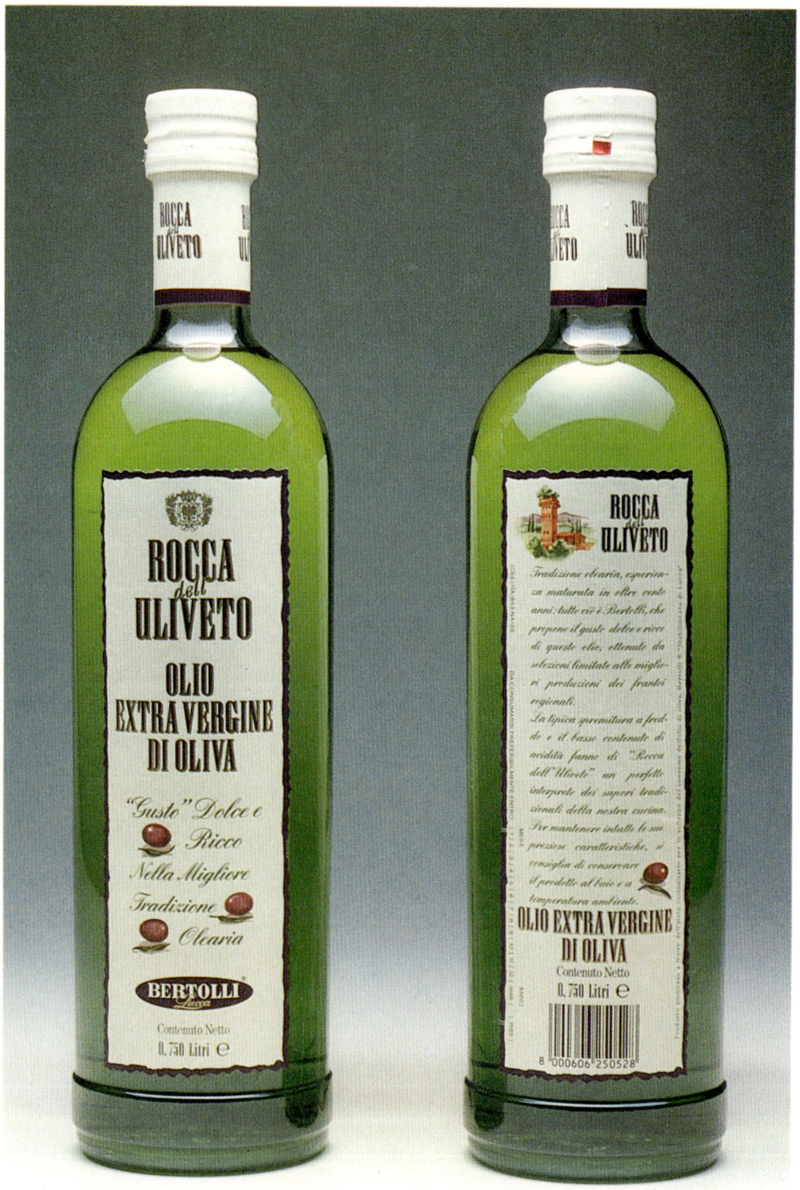

Das höhere Gewicht von Glas gegenüber Kunststoffbehältern vermittelt den Konsumenten das Gefühl, daß sie etwas für ihr Geld bekommen. Fast alle Olivenöle werden aus diesem Grund in Glasflaschen verkauft. Die abgebildeten Flaschen haben eine schlanke Form, die in ihrer Wirkung durch das schmale Etikett unterstützt wird.

Farbiges Glas

Farbiges Glas kann wie bei Wein aus Tradition gewählt werden oder um empfindliche Produkte vor Licht zu schützen, beispielsweise Fotochemikalien und Lösungsmittel. Der Designer sollte mit dem Kunden bei den verschiedenen Besprechungen klären, ob die Farbe ein wichtiger Faktor ist, oder ob der Designer freie Hand hat. 1988 wurde bei Associated British Foods eine neue Technik des Färbens von Glas als Lizenz eines australischen Forschungsunternehmens, Vapocure, eingeführt. Die Farbe oder Farben werden als Schicht mit einer Spritzpistole außen aufgetragen. Ein zusätzlicher Vorteil dabei ist, daß die Beschichtung den Behälter festigt, sagen die Unternehmen. International Distillers and Vintners haben blaubeschichtetes Flintglas für ihren Bombay-Sapphire-Gin verwendet, von dem der größte Teil in die USA exportiert wird.

Überlegungen zur Produktion

Neben Designkriterien muß der Designer auch die Anlagen, die für die Herstellung und Abfüllung der Glasbehälter eingesetzt werden, in seine Planung einbeziehen. Die Hälse und Schultern der Flaschen müssen möglicherweise von Palettierungs- oder Abfüllanlagen aufgenommen werden. Daher sollten sie für die Saugnäpfe der Roboter nicht zu empfindlich oder zu eckig sein. Auf Fließbändern sind zylindrische Behälter oder Flaschenbäuche mit flachen Seiten am stabilsten. Formen mit Taille oder Aussparung sind stabil genug, vorausgesetzt, daß der Durchmesser oder die Breite der Form an zwei unterschiedlichen Höhen gleich ist.

Etiketten

Die Größe und Form des geplanten Etiketts sollte ebenfalls gut überlegt werden. Die beste Oberfläche zur Etikettierung ist zylindrisch und hat einen großen Radius, so daß sich das Etikett einfach aufkleben läßt. Kugelförmige und konkave Oberflächen kommen meistens nicht in Frage, da Papier leicht knittert, wenn es in mehr als einer Richtung gefaltet wird. Kunststoffmanschetten könnten hier eingesetzt werden, was aber zur Zeit noch nicht geschieht. Manschetten können auf einen Behälter geschrumpft werden, indem unterschiedliche Teile des Etiketts erhitzt werden, so daß es die Form der Flasche annimmt, ohne Falten zu werfen.

Recycling

Recycling ist für die Hersteller von Glasbehältern von größter Bedeutung, da dies die Energiekosten senken kann. Es kann auch angesichts der Umweltbewegung genutzt werden, dem Glas gegenüber Kunststoffverpackungen im Wettbewerb einen Vorteil zu verschaffen. Obwohl es keine konkreten Marktuntersuchungen darüber gibt, wie der Verbraucher Pfandflaschen gegenübersteht, lohnt es sich dennoch, die Wiederverwertbarkeit von Glas zu betonen. Bei einigen Produkten wie Bier, Cidre, Mineralwasser und manchen Molkereiprodukten möchte der Designer vielleicht Pfandflaschen verwenden. Diese müssen Belastungen mit einem Minimum an Schäden standhalten können. Die wirtschaftliche Überlegung ist, daß die Transportkosten – zwischen Geschäft und Zuhause – gering sein sollten. In Großbritannien können Glasflaschen bei Lieferung und Abholung an der Haustür bis zu 30mal verwendet werden, so daß die Kosten pro Transport etwa 1 Pence betragen. Die Alternative wäre, das Gewicht und die Stärke der Flasche auf das Minimum, das für einen Transport nötig ist, zu reduzieren. Behälter, die nicht zurückgegeben werden können, sollten daher etwa zwei Drittel der Stärke einer Pfandflasche haben.

Gebrauchseigenschaften

Unter Umständen gibt es besondere Anforderungen beim Halten oder beim Gießen, die der Designer beachten muß: wird das Produkt mit nassen Händen geöffnet, im Badezimmer, in der Küche oder Garage? Welche Menge des Produkts wird auf einmal verwendet? Wie läßt sich das Produkt gießen? Dickflüssige Produkte wie Sirup oder Maschinenöle brauchen eine breitere Öffnung.

Gesetzliche Vorschriften

Schließlich gibt es immer gesetzliche Einschränkungen oder Vorschriften, die der Glasdesigner beachten muß, besonders jene, die sich mit Gewichten und Maßen befassen und mit der Verwendung von Flaschen als Meßbehälter. Abgesehen von der allgemeinen Haftbarkeit unter örtlichen Verkaufsbestimmungen und Vorschriften zur Gesundheit und Sicherheit am Arbeitsplatz gibt es mehrere spezifische Vorschriften, die man beachten muß: die Kontrolle des Flascheninhalts, die Verpackung von Gift und Verpackungen für den Export sind nur einige. Andere Punkte schließen die Vermeidung von patentierten oder registrierten Entwürfen ein. Designer sollten sich eine Materialsammlung aufbauen, die ihnen hierbei hilft.

Design mit Glas

Flaschen aus Kunststoff, besonders PET und PVC, besitzen nicht die Oberflächenqualitäten, die sich viele Designer für ihre Produkte wünschen. Wenn ein Designer einem Gefäß ein mattiertes Aussehen gibt, kann es den Anschein geben, daß es kühl und erfrischend ist. Einigen Herstellern ist es gelungen, PET diese Oberflächenbeschaffenheit zu geben (siehe Kapitel 3.2), aber sie ist bei Kunststoffen nicht üblich. Eine weitere Glasoberfläche ist die Marmorierung, die wirkungsvoll von dem westdeutschen Glasdesigner August Heinz für Kosmetikbehälter eingesetzt wird.

Andere Vorteile beim Design von Glas sind die vielfältigen Effekte, die man entweder durch die Form oder durch Oberflächenausführung erreichen kann, beispielsweise den Eindruck, daß ein Glas mit dem Produkt prall gefüllt ist. Hersteller von Marmeladen und Konserven erreichen diese Wirkung, indem sie bauchige Seiten oder faßförmige Behälter wählen. Wenn man einen Griff oder eine spezielle Gieß- oder Abflußtülle anbietet, bekommt ein Produkt ein nützliches oder »hand-

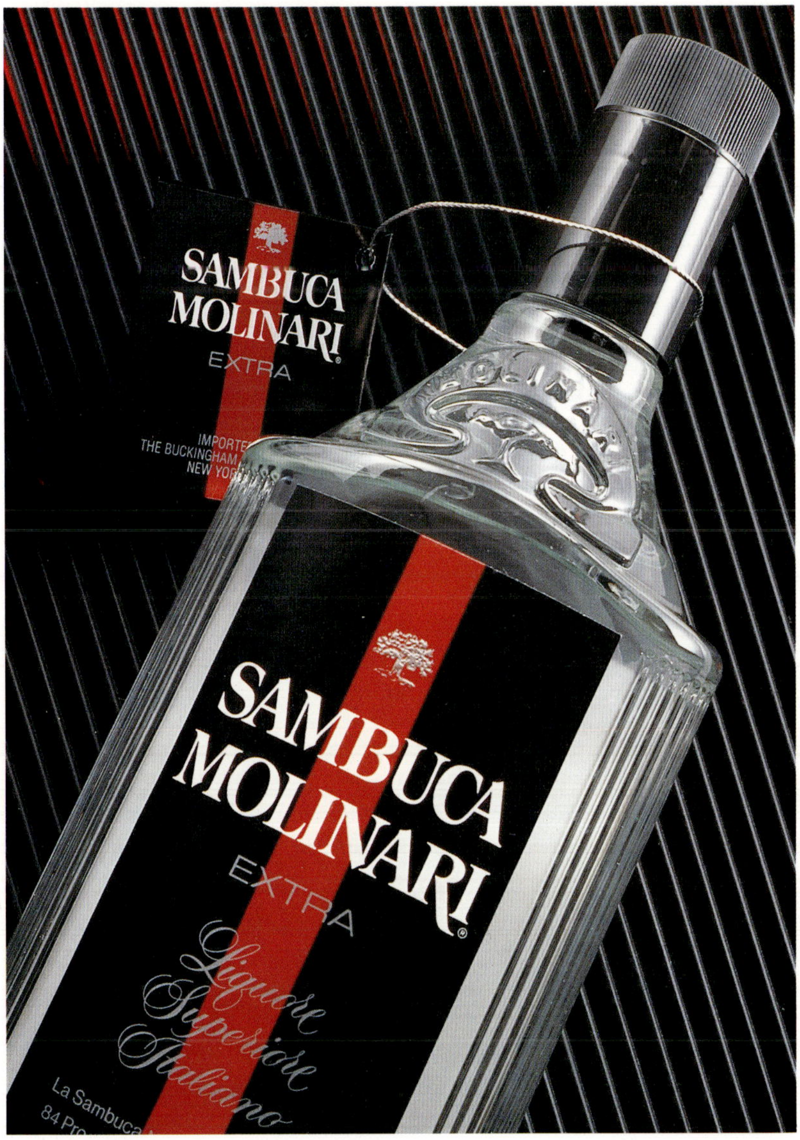

Das glänzende rot-schwarze Etikett auf dieser dickwandigen italienischen Spirituosenflasche vermittelt zusammen mit der Umhängekarte den Eindruck einer besonderen Qualität. Dieser wird noch verstärkt durch die geriffelten Seiten und das eingeprägte Logo auf der Schulter der Flasche.

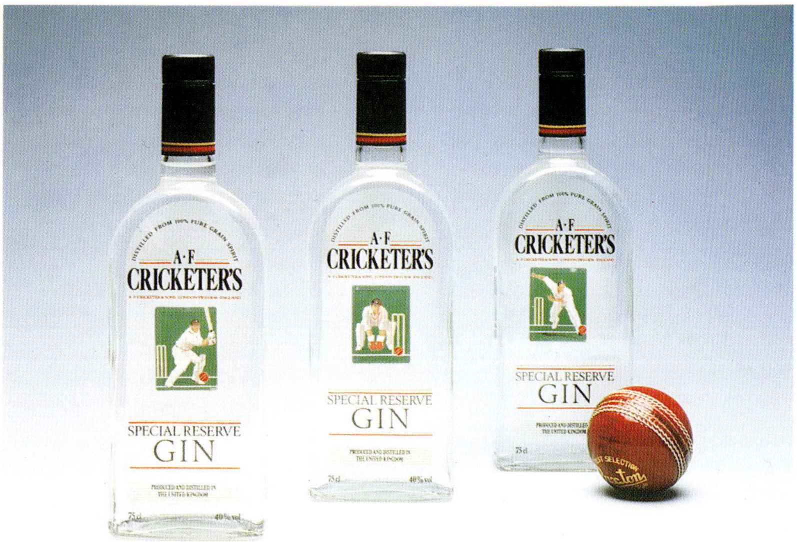

Die Form der Flasche erinnert an einen Cricketschläger und ist Teil des Cricket-Image. Sie bietet flache Seiten, die sich gut für das Aufkleben der Etiketten eignen.

liches« Aussehen. Flaschen mit Salatdressing, die so geformt sind, daß sie sich der Hand anpassen, gehören ebenfalls in diese Kategorie, wie auch Gießkaraffen und bestimmte Medizinflaschen. Flache Vorderseiten oder Facetten bringen das Image von hoher Qualität zur Geltung, indem sie den Verbraucher an Juwelen oder Kristallglas erinnern. Diese Wirkung ist bei Kosmetika und teuren Spirituosen nützlich.

Form

Wie bereits in Kapitel 1.4 dargestellt wurde, kann die Form selbst eingesetzt werden, um einer Packung bestimmte Eigenschaften zu geben: Altmodische Formen können Verläßlichkeit und Reife suggerieren, daß ein Produkt gut etabliert ist. Im Gegensatz dazu kann die Verpackung durch die Verwendung eines stromlinienförmigen und eckigen Designs modern erscheinen. Diese Prinzipien treffen nicht nur für Glas zu, aber wenn sie zusammen mit diesem durchsichtigen, schweren Material verwendet werden, können sie zu sehr wirkungsvollen Marketinginstrumenten werden.

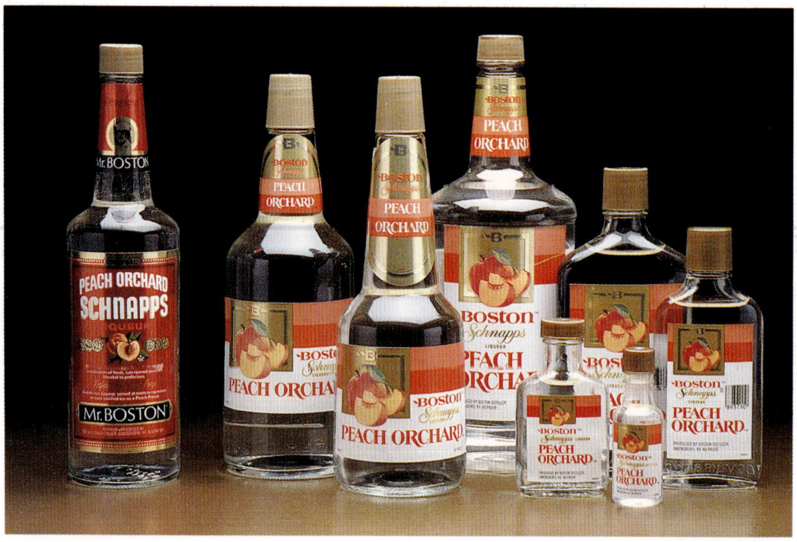

Glas bietet dem Designer vielfältige Möglichkeiten der Gestaltung von Produktreihen. Diese Reihe von Likörflaschen, die von großen Gefäßen mit zwei Litern Inhalt bis zu Miniaturgrößen reicht, ist gekennzeichnet durch die Form der Verschlüsse sowie durch die Farbe und den Stil der Etiketten. Dies stellt sicher, daß sie als das gleiche Produkt erkannt werden. Das alte Design auf der linken Seite, das ein Metallicrosa verwendet, entsprach vielleicht zu wenig dem modernen Geschmack.

Größe und Fassungsvermögen

Zur Zeit haben die Hersteller eine ziemlich freie Wahl bei den Mengen, in denen sie ihre Produkte verkaufen. Das bedeutet, daß Designer ebenfalls eine freie Wahl bei den Behältern haben, die sie entwerfen. Nationale Gesetze jedoch, wie beispielsweise das Gesetz über Gewichte und Maße aus dem Jahr 1963 in Großbritannien, schreibt verbindliche Größensortimente für einige Produkte vor: für Milch, Pulverkaffee, Honig und Marmelade, und es ist wahrscheinlich, daß mehr Produkte dazukommen werden. In Großbritannien werden unter anderem vollständige Flaschenspezifikationen vom British Standards Institute herausgegeben, die alle dimensionalen und physikalischen Eigenschaften mit zulässigen Abweichungen und den Mitteln zur Überprüfung abdecken.

Die Liste der allgemeinen Handelsflaschen, die für den Designer verfügbar sind, ist umfassend. Es gibt eine Reihe von Hauptgruppen einschließlich Winchester Flaschen und ovale Flaschen für Gifte, die meistens geriffelt sind. Für Spirituosen verwendet man meistens hohe runde Flaschen mit 750 ml oder mehr Inhalt, Taschenflaschen für einige der kleineren Größen und verschiedene Miniaturen. Natürlich gibt es bemerkenwerte Ausnahmen: Johnny Walker Scotch Whisky und Jack Daniels Bourbon werden in viereckigen Flaschen verkauft, was teurer ist.

Die Herausforderung durch PET

Während des letzten Jahrzehnts gab es auf dem Kunststoffmarkt wichtige Neuentwicklungen; neue Produkte wie das orientierte Polypropylen (PP-O) und neue Mischungen ersetzen erprobte und bewährte herkömmliche Materialien. Auf den Süßwaren- und Keksmärkten haben beispielsweise glänzende, luftdichte PP-O-Filme weltweit die Papier- und Zellulosefilme fast völlig ersetzt.

Aber es ist die Entwicklung von Polyethylenterephthalat (PET)-Flaschen, für die unter anderem Materialien von ICI und Eastman Chemicals verwendet werden, die Glas von vielen Regalen im Supermarkt verdrängt hat, wie im vorherigen Kapitel bereits beschrieben wurde.

Bei den Markttrends geht jedoch nicht alles nach dem Willen der Kunststoffhersteller, denn die Designer entdecken das Glas wieder. Ein entscheidendes Jahr für das Comeback war 1985, als ein internationales Konsortium für die Untersuchung der Stärke von Glas eingerichtet wurde, International Partners in Glass Research. Zu der Gruppe gehören amerikanische und europäische Unternehmen, die alle dasselbe Ziel haben: Sie wollen das Gewicht von Glas bis Mitte der neunziger Jahre um die Hälfte reduzieren, es aber gleichzeitig zehnmal stärker machen.

Zu den anderen Mitgliedern des Konsortiums gehören ACI International aus Australien, die amerikanische Emhart Machinery Group und Brockway (jetzt mit Owens-Illinois, USA, fusioniert – der Muttergesellschaft von United Glass, Großbritannien). Ein weiterer nordamerikanischer Partner ist die Consumers Glass Co, Canada; die westdeutsche Industrie ist durch Weigand Glas vertreten und die japanische durch Yamamura Glass.

Fester und leichter

Der Plan des Konsortiums »International Partners in Glass Research« ist, auf dem Wissen, das man in anderen Bereichen der Glastechnologie bereits erreicht hat, aufbauend, Techniken zu entwickeln, um die innere Festigkeit von Glas zu bewahren: Computerberechnungen haben ergeben, daß Glas, wenn es als geschmolzene Flüssigkeit bei 1400 Grad Celsius in die Flaschenformen tropft, zwanzigmal fester ist als rostfreier Stahl. Es verliert diese Festigkeit jedoch bald, wenn es auf der Oberfläche mikroskopisch kleine Fehler bekommt.

Oberflächenbeschaffenheit

Der gutunterrichtete Designer kann heute in Zusammenarbeit mit dem Glashersteller die Oberflächenbeschaffenheit von Behältern bestimmen. Die meisten Flaschen und Gläser können mit verschiedenartigen Zusammensetzungen, die Titan oder Zinn enthalten, durch Sprayen beschichtet werden. Die verschiedenen Beschichtungen härten die Oberfläche des Glases in unterschiedlichem Maß und verhindern, daß die Flaschen zu stark verkratzt werden. Diese Beschichtungen sind nicht neu, aber Wissenschaftler des Massachussetts Institute of Technology glauben, daß neue Chemikalien, sog. Sole/Gels, ebenfalls als Beschichtungen eingesetzt werden können. Sole/Gel-Beschichtungen sind etwas Besonderes, weil sie nicht einfach die Sprünge überkleben – sie sind möglicherweise in der Lage, Fehler und Kratzer wieder zu versiegeln. Dies ist nur ein Forschungsbereich bei etwa dreißig Projekten.

Glasieren

Die wichtigste Gestaltungsmöglichkeit für das Design von Glas wird bereits seit Tausenden von Jahren praktiziert: das Glasieren. Wie Töpferwaren können auch Glasbehälter glasiert werden. Eine Mischung aus speziellen Chemikalien wird durch die Hitze eines Ofens fest mit der Oberfläche der Flaschen verbunden. Das Verfahren ähnelt stark dem Glasieren von Töpferwaren in einem Brennofen. Die Glasur wird komprimiert und härtet die Flasche. Diese Entwicklungen werden weltweit untersucht. Während der letzten Jahre sind manche Flaschen, die in den Supermarktregalen zu finden sind, zwei- bis dreimal härter geworden als früher. Die Hersteller sind noch nicht bereit, mitzuteilen, was bei ihren Tests herausgekommen ist, aber offensichtlich werden die Ergebnisse für jeden Designer, der sich für Glas als Verpackungsmedium interessiert, aufschlußreich sein.

Das Gewicht

Als Nebenprodukt bei der Suche nach größerer Festigkeit wird sich wahrscheinlich ergeben, daß die Glasflaschen und Gläser von morgen nur noch halb so viel wiegen werden wie heute, was dem Verbraucher bei seinem Großeinkauf zugute kommt.

United Glass hat bereits Gewichtsersparnisse bekannt gegeben: Das Unternehmen hat Behälter entworfen, die bis zu 20 Prozent weniger wiegen als frühere Behälter. Die Ergebnisse des neuen Designs sah man bereits 1986, als das Unternehmen seine Weinflasche mit 75 cl Inhalt einführte, die nur einen Bruchteil mehr wog als die existierenden Flaschen mit 70 cl Inhalt. Die Flaschen wurden mit Blick auf die neue europäische Gesetzgebung eingeführt, die 1989 die Größen mit 75 und 70 cl Inhalt zur Norm machen will. Das Unternehmen hatte auch mit Spezialbeschichtungen experimentiert, um dünnes Glas zu verstärken, aber der Hauptbeitrag für das geringere Gewicht der Weinflasche war die bessere Steuerung des Herstellungsprozesses. United Glass führte bei seinen Glasschmelzöfen eine Computersteuerung ein, was zu größerer Flexibilität und größerer Präzision bei der Vorbereitung des geschmolzenen Glases für die Schmelzöfen führte. Dies hat direkte Auswirkungen auf die Qualität der Endprodukte. Diese Überlegungen müssen jedoch dem Gewicht von Glas als Marketingvorteil gegenüber gestellt werden, da ein schwereres Produkt ein qualitätsvolleres »Gefühl« vermittelt.

Glas bewegt sich auf dem Markt nach oben

Man kann behaupten, daß die Verwendung von Kunststoffen bei Erfrischungsgetränken und Säften andere Designer gezwungen hat, den Marktwert von Glas als Verpackungsmaterial zu steigern – die Resultate erkennt man daran, daß Likör- und Spirituosenhersteller zunehmend Stile mit reichen Verzierungen entwickeln, um dem Qualitätsimage, mit dem sie für ihre Produkte werben, zu entsprechen. Neue Formen der Verpackung, z. B. die Weinkaraffe, haben beim Glas ebenfalls wachsenden Erfolg. Eine der ungewöhnlicheren Glaspackungen der letzten Jahre war ein ananasförmiges Glas für Ananassoße vom amerikanischen Unternehmen Dole. Angeblich war es das erste Mal, daß Ananas in Glas verpackt wurde. Der Designer des Glases nutzte die Formbarkeit von Glas, um spiralförmige Blümchen zu präsentieren, die an der Außenseite der Gläser arrangiert waren. Die Idee des repräsentativen Glases macht die Packung nicht einfach zu einem Gebrauchsgegenstand, sondern zu einem Artikel, den der Verbraucher direkt aus dem Schrank auf den Tisch bringen würde. Die Packung erhält auf diese Weise Profil und die gleiche Bedeutung wie das Nahrungsmittel. Wenn das Nahrungsmittel aufgebraucht ist, kann der Behälter zu Hause als Vorratsglas benutzt werden; er gibt dem Verbraucher also eine permanente Verkaufsbotschaft. 1988 produzierte Rockware Glass grüne Flaschen mit 75 cl Inhalt für Hedges & Butlers französischer Version von Eisberg, einem Wein mit niedrigem Alkoholgehalt. Das Hauptmerkmal des Entwurfes war eine Punktierung, die erreicht wurde, indem eine Reihe von Gipfeln auf die unteren zwei Drittel der Flasche geprägt wurden.

Vielseitigkeit von Glas

Die Formbarkeit des Glases macht es sehr vielseitig: Es ermöglicht die Herstellung von Kannen mit integrierten Henkeln für große, aber dennoch kleinhalsige Flaschen. Diese Formbarkeit bedeutet, daß sich aus Glas auch sehr feine Artikel wie pharmazeutische Ampullen und andere Formen von Behältern für Medikamente herstellen lassen. Diese zerbrechlichen Artikel machen irgendeine Form von sekundärer Verpackung erforderlich, wie zum Beispiel die unterteilten Schachteln von Dividella für Ampullen.

Ein weiterer Vorteil von Glasverpackungen ist, daß die Verbraucher es zu schätzen scheinen, daß sie wiederverwendet werden und eine ganze Reihe von Funktionen erfüllen können. Natürlich werden Gläser und Flaschen schon seit vielen Jahrhunderten weiterverwendet, aber viele Hersteller produzieren jetzt Trinkgläser mit Plastikdeckeln, die Senf, Gelees und Konserven enthalten; ein deutscher Joghurthersteller bietet Korkstöpsel an, mit denen sich aus Glasbehältern Vorratsgläser für Kräuter machen lassen. Die Schlüsselbotschaft in diesen Fällen ist, daß Glas eine reelle Ware ist.

In der Tat sollten Designer die Tatsache nutzen, daß Glas dieses Image der Nützlichkeit bietet: Es korrodiert nicht, es färbt nicht ab und wird nicht leck, es bleibt im Gebrauch attraktiv und ist undurchlässig. Glas sollte für Waren von hoher Qualität eingesetzt werden. Außerdem läßt es sich leicht bei sehr hohen Temperaturen mit Produkten füllen, weil Glas selbst erst bei mehreren hundert Grad Celsius flüssig wird. Die früheren Probleme bei Behältern, die durch Temperaturschock zerbrachen, gibt es bei den meisten Qualitätsbehältern aus Glas nicht mehr.

Gläser lassen sich auch auf den Regalen des Einzelhandels stapeln, ohne zerdrückt zu werden. Sie lassen sich leicht wieder verschließen.

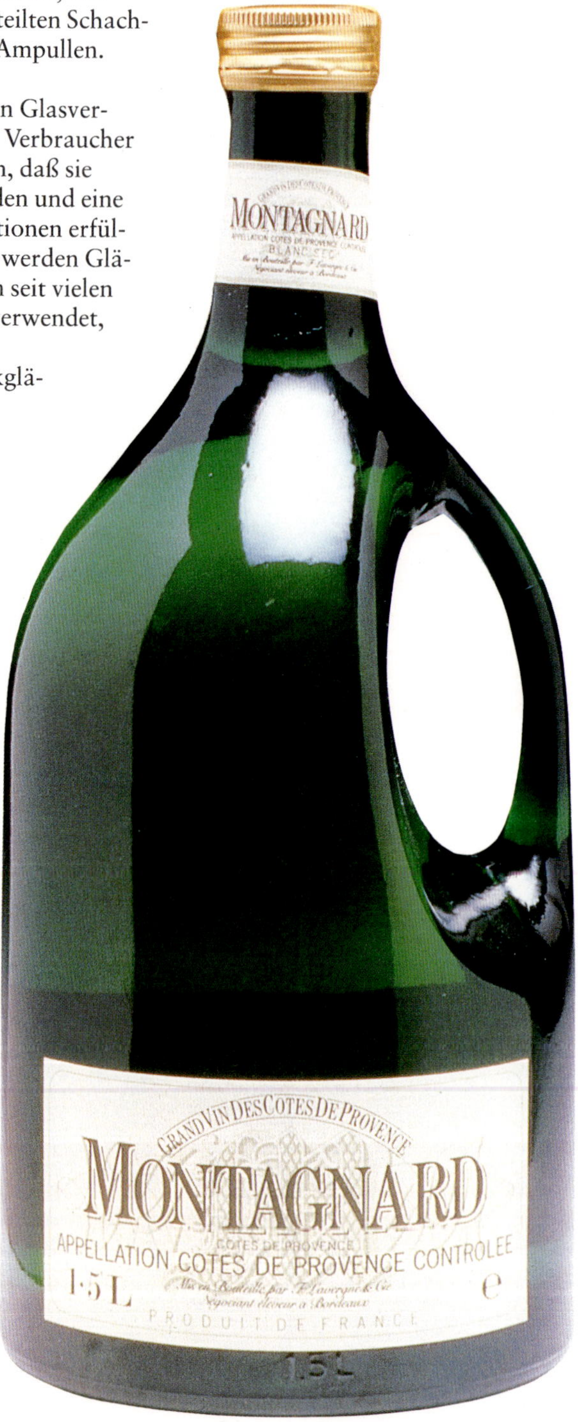

In diese 1,5 l-Flasche von Grants of St. James's wurde ein Griff eingearbeitet, um das Einschenken zu erleichtern. Zur Flasche gehört ein Schraubverschluß aus Weißblech, der versiegelt wird. Das Etikett trägt eine raffinierte Typografie, die hohe Ansprüche ausdrücken soll, obwohl das Konzept des großen Behälters einer Mengenprodukt-Taktik folgt.

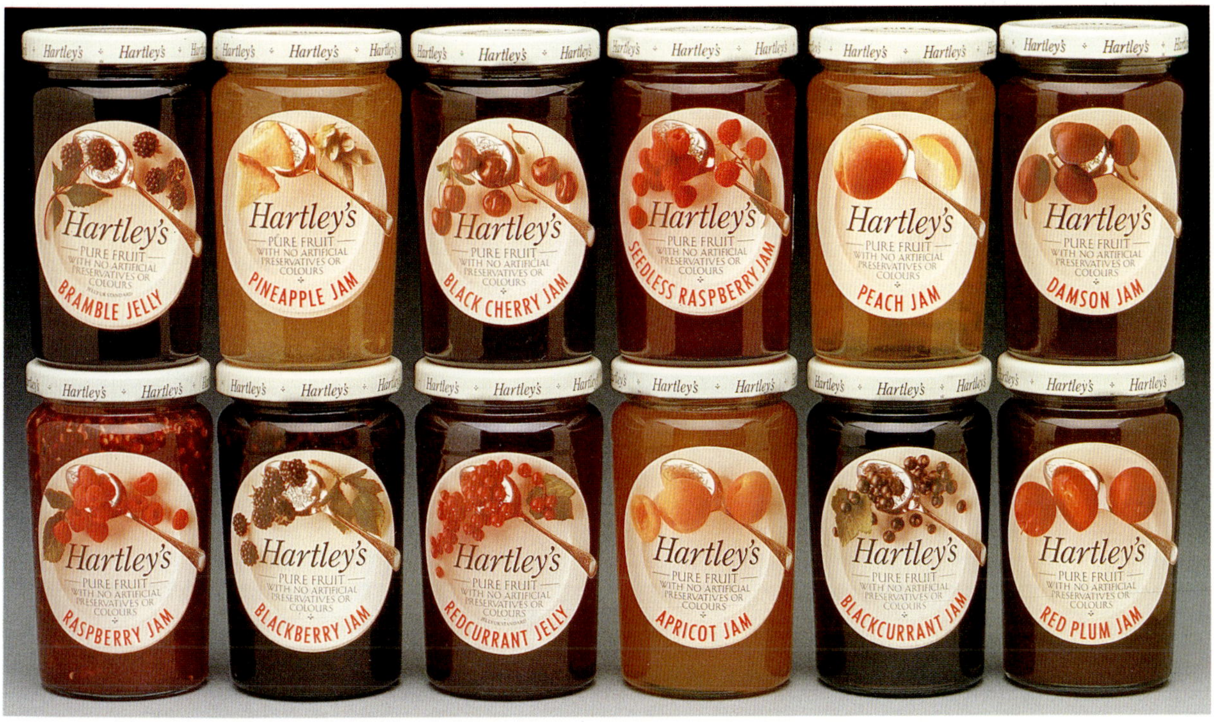

Es gibt viele praktische Gründe, warum Produkte in Glas verpackt werden sollten, aber wichtig sind auch die wahrgenommenen Eigenschaften wie Reinheit und visuelle Anziehungskraft: Man kann das Produkt im Innern sehen, und der Verbraucher weiß oder glaubt, daß es vom Packungsmaterial unbeeinflußt ist, egal ob es sich um ein Nahrungsmittel, einen Kosmetikartikel oder ein Medikament handelt.

Anwendungsbereiche

Trotz des Vordringens von Materialien wie PET und PVC bei Verpackungen für Säfte und Stärkungsmittel ist Glas immer noch eine wichtige Verpackung. Dies trifft besonders auf die USA, Westdeutschland und Frankreich zu, wo die Verwendung von Glasbehältern für Bier, Cidre und Wein weiter verbreitet ist als in Großbritannien. Nirgendwo ist dies offensichtlicher als in den riesigen französischen Großmärkten, wo fast alle Biersorten in grünen Einwegflaschen von 25 cl Inhalt abgefüllt sind. Sogar die Behälter für Erfrischungsgetränke bis zu 1 l Inhalt bestehen in Frankreich trotz großer Steigerungen bei der Verwendung von PET aus Glas. Es gibt mehrere kleinere Unternehmen wie Pochet, die sich auf die Herstellung kleiner Glasflaschen für die bekannten französischen Parfüm- und Kosmetikhäuser spezialisiert haben. Einer der Führer in diesem Bereich sowie bei den Pharmazeutika ist Desjonqueres, eine Tochtergesellschaft von Saint-Gobain.

Die Hauptverwendung von Glas in Großbritannien scheint bei gefriergetrocknetem Kaffee oder Pulverkaffee zu liegen und bei Marmelade. Im Nahrungsmittelbereich gibt es bei Aufstrichen und Pasten wenig Anzeichen, zu Kunststoff überzugehen, aber sie haben nur einen kleinen Marktanteil. Pharmazeutika werden immer häufiger in Kunststoffpackungen und Schachteln verpackt, weil sie leicht sind, aber es scheint, daß es schwer sein wird, Glas vom Kosmetikmarkt zu verdrängen.

Diese Gläser des Marmeladenherstellers Hartley hatten jahrelang die gleiche Form. Angesichts eines starken Wettbewerbs mit vielen Eigenmarken waren die Designer gezwungen, die Gestaltung des Etiketts dafür einzusetzen, sich der Konkurrenz zu entledigen und das Produkt in anspruchsvolleren Marktsegmenten anzusiedeln. Das neue, ovale Etikett, das sich von den rechteckigen unterscheidet, hebt die Verpackung von sonstigen Marmeladengläsern ab. (Design von Michael Peters Group)

Kosmetika

Die Syrer waren die ersten Glasbläser der Geschichte; sie stellten unter anderem Parfümfläschchen in modischen Blau- und Violettönen her. Die Römer erweiterten die Kunst und erfanden neue Methoden beim Schneiden und Gravieren von Glas und führten zudem frühzeitig Techniken der Massenproduktion in ganz Europa ein. Schon damals erkannten Parfümhersteller, daß Glas eine hohe Qualität gewährt, die von anderen Materialien nicht erreicht wird.

Dem britischen Designunternehmen Packaging Innovation zufolge können nur mit Glas die unterschiedlichen Wirkungen erreicht werden, durch die sich ein Duft von dem anderen in einem stark zersplitterten Weltmarkt unterscheidet: »Manche Produkte nutzen die kristallene Klarheit von transparentem Glas in starken geometrischen Formen, um ein facettiertes, edelsteinartiges Aussehen zu kreieren, beispielsweise Gem und Giorgio, die sich beide bei der Wirkung auf die Lichtdurchlässigkeit verlassen.« Obsession von Calvin Klein ist auf ähnliche Weise entworfen, indem Kurven den Eindruck einer Lichtansammlung in der niedrigen, weichen Form geben.

Ätzen mit Säure

Gegen Ende der achtziger Jahre wurde das Verfahren des Ätzens mit Säure beliebt. Bei drei neuen Produkten wurde die Technik wirkungsvoll angewendet: Montana, Salvador Dali und ein Sortiment von Jean Patou. Die Flasche von Montana hat z. B. spiralförmige, durchsichtige Stufen. Die letzte Stufe bildet den Verschluß der Flasche, in den der Name in Metallicblau eingeätzt ist. Das Design ist einprägsam und unverkennbar.

Viele Parfümflaschen haben schwere Glasstöpsel. Die Wirkung, die sie erreichen, läßt sich mit einfachen Drehverschlüssen aus Kunststoff nicht erzielen, egal ob Designer die neuen metallisierenden Techniken zur Verbesserung ihrer Erscheinung verwenden oder nicht (siehe Kapitel 3.2). Form und äußeres Design sind für diesen Markt entscheidend – kein Parfüm kann es sich leisten, wie das andere auszusehen. Aber es gibt viele Nachahmer guter Entwürfe, beispielsweise bei der traditionellen schlanken Linie von Chanel No 5 oder Yves St. Laurents Opium. Opium ist auch unter einem anderen Aspekt interessant: Es hat ein Kunststoffenster im Produkt, wodurch der Eindruck eines Edelsteins, der im Innern eingeschlossen ist, entsteht.

Die führenden Parfümhersteller weltweit sind die Franzosen und Italiener. Die Qualität und Ausstrahlung des Designs sind unübertroffen, wie man an allen Kollektionen von Luigi Bormioli ablesen kann. Japanische Designer sind ebenfalls wichtige Akteure beim Design, obwohl sie PET wirkungsvoll einsetzen und in Verbindung mit dem herkömmlichen, starken Glanz und der Klarheit von Glas ein neues, leichtes Gefühl anbieten. Getöntes PET läßt sich in sehr subtilen Farben herstellen.

Creme, Puder und Pasten werden in Gefäße gefüllt, die gewöhnlich aus Glas oder Keramik bestehen. Aber auch hier werden sehr wirkungsvoll Kunststoffe eingesetzt, die aussehen und sich anfühlen wie schwerere Materialien. Bei teuren Produkten wird das Glas jedoch noch viele Jahre durch nichts zu ersetzen sein. Das zusätzliche Gewicht ist hier ein wichtiges Designmerkmal.

Die meisten Glashersteller bieten eine Anzahl von Standardflaschen an, von denen sich die Designer eine Form aussuchen können, anstatt eine neue, eigene Form zu entwerfen, was teuer ist. Mit diesen Standardflaschen, die ein Etikett tragen und mit Bändern verziert sind, erreichte das Parfümerieunternehmen Penhaligon genau die Ausgewogenheit zwischen Modernität und Tradition, das es anstrebte. Der Glasstöpsel rundet das Image ab.

Wein

Auch die meisten Weinflaschen haben ein herkömmliches Design. Die Formen und Abmessungen für Weißwein-, Burgunder- und Bordeauxflaschen sind bereits wirkungsvoll standardisiert. Bei manchen Weinflaschen wird farbiges Glas verwendet, um zwischen den Anbaugebieten zu unterscheiden. Rieslingweine werden meistens in hohen, schlanken Flaschen abgefüllt. Bei einer grünen Flasche weiß man, daß der Wein von der Mosel kommt, während bernsteinfarbene Flaschen für die Anbaugebiete am Rhein verwendet werden. Vorübergehend gab es auch einmal blaue Flaschen aus dem weniger bekannten Nahe-Gebiet.

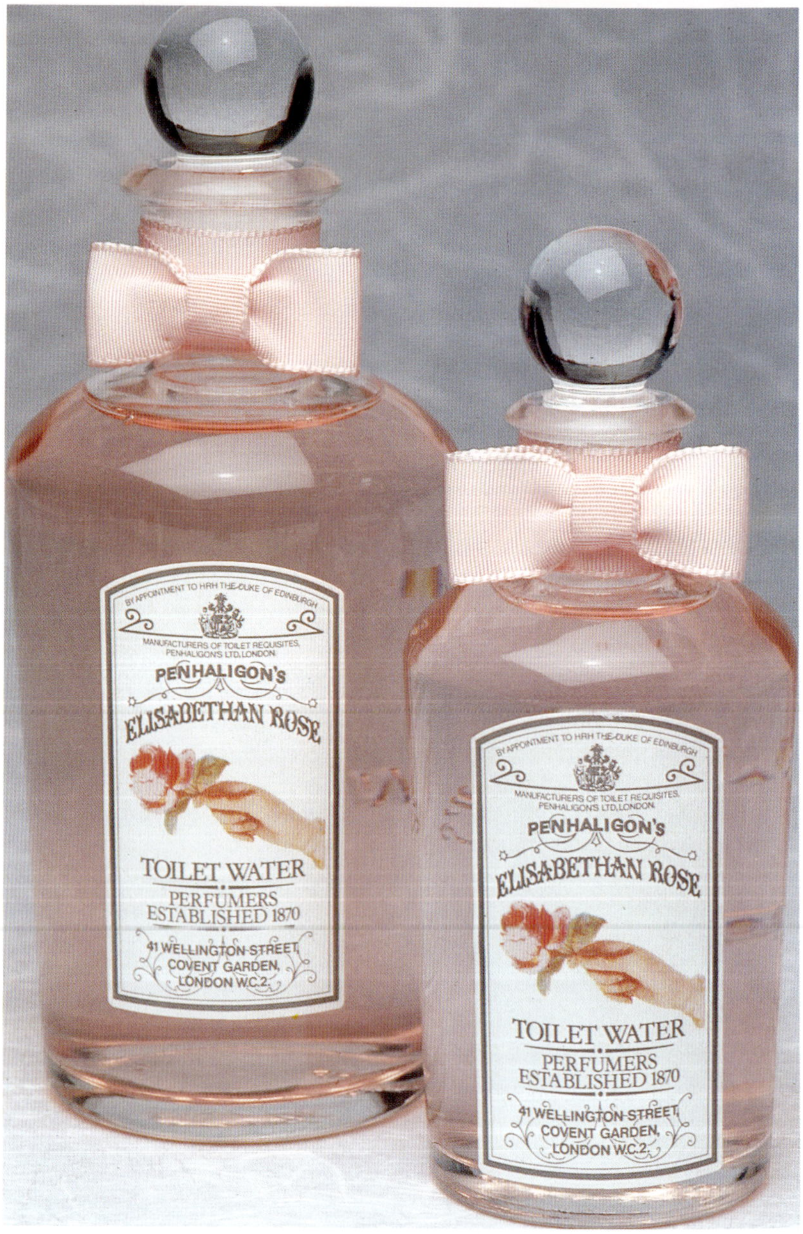

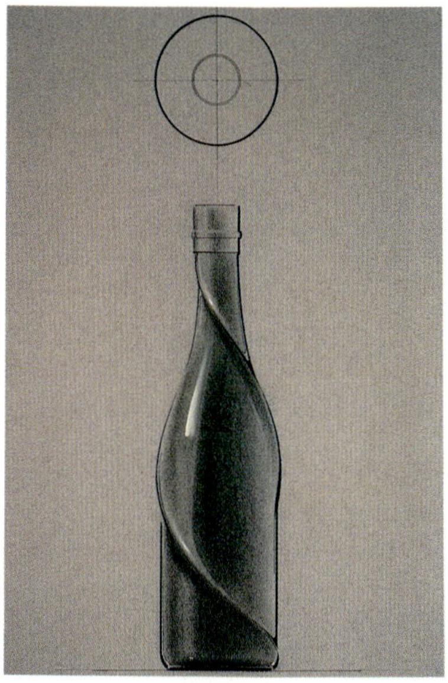

Die Vielseitigkeit der Glasverpackung ist nahezu unerreicht in der Welt der Verpackung – deshalb entscheiden sich Designer heute für außergewöhnliche Längen, damit sich ihre Produkte von den nebenstehenden Flaschen auf dem Regal unterscheiden. Spiralförmige Flaschen mit Rippen sind in letzter Zeit in den Regalen der Supermärkte zu sehen gewesen. Abgesehen von der innovativen Form bietet die Flasche der Marke Savonne, die von Gerstman and Meyers entworfen wurde, neue Möglichkeiten der Dekoration. Das diamantenförmige Etikett zwischen den beiden Rippen zieht die Aufmerksamkeit auf sich, weil es ungewöhnlich ist.

Schlußfolgerung

Qualität und Wert werden heute in nahezu allen Produktbereichen fast immer als gegeben hingenommen. Sie sind nicht mehr die Schlüssel für den Wettbewerb im Einzelhandel. Für Verbraucher sind beispielsweise die Gesundheit und Gesundheitsprodukte wichtig, und die Zahl der Kenner unter den Verbrauchern steigt. Dies bedeutet, daß die Zukunft von Qualitätsnahrungsmitteln und Produkten in hochwertigen Verpackungen wie Glas gesichert ist.

Auf Veronas jährlicher VinItaly-Messe scheint die Glasflasche die italienischen Weinmärkte zu beherrschen, obwohl Pappackungen langsam für preiswerte Marken in den Markt eindringen. Italienische Exporteure behaupten jedoch, daß sie Wein in Kartons nicht ins Ausland verkaufen können. Da diese Verpackungen nur 2 Prozent des italienischen Weinmarktes ausmachen, scheint es auch auf der Verbraucherseite großen Widerstand zu geben.

Es gibt einen Trost für Designer, die mit Kartonherstellern zusammenarbeiten: Die Blechdose hat es in Italien sogar noch schwerer, und Flaschen aus Kunststoff fehlen auf dem Markt fast ganz, abgesehen von Großbehältern mit über 5 Litern Inhalt. Die italienischen Weinhandler sind der Meinung, daß große Investitionen notwendig wären, um Kunststoffverpackungen in einem nennenswerten Ausmaß einzuführen. Was Weinschläuche in Kartons betrifft, zeigen italienische Designer sicherlich Interesse, obwohl die Frage der Erhaltung des Geschmacks klarer beantwortet werden muß, bevor diese Art der Verpackung mehr Zuspruch erfährt. Zur Zeit betrachten die Italiener den Schlauch im Karton als nur für Großpackungen geeignet.

Bei der Messe herrscht die Meinung vor, daß Wein immer in Glas abgefüllt war, und daß es so bleiben sollte. Designer müssen dieser Einstellung Beachtung schenken.

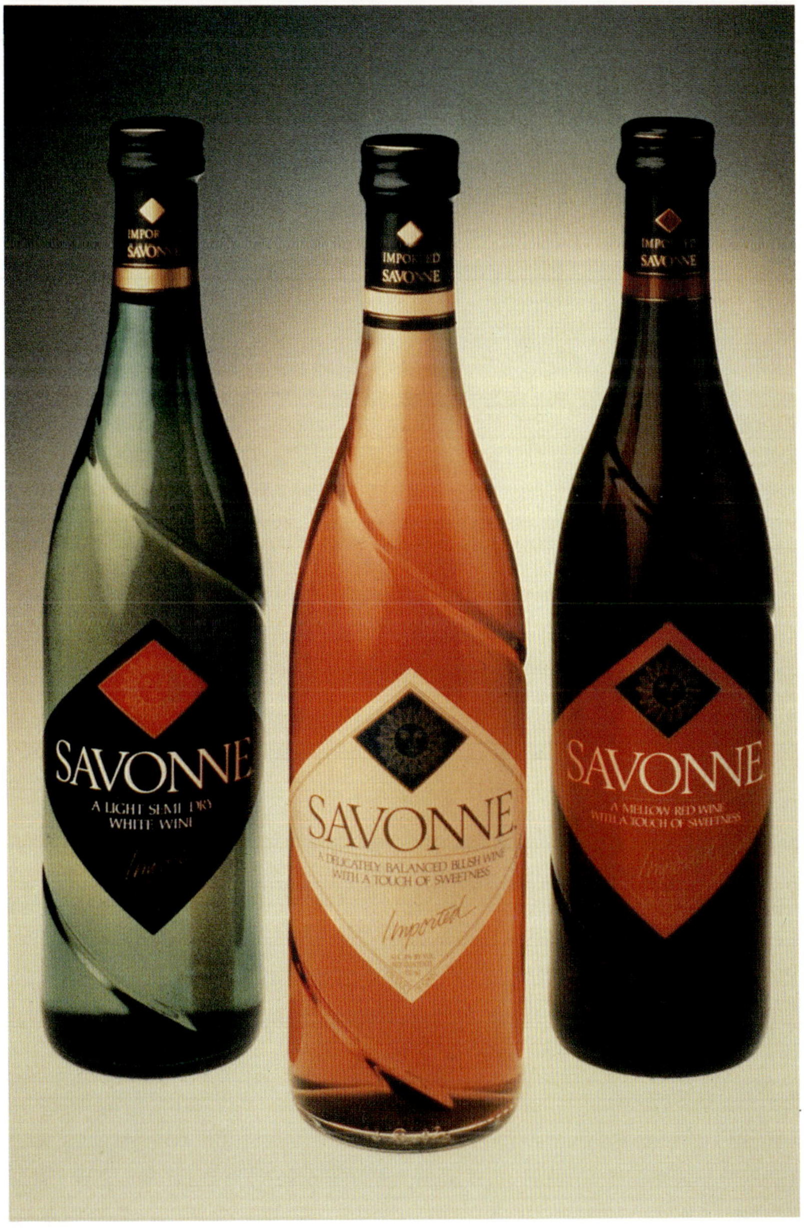

Fallstudie: Nudelsoßen

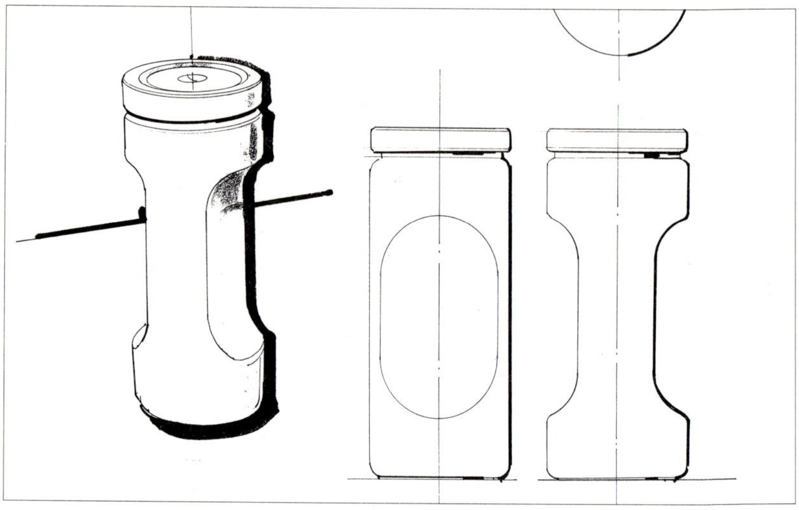

Dank der Zusammenarbeit zwischen einem Glashersteller und zwei Designern hat sich Chef Tells Verpackung der Pasta-Pour-Over-Soßen als erfolgreich erwiesen. Die vier Produkte des Sortiments erhalten durch den Siebenfarbendruck auf einer dreiviertellangen PVC-Schrumpfmanschette visuelle Anziehungskraft. Die Anziehungskraft wird verstärkt durch die leichte Handhabung der Verpackung. Die Glasflasche von Wheaton wurde von Anfang an für den Mikrowellenherd entworfen. Wenn der Verschluß entfernt ist, kann der Behälter mit den flachen Seiten, die sich nach oben hin verjüngen und leicht festhalten lassen, direkt in das Gerät gestellt werden. Die Soßen werden relativ teuer – 2,49 bis 3,49 Dollar für das 300 g-Glas – verkauft. Daher muß die Verpackung ein Image besonderer Qualität widerspiegeln. Das Produkt wird von Madison's of Larchmont, New York, auf den Markt gebracht. Das Unternehmen sagte: »Der Glasbehälter ist Teil des Verpackungs-Ansatzes. Aber es ist die Gesamtwirkung, die wir anstreben. Wir wollten etwas Einzigartiges, das wesentlich anders aussieht als eine Vorratsflasche.« Madison's entwarf die Flasche in Zusammenarbeit mit der New Yorker Agentur Apple Design Source.

Die Verpackung ist ein Triumph des Designs über rückständigen Konservatismus, deuten die Designer an. »Die meisten Glasunternehmen, die für die Nahrungsmittelindustrie arbeiten, ermutigten uns nicht gerade, als wir die Form darstellten, die wir wollten«, sagte Madi Ferencz von Madison's. Barry Seelig von Apple Design Source stimmte zu: »Die großen Unternehmen wollten nichts mit einer kurzlebigen Sonderanfertigung zu tun haben. Sie versuchten, uns zu einem Standardbehälter zu überreden.«

Jede der vier Soßen der Linie ist eine besondere Kombination von Zutaten und Gewürzen, hergestellt, um über frisch zubereitete Nudeln gegossen zu werden. »Daß der Behälter für Mikrowellengeräte geeignet ist, war ein bestimmender Faktor bei der Gestaltung der Form«, sagte Seelig. »Ein runder Standardbehälter ist mit einem Topflappen oder Grillhandschuh schlecht zu greifen. Unser Behälter hat flache Seiten, die nach oben in einem Flansch übergehen, so daß er nicht so leicht aus der Hand rutschen kann. Deshalb ist der Boden oval und der Deckel rund.« »Durch das Weglassen der runden Schultern, die bei anderen Soßenbehältern für die Mikrowelle üblich sind, wird das Überkochen oder Spritzen verhindert«, fügte Seelig hinzu.

Aufgrund von Wheatons Erfahrungen mit Kosmetika und ungewöhnlichen Formen war das Unternehmen bereit, an dem Soßenbehälter zu arbeiten. Man verstand, was Madison's zu erreichen versuchte. Ein Nebeneffekt für Wheaton Glass war die Hoffnung, in der Nahrungsmittelindustrie bekannter zu werden und weitere Geschäfte mit Spezialbehältern zu machen.

Apple Design Source versorgte die Ingenieure des Glasherstellers mit Skizzen und einem Modell, mit denen Wheaton Glass die endgültigen Spezifikationen produzierte.

Die PVC-Schrumpfmanschette umschließt die Flasche von oben bis unten. Die zentral angeordnete Verzierung von Chef Tell, bekannt vom Fernsehen, hebt sich vom transparenten Hintergrund ab, durch den man die Farbe der Soße und ihre Beschaffenheit sehen kann. Die andere vorherrschende Farbe des Hintergrunds ist Schwarz. »Die Farbe spielt eine entscheidende Rolle, da sie die Erscheinung eines anspruchsvollen Produkts für den gehobenen Markt fördert«, erklärt Seelig. »Wir waren überzeugt, daß ein schwarzer Hintergrund, früher ein Tabu bei der Verpackung von Lebensmitteln, der Verpackung Eleganz verleiht, ihr Image hoher Qualität unterstreicht und ihr eine besondere Wirkung im Regal gibt.«

Das Etikett dient auch als Versiegelung, die gegen Manipulationen schützt. Unterhalb des Deckelrandes ist das Etikett perforiert. Wenn der Deckel aufgedreht wird, bricht der obere Teil des aufgeschrumpften Etiketts ab. Seelig sagte, daß die visuelle Präsentation der Verpackung schließlich zum wichtigsten Kommunikationsmittel des Produkts werde.

Das endgültige Resultat: nur eine PVC-Schrumpfmanschette konnte sich der Behälterform anpassen.

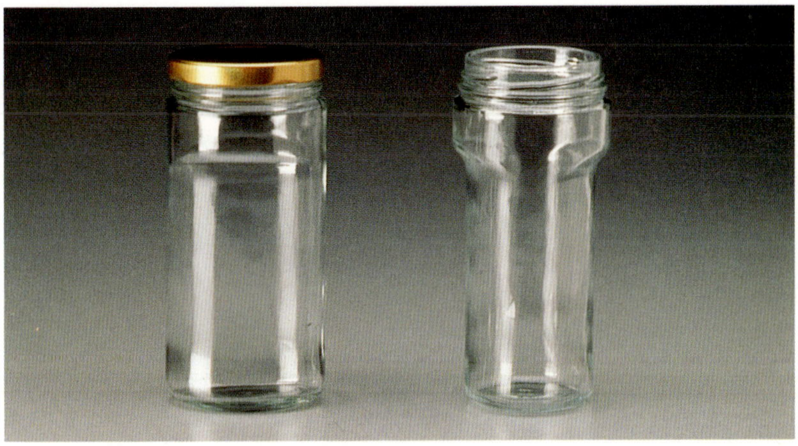

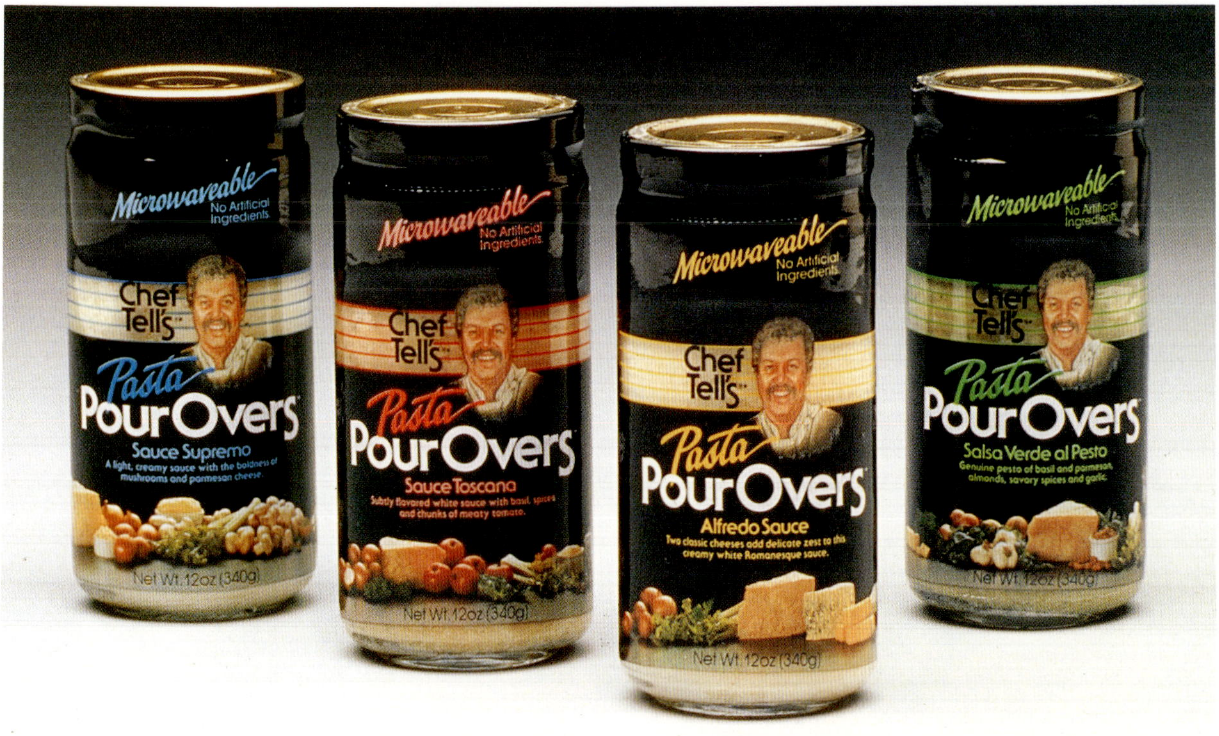

3.4 Metallbehälter

Eine Armee, so sagt man, marschiert mit ihrem Bauch. Niemand wußte dies besser als der französische General Napoleon Bonaparte, der im Jahr 1809 demjenigen die phantastische Summe von 12 000 Francs anbot, der Nahrungsmittel für seine Armee konservieren konnte. Die Belohnung wurde von dem Pariser Koch und Konditor Nicholas Appert beansprucht, der zeigte, daß Nahrungsmittel, die in Blechbehälter gepackt und versiegelt und durch Kochen sterilisiert wurden, für lange Zeiträume konserviert werden konnten. In Großbritannien erhielt Peter Durand ein Jahr später ein Patent für die Blechdose. Bis auf den heutigen Tag sind Dosen mit Dosen- oder Rinderpökelfleisch und Möhren ein Hauptnahrungsmittel für Soldaten in der ganzen Welt.

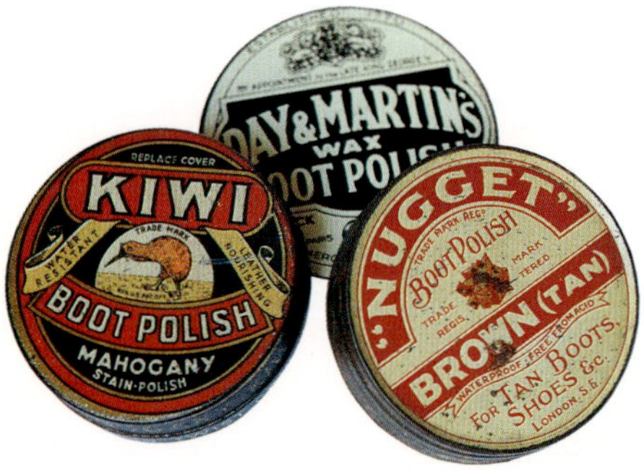

Die Tradition schreibt vor, daß Schuhcreme in flachen, runden Blechdosen verkauft wird. Sie sind inzwischen mit Farbe dekoriert worden, da die Drucktechnik Fortschritte gemacht hat. (Foto: Robert Opie)

Früher waren Lackieren oder Einlegearbeiten mit anderen Metallen sehr beliebte Verfahren, um Metallbehälter zu dekorieren, die betrachtet werden sollten. (Foto: Robert Opie)

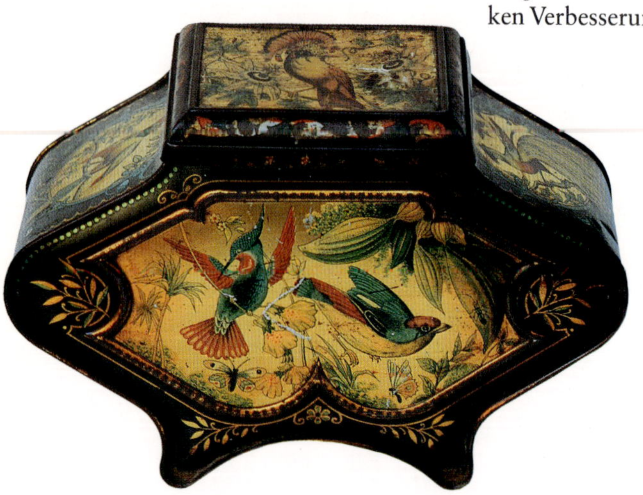

Historische Berichte erzählen auch von frühen Dosen, die im vierzehnten Jahrhundert in Bayern aus Eisen hergestellt und mit Zinn beschichtet wurden, und wie die Geheimnisse der Herstellung langsam in Europa verbreitet wurden, bis sie zu Beginn des neunzehnten Jahrhunderts langsam Frankreich und Großbritannien erreichten. Die Technik gelangte dann durch William Underwood in die USA, der von England nach Boston auswanderte. Bald führten jedoch der Ersatz von Eisen durch Stahl und bessere Herstellungsverfahren weltweit zu einer großen Steigerung bei der Herstellung von Blechdosen und einer starken Verbesserung der Qualität.

Ersatz durch Kunststoffe

Inzwischen haben sich die Dinge jedoch verändert. Die Armee beispielsweise, die immer darauf bedacht ist, das Gewicht des Rucksacks zu reduzieren, hat beschlossen, die Blechdose zu ersetzen. Heute führen die meisten westlichen Infanteristen spezielle Nahrungsmittel im Kochbeutel mit sich, beispielsweise Rindergulasch und Klöße, Curry- und Nudelgerichte. Die Menüauswahl, die dem Soldaten des späten zwanzigsten Jahrhunderts geboten wird, ist breiter als je zuvor. Sie ist – angeblich – nahrhafter und kann schneller zubereitet werden.

Dies sind nur einige der Gründe dafür, daß der normale Verbraucher heute weniger Dosengerichte im Supermarkt findet. Dennoch entwerfen Designer, die sich der Probleme, die Dosen im Einzelhandelswettbewerb gegenüberstehen, bewußt sind, immer attraktivere Dosen für die verschiedenen Anwendungsbereiche. Die amerikanischen Astronauten nahmen beispielsweise bei den ersten Space-Shuttle-Flügen

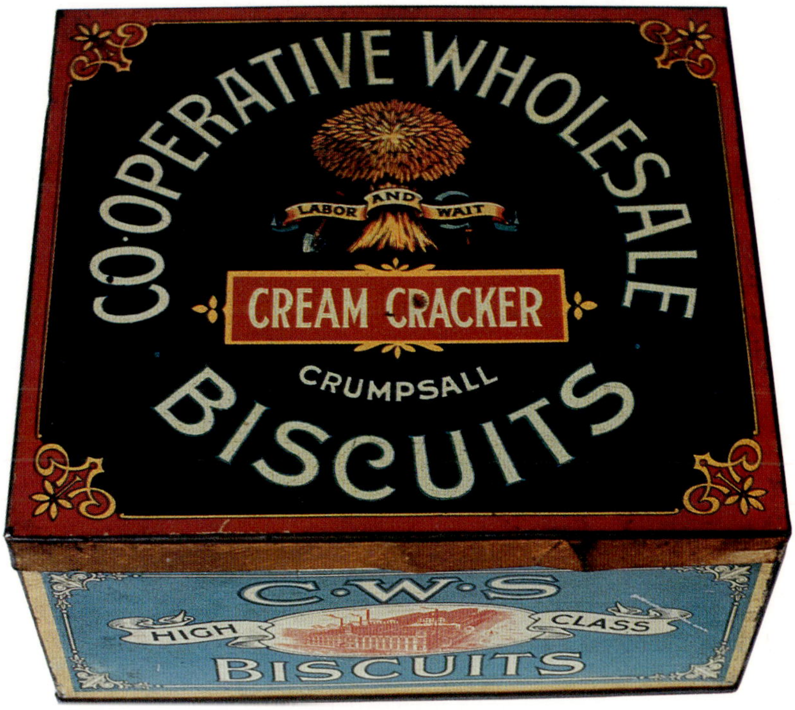

spezielle Pepsi-Cola- und Coca-Cola-Dosen mit an Bord. Die Dosen des Weltraumzeitalters wurden so entworfen, daß man mit ihnen in der Schwerelosigkeit zurechtkam. Es dauerte fast ein Jahr, bis man sie entwickelt hatte. Die Arbeit, die darauf verwendet wurde, eine Dose für den Weltraum zu entwickeln, wird dafür genutzt, um die Haltbarkeit von irdischen Dosen zu verbessern, sagen amerikanische Dosenhersteller.

Cream Cracker in Familienpackungen oder einfache Kekse wurden früher immer in etwa quadratischen, luftdichten Blechdosen verpackt. Das moderne Gegenstück dieser Verpackung ist in einen Kunststoffilm gewickelt und ist nicht direkt bedruckt. (Foto: Robert Opie)

Die Deckel der Blechdosen sind dicht und halten Feuchtigkeit und Luft fern. Deshalb wurden sie vor der Erfindung der Pappschachteln und Kunststoffverpackungen für Konfekt benutzt. (Foto: Robert Opie)

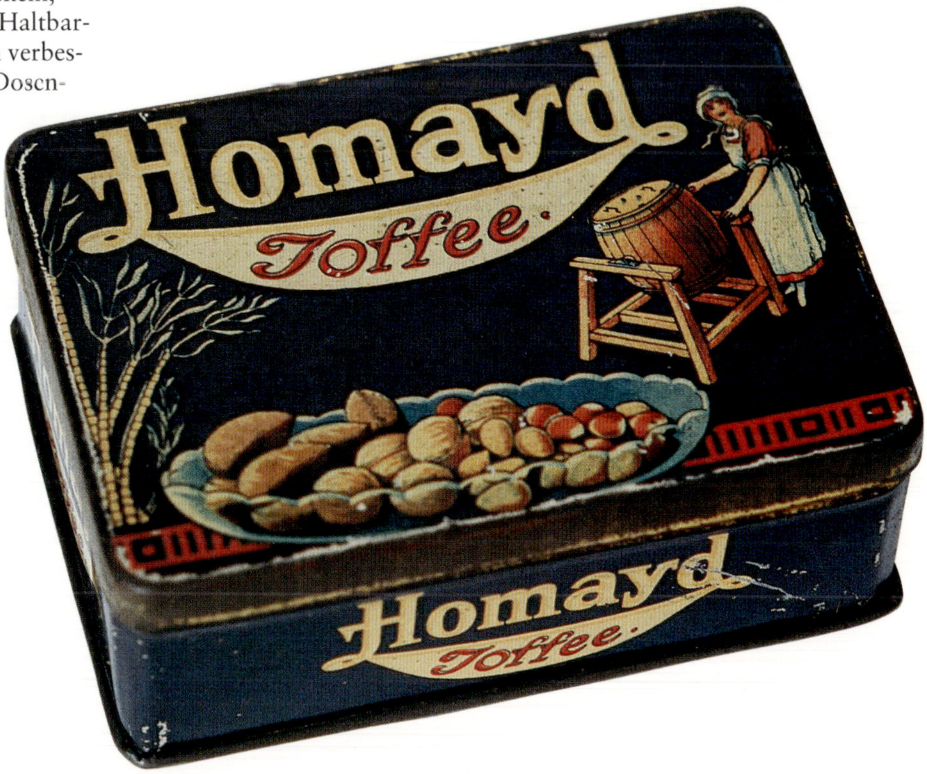

Internationale Zusammenarbeit

In Großbritannien hat British Steel 200 Millionen Pfund in seine Blechverpackungsanlagen investiert und arbeitet aktiv mit Hochtechnologieunternehmen aus Übersee zusammen, beispielsweise Hoogovens in Holland und Rasselstein in Westdeutschland. Das Gewicht der Stahldose für Erfrischungsgetränke wurde bereits um mehr als ein Drittel reduziert – von 57 auf 35 g, während das Gewicht der leichteren Aluminiumdose um mehr als ein Fünftel auf etwa 19 g verringert wurde. Kurz gesagt, der Verpackungsdesigner muß wissen, warum und wie die moderne Dose manchmal die beste Verpackungsmöglichkeit bietet und für welche Produkte. Der Schlüssel scheint dabei zu sein, daß technische Entwicklungen bei der Dosenherstellung die wahrgenommene Marktkritik an Weißblech und Aluminium überwinden können.

Natürlich lassen sich Dosen heute auch aus Pappe und Kunststoff herstellen, aber in diesem Kapitel werden die Metallbehälter aus Weißblech und anderen Metallen, hauptsächlich Aluminium, behandelt.

Die Weißblechdose

Dosen werden heute nicht mehr aus reinem Zinn hergestellt, sondern aus Weißblech. Selbst das Weißblech hat sich über die Jahre hinweg verändert. Das heutige Material wird aus einem dünnen Bogen Stahl geformt, der mit einer sehr dünnen Lage nicht ganz reinem Zinn beschichtet ist. Der Stahl gibt der Dose Festigkeit, während das glänzende und ansprechende Aussehen auf die einzigartigen Eigenschaften des Zinns zurückzuführen ist. Ein Material, das bei der Verpackung immer stärker verwendet wird, ist der zinnfreie Stahl, der entwickelt wurde, um aus der Weißblechdose eine kostengünstige Verpackung zu machen.

Für den Transport und die Lagerung von Nahrungsmitteln ist die Dose eine der besten Verpackungsformen, die je entworfen wurde. Die meisten anderen Behälter für Nahrungsmittel müssen kühl gelagert werden, damit sie frisch bleiben. Die Stromkosten sind oft die größten Ausgabenposten der Supermärkte – an zweiter Stelle hinter den Gehaltskosten.

Änderung der Anwendungsbereiche

Die Verwendung von Weißblech hat sich mit der Zeit ebenfalls verändert. Der Großteil wird heute zu hermetisch versiegelten, sterilen Behältern für Nahrungsmittel und Getränke verarbeitet, im Gegensatz zu Kästen für den Haushalt und Tellern und Töpfen. Eine beträchtliche Menge wird auch für Spraydosen und Raumsprays sowie Toilettenartikel verwendet; sie werden in diesem Kapitel später behandelt.

Ein geringer werdender Anteil von Weißblech – vielleicht 5 Prozent – dient der Verpackung von Farben und Polituren. Weißblech spielt auch eine wichtige Rolle bei Deckeln und Verschlüssen von Gläsern mit großer Öffnung, obwohl auch dieser Markt abnimmt, da Schraubverschlüsse aus Kunststoff schon weit verbreitet sind.

Qualitätsnahrungsmittel

Es gibt jedoch vom Marketingstandpunkt aus ein Problem mit Blechdosen. Produkte in Dosen sind an sich langweilig, sie haben das Image schlechter Qualität, das eigentlich nicht zu dem Muster der außergewöhnlichen Eßgewohnheiten der westlichen Welt in letzter Zeit paßt. Ein ermutigendes Zeichen in den letzten Jahren war der gestiegene Verkauf von gut entworfenen Qualitätsnahrungsmitteln in Dosen für das obere Segment des Marktes, unter anderem Gourmet-Soßen und Suppen. Aber eine Marktstudie der internationalen Werbeagentur Ogilvy and Mather zeigte unter anderem, daß viele Menschen Nahrungsmittel in Dosen nur ungern verwenden: sie werden nicht als frisch und nahrhaft betrachtet. Einige der befragten Personen hatten das Gefühl, daß die Verwendung von Dosennahrung ein Zeichen von Faulheit sei. Die Dose könnte also auf der Verliererstraße sein, falls die Designer diese Befürchtungen nicht zerstreuen und die Verbraucher mit positiven Etikettentwürfen, die gesunde, moderne Werte zeigen, überzeugen. Hier ergibt sich eine große Marketingaufgabe; und das Verpackungsdesign spielt dabei eine Schlüsselrolle.

Entwicklungen bei Nahrungsmitteln in Dosen

- *Gemüse in Dosen*
  Verbesserungen von Geschmack und Beschaffenheit
  Werden jetzt in Lake oder Wasser angeboten
- *Früchte in Dosen*
  Werden in Sirup oder natürlichen Säften angeboten
  Immer mehr Sorten
- *Desserts*
  Sorten mit geringerem Kaloriegehalt
- *Fleischprodukte*
  Verbesserte Qualität und mehr Sorten
- *Fast alle Produkte*
  Beseitigung von Zusätzen: besonders Salz, Zucker und »E-Nummern« (genehmigte Zusätze, siehe S. 162)

Verringerung der Stärke

Jede Tonne Aluminium, die zur Dosenherstellung verwendet wird, ergibt heute dank neuer Ideen der Designer und der Erforschung der Produktion von dünneren und festeren Behältern mehr Produkte als je zuvor. Durch diesen Trend wurde die Wandstärke bei neuen Dosenentwürfen seit Mitte der achtziger Jahre jedes Jahr um 2–3 Prozent verringert.

Designer müssen die neuesten Entwicklungen weiterverfolgen, um Kunden die effektivste Verwendung der Materialien zu bieten, besonders bei den traditionelleren Metallbehältern. Haushaltsfolie wird heute aus einer speziellen Aluminiummischung gerollt, was eine Reduzierung der Folienstärke um 15 Prozent während der letzten zehn Jahre ermöglicht hat. Dies hat wiederum eine Reduzierung der Stärke von halbstarren Folienbehältern um 20 Prozent bedeutet.

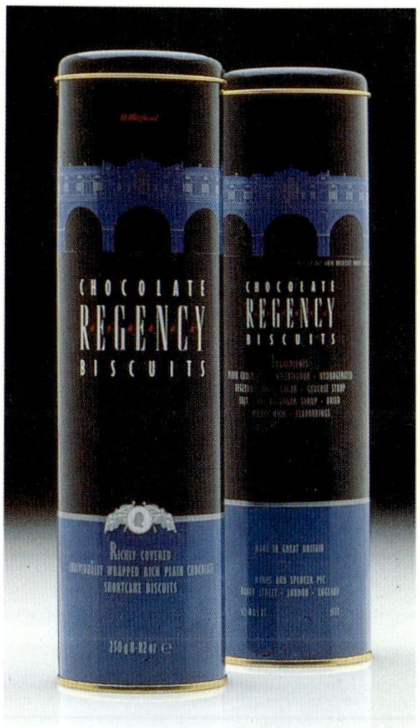

Behälter aus Weißblech vermitteln ein Gefühl der Tradition und suggerieren auch Qualität. Diese Keksdose aus Blech, deren Design von David Davies Associates entworfen wurde, ist in Schwarz und Königsblau gehalten und so außergewöhnlich, daß das Produkt einen guten Start auf dem Markt hat.

Diese zweiteiligen Aluminiumdosen mit Katzenfutter, die von dem amerikanischen Designer Lister Butler entworfen wurden, haben eine praktische, weite Öffnung, damit der Inhalt leicht entnommen werden kann. Es gibt einen Ringöffner, so daß man einen Dosenöffner nicht braucht.

Verfahren der Dosenherstellung

Vom Blickwinkel des Designers aus liegt der Hauptunterschied bei Dosen heute darin, ob sie aus zwei oder drei Stücken Metall hergestellt werden. Ursprünglich wurde die Dose, die oben geöffnet wird, aus drei Stücken Weißblech gefertigt: aus zwei runden Endstücken, die auf verschiedene Art gefalzt werden, und aus einem Rechteck, das zu einem Zylinder geformt und verlötet wird.

Dann wurde in den siebziger Jahren die Dose, die aus zwei Stücken besteht, entwickelt. Bei diesem Prozeß wird die Wand ausgewalzt und gebügelt. Man verwendet einen dikken runden Rohling, der in einer Folge von drei Schritten auf die richtige Höhe und Stärke – zwischen 0,1 und 0,14 mm – hochgezogen wird. Der Rand wird dann beschnitten. Zu diesem Zeitpunkt kann die Dose auch bedruckt werden, aber falls sie mit einem Etikett dekoriert werden soll, wird dies wahrscheinlich später, nach dem Füllen, vorgenommen. Die Innenseite wird dann, falls nötig, beschichtet.

Die Herstellungstechniken werden ständig verfeinert, da Dosen aus zwei Stücken mehrere Vorteile gegenüber den geschweißten Dosen aus drei Stücken haben. Erstens haben sie eine festere Verbindung oder Doppelnaht am oberen Ende zwischen Deckel und Dose. Der Grund dafür liegt darin, daß der zylindrische Dosenkörper nicht die empfindliche Nahtverbindung der dreiteiligen Dose hat. Dies ist besonders wichtig für verarbeitete Nahrungsmittel und kohlensäurehaltige Getränke, die unter Druck abgepackt werden, wobei die Naht eine besondere Schwachstelle ist. Zweitens wird für die zweiteilige Dose deutlich weniger Metall verbraucht; sie ist daher preiswerter. Dadurch erscheint sie dem Verbraucher in Marktforschungstests attraktiver, und sie hat ökologische Vorteile, da sie beim Recycling-Prozeß hilft – in der wieder eingeschmolzenen Mischung ist kein Lötmetall vorhanden.

Bei einer zweiten interessanten Technik wird die Dose hochgezogen und dann noch ein zweites Mal. Dabei entsteht zuerst eine Dose mit breiter Öffnung, die dann zu einer schmaleren Öffnung weiter hochgezogen wird, so daß sie höher wird. Der Vorteil dieses Verfahrens gegenüber dem oben beschriebenen Vorgang ist, daß vorlackiertes Weißblech verwendet werden kann, was die Kosten senkt. Die so hergestellten Dosen sind im allgemeinen

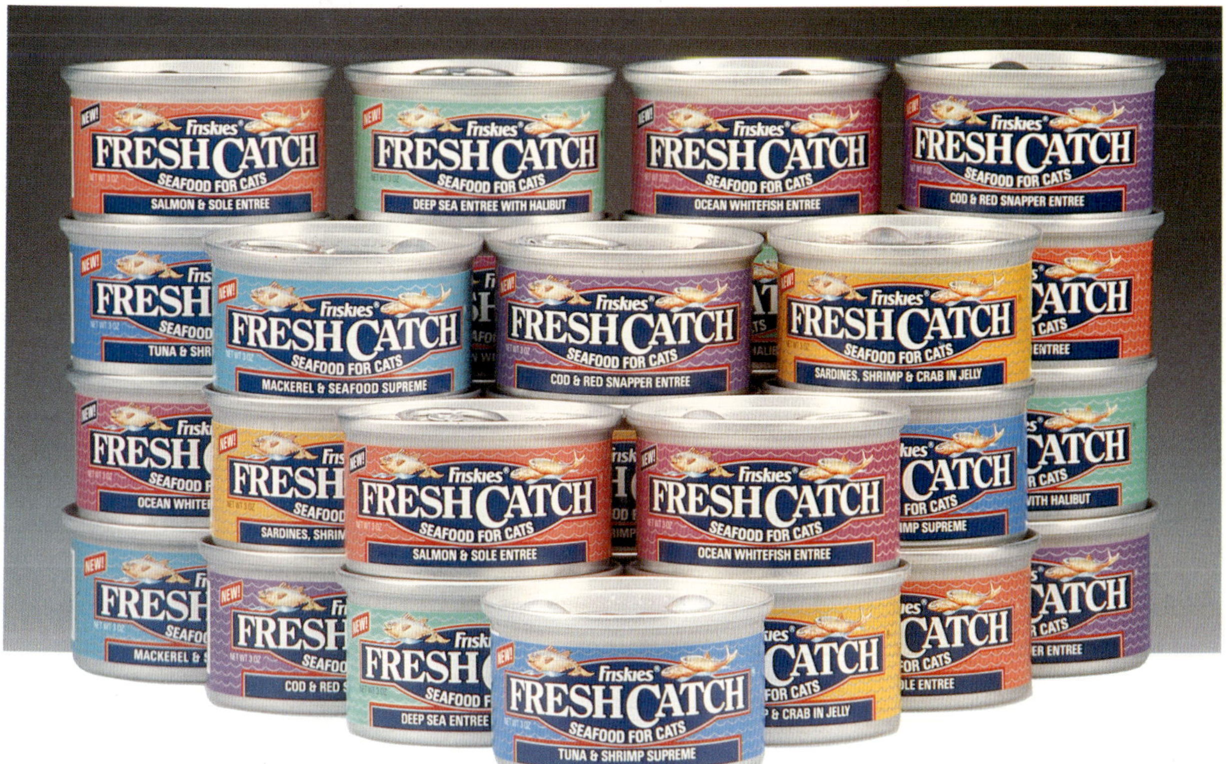

kürzer als die, die durch Hochziehen und Bügeln produziert werden. Es gibt auch andere Einsparmöglichkeiten bei der Produktion, die der Designer mit den örtlichen Herstellern besprechen sollte.

Leichtere Dosen

Insgesamt geht die Tendenz in der Zukunft durch die Reduzierung der Wandstärke hin zu preiswerteren, leichteren Dosen. Bald wird nur noch der Kohlensäuregehalt eines Getränks verhindern, daß sie auf dem Supermarktregal zerdrückt werden.

Die dünnwandige Metalldose stellt kein Problem dar für kohlensäurehaltige Getränke, da das unter Druck stehende Kohlendioxid den Behälter stabilisiert und somit beträchtlich zu seiner Festigkeit beiträgt. Um diese Festigkeit zu testen, versuche man einmal, eine Getränkedose einzudrücken, bevor sie geöffnet ist, und dann wieder, wenn der Druck nicht mehr besteht.

Wenn eine Dose jedoch Getränke ohne Kohlensäure enthält, wie z. B. Saft, kann der Behälter sehr leicht beschädigt werden. Dies hat bisher verhindert, daß Dosen in großem Ausmaß für Säfte und verdünnte Getränke verwendet wurden. Mit einer patentierten, kälteerzeugenden Methode, die von dem deutschen Spezialisten Messer Griesheim entwickelt wurde, wird reaktionsträger, flüssiger Stickstoff in gefüllte Dosen eingespritzt und verdampft, um einen Druck von etwa 2 bar zu erzeugen. Der Prozeß hat keine Auswirkungen auf die Nahrungsmittel und kann für das Eindosen heißer Flüssigkeiten verwendet werden.

Dosen, die sich leicht öffnen lassen

In den fünfziger und den frühen sechziger Jahren wurden Bierdosen immer populärer, aber erst mit der Entwicklung des Rings aus Aluminium im Jahre 1963 erkannte man das wahre Potential der Getränkedose. Die Wirkung der Dose auf den Verkauf von Erfrischungsgetränken in den späten sechziger und frühen siebziger Jahren war groß. Es gibt zwei Arten von leicht zu öffnenden Dosen: die Gießöffnung, die im allgemeinen birnenförmig ist, so daß sich flüssige Produkte leicht gießen lassen – Öle, Fruchtsäfte und Bier – und die Vollöffnung für feste Produkte wie Fleisch, Soßen und Nüsse.

Obwohl andere Arten von Öffnungen bei Metallbehältern aufgetaucht sind, haben sich die Verbraucher immer über die Unhandlichkeit beklagt. Der eingestanzte Streifen, der sich mit einem Schlüssel öffnen läßt, beispielsweise bei festen Fleischprodukten wie Corned Beef, ist vielleicht das beste Beispiel. Viele dieser Dosen werden jedoch in Gebieten wie Südamerika hergestellt, wo die Verpackungstechnologie alt ist und wo das Management zögert, in neue Geräte zu investieren. Daher wird sich diese Situation in der nahen Zukunft wohl kaum ändern.

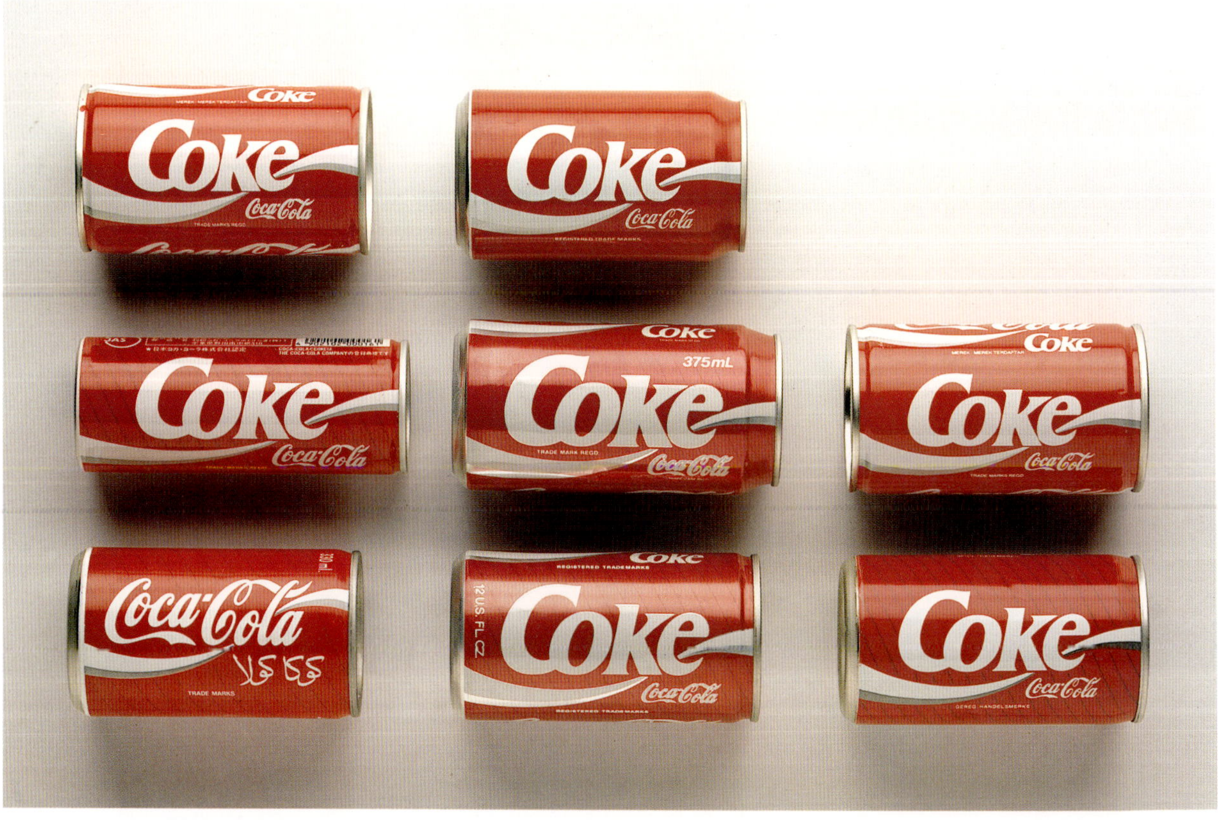

Die besondere Ausprägung des Markenzeichens und der Grafik von Coca Cola vereinigt verschiedene Formen der Blech- und Aluminiumdosen zu einer Produktfamilie. Für den Konsumenten sind die Unterschiede zwischen zwei- und dreiteiligen Dosen und verschiedenen Größen wegen der ausgeprägten Markenzeichenidentität kaum wahrnehmbar.

Aluminiumenden

Neue Aluminiumöffnungen werden regelmäßig entworfen. »Presto« ist eine leicht zu öffnende Gießöffnung, die von der australischen Iron and Steel Company entwickelt wurde; aber sie enthält keinen separaten Hebel. Sie hat zwei runde Laschen, von denen die eine kleiner ist als die andere und die fast völlig in das Dosenende eingestanzt sind, so daß nur ein Stück übrig bleibt, das als Scharnier dient. Vom Standpunkt des Herstellers her läßt sich diese Öffnung preiswerter produzieren als der normale Ringöffner. Man kann das viel billigere Weißblech verwenden.

Schrauben und Muttern sowie andere Heimwerkerartikel wurden in letzter Zeit in flachen Dosen mit leicht zu öffnenden Enden produziert, wiederum aus Aluminium. Es wurden auch Weißblechdeckel hergestellt, aber nur solche, die vollständig vom Behälter entfernt werden können.

Weißblechöffnungen

In den letzten Jahren wurden viele Versuche unternommen, um ein Weißblechende, das sich leicht öffnen läßt, zu entwickeln, zum Beispiel mit einer Gießöffnung für Öle, bisher jedoch nur mit geringem Erfolg. British Steel hat jedoch vor kurzem mit Hoogovens aus den Niederlanden und Otto Wolf aus Westdeutschland eine neue Generation von leicht zu öffnenden Stahldeckeln auf dem Markt gebracht. Die Dose erhielt den ersten Preis bei der jährlichen Preisverleihung des niederländischen Instituts für Verpackung. Wenn der Massenproduktion zugestimmt wird, könnten diese Öffnungsvorrichtungen gegen Ende des Jahrhunderts auf vielen Dosen erscheinen.

Dosentypen
a Wiederverschließbare Dose
b Dreiteilige Dose
c Gewürzdose
d Dose mit aufklappbarem Deckel
e Rechteckige Dose mit Öffner
f Zweiteilige Dose
g Quadratische Grundform
h Spraydose
i Ovale Grundform (Ölkännchen)
j Rechteckiger F-Stil
k Fleischdose
l Bier- oder Getränkedose
m Flache, runde Dose
n Sardinenbüchse

Erfrischungsgetränke in Dosen

Trotz ganzjähriger, starker Werbeaktivität kann ein guter Sommer für das erfolgreiche Jahr einer Brauerei verantwortlich sein. Gutes Wetter im Juli, August und September kann den Jahresverkauf von Erfrischungsgetränken um 15 Prozent oder mehr steigern. Der Anteil der Erfrischungsgetränke macht weltweit vielleicht 40 Prozent der Verkäufe von Getränkedosen aus, aber hier müssen besonders Cola-Getränke erwähnt werden, deren Verkauf in Dosen über die Hälfte des Straßenverkaufs in Europa und Nordamerika ausmacht.

Die Spitzenposition der Dose bei den Erfrischungsgetränken scheint trotz des Drucks durch die PET-Flaschen mit 250 und 500 ml Inhalt und die kleinen Saftpackungen aus Pappe für die nächste Zeit weiterzubestehen. Dafür gibt es verschiedene Gründe, einschließlich der wichtigen Schlagkraft beim Marketing, die die Dose durch ihre Oberfläche bietet. Außerdem sind Dosen aus dem Kühlschrank des Geschäftes viel erfrischender als Getränke in Pappverpackungen, aber dennoch sind sie leichter als die Einzelportion-Glasflasche, die sich nur als Behälter für Zusätze von Longdrinks zu behaupten scheint.

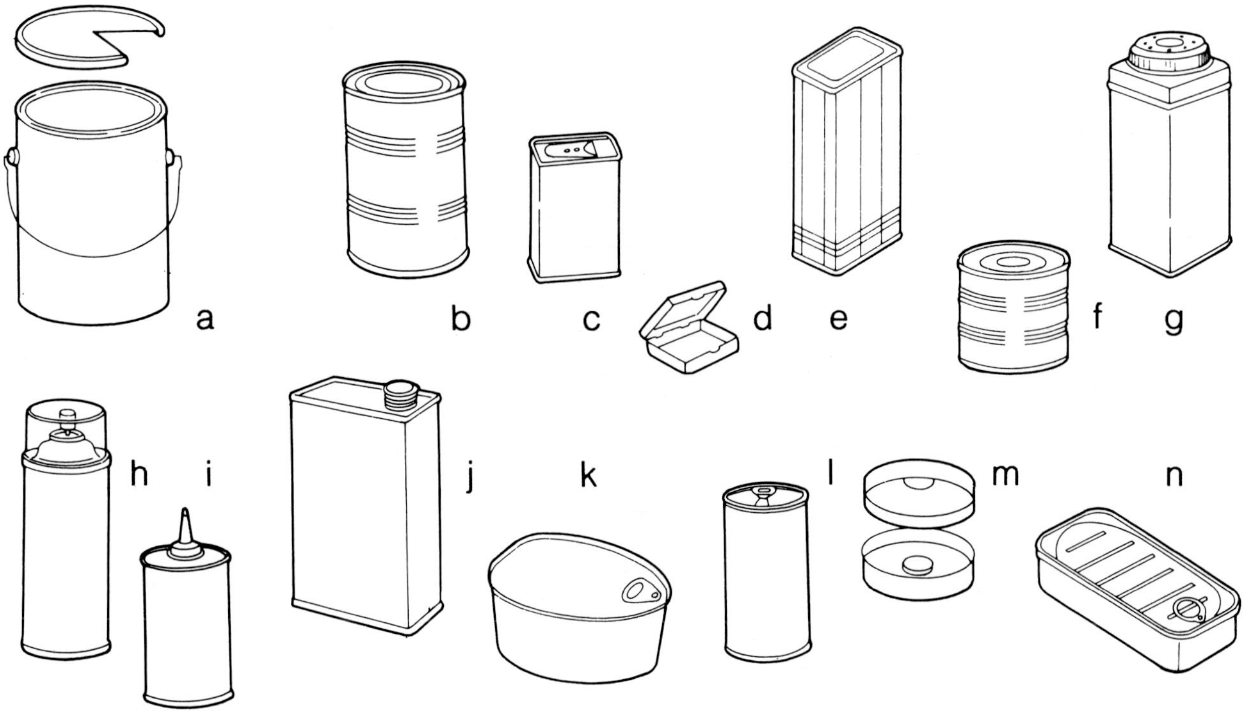

Mehrfachpackungen

Die Mehrfachpackungen von alkoholischen und Erfrischungsgetränken durch den Hi-Cone-Kunststoffhals, der 4 oder 6 Dosen zusammenhält, sind eine weitere erfolgreiche Neuerung in Großbritannien, die aus den USA kommt und hilft, die Verkäufe in allen Einzelhandelsgeschäften zu steigern. Diese Methode, mehr Produkt auf den Markt zu bringen, können die Designer anwenden, statt auf eine Zwei- oder Drei-Liter-Flasche aus PET umzusteigen. Viele Brauereien setzen beide Methoden ein.

Verpackung betont den Preis

Auf den britischen Alkoholmärkten spielt Lagerbier und Wein eine größere Rolle – in Kontinentaleuropa und den USA sind sie bereits gut etabliert. Die Verpackung spielt eine wichtige Rolle bei der Betonung des hohen Wertes und des Preises, den die Kunden erwarten können. Folienetiketten sind auf dem Markt der Qualitätsbiere normal, wobei man deutschen Traditionen folgt, und es überrascht nicht, daß Gold- und Silberlacke auch beim Bedrucken von Dosen bekannt sind.

Auf den traditionellen Lebensmittelmärkten von Gemüse, Fleisch, Suppen und Obst hat das Empfinden des Verbrauchers, daß Frische fehlt und der Nährwert von Lebensmitteln in Dosen gering ist, den Verkauf beeinträchtigt. In der Zwischenzeit gibt es im Suppenmarkt einen weiteren Gegner: die sterile Verpackung. Seit 1985 steht Crosse & Blackwells Suppensortiment Four Seasons weltweit in Form der Combiblock-Kartons von Bowater in den Regalen, und der Verkauf nimmt ständig zu. Der skandinavische Packungshersteller Tetra Pak hat sich dem Kampf ebenfalls gestellt, obwohl sein Packungssystem noch nicht für Stücke von 25 mm^2 Größe, wie das Combibloc-System, geeignet ist.

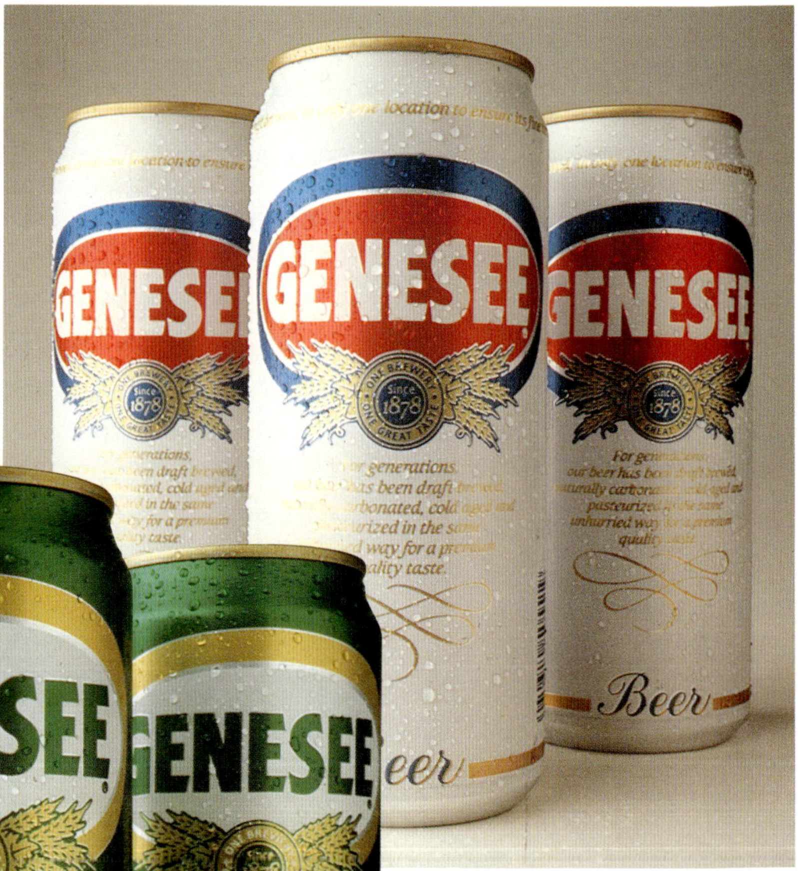

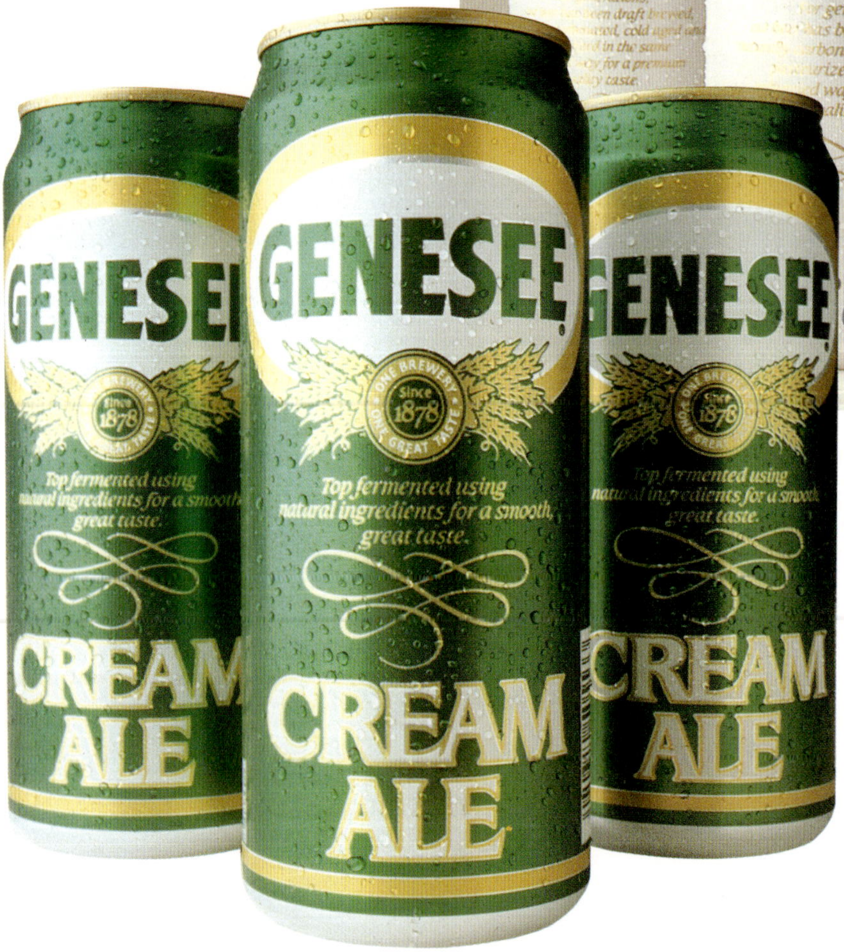

Diese zweiteiligen Getränkedosen, die von der amerikanischen Agentur Image für die Biermarke Genesee entworfen wurden, zeigen die neuesten Techniken der Dosenherstellung. Sie verjüngen sich nach oben, um Material auf der Seite des Ringöffners zu sparen. Die Dosen sind mit hochwertigen, ansprechenden Metallicfarben bedruckt. Die Typografie unterstreicht das Qualitätsimage.

Tendenzen bei der Verpackung von Lebensmitteln

Modeerscheinungen bei Nahrungsmitteln, beispielsweise das Wiederauftauchen der Ballaststoffe als wichtige Bestandteile der Ernährung, haben gebackene Bohnen als wichtigen Artikel wieder etabliert. Der Gesundheitstrend hat zusammen mit den Bemühungen der Hersteller, salz- und zuckerfreie Lebensmittel zu produzieren, unter den Konsumenten viel Aufmerksamkeit erregt. Designer sollten diese Entwicklungen nicht bekämpfen, sondern sie nutzen, indem sie wichtige Inhaltsstoffe (oder deren Fehlen) bei Nahrungsmitteln auf Werbebändern auf der Packung hervorheben.

Selbsterhitzende und selbstkühlende Dosen

Zwei der wichtigsten Entwicklungen beim Dosendesign der letzten Jahre sind die Dosen, die sich selbständig erhitzen und abkühlen. Durch chemische Reaktionen in einem hohlen Boden können in diesen speziellen Behältern dem Verbraucher heiße Mahlzeiten oder kalte Getränke wie Sake in einer sicheren, bequemen Packung präsentiert werden. Einer der ersten Behälter dieser Art wurde 1985 von Metal Box als Hotcan auf den Outdoor-Freizeitmarkt gebracht. Die Hotcan ist eine Einzelportionsdose mit 425 g Inhalt, die in einer Dose mit Kalziumkarbonatkörnchen und Wasserbeuteln enthalten ist. Wenn die Beutel mit dem Öffnungsdorn durchstochen werden, reagiert das Wasser mit den Körnchen, die zwischen den beiden Dosen sitzen, so daß sich der Inhalt erhitzt.

Die Hersteller erklärten, daß die verschiedenen Eintopf- und Schmorgerichte des Sortiments eine Haltbarkeit von 18 Monaten haben, und gaben bekannt, daß die Dosen von verschiedenen Teilnehmern von Ozeanüberquerungen getestet wurden.

Auf dieselbe Weise, wie chemische Reaktionen Wärme erzeugen können (exotherme Reaktionen), können einige auch Wärme der Umgebung entziehen (endotherme Reaktionen). Japanische Getränkehersteller haben eine dieser Reaktionen genutzt, um Sake zu verpacken. Hiya Can ist eine fast normale Aluminiumdose mit 360 ml Inhalt, die nur 144 ml Sake enthält. Im Innern der Dose befinden sich zwei kleinere Behälter, in denen die Chemikalien zum Kühlen – Wasser und Ammoniumnitrat – getrennt aufbewahrt werden. Der Wasserbehälter hat einen dünnen Folienverschluß, der zerrissen wird, wenn der durstige Verbraucher den Boden der Dose nach oben drückt. Die Temperatur fällt um etwa 15 Grad Celsius bis zu einem Minimum von −5 Grad Celsius, abhängig von der anfänglichen Temperatur der Umgebung.

Bei solchen Dosen, die sich selbst erhitzen oder abkühlen, ist es wichtig, daß für die Verbraucher keine Gefahr besteht und daß die möglicherweise komplizierte Anleitungen leicht erklärt werden. Es ist daher schließlich die Aufgabe des Designers sicherzustellen, daß Verpakkungsneuerungen den Käufer reizen. Dabei werden die Rollen von Produktmanager, Verkäufer und Designer kombiniert.

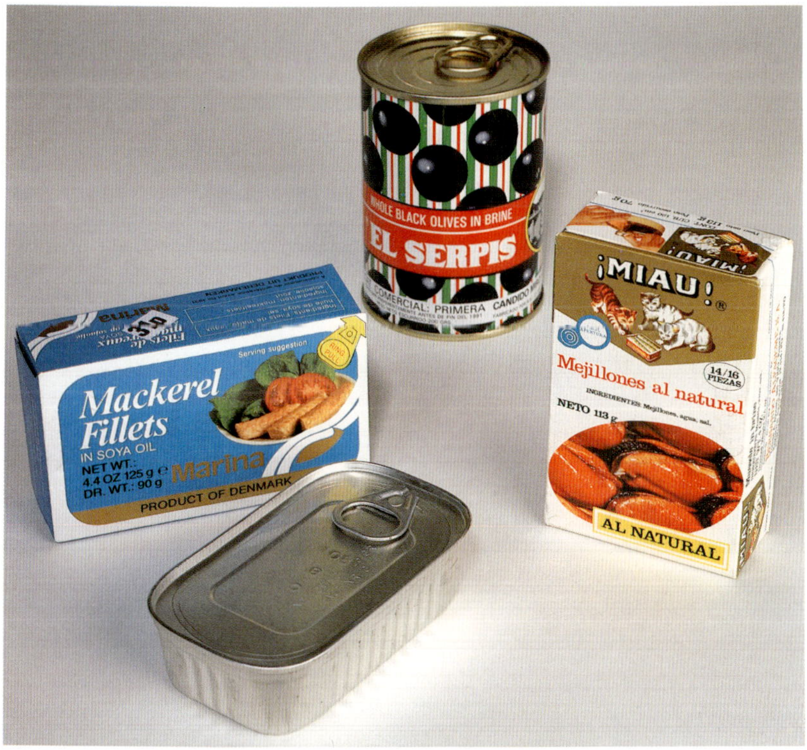

Der Ringöffner ist inzwischen Standard bei Metallverpackungen wie bei diesen Dosen aus Großbritannien und Spanien. Das Symbol, das erklärt, wie die Dose geöffnet wird, ist sofort verständlich und überwindet alle Sprachbarrieren.

Wertvolle Geschenkbehälter

Es hat ein Wiederaufleben des Interesses an Weißblechbehältern als wertvolle Geschenkbehälter gegeben, besonders häufig auf den Nostalgiemärkten.

Die Produktiongeschwindigkeit dieser geformten und farbigen Behälter ist deutlich geringer als bei Dosen mit großem Volumen für Gebrauchsgegenstände. Aus diesem Grund kosten sie in der Herstellung meistens mindestens doppelt so viel und sind nur bei erstklassigen Produkten, die die zusätzlichen Kosten auffangen können, empfehlenswert.

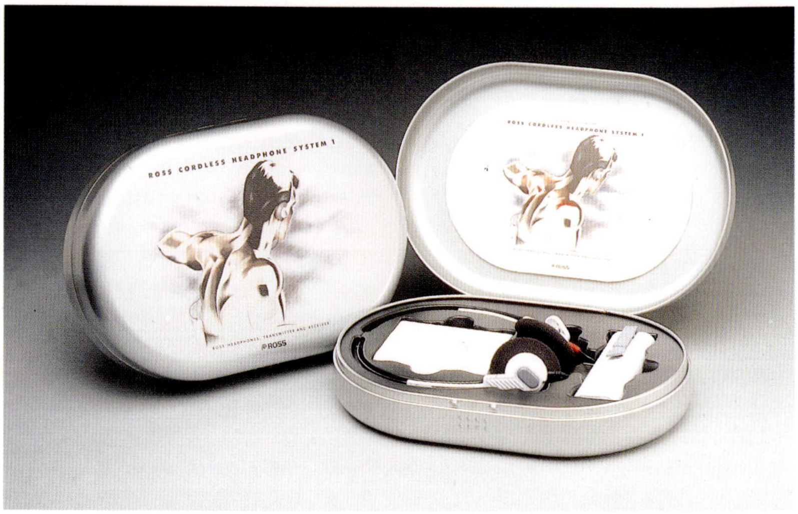

Um zahlungskräftige Konsumenten mit Interesse an Stereomusik wirkungsvoller anzusprechen, führte Ross Electronics, ein Hersteller von Kopfhörern, seine kabellosen Kopfhörer in einer anspruchsvollen, perlmutterartigen Weißblechdose auf dem Markt ein. Sie ist bedruckt mit einer modernen Illustration, die einen jungen Mann zeigt, der das Produkt benutzt. Auf der Innenseite des Deckels wird die Illustration reproduziert. Die Kopfhörer werden gehalten von einem wärmegeformten Einsatz aus schwarzem Kunststoff. (Design von Michael Peters Group)

Tuben werden heute in der Regel aus Kunststoffilmen hergestellt, die mit Folien aus dünnem Metall oder Aluminium laminiert sind. Aber in einigen Fällen, wie bei diesen Alkyd-Farben (oben rechts), aber auch bei Salben und Klebstoffen, ist einfaches Weißblech oder Aluminium immer noch das beste Medium. Die Tuben wurden mit den gleichen Illustrationen dekoriert, die auf den Schachteln und Tuscheflaschen von Winsor & Newton zu sehen sind (vergleiche Kapitel 3.1).

Die Verwendung alter Ansichten europäischer Städte auf Kaffeedosen aus Weißblech (unten rechts) vermittelt das Image einer exotischen Mischung viel besser als eine einfache Textlösung. Die fast nostalgischen Erinnerungen an das Europa von vor hundert Jahren werden jedoch gestört durch den wiederverschließbaren Kunststoffdeckel, der den Kaffee frisch halten soll. Die Verlängerung der Haltbarkeit ist ein wichtiger Aspekt des Designs. (Design von Mittleman/Robinson)

Dekoration von Dosen

Die Dekoration von Dosen bietet viele Vorteile beim Marketing. Neben einer allgemeinen Verbesserung des Erscheinungsbildes kann das direkte Bedrucken oder die Etikettierung von Dosen eine große Wirkung auf das Produktmarketing haben. Aber sie hat auch wichtige Auswirkungen auf den Schutz der Packungen von Korrosion oder Rost. Die Festlegung der Druckfarben ist ebenfalls ein immer wichtiger werdender Aspekt. Nichttoxische, bleifreie Pigmente sind heute leichter verfügbar als je zuvor. Manche Behälter werden lackiert und bedruckt, bevor sie ihre Form erhalten, aber viele müssen noch bedruckt werden, wenn sie voll geformt sind.

Obwohl viele Designer versuchen, die einzelnen Farben beim Druck getrennt zu lassen, um das mögliche Vermischen der Farben zu verhindern, bereitet dies Schwierigkeiten und behindert die Kreativität des Designprozesses stark. Es wurden einige Schritte hin zum leichten Mischen von Farben unternommen, und der Designer kann heute, was Farben auf Dosen betrifft, aufatmen. Multicolor-Halbtöne werden ständig verbessert, zum Vorteil der Konsumenten.

Eines der wichtigen Verfahren bei der Etikettierung ist immer noch das Kleben eines Papieretiketts um die Dose. Das Bedrucken von Papier ist viel leichter und preiswerter als das Bedrucken von Metall. Aber bei diesem Verfahren muß das Etikett zusätzlich herumgewickelt werden, so daß eventuelle Kosteneinsparungen wieder aufgehoben werden.

Recycling

Die Metallbehälter-Industrie hat sich innerhalb der letzten zehn Jahre stark mit dem Problem der Wiederverwertung befaßt. Erstens hilft dies, zukünftige Produktionskosten zu reduzieren; zweitens ist es heute, wo Verbraucher und Politiker sich der Umweltprobleme immer bewußter werden, mehr als nur eine Frage des Geldes. Verkaufsautomaten, die leere Dosen aufnehmen und zusammendrücken, sind in weiten Teilen Skandinaviens aufgestellt worden und verbreiten sich in Europa.

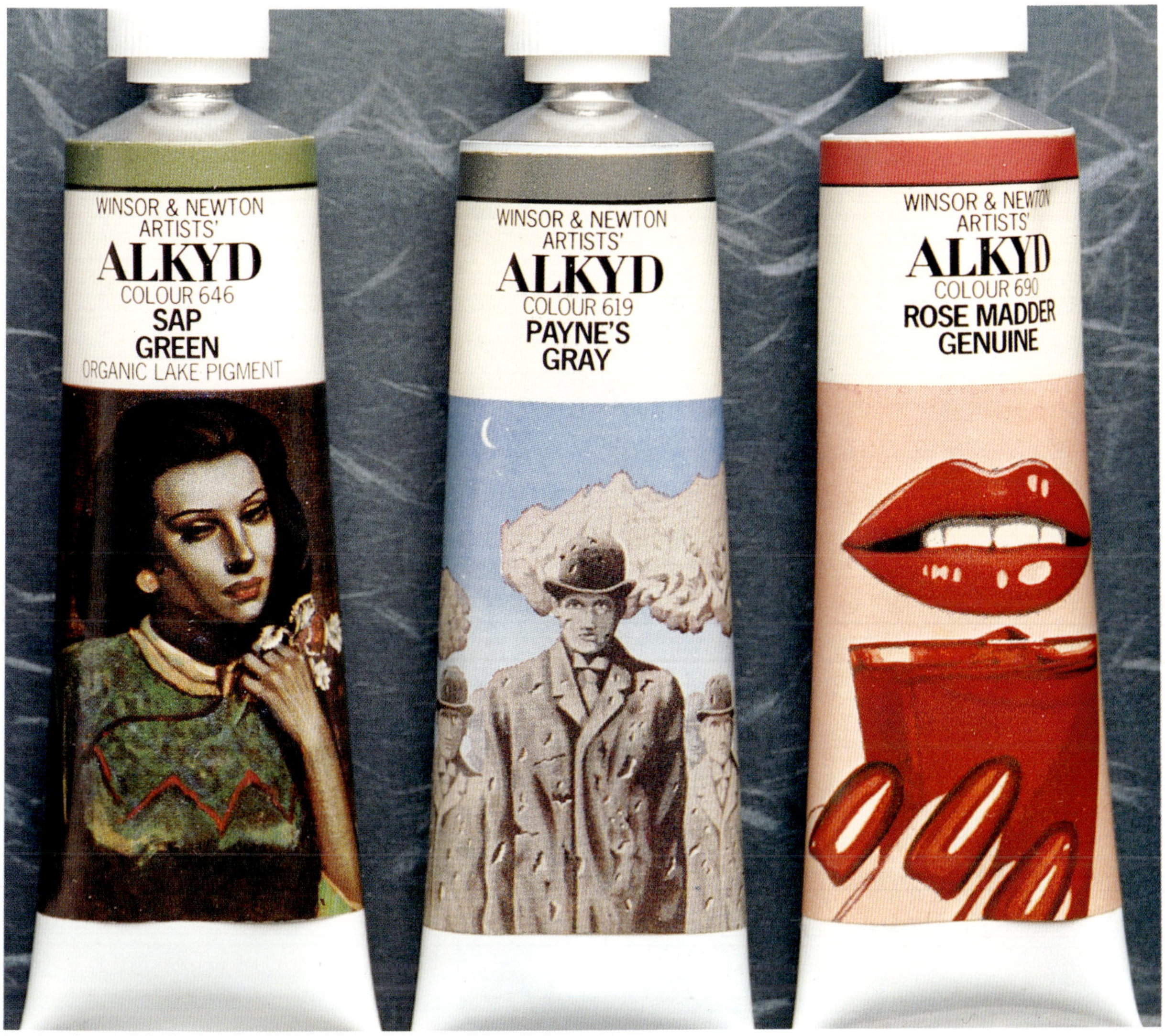

Tuben

Ein weiteres Sortiment an Artikeln, die in Metallbehältern verpackt sind, sind Zahnputzmittel – im wesentlichen Zahnpasten und Cremes – die in Tuben aus Aluminium enthalten sind. Der Trend geht hier hin zu größeren Packungen – meistens mit 25 mm Durchmesser. In der Vergangenheit herrschten 22 mm Tuben vor. Die Hauptentwicklungen, die diesen Sektor betrafen, waren jedoch die gleichzeitige Entwicklung von laminierten Metall/Kunststoff-Tuben und der aufrechte Pumpenspender im Jahr 1984.

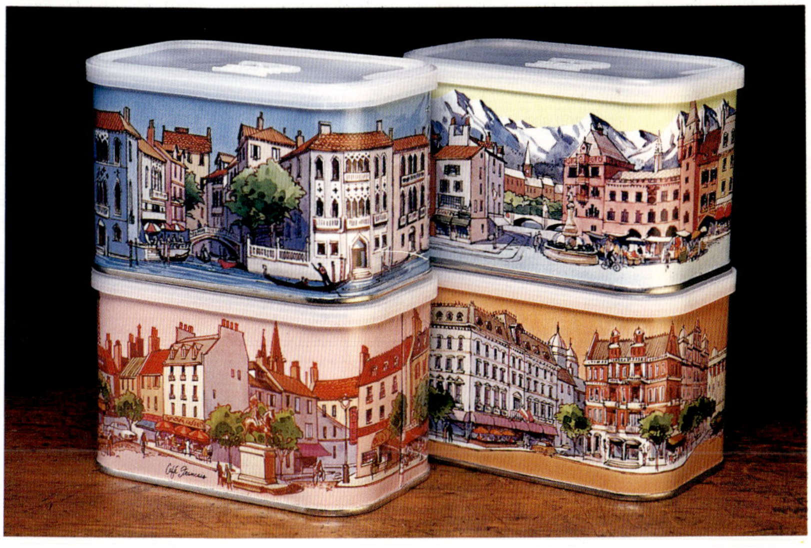

In verschiedenen Untersuchungen, die damals durchgeführt wurden, sagten die Verbraucher, daß die neuen Packungen sauberer und attraktiver aussähen als die Tuben, und dies ist für den Designer ein zentraler Punkt. Eine Packung muß gut aussehen, selbst wenn der Verbraucher sie wegwirft, damit er das Produkt wieder kauft. Eine zerdrückte oder rissige Tube wird auf diese Weise kaum Gefallen finden.

Verpackung im neuen Stil

Europas Zahnpastamarkt, der allein in Großbritannien einen Umsatz von 70 Millionen Pfund erreicht, wird unter anderem von Hauptmarken wie Beecham und Colgate-Palmolive beherrscht. Das Ungewöhnliche an diesem Markt ist, daß er jahreszeitlich unabhängig ist, aber Anzeigen und Werbekampagnen, die bespielsweise Gels, Spender und neue Verpackungen einführen, haben schnell Auswirkungen auf den Verkauf.

Trotz des immer größeren Erfolgs der laminierten Tuben und der Spritztuben aus Kunststoff werden Tuben, die ganz aus Metall bestehen, immer noch für viele Produkte einschließlich Klebstoff, Gleitmittel, Verhütungsmittel und Hautsalben eingesetzt. Die Vorteile, die Metall als Medium beim Bedrucken bietet, sollte man ebenfalls im Gedächtnis behalten, und die Tatsache, daß es durch die jeweilige Behandlung viele verschiedene Produkte enthalten kann, fast unabhängig von den chemischen Eigenschaften des Inhalts, bedeutet, daß es fast mit Sicherheit in den nächsten Jahren immer noch wichtiger Bestandteil der Designermappe sein wird.

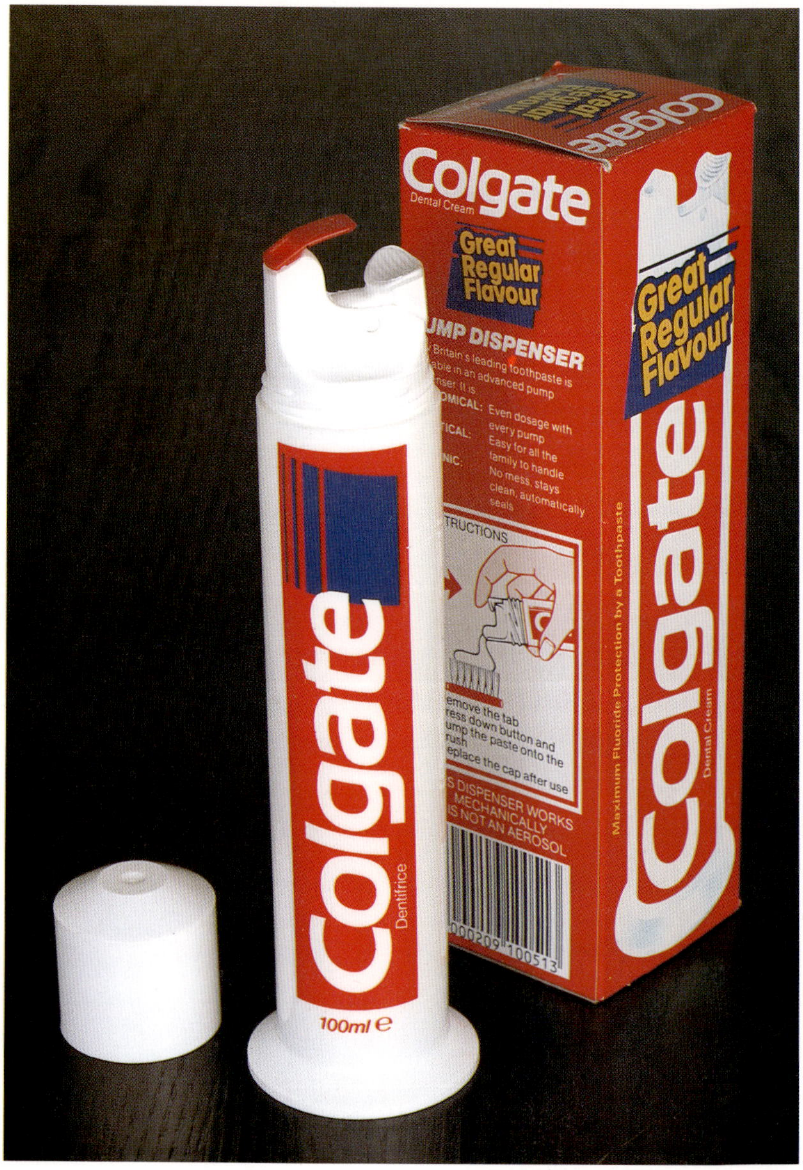

Spraydosen

Der Spraydosenmarkt unterscheidet sich heute stark von seinen Anfängen in den frühen vierziger Jahren. Viele Designer sehen die Spraydose jedoch immer noch als eine recht einfache Packung für Kosmetika. Das ist jedoch vollkommen falsch. Künstlicher Schnee und Enteisungsmittel sind nur zwei der vielen Produkte, die ihre Existenz der Spraydose verdanken. Viele andere Produkte verdanken ihre Verbraucherfreundlichkeit der Spraydose, einschließlich vieler Kosmetikprodukte und auch Pharmazeutika. In den USA kamen in neuester Zeit ein Babyshampoo-Schaum von Revlon auf den Markt, ein Antiacidum mit dem Markennamen Maalox und sterile Lösungen für Kontaktlinsen von Bausch and Lomb. Außerdem entdeckten Designer, daß durch die Entwicklung von aufgeteilten Spraydosen, für die häufig Polyethylenteraphthalat (PET) verwendet wird, die Herstellung neuer Produkte mit Formulierungen, die vorher nicht zu verbinden waren, jetzt möglich ist.

Die Herstellung von Spraydosen

Spraydosen können aus Metallen, Kunststoffen und aus Glas hergestellt werden, aber Metallspraydosen sind am häufigsten vertreten und machen etwa 90 Prozent der weltweiten Produktion aus. Sie werden fast genauso hergestellt wie die Dosen für Getränke und Lebensmittel, die im vorhergehenden Kapitel beschrieben wurden: die Weißblechbehälter bestehen meistens aus drei Blechstücken, während die Aluminiumbehälter meistens aus einem Stück – dem Monoblock – hergestellt werden durch eine Technik, die als Schlagextrusion bezeichnet wird. Die Aluminiumspraydose aus einem Stück scheint in Kontinentaleuropa verbreiteter zu sein als in den USA, vielleicht weil dort viel Aluminium hergestellt wird. In der Tat gibt es bei der Verwendung von Aluminium einige interessante kulturelle Unterschiede, die auch das Ergebnis des Herstellungsgleichgewichts in Europa sind. Großbritannien beispielsweise stellt mehr Aluminiumdosen her und kauft auch mehr als seine europäischen Nachbarn, verwendet aber weniger Aluminiumfolie. Die Kontinentaleuropäer – besonders die Franzosen und die Deutschen – verwenden Folienbehälter in großen Mengen. Die Deutschen kaufen viel Haustierfutter in Behältern aus Aluminiumfolie.

Der Zahnpastaspender mit Pumpmechanismus ist eine neue Entwicklung, die eine leicht zu verstehende Gebrauchsanleitung auf der Verpackung erforderlich macht. Die ausgeprägte Markenidentität von Colgate wird beibehalten durch die Verwendung des bekannten Grafikstils mit den Farben Rot und Weiß.

Erscheinungsbild

Der Hauptpunkt bei Aluminiumspraydosen aus einem Stück ist jedoch die Tatsache, daß sie attraktiv aussehen, was für die neuen Kosmetikartikel und Produkte für die Körperpflege, für die diese Art der Verpackung bevorzugt wird, äußerst wichtig ist. Der glatte Behälter und die verschiedenen Farbwirkungen, die erzeugt werden können, haben starke Wirkung auf die modebewußten Europäer gehabt.

Ein weiterer Vorteil ist, wie auch bei den Getränkedosen, daß Aluminiumbehälter nicht die Seitennaht des traditionellen Weißblechbehälters haben, was bedeutet, daß die Designer Entwürfe über 360 Grad anfertigen können. In der Tat ermöglichten Fortschritte bei den Produktionsanlagen das Bedrucken über die ganze Länge mit bis zu sechs Farben.

Glaszerstäuber werden hauptsächlich für Kosmetika verwendet, besonders für Parfüm. Kleine zylindrische Spraydosen finden auch in manchen medizinischen Bereichen Anwendung. Die Produktionsauflagen von Glaszerstäuber sind jedoch klein, und die Behälter sind meistens spezielle Entwürfe. Die notwendigerweise langsame Füllrate macht die Glasbehälter zusätzlich teurer als ihre Gegenstücke aus Metall. Ihre Verwendung für hochwertige Artikel deckt diese Kosten jedoch ab.

Der entscheidende Aspekt der Spraydose ist ihre Funktion als Spender. Es gibt natürlich mehr als eine Möglichkeit, ein Produkt zu entnehmen. Sie ist abhängig von der Konsistenz und dem Endverbrauch des Behälterinhalts.

Düsen

Der vielleicht wichtigste Teil der Spraydose als Produktspender ist die Düse, das der Designer zur Definition der Eigenschaften des Produkts im Innern verwenden sollte. Ein klassisches Beispiel ist der Vergleich zwischen einem Raumspray und einer Möbelpolitur. Eine Spraydose für Politur sollte große Tröpfchen abgeben (mit etwa 50 μ Durchmesser), die bei einem Luftzug nicht weggeblasen werden, während ein Raumspray einen feinen, trockenen Nebel abgeben sollte, der in einem geschlossenen Raum nicht unangenehm wird. Natürlich bestimmt die Größe der Düsenöffnung, wie ein Produkt abgegeben wird, aber andere Faktoren müssen ebenfalls in Betracht gezogen werden, beispielsweise das Tauch- oder Zuleitungsrohr. Spraydosen mit Schaumsprays, die senkrecht gehalten werden, brauchen ein langes Tauchrohr, das bis auf den Boden der Dose reicht, während Spraydosen mit Sahne und anderen Lebensmitteln, die bei Gebrauch umgedreht werden, überhaupt kein Tauchrohr brauchen.

Die Spraydosenverschlußkappe

Die meisten Spraydosen haben eine Verschlußkappe aus Kunststoff, die den Behälter fest verschließt, um Staub aus der Düse fernzuhalten. Einige Verschlußkappen haben zum Schutz gegen Manipulationen zum Beispiel einen Ring, der vor Gebrauch abgerissen werden muß, damit potentielle Käufer das Produkt nicht im Geschäft testen.

Designer von Produkten wie Raumsprays und Stärkesprays für Kleidung entwickeln Spraydosen, die ihren Inhalt durch die Verschlußkappe abgeben können, um den Gebrauch zu erleichtern. Erstens wird das Produkt dadurch verbraucherfreundlicher – da die Verschlußkappe vom Konsumenten nicht abgenommen werden muß –, zweitens werden dadurch ein stärkerer Verbrauch und weitere Käufe gefördert.

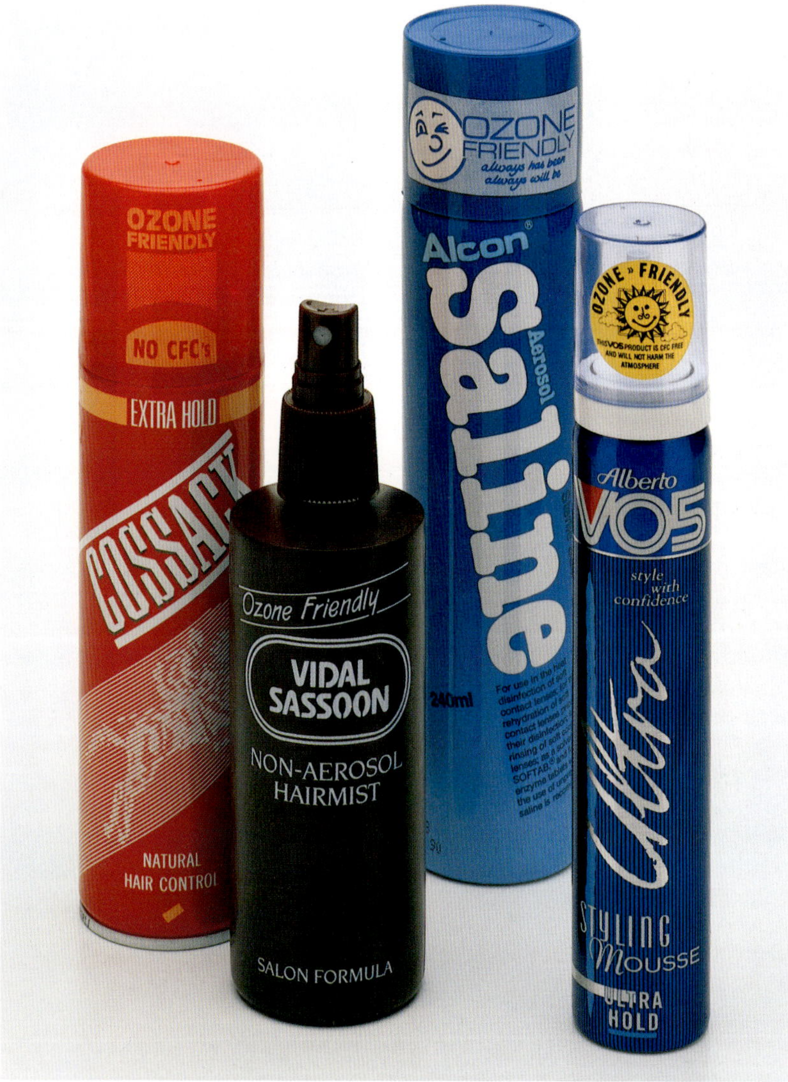

Toilettenartikel und Haarpflegemittel

Der Erfolg der Sprays hängt weiterhin von den Märkten für Toilettenartikel und Haarpflegemittel ab. Weltweit hat die Herstellung von Spraydosen in den späten achtziger Jahren 8 Milliarden Einheiten jährlich erreicht; Europa verbraucht im Durchschnitt jährlich 3 Milliarden Einheiten, während es in den USA etwa 2,6 Milliarden sind. In Großbritannien allein werden jährlich mehr als 750 Millionen Spraydosen mit einem Wert von 800 Millionen Pfund gefüllt, wobei die Hälfte Toilettenartikel sind. Etwa 17 Prozent der Spraydosen enthalten Deodorants, während ein viel größerer Anteil – 20 bis 25 Prozent – Haarspray enthalten. Rasiercreme macht über 10 Prozent der Spraydosen aus.

Pharmazeutische und tierärztliche Produkte haben einen Marktanteil von 10 Prozent, der nur langsam wächst. Die Wachstumsrate im Bereich der Haarpflegemittel war im Vergleich dazu in erster Linie auf den Erfolg von Schaumfestigern zurückzuführen, ein weiteres Beispiel für ein neues Produkt in einer neuen Packung, das sich seinen Markt schafft. Als sie 1983 auf den Markt kamen, hatte der Markt einen Umsatz von 7 Millionen Pfund, aber bereits 1987 machten Schaumfestigerprodukte mehr als 30 Millionen Pfund der Verkäufe aus, eine Steigerung von mehr als 400 Prozent. Farben und Produkte für die Autopflege sind ebenfalls ein wichtiger Markt.

Die Spraydose als Lebensmittelverpackung

Auch den Molkerei- und Lebensmittelprodukten wird von den Designern größere Aufmerksamkeit geschenkt, besonders in den USA. Enviro-Spray Systems hat einen leiseren Multirichtungsspender für Flüssigkeiten und dickflüssige Lebensmittel wie Senf sowie Körperpflege- und Haushaltsprodukte entwickelt. Der Grow-Pak-Beutel, der völlig undurchlässig ist, trennt das sichere und reaktionsträge Kohlenstoffdioxid-Treibmittel von dem Produkt, um sicherzustellen, daß es rein bleibt. Das System kann in Spraydosen aus Aluminium, Weißblech und Kunststoff eingesetzt werden, sagt das Unternehmen, mit Behältern von 25 g Inhalt bis zu 9 Liter. Das Unternehmen erklärt auch, daß der Behälter eine verlängerte Haltbarkeit bietet, selbst für Produkte wie Kreosotlack, die nur periodisch oder gelegentlich verwendet werden.

Der Grow-Pak wird auch für die Trimline-Spraydose von Metal Box verwendet, die von Cuisine et Conserves des Regions de France (CCRF) in Auftrag gegeben wurde, um ein Sortiment von Ketchup, Püree und Senf abzupacken. Die innere Lackierung ist der Schlüssel bei der Verpackung von Lebensmitteln, sagt das Unternehmen Metal Box, das ein Jahr lang einen geeigneten Lack suchte. Die äußere Ausführung war bei der Wahl von CCRF ebenfalls entscheidend: eine Kombination aus neun Metallicfarben und festen Farben war nötig, um eine besonders glänzende Oberfläche zu erreichen.

Molkereiprodukte wie Anchors Sahne in einer schlagextrudierten Aluminiumspraydose werden in Großbritannien allmählich beliebter. In den USA und Kontinentaleuropa ist im Vergleich dazu das Konzept von Lebensmitteln in Spraydosen bereits fest etabliert und erfolgreich.

Spraydosen, wie jene auf der linken Seite, sehen ansprechend aus, egal aus welchem Material sie hergestellt wurden oder welches Treibverfahren sie nutzen. Dies ist besonders wichtig für den Körperpflege- und Haarmittelmarkt, auf dem die Käufer besonders auf Stil und Image achten.

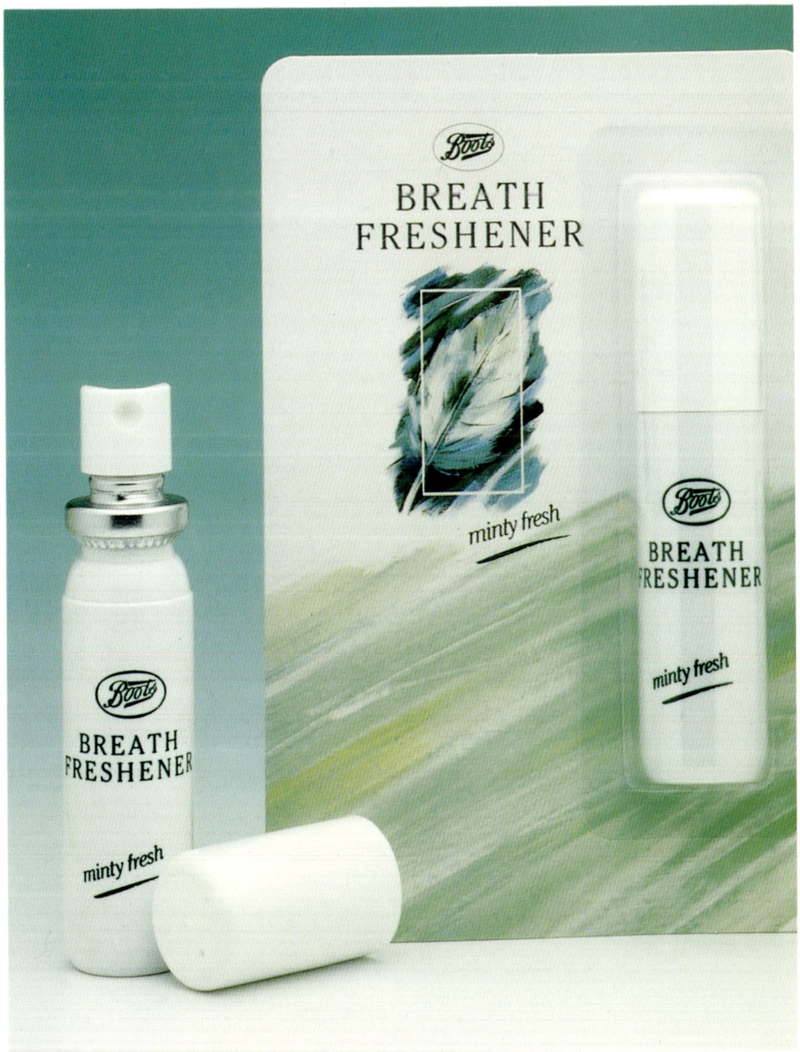

Diese schlanke Spraydose, die aus Melinar-PET von ICI geformt wurde, hat gerade die richtige Größe für die Jakkentasche oder Handtasche. Sie verkörpert die Flexibilität von Spraydosen und das geringe Gewicht der Kunststoffe. Der elegante, aber einfache Typ, in Minzgrün gehalten, wirkt auf den Käufer.

Körperpflegeprodukte

Für den Designer ist es von besonderer Bedeutung, daß mehr als 90 Prozent der Spraydosen von Frauen gekauft werden. Viele Kosmetikhersteller sind daher stark daran interessiert, neue und bestehende Produktlinien weiterzuentwickeln, um männliche Käufer zu gewinnen. Elida Gibbs brachte ein ganzes Produktsortiment unter der Marke »Sure for Men« auf den Markt, das sofort Anklang fand. Der Jahresumsatz allein von Deodorantsprays übersteigt in Großbritannien 45 Millionen Pfund. Offensichtlich werden Körperpflegeprodukte für Männer für die Designer in den neunziger Jahren ein wichtiges Wettbewerbsfeld sein.

Gesundheit und Fitneß

Andere Trends haben ebenfalls Einfluß auf den Verkauf von Sprays (siehe auch Kapitel 1.3). Der Gesundheits- und Fitneßboom ist ein Gebiet, das viele andere Verpackungsbereiche beeinflußt hat und heute zu höheren Spraydosenverkäufen beiträgt. Spraydosenlieferanten profitieren von Fitneß und Gesundheit, indem sie Deodorants, Lotionen und Shampoos in schlanken Behältern mit sportlichen Grafiken neu verpacken. Der Slimline-Behälter läßt sich leicht zusammen mit dem Squashschläger in der Sporttasche verstauen, und Werbeangebote wie »zwei Produkte zum Preis von einem« oder »25 Prozent extra kostenlos« steigern den Kaufanreiz. Der Designer, der mit Metallen arbeitet, muß daher die aktuellen Grafikstile genauso gut kennen wie der Designer von Etiketten oder der Drucker von Packungen.

Die Entwicklung von höheren und dünneren Spraydosen – die typischerweise etwa 25 bis 40 mm im Durchmesser betragen – setzt sich ebenfalls fort. Dem Käufer werden inzwischen Behälter mit 65 mm Höhe angeboten. Außerdem werden die Slimline-Behälter, da sie sich leichter in der Jackentasche mitnehmen lassen als die anderen Spraydosen, möglicherweise Käufer ansprechen, die vorher keine Deodorants oder Haarsprays dabei hatten.

Ein weiterer Vorteil ist die Geometrie der Slimline-Dose, die es dem Großhändler gestattet, auf jede Palette mehr Behälter zu packen, was Transportraum und damit Kosten pro Dose einspart. Vielleicht noch wichtiger ist, daß man auf den Regalen des Einzelhandels mehr Vorderseiten sieht.

Haushaltsprodukte

Ein wichtiger Bereich für die Spraydose sind Haushaltsprodukte, die etwa ein Drittel der Sprayproduktion weltweit ausmachen. Die Hauptprodukte innerhalb dieses Bereichs sind Raumsprays, Polituren und Insektizide für Hauspflanzen. Dieser Bereich stand auch im Mittelpunkt eines beispiellosen Wettbewerbs im Jahr 1987, als die ersten Kunststoffspraydosen auftauchten, die aus PET hergestellt waren, ein Material, das immer stärker vertreten ist. Ein wichtiger Bestandteil für Spraydosen war das Petasol von Fibrenyle, einem Mitglied der Lawson Mardon Group, die in kanadischem Besitz ist. Es wurde aus Melinar-PET von ICI (siehe Kapitel 3.2) hergestellt. Der erste kommerzielle Anwender war Johnson Wax.

Reckitt & Colman hat Petasol auch übernommen, ihm aber den Namen »Super-lite-container« gegeben und betont so, daß der Behälter leicht ist. Er ist auch griffiger, erklärt das Unternehmen, und läßt sich ohne die unansehnliche Naht des Weißblechbehälters dekorieren.

Berücksichtigung der Umwelt

Während der letzten Jahre nahm die Sorge über die Zerstörung der Ozonschicht durch Treibmittel aus Fluorchlorkohlenwasserstoff, bekannt als FCKW, international stark zu. Das Problem, auf das die Umweltbewegung zuerst aufmerksam machte, wird inzwischen auch von Konsumenten und Regierungen gesehen.

Die Hersteller reagierten jedoch auf die Zunahme dieses Interesses in den späten achtziger Jahren. Ursprünglich widersetzten sie sich dem Druck, die Treibmittel ihrer Produkte zu ändern, aber die meisten haben sich jetzt verpflichtet, umweltfreundlichere Verfahren zu übernehmen, zumal dies Vorteile beim Marketing bringt. In der zweiten Hälfte der achtziger Jahre erschienen kleine gelbe Aufkleber auf den meisten Behältern der großen Absatzmärkte, die die Sprays als »ozonfreundlich« auswiesen. Einige drucken die Worte sogar auf die Verschlußkappe, während andere die Botschaft in das Design des Behälters einarbeiteten.

Treibmittel

Viele Hersteller hatten schon Treibmittel ohne FCKW untersucht, daher verursachte die Umstellung nicht allzu große Kosten. Treibmittelhersteller aus sieben Ländern bildeten 1988 eine Arbeitsgruppe, um das Problem von Alternativen für Treibmittel anzugehen. Zu den anfänglichen Teilnehmern bei dem »Program for Alternative Fluorcarbons Toxicity Testing« (PAFTT) gehörten AKZO (Niederlande), Allied Signal, Du Pont und Racon (USA), Asahi Glass, Daikan und Showa Denko (Japan), Atochem (Frankreich), Hoechst und Kalichemie (Deutschland), ICI und ISC Chemicals (Großbritannien) und Montefluos (Italien).

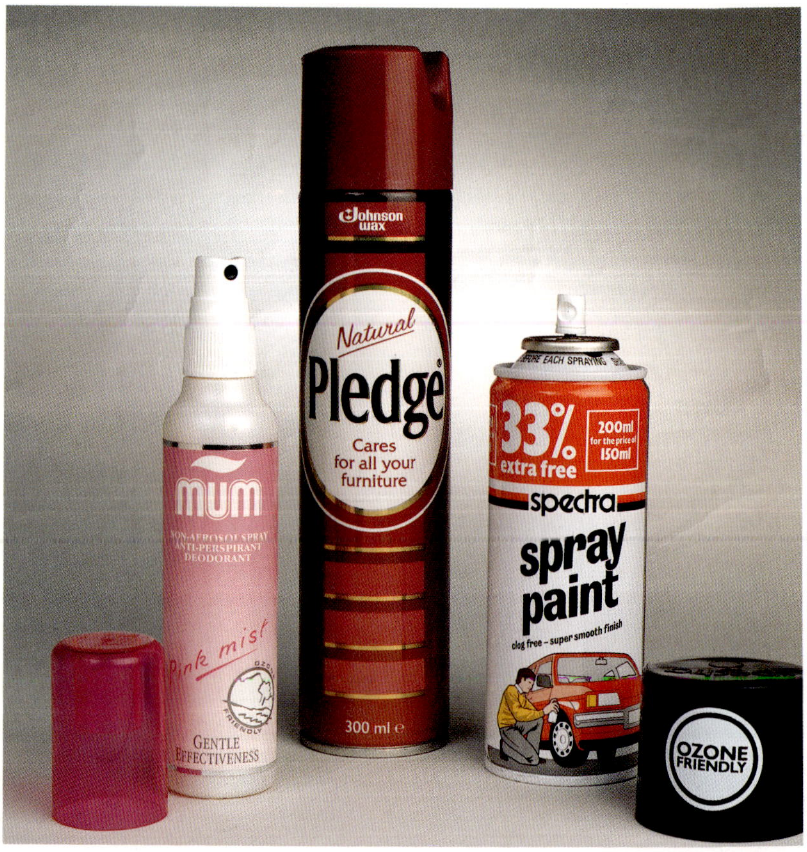

Egal welches Produkt in eine Spraydose kommen soll – von der Körperpflege bis zu Haushaltsartikeln – der Designer muß sich über Umweltprobleme und das Treibverfahren genauso Gedanken machen wie über herkömmliche Designkriterien wie Farbe oder Grafik.

Aktivitäten in Europa

In Europa war Du Pont besonders aktiv dabei, dem Verbraucher die Unterschiede zu erklären, die ihn erwarten, wenn zu alternativen Treibmitteln übergegangen wird. Eine leichtere Flasche und ein feuchteres Spray sind zwei Nebenwirkungen von umweltfreundlichen Treibmitteln. Designer müssen versuchen, diese Eigenschaften in die Packungsentwürfe einzubeziehen, statt gegen sie anzukämpfen. Feuchtere Sprays beispielsweise sind ideal für Polituren und Stärke für Kleidung.

Durch die Etikettierung der Packung sollte der Designer der Öffentlichkeit mitteilen, daß ein Treibmittel ohne FCKW entwickelt wurde. In vielen britischen Geschäften wurden FCKW-freie Produkte selbstverständlich als solche ausgewiesen, als das Umweltbewußtsein wuchs. Tesco, Sainsbury und Co-op gingen zu FCKW-freien Produkten für ihre Handelsmarken über, Tesco und Sainsbury verwendeten Etiketten mit den Worten: »enthält kein Treibmittel, das die Ozonschicht schädigt«. Die Verkäufe gingen kaum zurück. Co-op sagte jedoch, daß Produkte, die bereits FCKW-frei waren, nicht besonders etikettiert wurden: »Von unserem Standpunkt aus wäre es unverantwortlich gewesen, Güter mit Etiketten für ›gute Nachrichten‹ zu versehen, einfach nur um die Kunden zu locken und den Verkauf zu steigern.«

Schlußfolgerung

Spraydosendesigner müssen heute viel mehr Neuerungen in Betracht ziehen als vor zehn oder sogar noch fünf Jahren. Die Einführung von Slimline-Spraydosen, Spraydosen mit Hals, und der Aluminiumspraydose aus einem Stück haben wirklich dazu beigetragen, daß Spraydosen nicht mehr wie langweilige Bierdosen aussehen. Aber die Komplexität der Spraydosenpackung – zu der Düse, Dose und Treibmittelsystem gehören – bedeutet, daß es immer noch recht teuer ist, eine Spraydose zu produzieren. Da Spraydosen jedoch so bequem sind, scheinen Käufer bereit zu sein, den Preis zu zahlen.

Das britische Forschungs- und Entwicklungsteam von ICI arbeitet an noch fortschrittlicheren Spraydosen. Zu Anfang des nächsten Jahrhunderts können wir möglicherweise alle Kleidung aus Baumwolle und Polyester tragen, die einfach aus der Dose aufgesprüht wird. Am Abend wird sie einfach wieder abgewaschen. Auch Mahlzeiten aus Spraydosen werden aufregender sein, sagt das Unternehmen, vielleicht werden mit Eiweiß angereichertes Hühnchen, Rindfleisch und Fisch dazugehören. Sogar ein großes Sortiment an Gemüsen, zum Beispiel Kartoffelpüree, könnte aus der Spraydose kommen.

Es ist offensichtlich, daß die Möglichkeiten für die Spraydose fast unendlich sind und daß unter den offensichtlichen technischen Spielereien zweifellos die eine oder andere Ideallösung auftauchen wird. Inwiefern die Ideen aus den Entwicklungsabteilungen der Chemieunternehmen weltweit kommen und in welchem Umfang die Verpackungsdesigner selbst dafür verantwortlich sein werden, bleibt abzuwarten.

Die Forderung nach günstiger Metallverpackung steht immer unter starkem Kostendruck und dem Druck durch konkurrierende Materialien und Verfahren. Es wird weiterhin verbesserte Qualität und Produktentwicklung bei möglichst geringer Preissteigerung gefordert werden. Die Anstrengungen beim Verpackungsdesign und bei der Produktentwicklung müssen daher gemeinsam und verstärkt fortgesetzt werden.

Die zehn größten Probleme für Spraydosenhersteller und Designer:
- Entflammbarkeit von Sprays – Lagerung im Kaufhaus und Supermarkt
- Die zunehmende Zahl von Vorschriften in den USA zur Reinhaltung der Luft
- Die Verwendung von Sprays im Haus – Mißbrauch hat gelegentlich kleine Explosionen oder Feuer verursacht
- Gesetze über Mißbildungen bei der Geburt – einige amerikanische Staaten haben scharfe Gesundheits- und Sicherheitsvorschriften, die einige Produkte, die in manchen Sprays enthalten sind, verbieten
- Chlorierte Lösungsmittel – einige greifen Kunststoffdüsen an
- Fluorkohlenwasserstoffe – Treibmittel und das Ozonproblem
- Graffiti – Kontrolle des Verkaufs von Sprayfarben
- Gefährliche Abfallbeseitigung – Verhinderung von Explosionen der leeren Dosen
- Lösungsmittelmißbrauch oder »Schnüffeln« – Verkaufskontrolle
- Zunehmend schärfere Produkthaftpflicht – Ausweitung der Haftpflicht von Spraydosenherstellern und Designern

Quelle: Chemical Specialities Manufacturers Association (USA).

4.1 Beschriftung von Nahrungsmitteln und Strichcodes

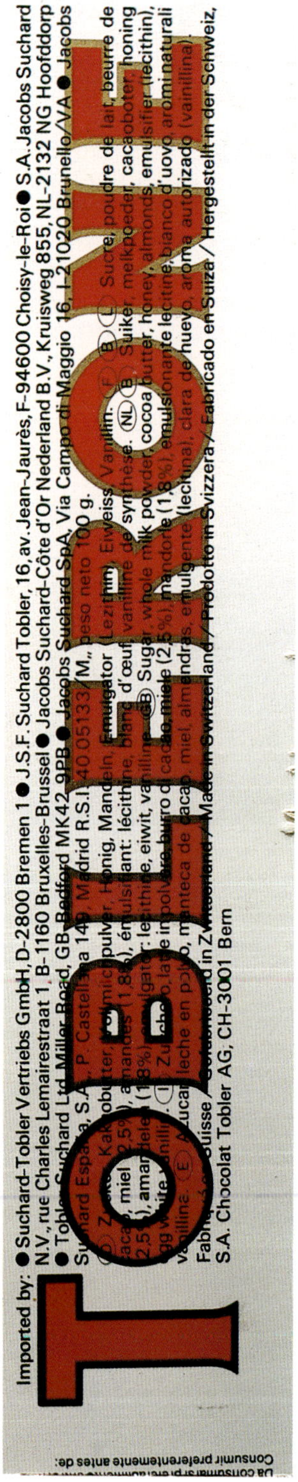

Im neunzehnten Jahrhundert verdünnten skrupellose Molkereien die Milch, während Süßwarenhersteller Ziegelstaub zur Schokolade gaben, um die Produktion zu strekken. Eine gefährlichere Praxis war die Zugabe von Aluminiumpulver zu Brot, um es weißer zu machen. In den zwanziger und dreißiger Jahren befaßten sich die meisten Verpackungs- und Lebensmittelgesetze hauptsächlich damit, daß der Käufer nicht betrogen wurde und daß die Produkte, die er kaufte, unverfälscht waren. Eine Gesetzgebung, die vom Hersteller verlangte, die tatsächlichen Zutaten in Lebensmitteln aufzulisten, wurde in Großbritannien erst vor wenigen Jahrzehnten, im Jahr 1953, erlassen, als Erweiterung der Etikettierungspraxis in den Kriegsjahren.

Die Gesetzgebung von 1953 war jedoch nicht weitreichend: da die meisten Lebensmittel lose gekauft wurden oder als individuelle Artikel, war dies auch nicht nötig. Als immer mehr Lebensmittelfabriken entstanden, die komplexere Nahrungsmittel produzierten, entstand parallel eine intensive Verbraucherforderung nach informativeren Etiketten. Die Nahrungsmittelverarbeitung und die Verpackungstechniken haben sich während der letzten Jahre verändert, wie auch der Informationsbedarf. Und mit der Stärkung der Europäischen Gemeinschaft durch die aktive Beteiligung von Ländern wie Spanien und Portugal neben Ländern wie Frankreich und Westdeutschland scheint schließlich die Harmonisierung der Beschriftungspraktiken der einzelnen Mitgliedstaaten sicher. Es mag sogar Raum geben für Übereinkommen mit den Richtlinien der amerikanischen Food and Drug Administration.

Wie frisch ist das Produkt, das wir kaufen? Sind Arzneimittel, die man ohne Rezept kaufen kann, sicher? Grundlegende Informationen wie diese müssen sich auf dem Pakkungsetikett oder der Verpackung befinden. Aber mit der steigenden Sorge um die Gesundheit in der westlichen Welt stoßen selbst Ausdrücke wie »100% naturrein« auf Kritik. Was bedeutet »natürlich« wirklich? In einem Produkt können sich Farb- und Konservierungsstoffe befinden; es kann dabei nur natürliche Stoffe enthalten.

Die schweizerische Schokoladenmarke Toblerone wird sofort durch ihre Form identifiziert. Aber die Packung muß umfangreiche, wichtige Informationen über die Zutaten in mehreren europäischen Sprachen aufnehmen, was zeigt, daß der Markt von Toblerone international ist.

Packungsoberflächen werden durch Fakten und Zahlen über die Produkte, die sie enthalten, immer stärker überfüllt. Lebensmittel, Chemikalien und Pharmazeutika sind jedoch die Hauptzielscheiben der gesetzlichen Vorschriften zur Etikettierung. Viele Menschen heißen die Änderungen willkommen – schließlich sind Lebensmittel wichtig für die Gesundheit; die meisten von uns haben Interesse daran, zu erfahren, was die Medikamente, die wir nehmen, enthalten – aber für viele ist es verwirrend. In den USA behauptet das Consumer Network, ein Forschungsunternehmen, das sich auf Produkte spezialisiert hat, die in mittleren bis großen Einzelhandelsgeschäften verkauft werden: »Die Verbraucher sind der Meinung, daß die Beschriftung auf vielen Produkten immer noch nicht klar oder verständlich ist.« Sie haben das Gefühl, daß viele Produktbeschriftungen in einer fremden Sprache geschrieben sind, ohne daß eine Übersetzung geboten wird. Spezifizierte Zutaten wie Gummiarabikum und hydrolisiertes Protein sagen den meisten Verbrauchern eigentlich wenig.

Zucker zum Beispiel kann sich hinter verschiedenen Namen verstekken. Dies ist ein Fall, in dem Begriffe benutzt werden könnten, die für alle verständlich sind.

Kleingedrucktes ist keine Antwort, um eine Menge von Informationen zu bieten, da es den Verbrauchern das Gefühl gibt, daß der Hersteller etwas verstecken will. Einer sagte dem Consumer Network: »Kleingedrucktes auf dem Etikett ist ein sicheres Zeichen, daß man das Produkt, egal um was es sich handelt, in einer anderen Form kaufen sollte.«

Was muß der Verpackungsdesigner also auf dem Etikett oder der Pakkungsbeschriftung zeigen, und wie kann er diese Information am besten und so einfach wie möglich vermitteln? In einer Zeit, in der die Bevölkerung der westlichen Welt immer mehr auf die Unbedenklichkeit und den Nährwert ihrer Nahrung achtet, sind Beschriftungen der Schlüssel, um Fett, Zucker und Natrium zu vermeiden.

Der weitverbreitete amerikanische Snack Popcorn wird von Golden Valley auf dem Mikrowellen-Markt angeboten, so daß detaillierte Anleitungen für die Zubereitung erforderlich sind. Zusätzlich zu dieser Information gibt es eine Tabelle mit Nährwertdaten, welche den Verkauf des Snacks an gesundheitsbewußte Konsumenten fördern.

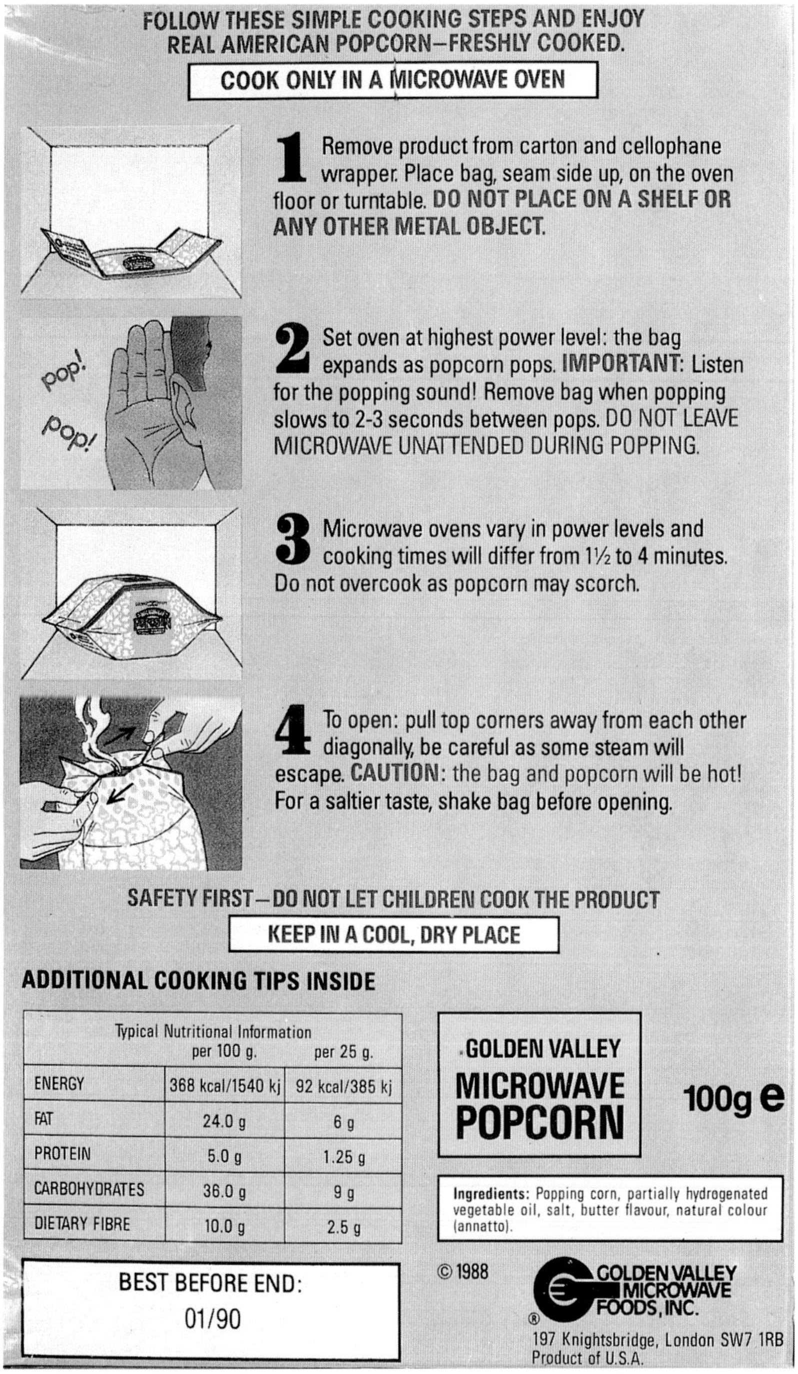

Gesetzliche Anforderungen

Die Gesetze zur Beschriftung von Packungen sind heute extrem komplex, aber es gibt einige grundlegende Punkte. Verpackte Lebensmittel müssen folgende Informationen tragen:

- Name des Nahrungsmittels;
- Gewicht des Nahrungsmittels;
- die Zutaten, die bei seiner Herstellung verwendet wurden – wenn mehr als eine enthalten ist;
- wie lange das Nahrungsmittel gelagert werden kann und unter welchen Bedingungen;
- wie das Produkt zubereitet oder gekocht werden muß;
- Name und Adresse der Holding-Gesellschaft, die für das Produkt verantwortlich ist;
- Ursprungsland oder -ort müssen in einigen Fällen angegeben werden.

Einige der Punkte auf dieser Checkliste wären auch bei anderen Produkten nicht falsch, aber es war der Lebensmittelmarkt, für den die Gesetzgebung als Hilfe und zum Schutz des Verbrauchers eingesetzt wurde. Mehrere Hersteller entschlossen sich, als Reaktion auf gewachsenes Konsumentenbewußtsein neben den Grundinformationen der Checkliste auch den Nährwert ihrer Produkte anzugeben. Dies führte zur Nachfrage nach mehr Informationen von anderen Lieferanten, und heute gibt es umfassende EG- und FDA-Richtlinien darüber, wie diese Informationen präsentiert werden müssen. Aufgrund der wachsenden Besorgnis bei Fetten – hauptsächlich Cholesterin – und ihrer angeblichen Beziehung zu Herzerkrankungen müssen beispielsweise die meisten, wenn nicht alle Lebensmitteletiketten heute die gesamte Fettmenge in einem Lebensmittel angeben, besonders von gesättigten Fetten. Man war sogar der Meinung, daß Milchflaschen diese Daten tragen sollten, wodurch vom Standpunkt des Designers aus das saubere, weiße Erscheinungsbild gestört würde. Aber dies ist nicht geschehen. Eierpackungen tragen jedoch eine Tabelle mit den durchschnittlichen Nährwertdaten meistens auf der Innenseite des Deckels oder der Klappe.

Wie man Nahrungsmitteln einen Namen gibt

Für den Designer, der sich mit der Entwicklung einer neuen Nahrungsmittelpackung beschäftigt, ist es wichtig, sich genau damit zu befassen, wie man bestimmte Lebensmittel nennen kann und wie nicht. Ein Fruchtsaftgetränk muß beispielsweise mindestens 25 Prozent des betreffenden Fruchtsaftes enthalten. Ein Nektar kann mehr enthalten. Ein »Joghurt mit Fruchtgeschmack« mag andererseits mit Obst überhaupt nichts zu tun haben. Die richtige Beschreibung eines fruchtigen Joghurts wäre »Fruchtjoghurt« oder »Joghurt mit Fruchtgeschmack«.

Wenn der Name eines Produktes kaum klare Vorstellungen von dem Produkt gibt, muß er von einer passenden Beschreibung begleitet sein. In einem Faltblatt, das Lebensmittelaufschriften und ihre Bedeutung beschreibt, schlägt der britische Einzelhändler J. Sainsbury eine mögliche Beschreibung für einen fiktiven Produktnamen vor: Soufflé Napolitana. Dieses Produkt könnte süß oder pikant sein und fast alles enthalten. Sainsbury schlägt »Käsesoufflé mit Spaghetti und Tomatenfüllung« als Beispiel für eine passende Beschreibung vor.

Bezeichnung des Gewichts

Lebensmittel werden immer schneller hergestellt und verpackt. Coca Colas große Abfüllanlage in Milton Keynes (Großbritannien) füllt mehr als 2000 Dosen pro Minute. Die Franzosen mögen französische Salate in Packungen – automatische Maschinen zum Abwiegen wählen und wiegen verschiedene Salate für jeweils 16 Beutel und brauchen nur wenige Sekunden, um die einzelnen Beutel zu füllen. Wie geht man aber sicher, daß die richtige Menge in jeden Beutel kommt? Mit dem Erscheinen leistungsstarker computerkontrollierter Waagen wurde das Abfüllen aller Produkte in ihre Behälter immer verläßlicher. Das trifft nicht nur für Lebensmittel und Pharmazeutika zu, sondern auch für Gartenbau- und chemische Produkte.

Bis in die siebziger Jahren mußten die Hersteller aufdrucken, was ihrer Meinung nach das Mindestgewicht oder -volumen in einem Behälter war. Die neue Gesetzgebung bestimmt, daß nur der Durchschnitt aufgeführt werden muß, was sich nach Meinung einiger Lieferanten auf die Beziehungen zum Kunden schlecht auswirken könnte. Bevor es die neuen Gesetze gab, erhielten die Käufer immer mehr als die Menge, für die sie bezahlten. Die Toleranzen der Waagen sind jedoch sehr gering, und wahrscheinlich wird nur selten zu wenig abgewogen.

Neben nationalen Vorschriften gibt es auch Vorschriften der Europäischen Gemeinschaft. Um zu zeigen, daß ein Hersteller sich diesen angepaßt hat, erscheint das Symbol »e«, das beispielsweise häufig bei Flaschen aufgeprägt ist. Auf diese Weise können Lebensmittel leicht innerhalb der Europäischen Gemeinschaft importiert und exportiert werden.

Zutaten

Alle Lebensmittel, die mehr als eine Zutat enthalten, müssen eine Zutatenliste haben, in der auch Wasser aufgeführt werden muß, wenn es mehr als 5 Prozent des Gesamtgewichts des Produktes ausmacht. Zutaten müssen der Reihe nach mit abnehmendem Gewicht aufgeführt werden, so daß der größte Bestandteil zuerst aufgeführt wird. Aber mit zwei Ausnahmen – Fleisch und Fisch – müssen keine Daten aufgeführt werden, die darauf hinweisen, wieviel von den einzelnen Zutaten vorhanden ist. Wenn allerdings auf einem Produkt steht, daß es »jetzt sogar noch mehr Fleisch« enthält, muß die Fleischmenge, die es tatsächlich enthält, in Prozentzahlen aufgeführt werden.

Einige Lebensmittel müssen keine Zutatenliste tragen, weil ihre Zusammensetzung per Gesetz definiert ist. Dazu zählen Butter, die meisten Käsesorten, fermentierte Sahne und Milch sowie alkoholische Getränke mit mehr als 1,2 Prozent Alkohol. Coca- oder Schokoladenprodukte fallen auch unter diese Regelung.

Wozu dienen alle diese Informationen zur Ernährung? Wie nützen sie dem Verbraucher? Die meisten Daten beziehen sich auf eine Standardmenge, meistens 100 g oder 100 ml eines Nahrungsmittels, aber oft wird die Menge für die ganze Pakkung aufgeführt, gelegentlich zusammen mit Symbolen für glutenfreie Lebensmittel oder für Produkte für jene, die eine laktovegetarische Diät einhalten, bei der auch Milchprodukte erlaubt sind.

In Kalifornien sind Warnhinweise auf Etiketten erforderlich, wenn vom Staat gesetzte Grenzwerte für drei sogenannte reproduktive Toxine überschritten werden. Die Giftstoffe, die angeblich das Baby im Mutterleib schädigen können, sind Blei, Ethylenoxid und 1,2-Dibromo-3-Chloropren. Das staatliche wissenschaftliche Beratungsko mitee, die Health and Welfare Agency (HWA), hat festgelegt, daß Hersteller, die ihren Kunden mehr als 0,5 Mikrogramm Blei oder mehr als 20 Mikrogramm Ethylenoxid pro Tag zumuten, eine Warnung anbringen müssen. Sie fordern auch, daß eine gebührenfreie Telefonnummer für Informationen oder irgendeine Form der Information beim Einzelhändler neben den Nahrungsmitteln angebracht werden muß.

Natürlich betrachten die Hersteller dies als geschäftsschädigend. »Das bedeutet, daß jeder, der mit Blei verschweißte Dosen nach Kalifornien liefert, sie besonders etikettieren müßte«, sagt die nationale Vereinigung der Lebensmittelhersteller. Sie fügt jedoch hinzu, daß niemand mit Blei veschweißte Dosen nach Kalifornien schickt. Bei den meisten handelt es sich um zweiteilige Dosen, die nicht verschweißt werden müssen; die anderen werden durch Laser verschweißt. Das Blei, das bis zu gesetzlichen Grenzwerten natürlicher Bestandteil des Produktes oder des Wassers bei der Verarbeitung ist, zählt bei den 0,5 Mikrogramm nicht mit.

Rechts werden Möglichkeiten der Einbeziehung von Nährwertdaten in einer Version gezeigt, die bei jüngeren Konsumenten Interesse wecken soll.

Ähnliche gesetzliche Regelungen gibt es in Hawaii, Tennessee und Missouri. Wenn sie noch weitere Verbreitung finden, werden die Verpackungsdesigner gezwungen sein, eine der folgenden drei Forderungen zu erfüllen:

- eine Garantie geben, daß Verpackungsmaterialien nichts enthalten, was auf der Liste verbotener Chemikalien steht;
- Übernahme der Haftpflicht – durch den Hersteller – für den Fall eines Gerichtsverfahrens;
- Aufzeichnung der Packungszusammensetzung und chemischer Formeln, um die Kunden davon zu überzeugen, daß es keine Probleme gibt.

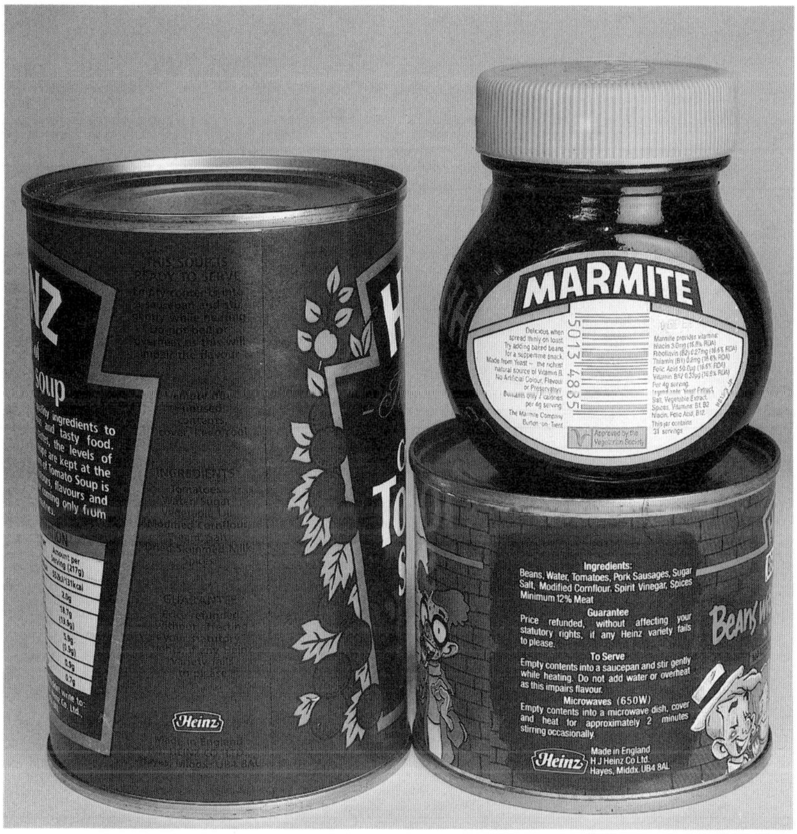

Ein Beispiel für Daten, die auf dem Etikett einer Dose Baked Beans stehen können:

Informationen zur Ernährung

Durchschnittswerte:	pro 100 g	pro 850 g-Dose
Energie	315 kj (73 kcal)	2677 kj (620 kcal)
Protein	4,9 g	41,7 g
Kohlenhydrate	14,0 g	119,0 g
Ballaststoffe	7,3 g	62,1 g
Fett	0,2 g	1,8 g

Lebensmittelzusätze

Aufgrund der Verschiedenartigkeit von Lebensmitteln und der immer größer werdenden technischen Möglichkeiten bei ihrer Verarbeitung sind über die Jahre hinweg Lebensmittelzusätze notwendig geworden. Zusätze können Chemikalien sein, die in einem Labor hergestellt wurden oder Pigmente, die aus Pflanzen gewonnen wurden. Alle haben ihre Funktion, werden genau überprüft und dann von einer Körperschaft wie der Food and Drug Administration in den USA oder dem Ministerium für Landwirtschaft, Nahrungsmittel und Fischerei in Großbritannien genehmigt.

Von den genehmigten Zusätzen haben etwa 300 eine Nummer erhalten, und wenn der Zusatz von der EG genehmigt wurde, wird ein »E« vorangestellt. Allerdings sind die Verbraucher bei *allen* Zusätzen argwöhnisch, was durch die E-Nummern oder 800er Nummern in den USA bezeugt wird, egal wie sie zusammengesetzt sind. Dies hat dazu geführt, daß der Verbraucher nach Möglichkeit Nahrungsmittel mit E-Nummern ganz vermeidet. Dieser Trend hat jedoch zu einer Masche beim Lebensmittelmarketing geführt: der Reklametrick, Waren als »frei von Zusatzstoffen« oder »ohne Konservierungsstoffe« anzubieten, hat in den letzten Jahren den Verkauf einiger Lebensmittel stark gefördert. Die Aufgabe des Designers, diese Trends durch eine Kennzeichnung auf der Packung und innerhalb der Grenzen des Etiketts hervorzuheben, hat sehr zum Erfolg dieser Kampagne beigetragen.

Es gibt jedoch eine Reihe von Möglichkeiten, mit denen man das negative E-Nummern-Image umgeht. Viele wichtige Zusätze haben Namen mit weniger unangenehmen Nebenbedeutungen als man mit einer E-Nummer verbindet, Namen, die in der Tat den gesetzlichen Vorschriften entsprechend vorsichtig auf einem Etikett verwendet werden können. Betrachten wir einmal das folgende Orangensaftgetränk:

Zutaten nach der Verdünnung: Wasser, Zucker, Glukosesirup, pulverisierte Orangen, Zitronensäure, Konservierungsstoffe: Natriumbenzoat, Natrium-metabisulfit, künstlicher Süßstoff (Saccharin), Vitamin C, Geschmacksstoffe, Farbstoffe (Beta-Carotin – liefert Vitamin A) – keine einzige E-Nummer in Sicht. Oder doch? Bei diesem Etikett haben Designer und Hersteller beschlossen, die Namen der Chemikalien für die Zusätze anstelle ihrer Seriennummern zu verwenden. Es ist auch nicht nötig, Zusätze zu numerieren, die in Nahrungsmitteln als Säure fungieren, wenn ihr chemischer Name das Wort Säure enthält, wie das beispielsweise bei Zitronensäure der Fall ist. Und Vitamin C hat dieselbe chemische Struktur wie das Antioxidationsmittel E 300 (L-Ascorbinsäure), aber hier wird es als Vitamin verwendet.

Was sind Zusätze?

Es gibt eine Reihe von Grundtypen von Zusätzen, von denen jeder eine andere Funktion hat. Es würde sich für Hersteller, Einzelhändler und Verpackungsdesigner lohnen, die Verbraucher über die Vorteile zu belehren, damit sie sie gegen die Nachteile abwägen können. Konservierungsstoffe zum Beispiel verhindern, daß Mikroben Nahrungsmittel verderben oder schädlich machen.

Mit neuen Verpackungsmethoden hat man versucht, die Anzahl von Konservierungsstoffen zu reduzieren und so aus dem Gesundheitstrend Kapital zu schlagen. Zu diesen Techniken zählt das Verpacken in modifizierter oder kontrollierter Atmosphäre und die Bestrahlung von Lebensmitteln. Hierdurch entsteht ein eigenes Werbeproblem, aber Ideen zur Etikettierung sind strittig. Es wurde ein Logo entworfen und es gibt vereinbarte Formen der Formulierung, um anzuzeigen, in welchem Ausmaß ein Produkt behandelt wurde.

Antioxidationsmittel verhindern, daß Fette und Öle ranzig werden und wichtige Vitamine zerstören. Die Bestrahlung von Lebensmitteln ist – vielleicht überraschend – nicht wirksam im Kampf gegen das Ranzigwerden, da sie manchmal den Prozeß beschleunigt. Sie wurde bei vakuumverpackten Lebensmitteln mit einigem Erfolg angewandt. Im Gegensatz dazu vermischen oder homogenisieren Emulgatoren und Stabilisatoren Nahrungsmittel, z. B. Öle mit Wasser, und hindern die Bestandteile daran, sich zu trennen. Sie sind wichtig für die Herstellung von Aufstrichen mit geringem Fettgehalt.

Es gibt etwa 60 zugelassene Farbstoffe: das verbreitetste ist Karamel (E 150), das durch das Überkochen von Zucker hergestellt wird. Carotine sind rote Farbstoffe, die mit dem Vitamin A verwandt sind; sie stammen aus Möhren und Tomaten. Es gibt auch zwanzig zugelassene künstliche Farbstoffe einschließlich der Azofarbstoffe, von denen eins, Tetrazin, mit allergischen Reaktionen bei manchen Menschen in Zusammenhang gebracht wurde, besonders bei Kindern, die hyperaktiv wurden. Durch Übereinkunft mit der Nahrungsmittelindustrie gibt es keine Farbstoffe in Babynahrung. Frischem Obst dürfen keine Farbstoffe zugesetzt werden; dies trifft auch auf Trocken- oder Kondensmilch zu. Tee und Kaffee dürfen nicht gefärbt werden und Frischfleisch, Fisch oder Geflügel ebenfalls nicht.

Es gibt über 3000 Geschmacksstoffe, von denen die meisten mit natürlichen Geschmacksstoffen chemisch identisch sind. Honig enthält über 200 unterschiedliche Substanzen, von denen jede einzelne ihren eigenen bestimmten Geschmack hinzufügt, während Äpfel 130 identifizierbare »Geschmacksstoffe« enthalten.

Strichcode-Etiketten

Der Strichcode ist kein so großer Störfaktor für Marketing und Design wie man zuerst dachte. Er wird immer beliebter, da immer mehr Einzelhändler elektronische Abtastsysteme installieren, um die Lagerkontrolle zu verbessern und die Abfertigung an der Kasse zu beschleunigen. Obwohl der Strichcode ein Dorn im Auge der Verpackungsdesigner ist, kann er nützliche Verkaufs- und Marketingdaten liefern. Vor der Übernahme des Unternehmens durch die schweizerische Gruppe Nestlé verwendete beispielsweise Rowntree Strichcodes, um bei Produktwerbungen ein besseres Feedback zu erhalten. Man konnte die Verkaufsergebnisse mit Werbung, Saisonalität oder mit neuen Verpackungsdesigns korrelieren. Außerdem hat der Tiefkühlkosthersteller Birds Eye entdeckt, daß Strichcodes neue Informationen zur Beziehung zwischen Preis und Verkaufsvolumen geben. Und das britische Unternehmen United Biscuits, das die Marke McVities besitzt, setzt Strichcodes ein, um frühzeitig den Erfolg – oder Mißerfolg – bei Änderungen von Markennamen zu erkennen. Kurz gesagt, die Zukunft der Marktforschung bei der Verpackung wird auf den genauen und neuesten Zahlen durch das Strichcode-Scanning basieren.

Designer des Allied-Lyons-Stalls, die verantwortlich sind für internationale Marken wie Castlemaine xxxx und Harvey's Bristol Cream, bezeichneten sich selbst als sehr beunruhigt, als die Strichcodes am Anfang eingeführt wurden. Sie glaubten zuerst nicht, daß sie das Design ihrer Produkte schützen könnten. Aber bald bezwangen sie ihre visuellen Hemmungen und bauten Strichcodes schnell und kompetent in alle ihre Artikel ein.

Die britische Kette Boots eröffnete 1986 ihr erstes Geschäft mit einem Abtastsystem, trotz der Bedenken über die Wirkungen bei der Einführung von Strichcodes beim Verpackungsdesign. Auf einer Konferenz im Jahr 1986, auf der der Stand der Strichcodierung in Großbritannien diskutiert wurde, war Boots eines der vielen Einzelhandelsunternehmen, die der Meinung waren, daß kürzere, beschnittene Strichcodes aufgrund der kleinen Größe von kosmetischen und pharmazeutischen Produkten nötig seien – auch wenn das gegen Industrienormen verstieß. Bei Produkten wie Pinzetten und Nagelscheren konnte man dieses Problem überwinden, indem man für diese Artikel Schalenpakkungen verwendete und die Hängekarten anstelle des Produkts mit einem Strichcode versah. Das Unternehmen gab bekannt, daß es fest hinter dem Prinzip der Strichcodierung stand, obwohl seine Designer zu Anfang glaubten, daß das Unternehmen Jahre durch die Neuentwürfe von Verpackungen verlieren würde.

Heute sind Designer immer erfindungsreicher, wenn es darum geht, Strichcodes in die Etiketten einzubauen. Ein Designer entwickelte aus dem Strichcode auf einer Flasche ein Schilfrohrdickicht mit Binsenhuhn und Wildenten.

Heute gibt es mehr als 30 verschiedene Arten von Strichcodes, aber die am häufigsten eingesetzten sind Interleaved 2 of 5, Code 39, Coda bar und EAN. Interleaved 2 of 5 gehört mit zu den ältesten Strichcodes, die es gibt, und eignet sich für die verschiedensten Anwendungsbereiche, angefangen bei Handlesegeräten bis hin zu leistungsstarken Fernablesegeräten. Code 39 ist im Vergleich dazu nützlich, weil Ziffern und Buchstaben verwendet werden können.

Codabar ist die akzeptierte Norm für Strichcodes in den Blutbanken er Welt, während die European Article Number (EAN) oder der Universal Product Code (UPC), wie er in den USA heißt, bei Verkaufspunkten in Supermärkten, Bücherläden und Haushaltswarengeschäften neben einigen Anwendungsbereichen, die nicht zum Einzelhandel gehören, eingesetzt wird.

Designer können mithelfen, eine Entscheidung über die relevante Technologie bei der Erzeugung und beim Abtasten der Codes zu treffen, indem sie einige einfache Fragen stellen.

- Müssen für den Code numerische oder alphanumerische Informationen verschlüsselt werden? Lösung: Interleaved 2 of 5 oder Code 39.
- Wieviele Informationen müssen verschüsselt werden? Lösung: ein kurzer oder unbegrenzter Code.
- Macht das Produkt Tausende von Produkten mit demselben Code erforderlich (z. B. in einem Supermarkt), oder ist für jedes Produkt ein einzelner Code erforderlich (z. B. in einer Apotheke)? Lösung: Vorgedruckte oder vom Computer erzeugte Etiketten.
- Auf welches Material wird der Code gedruckt, und wird er von einer Folie bedeckt sein? Lösung: Dies hilft bei der Entscheidung über Größe und Dichte des erforderlichen Codes.
- Wie oft wird der Code abgetastet werden? Lösung: Man wähle eine Druckmethode, die sich nicht abschaben läßt.
- Wie wird der Code gelesen und bei welcher Geschwindigkeit? Lösung: Laser-Scanner oder Handgeräte können bei unterschiedlichen Strichcode-Formen eingesetzt werden.

Schlußfolgerung

Wenn eines beim Design von Pakkungsetiketten sicher ist, ist es, daß nichts sicher ist. Die Geschwindigkeit, mit der das öffentliche Interesse die Gesetzgebung ändern kann, ist legendär. Es ist daher ratsam, sich bei den Körperschaften, die die Richtlinien herausgeben, immer auf dem laufenden zu halten, wenn man mit dem Etikettendesign und der Beschriftung zu tun hat. Es könnten Leben in Gefahr geraten, wenn Designer Fehler machen.

4.2 Gesetzliche Vorschriften

»Die Katze im Sack kaufen« ist ein Sprichwort, das ungefähr bedeutet, daß man das Gekaufte nicht gesehen hat, weil es nicht zu sehen war. Das Sprichwort wird oft als Warnung verwendet. Ohne die wirksame Gesetzgebung für Produkte und ihre Verpackung würden auch heute die Verbraucher die Katze im Sack kaufen. Die moderne Verpackung ist heute so effektiv beim Schutz und bei der Projizierung ihres Inhalts, daß die Konsumenten die angebotenen Waren nur selten sehen, außer wenn das Design es zuläßt, wie das PVC-Fenster in einer Schachtel oder der Zellulosebeutel. Ohne eine derartige Gesetzgebung könnten skrupellose Anbieter bei ihren Waren übertreiben – zum Beispiel bei der Menge.

Die Gesetzgebung verhindert nicht nur, daß die Öffentlichkeit durch Packungsdesigns betrogen wird, sondern es gibt auch immer mehr Vorschriften zu ihrem Schutz. Als amerikanische Soldaten im spanisch-amerikanischen Krieg von 1889–1901 starben, weil sie verdorbenes Fleisch gegessen hatten, wurde 1906 das erste Lebensmittel- und Medikamenten-Gesetz verabschiedet. Als vor zehn Jahren in den USA Tylenol-Kapseln vergiftet wurden, führten die daraus resultierenden Todesfälle zu neuen Vorschriften für die sichere Verpackung von nichtrezeptpflichtigen Medikamenten. Gesetze, die von der mächtigen amerikanischen Behörde für Lebensmittel und Medikamente verabschiedet wurden, umfaßten Vorschriften für Blister- und Streifenpackungen, Kartonpackungen und für verschiedene Versiegelungen und Flaschenverschlüsse.

Obwohl sich das Hauptaugenmerk in den USA auf die Verpackung von Pharmazeutika und Medikamenten gerichtet hat, ist es für alle Verpakker von Lebensmittelprodukten von Bedeutung. Die vorausgegangenen Kapitel mögen den Eindruck erweckt haben, daß die Aufgabe des Verpackungsdesigners durch die Menge der erhältlichen neuen Materialien und durch die Vielfalt der Verfahren ihrer Verbesserung, des Bedruckens von Packungen und des Abfüllens immer leichter wird. Dies ist jedoch nicht die ganze Wahrheit.

Die Verpackungsexplosion der vergangenen Jahre in Verbindung mit jenen Fällen, in denen Einzelpersonen sich an Nahrungsmitteln und Pharmazeutika, aus welchem Grund auch immer, zu schaffen machten, hat es für den Designer besonders wichtig gemacht zu verstehen, wie Waren sowohl aus der Sicht des Gesetzes als auch in der Praxis geschützt werden müssen. Diese beiden Dinge bestehen jedoch nicht unabhängig voneinander. Für den Designer von heute ist es genauso wichtig zu verstehen, welche Auswirkungen die Gesetzgebung auf das Verpackungsdesign hat, wie es wichtig zu verstehen ist, wie diese Entwürfe z. B. bedruckt werden können. Es ist notwendig zu begreifen, daß »Sicherheit« genauso leicht wie Farbe in eine Packung integriert werden kann.

Für die Sicherheit entwerfen

Die Art und Weise, wie das Design der Sicherheit aufgebaut ist, unterscheidet sich von Unternehmen zu Unternehmen und von Einzelperson zu Einzelperson. Eine Methode, die in der Elektronikindustrie verwendet wird, ist die Durchführung von sechs Designprüfungen, in denen die folgenden 12 Punkte untersucht werden:

- Verläßlichkeit
- Leistung
- Instandhaltung
- Herstellung
- Produkttest
- Auswechselbarkeit
- Installation
- Einfachheit
- Sicherheit
- Ergonomik
- Erscheinungsbild
- Kosten und Wert

Die erste Prüfung, die Untersuchung des Disignkonzepts, wird durchgeführt, bevor die Entwicklungsarbeit überhaupt begonnen wird, während sich die zweite mit der Designmethode und der Spezifikation von Materialien und Arbeitsprozessen befaßt. Die folgenden vier Prüfungen befassen sich mit dem eigentlichen Design, mit experimentellen Daten und der Wertanalyse, der Planung der Produktherstellung und einer abschließenden Designuntersuchung. Nicht alle Verpackungssektoren müssen so gründlich prüfen wie die Elektronikindustrie, aber jene Unternehmen, die derartige Sicherheitsverfahren einsetzen, können beim Einzelhandel und schließlich beim Endverbraucher, von dem der ganze Design- und Herstellungsprozeß abhängt, nur Vertrauen gewinnen.

Gesetzliche Haftpflicht

Zur allgemeinen Checkliste der Bereiche, in denen Verpackungsdesigner die gesetzliche Haftpflicht in Betracht ziehen müssen, gehört die Verpackung von Chemikalien, wenn Brände durch chemische Reaktionen entstehen können, falls eine Packung leckt. Die Produkte in flüssiger oder Pulverform sind möglicherweise entflammbar oder reagieren mit der Atmosphäre und geben Gase oder Hitze ab. Der Designer muß im voraus an diese Möglichkeiten denken. Die Verpakkung leichter elektrischer Geräte muß den Verbraucher vor möglichen elektrischen Schlägen schützen und darf beim Transport an bestimmten Punkten nicht eingedrückt werden. Flaschen und Behälter mit Chemikalien können abhängig vom atmosphärischen Druck explodieren oder implodieren. Dies gilt auch für Spraydosen, Stahl- oder Kunststofftrommeln und Fässer mit Bier und Schaumwein.

Zusätzlich gibt es Probleme beim Endverbrauch. Textilien und leere Spraydosen können entflammbar sein oder explodieren, wenn sie sich in der Nähe von Hitzequellen befinden. Daher müssen auf der Außenseite der Verpackung entsprechende Warnungen angebracht werden. Produkte, die Wasser enthalten, sollten auch Hinweise bezüglich der Temperatur enthalten. Es besteht die Gefahr des Einfrierens – und da sich Wasser ausdehnt, könnte eine Packung bersten, wenn sie an einem kalten Ort gelagert wird.

Produktbeschreibung

Neben Gesundheits- und Sicherheitswarnungen müssen Standardvorschriften bei der Werbung befolgt werden. Wenn eine Batterie beispielsweise als wiederverwendbar definiert wird, müssen alle Prozesse, die notwendig sind, um sie wieder aufzuladen, ausreichend beschrieben werden, sowohl auf der Verpackung als auch im Werbematerial.

Die Probleme bei der Verpackung radioaktiver Gegenstände sind eine besonders schwierige Aufgabe für den Designer, der sich in erster Linie mit Konsumgüter befaßt, da in allen westlichen Ländern extrem strenge Regeln zu befolgen sind. Wenn man sich in einem Projekt mit radioaktiven Objekten befaßt, zum Beispiel für ein Krankenhaus, muß der Designer den Rat von Experten einholen. Es reicht nicht, einfach die vorhandenen Berichte und das Standardmaterial zu lesen.

Man muß nicht extra darauf hinweisen, daß Artikel wie Rasierklingen, Messer und Werkzeuge eine gute und sichere Verpackung brauchen. Aber der Designer muß auch daran denken, wie er den Verbraucher vor Splittern und fliegenden Teilen von Flaschen, Kanistern oder Spraydosen schützen kann, wenn sich diese in Kartons oder Dosen befinden.

Die Stabilität kann ebenfalls ein Problem darstellen – hohe, dünne Packungen wie halbleere Flaschen können ebenfalls als instabil beschrieben werden. Wenn sie umfallen, ist der Inhalt dann gefährlich? Kann der Behälter explodieren?

Zwei weitere Punkte sollten bei der Betrachtung des Verpackungsdesigns und der potentiellen Gefahren, die entstehen können, ebenfalls noch bedacht werden: Heftigkeit und Häufigkeit. Wenn eine Gefahr erkannt wurde, handelt es sich dann um eine geringfügige Gefahr wie das Leck in einem Karton beispielsweise, oder kann sie möglicherweise zur Erblindung führen, wie zum Beispiel ein Behälter – eine Flasche mit einem Erfrischungsgetränk zum Beispiel – der unter Druck steht und explodiert? Wie sieht es wiederum mit der Wahrscheinlichkeit aus, daß dieser Unfall tatsächlich passiert? Ist die Möglichkeit gering oder wahrscheinlich, wenn man die normale Distribution und die Verwendung der Packung in Betracht zieht? Designer können nicht ihre ganze Zeit damit verbringen, sich über die Produkthaftung Gedanken zu machen, aber sie müssen ihr genug Sorgfalt und Aufmerksamkeit widmen, da sie sonst wegen Fahrlässigkeit haftbar sind.

Europäische Gesetzgebung

In Europa gibt es zwei Hauptquellen für gesetzliche Normen: die Gesetzgebung der jeweiligen Regierung und die EG-Vorschriften. Anders als viele Normen und Gesetzessammlungen der Praxis, die ihrer Natur nach beratend sind, müssen diese befolgt werden. Die britische Gesetzgebung beispielsweise bringt häufig eine britische Norm hervor – oder eine britische Norm wird in ein Gesetz umgeändert. Sie sind nicht einfach Richtlinien für den Designer, sondern zwingend.

Normen, die auf britischen Spezifikationen beruhen, wurden von anderen europäischen Ländern übernommen, besonders im Bereich der medizinischen oder chirurgischen Verpackungen. Die Bundesrepublik Deutschland hat ihre DIN-Normen: in den Niederlanden gibt es die OVON-Standards. Die Unternehmen für medizinische Verpackungen unterliegen britischen Normen, die sicherstellen, daß sterilisierte Papierpackungen beispielsweise von höchster Qualität sind. Zu den physikalischen Eigenschaften, die durch die Norm spezifiziert werden, gehören Masse oder Gewicht, Zugfestigkeit, Oberflächenreißfestigkeit und Berstverhalten.

Bei vielen Produkten ist die Lagerung und die Verteilung der Packungen für die Produkt- und Personensicherheit von größter Bedeutung. Daher wird in vielen Bereichen die Verpackung gleichzeitig durch britische Normen und EG-Vorschriften geregelt. Ein Sprecher der medizinischen Abteilung von Welton Packaging sagte: »Wir müssen in der Lage sein, eine Tüte nicht nur bis zum Lieferanten des Papiers zurückzuverfolgen, sondern auch nach vorn – wieviele hergestellt wurden, wohin sie geliefert wurden und so weiter. Das bedeutet, daß wir sie vom Markt zurückrufen können, falls es zum Beispiel ein Problem mit dem Design gibt.«

In einigen Fällen widersetzen sich einzelne Regierungen neuen Formen der Verpackung, wenn sie glauben, daß die neue Form einen wichtigen Industriezweig schädigen wird. Erst nach fünf Versuchsjahren gab das italienische Ministerium für Landwirtschaft und Gesundheit grünes Licht, Wein in Kartons und Kunststofflaschen zu verkaufen. Es gab Befürchtungen um die Gesundheit, aber die größte Sorge scheint die Bedrohung für die Glasindustrie gewesen zu sein. Die Entscheidung betraf jedoch keine Weine, die in Holzfässern reiften, oder solche mit der Bezeichnung »Appellation Controlée«. Zusätzlich müssen die Behälter nach Angaben des Ministeriums ein Haltbarkeitsdatum tragen: neun Monate bei den Getränkekartons und sechs Monate bei den Kunststoffflaschen.

Mitte der achtziger Jahre führten Berichte, daß die Frischhaltefolien aus PVC möglicherweise ein Gesundheitsrisiko darstellen, zu ausgedehnten Diskussionen zwischen verschiedenen europäischen Körperschaften und zu Gesetzesentwürfen mit bedeutenden Auswirkungen für Verpackungsdesigner und Hersteller. Nach den neuen Vorschriften liegt die Verantwortung für Tests und die Sicherstellung, daß krebserregende Chemikalien in Kunststoffen sich über vorgegebene Grenzwerte hinaus nicht auf Lebensmittel übertragen, gleichmäßig verteilt bei den Verpackungsdesignern und Herstellern sowie bei den Verpackungsfirmen. Die Zusätze, um die es hier geht, sind die Weichmacher, die PVC Elastizität geben.

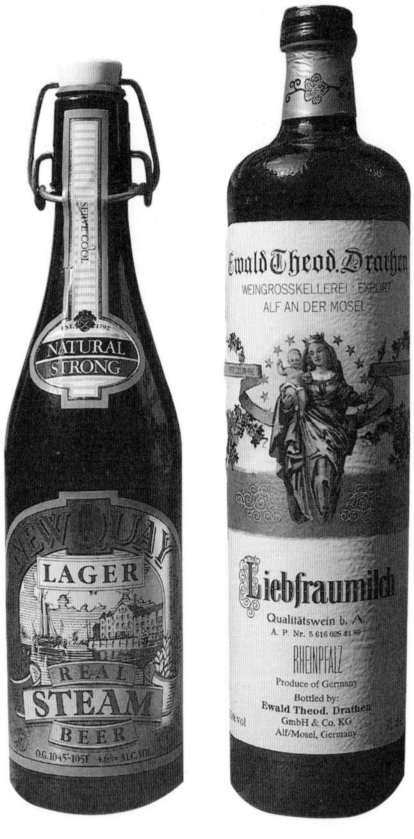

Die Etikettierung von Bier und Wein wird durch Gesetzgebung in den Erzeugerländern und jetzt in der Europäischen Gemeinschaft genau festgelegt. Diese Flasche einer alten Biersorte aus Cornwall (Großbritannien) gibt die Alkoholmenge mit ihrem Originalgewicht an, während der Alkoholgehalt beim Wein als Prozentwert ausgedrückt wird. Das deutsche Weinetikett hat eine amtliche Prüfnummer mit Angaben darüber, wo der Wein erzeugt und abgefüllt wurde.

Die Packaging Industries Research Association (Forschungsgemeinschaft für die Verpackungsindustrien) in Großbritannien, die für die EG Untersuchungen durchführt, glaubt, daß sie die Bedeutung und Notwendigkeit ihrer Arbeit gegenüber der Industrie betonen muß. »Wenn die Gesetzgebung der EG in Kraft tritt, wird es nicht ausreichen, daß der Einzelhandel oder die Hersteller von Verpackungen sagen, daß die Lieferanten ihnen versichert haben, die Materialien seien zufriedenstellend. Sie müssen wahrscheinlich selbst Beweise vorbringen, daß sie die notwendigen Maßnahmen unternommen haben, um sicherzustellen, daß die Verpackung getestet wurden und den Anforderungen der Gesetzgebung entsprechen.«

Es ist klar, daß die EG-Gesetzgebung wichtig ist – ohne sie würde jede Regierung eine andere Politik verfolgen. Das Bundesgesundheitsamt in der Bundesrepublik Deutschland zog seine beantragten Einschränkungen für den Einsatz von PVC-Weichmachern zurück, als es hörte, daß die EG eine Gesetzgebung einführen will.

Die amerikanische Gesetzgebung

In den USA müssen Designer neben den örtlichen staatlichen Vorschriften Bundesgesetze und -vorschriften beachten. Die beiden können sich bisweilen widersprechen. Bestimmte Produkte oder Beschriftungen, die beispielsweise von einem Staat freigegeben wurden, müssen von einer oder mehreren Bundesbehörden gebilligt werden, bevor sie verwendet werden können. Staaten, die Güter in andere Staaten exportieren, müssen die Vorschriften des empfangenden Staates erfüllen. Kalifornien, Missouri, Hawaii und Tennessee sind besonders streng.

Im allgemeinen müssen Fleisch- und Geflügeletiketten vom Department of Agriculture's Food Safety and Inspection Service (FSIS) [Abteilung und Untersuchungsdienst für die Sicherheit landwirtschaftlicher Lebensmittel] freigegeben sein. Zusätzlich müssen die Hersteller von Lebensmittelverpackungen sicherstellen, daß ihre Materialien Kriterien entsprechen, die vom Bundesgesetz für Lebensmittel, Medikamente und Kosmetika definiert wurden.

Was die Lebensmittel und Lebensmittelzusätze betrifft, überträgt der Zusatzartikel über Lebensmittelzusätze zu diesem Gesetz die Beweislast auf den Hersteller, aber die Verantwortung des Herstellers umfaßt auch die Sicherstellung, daß die Verpackungsmaterialien den Vorschriften entsprechen.

Zu den wichtigsten Ausnahmen in den USA zählt Polyacrylnitril (PAN), das ursprünglich als blasbares Material für Flaschen für kohlensäurehaltige Getränke entwickelt wurde. Es wird jedoch aufgrund von Tests an einigen Tieren behauptet, daß das Material krebserregend sei. Für Getränkeverpackungen ist es jetzt in den USA nicht mehr zugelassen. Es scheint jedoch unwahrscheinlich, daß dieses Verbot auf die EG ausgedehnt wird, es sei denn, daß spezielle Untersuchungen über die Giftigkeit für den Menschen durchgeführt werden. PVC ist für Spirituosenflaschen ebenfalls verboten, genau wie fluorkohlenwasserstoffhaltige Treibmittel für Spraydosen.

Einige der neuesten Veränderungen im amerikanischen Recht ergaben sich durch die National Fire Protection Association (NFPA) für die Hersteller von entflammbaren Flüssigkeiten, die jetzt vor wichtigen Veränderungen bei der Lagerung und Verpackung von Produkten in Kunststoffbehältern stehen. Tests, die von der Factory Mutual Research Corporation durchgeführt wurden, zeigten, daß Kunststoffkanister, die durch Hitze geschwächt waren, kochenden Farbverdünner verspritzen, was dazu führt, daß eine ganze Pallette in Flammen aufgeht.

Die Lagerung dieser Flüssigkeiten – einschließlich Chemikalien, Farben, Benzinprodukte und Lösungsmittel – macht getrennte Lagerräume oder Lagerhäuser erforderlich, die für die Lagerung entflammbarer Flüssigkeiten speziell ausgerüstet sind. Es gibt einige Verwirrung in den USA über die Revisionen der Feuergesetzgebung, und weitere Revisionen werden bald erwartet (1990); daher müssen Verpackungsdesigner sich genau mit dem Gesetz befassen und die wirksamsten Maßnahmen treffen, wenn sie mit Kunststoffkanistern für entflammbare Flüssigkeiten zu tun haben.

Der Nachweis, daß sich jemand an einer Packung zu schaffen gemacht hat, ist ein Problem, um das man sich besonders in den USA Sorgen macht. Es ist eine Folge der Tylenol-Morde Mitte der achtziger Jahre, als pharmazeutischen Kapseln Zyanid zugesetzt wurde. Die Designer sollten daher die neuesten Vorschriften der Behörde für Lebensmittel und Medikamente für sichere Packungen willkommen heißen. Zu den Lösungen, die für die FDA nicht länger akzeptabel sind, zählen Zellophanpapiere, die sich überdecken, aber nicht hitzeversiegelt sind. Getönte Einwickelpapiere wurden genau wie Folienstreifen aus Naßzellophan, die wieder instandgesetzt werden können, fallengelassen. Klebeversiegelungen, die keinen sichtbaren Beweis liefern, daß sich jemand an der Packung zu schaffen gemacht hat, wurden ebenfalls kritisiert, genauso wie mit Klebstoff versiegelte Schachteln.

Die FDA drängt darauf, daß Bänder, Einwickelpapiere und Beutel, die noch auf der akzeptierten Liste bleiben, mit einem klaren Design versehen sind, das nicht leicht wiederhergestellt werden kann, wenn sie einmal entfernt wurden. Man würde für jede Produktanwendung ein anderes Design vorziehen. Weitere Veränderungen, die gefordert werden, betreffen Blister- und Blasenpackungen. Diese sollten so fest versiegelt sein, daß sie sich nicht einfach trennen oder leicht wieder ersetzen lassen, ohne daß es nachzuweisen ist. Die Behörde zieht auch Streifen zum Aufreißen vor, die signalisieren, daß die Packung geöffnet wurde, Schraubverschlüsse, die abgerissen werden, und Tuben, die eingestochen werden müssen, um an den Inhalt zu gelangen.

Gesetze für Verpackungen

Die Schwierigkeiten, vor denen der Verpackungsdesigner steht, werden verschärft durch die Tatsache, daß es keine bestimmte Gesetzessammlung gibt, die man als Gesetze für Verpackungen bezeichnen könnte. Verpackungsdesigner müssen sich nicht nur mit den Gesetzen für den Verkauf von Gütern, sondern auch mit Gesetzen für Handelsbeschreibungen, mit der Transportgesetzgebung, mit Gesetzen über Gewichte und Maße, dem Gesetz für Lebensmittel und Medikamente und den vielen Statuten für Gifte und Medizin befassen, die es gibt. Zusätzlich gibt es Gesetze und Vorschriften, die sich direkter auf den Designprozeß beziehen: es gibt Gesetze zum Copyright, für Design und Patente, die unter anderem helfen, vor Fahrlässigkeit, Weitergabe und Betrug zu schützen. Dennoch bestätigt diese verwirrende Zahl von Gesetzen und Vorschriften bei Verpackungen in gewissem Sinn den roten Faden, der sich durch dieses ganze Buch zieht, nämlich daß die Verpackung alle Aspekte des Lebens berührt, im kommerziellen wie im privaten Bereich. Die Aufgabe des Designers ist daher ungeheuer wichtig: er muß alle diese Fäden miteinander verknüpfen.

Die vielleicht wichtigste Forderung eines Verpackungsgesetzes wäre, die Verwaltung zu erleichtern. Es muß festgelegte Forderungen bei Lebensmittelverpackungen geben, die jeden Verbraucher schützen, genau wie es spezielle Forderungen geben muß für die Verpackung gefährlicher Güter. Wenn Entwürfe sich nach den festgelegten Richtlinien richten, wird ihre Fähigkeit, in die Gesellschaft sicher und schnell überzugehen, garantiert. Natürlich müssen Gesetze die Öffentlichkeit schützen, und indem sie bei ihrer Designarbeit den Richtlinien benachbarter Länder folgen oder der Länder, in die die Güter wahrscheinlich exportiert werden, können Designer die Öffentlichkeit direkt schüzten.

Das Verpackungsgesetz schützt den Designer. Designer müssen alles in ihrer Macht Stehende tun, um die Öffentlichkeit vor Schaden zu bewahren, und sich an die relevanten Gesetze halten. Es zeugt von Professionalität, wenn sie dies tun.

Lebensmittel- und Medikament-Gesetzgebung

Wegen der Bedeutung von Lebensmitteln und Medikamenten hat jedes Land ausführliche Gesetze für diese Produkte, um sicherzustellen, daß Nahrungsmittel, die eine Gefahr für die menschliche Gesundheit darstellen, nicht für den menschlichen Verzehr verkauft werden. Zuwiderhandlungen können mit hohen Geld- oder Gefängnisstrafen geahndet werden. Die Gesetze verhindern auch, daß bei Nahrungsmitteln irreführende Angaben gemacht werden, sei es durch Darstellungen auf der Packung oder in der Werbung. Verschiedene Gesetze werden abhängig von den Entscheidungen der Regierung und aktuellen sozialen Trends regelmäßig hinzugefügt, wie das Interesse an Gesundheit und Ernährung, das im vorhergehenden Kapitel behandelt wurde.

Die Beschriftung von Nahrungsmitteln ist zu einer ausgesprochen emotionsgeladenen Frage geworden, und klare, eindeutige Beschreibungen von Nahrungsmitteln sind neben Auflistung der Zutaten und Name und Adresse des Herstellers erforderlich. Gesetze über Beschriftung führen sogar auf, wie groß die Schrift auf der Lebensmittelpakkung sein muß, und es gilt als Verstoß, wenn sie zu klein ist oder an unauffälliger Stelle steht. Dies würde nahelegen, daß der Hersteller den Verbraucher bezüglich Art, Beschaffenheit oder Qualität des Lebensmittels oder seiner Zutaten in die Irre führt.
Was die Hygiene betrifft, gibt es für Verpackungen wenige spezifische Gesetze, abgesehen von den Fällen, in denen Vorkehrungen getroffen werden, daß keine Materialien mit Nahrungsmitteln in Kontakt kommen sollen, die sie wahrscheinlich verunreinigen.

Gefährliche Substanzen

Es ist allgemein im Gesetz festgelegt, daß jede Person oder jede Organisation, die es zuläßt, daß gefährliche Substanzen entweichen, für die Konsequenzen haftet. Die Gesetze beziehen sich auf Giftstoffe, Pharmazeutika, Medikamente und Drogen sowie gefährliche Chemikalien. Zu den Hauptvorsichtsmaßnahmen, die vom Gesetz vorgeschrieben sind, gehören die sorgfältige Handhabung, Verpackung und Etikettierung dieser Güter. Wenn diese Vorschriften nicht befolgt werden, können hohe Geldstrafen und in extremen Fällen Gefängnisstrafen ausgesprochen werden.

Neben komplexen Rechtslagen muß man praktische Verpackungsüberlegungen beachten: Flaschen für Giftstoffe müssen im allgemeinen senkrecht geriffelt oder gefurcht sein, so daß man sie durch Berührung erkennen kann. Manche Kunststoffverarbeiter bieten geriffelte Flaschen für Bleichmittel im Haushalt an, obwohl dieser Giftstoff im Grenzbereich liegt. Die meisten Hersteller von Kunststoffbehältern – und einige Glasbläser – fügen heute eine eingeprägte Botschaft in Brailleschrift für Blinde und Schwachsichtige hinzu.

Gefährliche Gewerbe wie die Herstellung von Streichhölzern und Schlachtbetriebe haben wenig direkte Auswirkungen auf das Verpackungsdesign, aber es gibt gelegentlich Begleiterscheinungen – beispielsweise die Entflammbarkeit bei der Streichholzherstellung –, mit denen gerungen werden muß. Von großer Bedeutung ist der Transport von Erdöl oder anderen entflammbaren oder korrodierenden Flüssigkeiten. Die Art und Weise, wie diese Flüssigkeiten verpackt oder gelagert werden können, und die Eigenschaften oder Konstruktion ihrer Behälter sind für jedes westliche Land sehr streng in einer Reihe von Gesetzen festgelegt.

Transport gefährlicher Güter

Die meisten Vorschriften für den Transport gefährlicher Güter sind vernünftig und unkompliziert und setzen fest, daß Packungen kein Leck haben dürfen. Das Expertenkommittee der Vereinten Nationen, das die absolute Unmöglichkeit der Durchsetzung eines weltweiten Gesetzes für gefährliche Güter erkannt hat, hat dennoch einen Regelungsrahmen aufgestellt, den die einzelnen Länder und Staaten überprüfen und, falls nötig, ihren besonderen Erfordernissen anpassen können. Das Ziel der UN ist es, schließlich jedes Land für eine gemeinsame Grundlage der Gesetzgebung zu gewinnen.
Es gibt jedoch einige Besonderheiten bei diesem System. Der Produzent/Exporteur, der Güter durch eine Reihe von Ländern transportiert, muß die Vorschriften aller Länder beachten, die die Güter passieren. Dabei kann man nicht einfach den strengsten Vorschriften genügen, da jedes Land unterschiedliche Klassifikationen von gefährlichen Gütern haben kann und ein gemeinsamer Nenner möglicherweise fehlt.

Es wurden jedoch einige wichtige Schritte unternommen, um den Transport auf Straße und Schiene zu regeln. Es gibt ein europaweites Abkommen über die Beförderung von gefährlichen Gütern auf der Straße, bekannt als ADR, das eine gemeinsame Klassifikation bietet.

Der ADR setzt bestimmte Pakkungsnormen und Etikettierungsvorschriften durch. Die Vorschriften umfassen auch den Transport von Gütern auf See. Es gibt eine separate Vereinbarung für den internationalen Transport von gefährlichen Gütern auf der Schiene, die RID genannt wird. Sie unterteilt Güter abhängig von den potentiellen Schwere eines Unfalls in sieben Klassen. Andere Vorkehrungen befassen sich damit, welche Güter getrennt gehalten werden müssen und wie sie etikettiert und dokumentiert werden sollten.

Schutz des Designers

Obwohl der Schutz des Designers für die Gesellschaft viel weniger wichtig ist, sollte er nicht außer acht gelassen werden. Es gibt getrennte Statuten, die mit dem Verpackungsdesign in Verbindung stehen, einschließlich Copyright, Design, technische Patente und Warenzeichen. In jedem Fall geht es darum, den Designer vor unautorisierter Verwendung seiner Arbeit zu schützen. Copyright-Gesetze, die die Investition an Zeit bei der Kreation einiger Arbeiten schützen sollen, wurden beträchtlich erweitert, seitdem sie zum ersten Mal erlassen wurden. Sie umfassen heute auch Diagramme, Tabellen, Pläne, Gemälde, Zeichnungen und Fotografien.

Copyright

Das Copyright gehört in den meisten Fällen dem Unternehmen, bei dem der Designer angestellt ist, nicht den Disignern selbst. Das Copyright muß bei keiner Organisation registriert werden und wird automatisch dem Schöpfer des Werkes zugeschrieben, außer es wurde in Auftrag gegeben. Das Copyright dauert meistens 50 Jahre vom Tod des Urhebers oder vom Datum der Beauftragung an. Die Details unterscheiden sich von Medium zu Medium, aber beim Verpackungsdesign gibt es bestimmte Ausnahmen. Werbesprüche und Formulierungen werden im allgemeinen nicht als geschützt betrachtet, da die meisten nicht als original gelten. Daher gibt es auch für einen Karton oder eine Papiertüte kein Copyright, da das Copyright sich nur auf Originalarbeiten bezieht. Aber der Entwurf einer feinen Kunststofform eines Butterfasses oder eine innovative Spraydose werden bei der Bewerbung wahrscheinlich mehr Erfolg haben. Die Form ist jedoch nur in extremen Fällen geschützt, egal wie künstlerisch und originell sie ist.

Patente

Copyright besteht auch für das Industriedesign, aber diese Entwürfe müssen registriert werden, in Großbritannien beim Patent Office (Patentamt). Für die Registrierung industrieller Entwürfe müssen Gebühren bezahlt werden. Die Patente selbst sind eine starke Form des Schutzes, obwohl sie für die technische Seite des Verpackungsdesigns relevanter sind. Auch für die Anmeldung eines Patents sind Gebühren erforderlich. Die Zeiträume der Registrierung sind meistens viel kürzer als die Copyrightdauer; sie liegen bei etwa 15 Jahren, obwohl sie auch kürzer sein können.

Warenzeichen

Warenzeichen sind Symbole, die Worte, ein grafisches Zeichen oder beides umfassen können. Der Designer setzt sie ein, um die Güter des Besitzers von anderen zu unterscheiden. Warenzeichen-Rechte sind weniger wirksam als Copyright-Rechte oder Patente, da sie nicht registriert werden müssen. Der regelmäßige Einsatz des Zeichens kann ein Recht begründen, das Zeichen ausschließlich zu benutzen. Warenzeichen können jedoch registriert werden, und je stärker sich ein Zeichen unterscheidet und je origineller es ist, desto eher wird ihm die Registrierung gewährt.

Wenn ein Warenzeichen erfolgreich über einen Zeitraum von sieben Jahren verwendet wurde, kann es unbegrenzt für Zeiträume von je etwa 14 Jahren verlängert werden. Die Gesetze unterscheiden sich in den verschiedenen Ländern.

Es gibt bestimmte Kriterien für die Registrierung der Warenzeichen, die sich aus einem oder allen folgenden Punkten zusammensetzen können:

- ein erfundenes Wort oder eine Formulierung
- der Name eines Unternehmens, einer Einzelperson oder einer Firma, die auf besondere oder bestimmte Art dargestellt wird
- ein Wort oder Ausdruck, das keinen direkten Bezug zu Eigenschaft oder Qualität der Güter hat und kein geographischer Name oder Nachname ist
- alle anderen unterscheidenden Kennzeichen

Internationales Copyright

Mit dem immer stärker anwachsenden internationalen Handel erhebt sich die Frage eines internationalen Copyrights. Das Thema kann sehr komplex sein. Es gibt jedoch ein gewisses Maß an Flexibilität, da die Veröffentlichung in einem Land oder Staat als in anderen Ländern veröffentlicht betrachtet wird. Dies wird 1992 sicherlich in Europa der Fall sein, obwohl es in gewissem Maß auch heute schon zutrifft. In den USA bestehen ähnliche Bedingungen. Es gibt jedoch Ausnahmen, die sich meistens auf Fotografien oder Illustrationen beziehen. Bei dem Versuch, die Produktionskosten niedrig zu halten, kaufen Verpackungsdesigner manchmal nur die britischen oder amerikanischen Rechte für ein Foto oder eine Illustration. Das Hauptargument dabei ist, daß es nicht nötig scheint, die zusätzlichen Ausgaben für internationale Rechte zu zahlen, wenn nur der Heimatmarkt beliefert wird. Aber wenn es an der Zeit ist, zu exportieren, muß der Designer sicherstellen, daß die Rechte an dem Werk beschafft werden, bevor man mit dem Export fortfährt.

In vielen Fällen hat der Designer die Arbeit schon lange weitergegeben, und diese Verantwortung liegt dann bei dem Produktionsmanager, aber es ist ein Punkt, den Designer im Designstadium zur Sprache bringen sollten.

Literatur

Bücher

Abbott, H. (1980): Safe Enough to Sell? Design and Product Liability. The Design Council, London

Bauer, U. (1981): Verpackung. Verpackungsprobleme. Materialien, Verarbeitung, Lagerung, Transport. Vogel Verlag, Würzburg

Bösch, M. (1989): Gesamtsystem Verpackung. Grundlage für optimale, integrierte Verpackungsentscheidungen. Schriftenreihe Marketing-Management des Forschungsinstituts für Absatz und Handel, Hochschule St. Gallen, Thexis

Bojkow, E. (1989): Getränkeverpackung und Umwelt. Daten und Fakten zur Verpackungsdiskussion. Springer-Verlag, Wien – New York

Boustead, I./Hancock, G. F. (1981): Energy and Packaging. Ellis Horwood, Chichester

Briston, J. H. (1983): Plastics Films. (2. Aufl.) George Godwin, Edinburgh/Plastics & Rubber Institute, London

British Plastics Federation (1980): Users' Guide to Blow-Moulded Plastics Containers. BPF, London

Griffin, R. C./Sacharow, S./Brody, A. L. (1985): Principles of Package Development. (2. Aufl.) AVI Publishing Company, Westport, Connecticut

Hanlon, J. F. (1984): Handbook of Package Engineering. (2. Aufl.) McGraw Hill Book Company, New York

Holder, E. (1987): Design. Darstellungstechniken. Bau-Verlag GmbH, Wiesbaden – Berlin (Augustus Verlag Augsburg)

Horst, M. (1988): Verbraucherinformationen bei verpackten Lebensmitteln – Verkehrsbezeichnungen, Zutatenverzeichnis, nährstoff- und andere substanzbezogene Angaben. Verlag Carl Heymanns, Köln

Institut für Lebensmitteltechnologie und Verpackung (Hrsg.) (1972): Empfehlungen für die Mindestanforderungen an die Beschaffenheit von Lebensmittelverpakkungen. Keppler, München

Kahn, M. R./Rahim, E. (1985): Corrugated Board and Box Production. Scottish Academic Press, Edinburgh

Kroeber-Riel, W./Meyer-Hentschel, G. (1982): Werbung. Steuerung des Konsumentenverhaltens. Physica-Verlag, Würzburg – Wien

Moody, B. (1977): Packaging in Glass (revised edition) Hutchinson Benham, London

Morgan, E. (1985): Tinplate and Modern Canmaking Technology. Pergamon Press, Oxford

Pilditch, J. (1973): The Silent Salesman. (2. Aufl.) Business Books, London

Poth, L./Poth, G. (Hrsg.) (1986): Marktfaktor Design. Grundlagen für die Marketingpraxis. Verlag moderne industrie, Landsberg

Rationalisierungsgemeinschaft Verpackung im Rationalisierungskuratorium der Deutschen Wirtschaft e. V. (Hrsg.) (1989): RGV-Handbuch Verpackung. Entwicklung – Herstellung – Anwendung – Verwertung – Beseitigung. E. Schmidt Verlag, Berlin

Selle, G. (1987): Design-Geschichte in Deutschland. Produktkultur als Entwurf und Erfahrung. (DuMont Dokumente) DuMont Buchverlag, Köln

Stock, S. (1987): Metallverpackungen. Materialien, Herstellungsverfahren, Einsatzmöglichkeiten. Verlag moderne industrie, Landsberg

Thomé-Kozmiensky, K. J./Franke, M. (Hrsg.) (1987): Verpackung und Umwelt. (Technik, Wirtschaft, Umweltschutz) EF Verlag

Urbain, W. M. (1986): Food Irradiation. Academic Press, Orlando

Webb, T./Lang, T. (1987): Food Irradiation: The Facts. Thorsons, London

Wichmann H./Leitherer, E. (1987): Reiz und Hülle. Gestaltete Warenverpackungen des 19. und 20. Jh. Birkhäuser, Basel

Marktforschungsliteratur

Covell, P./Sonsino, S./Sowerby, P./Everest, E. (1987): Annual Statistical Summary 1986. Institute of Packaging, Melton Mowbray/Online Business Publishing, London

Fairley, M. (1985): Bar Coding Technology: an Equipment Review. Labels & Labelling Data and Consultancy Services

Henley Centre (1982): Manufacturing and Retailing in the 1980: a Zero Sum Game? Food Manufacturers Federation, London/Nielsen Marketing Research, London

ICC (1985): Paper and Board Pakkaging. An ICC Business Ratio Report ICC Publications

ICC (1985): Plastics Packaging. An ICC Business Ratio Report. ICC Publications

Keynote (1985): Packaging (Metals and Aerosols). Keynote Publications

Keynote (1985): Packaging (Paper and Board). Keynote Publications

Keynote (1985): Packaging (Glass). Keynote Publications

Keynote (1985): Packaging (Plastics). Keynote Publications

Martin, W. H./Mason, S. (1982): Leisure & Work: the Choices for 1991 and 2001. Leisure Consultants, Sudbury, Suffolk

Mills, R. (1985): UK Packaging Industries. Facts and Data. Pira, Leatherhead, Surrey

Mills, R./Lushington, R. (1985): The UK Packaging Industry: Its Structure, Suppliers and Future Outlook. Economist Intelligence Unit

Skyme, M. D. (1981): The Soft Drinks Market, M. D. S. Services (Publications), New Quay, Wales

Zeitschriften

Australien

Australian Packaging. PO Box 204, Strawberry Hills, New South Wales 2010

Bundesrepublik Deutschland

Kautschuk + Gummi Kunststoffe. Internationale Fachzeitschrift für hochpolymere Werkstoffe. Verlag A. Hüthig, Im Weiher 10, Postfach 102869, 6900 Heidelberg

Kunststoffberater. Kunststoff-Rundschau + Kunststoff-Technik. Umschau Verlag Breidenstein GmbH, Stuttgarter Str. 18-24, 6000 Frankfurt/M.

Packaging Production International. Verlag für Fachliteratur GmbH, Im Weiher 10, Postfach 102869, 6900 Heidelberg

pack report. Die Fachzeitschrift für Verpackungs-Marketing und -Technik. Deutscher Fachverlag, Schumannstr. 27, Postfach 7625, 6000 Frankfurt/M.

packung & transport. Fachmagazin für Verpackung, Materialfluß und Logistik. Handelsblatt GmbH, Kasernenstr. 67, 4000 Düsseldorf

Papier + Kunststoff Verarbeiter. Die Fachzeitschrift für Druck, Veredelung und Verarbeitung. Deutscher Fachverlag, Schumannstr. 27, Postfach 7625, 6000 Frankfurt/M.

Plastverarbeiter. Das Fachmagazin für Verarbeitung, Gestaltung und Anwendung von Kunststoffen. Zechner und Hüthig Verlag, Im Weiher 10, Postfach 102869, 6900 Heidelberg

Verpackungs-Berater. P. Keppler Verlag, Industriestr. 2, 6056 Heusenstamm

Verpackungs-Rundschau. P. Keppler Verlag, Industriestr. 2, 6056 Heusenstamm

Dänemark

In Pak. Box 15 Dk-4390, Vipperod

DDR

Die Verpackung. VEB Fachbuchverlag Leipzig, 7031 Leipzig

Frankreich

Emballage. 26 rue de Fbg Poissonière, 75010 Paris

Embouteillage. 7 rue de la Boetia, 75008 Paris

Großbritannien

Design Week. Centaur Publications, 50 Poland Street, London, W1A 2HG

Marketing. 30 Lancaster Gate, London, WC1A

Packaging Today. Angel Publishing, 361 City Road, London, NW1A

Packaging Week. Benn Publications, Sovereign House, Tonbridge, Kent

Italien

Imballagio. Etas Kompass Periodic Techni, Via Nuova Rivoltana, 20090 Limito, Mailand

Rassegna dell'Imballagio. Via Casella 16, 20156 Mailand

Techniche dell'Imballagio. Vialle Monza 106, 20127 Milano

Niederlande

Missets Pakblad. Postbus 4, 7000 BA Dostinchem

Verpakken. Postbus 81152, 3009 GD Rotterdam

Verpakkings Management. Postbus 247, 1700 Ae Heerhugoward

Norwegen

Emballering. Postboks 855, N-3001 Deammen,

Österreich

Austropack. Verlag A. Schendl, Karlgasse 15, 1040 Wien 4, Postfach 29

Schweden

Nord-Emballage. Po Box 25, S-16211 Vallingby-1

Packmarkenden. PO Box 601, S-25106 Kelsingborg

Schweiz

Die Verpackung. Forster Verlag, Alte Landstraße 43, 8700 Küsnacht/ZH, Zürich

Tara Verlac. Beustweg 12, 8032 Zürich

Spanien

IDE. Breton de los Herreros 57, Madrid 3

USA

Food & Drug Packaging. 7500 Old Oak Boulevard, Middlesburg Height, Ohio 44130

Packaging. Cahners Plaza, 1350 East Touhy Avenue, PO Box 5080, Des Plaines, Illinois 60018

Packaging Digest. 400 North Michigan Avenue, Chicago, Illinois 60611

Glossar

Aerosol: Es gibt drei grundlegende Methoden, um ein Produkt aus einem Behälter, der unter Druck steht, durch eine Düse ausströmen zu lassen: als reine Aerosole, als Sprays (wie Anstrichfarben und Wachse) und als Schaumprodukte (wie Rasiercreme und Haarpflegemittel).

Ätzen: Behandlung eines Materials mit Säure; Teile des Materials bleiben als Relief zurück und bilden das Design.

Aluminiumfolie: Ein festes Blatt mit einer Dicke von weniger als 0,15 mm, meistens aufgerollt. Sie kann auf andere Materialien, wie z. B. Polyethylen, laminiert werden, um spezielle, undurchlässige Filme herzustellen.

Aufdruck: Informationen, die während des Herstellungsverfahrens auf den Behälter gedruckt werden; sie sollten enthalten: Name des Herstellers, Fassungsvermögen, Materialqualität, Frachtklassifizierung und andere Angaben, die von den Vorschriften des Landes abhängen, in dem das Produkt verkauft wird.

Bahn: Eine Rolle Papier, Film oder Folie, die durch eine Verarbeitungsmaschine läuft.

Beschichtung: Eine Bedeckung oder Schicht aus einer Substanz, die in flüssiger Form aufgetragen wird und an der Oberfläche des Materials oder Produkts trocknet, um dem Material besondere Eigenschaften, wie z. B. Undurchlässigkeit, zu verleihen.

Blister, Blisterpackung: Ein kleiner, begrenzter Bereich, der frei von Klebstoff ist; wird mit großem Erfolg bei der Herstellung der inzwischen weitverbreiteten PVC-Blisterpackung angewendet; auch bekannt als Streifenverpakkung von kleinen Artikeln, wie Tabletten, die einzeln in einem Streifen verpackt werden.

BSI: Abkürzung für British Standards Institute; vergleichbar mit der American Standards Association und dem DIN Deutschen Institut für Normung e.V.

CAD: Abkürzung für Computer-Aided Design; die Technik benutzt hochauflösende Computergrafik-Systeme für das Verpakkungsdesign; auch bekannt als Computer-Aided Packaging Design (CAPD).

Emaille: Dieses glasartige, farbenähnliche Material wird zur Dekoration oder zum Schutz verwendet. Normalerweise wird es auf dem Material eingebrannt.

Extrusion: Verfahren, bei dem aufgeschmolzene Materialien kontinuierlich durch eine Preßform oder einen Stempel gedrückt werden, um Platten, Filme, Stäbe oder Rohre herzustellen; das Material wird dann unverzüglich abgekühlt, damit es die Form behält.

Tube: Ein zylindrischer Behälter aus dünnem, biegsamen Material mit Schulter und Hals; wird inzwischen fast ausschließlich aus Kunststoffolien-Laminaten hergestellt, aber auch aus Zinnlegierungen, Aluminium und anderen Materialien.

FCKW: Abkürzung für Fluorchlorkohlenwasserstoffe. Sie wurden bis in die späten achtziger Jahre als Treibmittel in Spraydosen benutzt, bis Forschungen zeigten, daß sie verantwortlich sind für die Zerstörung der Ozonschicht in der Atmosphäre.

Film: Unverstärktes, organisches, nicht fasriges Material, das elastisch ist und normalerweise eine Dicke von 0,25 mm nicht überschreitet.

Flexodruck: Ein Rotationsdruckverfahren unter Verwendung von Gummiklischees und schnell trocknender, transparenter, dünnflüssiger Druckfarbe; ein relativ billiges Verfahren.

Folie: Reine, dünne Metallmembran, weniger als 0,15 mm dick; bei mehr als 0,15 mm Dicke spricht man von Platte oder Blech; in vielen europäischen Ländern wird das Wort Folie – abgeleitet vom französischen Wort »feuille« – für dünnes Material verwendet, auch für Zellophan, Kunststoffilme und dünne Metalle.

Gravüre-Druck: Ein Tiefdruckverfahren, das feine, eingravierte Linien verwendet; tief geätzte Linien können mehr Farbe aufnehmen als erhabene Teile der Oberfläche; dadurch ergibt sich ein dunklerer Druck mit höherer Qualität. Das Verfahren ist teurer als der Flexodruck und wird nur bei großen Stückzahlen verwendet, wenn die Stückkosten niedrig sind.

Halbton: Eine Druckplatte wird verwendet, um eine Fotografie oder eine andere Abbildung mit kontinuierlicher Tönung mit Rasterpunkten veränderlicher Größe zu reproduzieren. Der Begriff bezeichnet auch den Eindruck, den das Ergebnis des Druckverfahrens vermittelt.

Hals: Der engere obere Teil eines Behälters zwischen Schulter und Öffnung; die Form wird mit großem Erfolg in der Produktion von Getränkedosen eingesetzt, bei denen schmalere Aluminiumenden verwendet werden, was die Kosten senkt.

Haltbarkeit: Die erwartete Zeitspanne, die ein Produkt, meist Lebensmittel, verkaufbar bleibt. Der gegenwärtige Trend geht dahin, immer kürzere Haltbarkeiten anzugeben, so daß die Nahrungsmittel verzehrt werden, bevor gefährliche Bakterien aus der Luft einen schädlichen Einfluß haben können.

Hitzeversiegelung: Eine Möglichkeit, durch Verschmelzen zwei und mehr Oberflächen oder ihre Beschichtungen miteinander zu verbinden.

Hologramm: Ein dreidimensionales Bild, das auf Folien und Filmen reproduziert wird. Es findet neuerdings weite Verbreitung auf Kartons und auf Umschlägen von Magazinen oder Büchern.

Karton: Eine Form der Verpakkung, kann aus unterschiedlichen Pappenarten hergestellt werden.

Kiste: Ein unspezifischer Begriff für einen Transportbehälter.

Kleber: Ein allgemeiner Begriff, der Zement, Klebstoff, Pasten und thermoplastische Kleber umfaßt.

Körper: Der Hauptteil eines Behälters, generell der größte Teil.

Kräuseln: Falten, quetschen oder zusammendrücken; es entstehen Falten, so daß sich ein Teil am anderen festhält; Milchflaschendeckel sind ein Beispiel, aber auch die Oberseiten oder Böden von Metalldosen werden so hergestellt.

Kronenkorken: Ein Metallverschluß mit Kork ausgelegt; wird für kohlensäurehaltige Getränkeflaschen mit engem Hals verwendet.

Kunststoffe: Eine Gruppe von Materialien mit hoher Molmasse; sie sind im Endzustand fest; sie können durch Anwendung von Druck oder Temperatur verflüssigt werden.

Lack: Eine Beschichtung, die in flüssiger Form aufgetragen wird und durch Verdampfen trocknet.

Lithographie: Ein Druckverfahren, das elastische Metallplatten verwendet, deren Oberflächen teilweise wasser- und teilweise ölabweisend sind. Das Verfahren wird speziell angewendet für feine Halbton-Farbeffekte auf einer Vielzahl von Papier- und Pappesorten und auch auf Metallen.

Metallisierter Film: Metallisierte Filme oder Papiersubstrate wurden in einer Vakuumkammer mit dampfförmigen Metallmolekülen überzogen. Dadurch wird das Material undurchlässiger. Dieses Verfahren ist billiger als die Verwendung einer Folie.

Orientierter Film: Ein Film, beispielsweise aus Polypropylen, in dem die Molekülstruktur mechanisch in eine oder mehrere Richtungen gebracht wurde, um spezielle Eigenschaften wie Festigkeit oder Schrumpfen zu erhalten.

Palette: Eine niedrige, transportable Plattform, gewöhnlich aus Holz, aber zunehmend aus Metall, Faserplatten oder Kunststoff.

Pappe: Ein schweres Blatt aus Papier oder anderen Fasermaterialien, gewöhnlich dicker als 0,15 mm; Pappe kann für Verpackungen aus Packpapier mit Mischungen aus Altpapier und Fasern oder anderen Materialien hergestellt sein. Pappe kann auch mit anderen Materialien beschichtet oder mischextrudiert werden, beispielsweise mit Kunststoffen und Folien.

Pergament: Ein Blatt, das aus der Haut von Ziegen, Schafen oder anderen Tieren hergestellt wird; im Gegensatz dazu gewinnt man pflanzliches Pergament aus chemisch behandeltem Zellstoff.

Pergamin: Ein geschmeidiges, dichtes, durchsichtiges oder durchscheinendes Papier, das hauptsächlich aus chemisch behandeltem Zellstoff hergestellt wird. Es ist in weiß und verschiedenen anderen Farben erhältlich. Es kann als ein fettabweisendes Papier hoher Qualität betrachtet werden, zum Umhüllen von Lebensmitteln, Tabak, Chemikalien und Metallteilen, wie beispielsweise scharfe Schneiden.

Polyester: Es ist das Ausgangsmaterial bei der Herstellung von Polyethylenterephthalat und beispielsweise von Schalen für Mikrowellenprodukte. Es ist auch der Ausgangsstoff für Audio– und Videokassettenbänder. Beim Verpacken wird es hauptsächlich in metallisierter Form verwendet.

Polyethylen (PE): Ein synthetisches Material mit ausgezeichneter Beständigkeit gegen Säuren und Basen. Es existiert kein Lösungsmittel für PE bei Raumtemperatur. Es kann mit unterschiedlichen Massen und Dichten hergestellt werden, wobei PE immer andere Eigenschaften hat.

Polyethylenterephthalat (PET): Dieser fast unzerbrechliche Kunststoff wird für eine wachsende Zahl von Behältern verwendet, in die kohlensäurehaltige Getränke, Marmeladen, löslicher Kaffee und Spirituosen gefüllt werden.

Polypropylen (PP): Dieses steife Material wurde hauptsächlich für Bestandteile verwendet und ist inzwischen ein Hauptwerkstoff für die Designer von Biskuit- und Konfektverpackungen. Orientiertes Polypropylen hat Wellpappe in diesen beiden Bereichen weitgehend verdrängt.

Polystyrol (PS): Ein thermoplastisches Material, das geschmack- und geruchlos ist, mit ausgezeichneter Beständigkeit gegen Wasser und Wetter. Es kann für die meisten Lebensmittel und eine Reihe anderer Materialien verwendet werden, mit Ausnahme von essentiellen Ölen, Petroleumprodukten und Terpentin, die das Material deformieren können.

Polyvinylchlorid (PVC): Ein weitverbreitetes Verpackungsmaterial; PVC kann in seiner harten Form für Flaschen verwendet werden. Weiches PVC findet für anschmiegsame Einpackfilme Verwendung und als Material für Verpackungen unter modifizierter Atmosphäre sowie für andere Produkte.

Polyvinylidenchlorid (PVDC): Dieses Material ist zäh, durchsichtig und widerstandsfähig gegen viele Chemikalien und Gase. Das gesetzlich geschützte Produkt von Du Pont heißt Saran. Dieser Film wird oft als Beschichtung verwendet, beispielsweise bei PET- oder Glasflaschen.

Primäre Verpackung: Ein Behältnis wie zum Beispiel Dose, Flasche oder Glas, in das das Produkt direkt eingepackt wird.

Regenerierte Zellulose: Dieser Begriff bezieht sich auf einen Film, der aus Zellulose hergestellt wurde.

Reißband: Ein starkes Band, das horizontal um die Innenseite von Kassetten, Kekspackungen, pharmazeutischen Verpackungen und Wellpappekartons geklebt ist; mit einem überstehenden Ende. Ein Zug am Band öffnet die Verpackung.

Rohling: Ein Stück Material, aus dem ein Behälter oder der Teil eines Behälters durch weitere Bearbeitung hergestellt wird.

Schrumpffolien-Verpackung: Eine Verpackung aus flexiblen Folien, in der Regel PE oder PVC. Die Folie zieht sich über eine oder mehrere Packungen, um sie an ihrem Platz zu halten, z. B. über einen Kasten mit 20 Bierdosen. Oft werden sie bei einer Werbeaktion mit Sonderangeboten eingesetzt.

Schulter: Jener Teil des Behälters zwischen Körper und Hals, der an einer Glasflasche oder einer Tube vorkommt.

Siebdruck: Farbe wird durch die

durchlässigen Stellen eines feinmaschigen Siebs, die das Druckbild bilden, aufgetragen. Das Verfahren wird gewöhnlich für das Drucken von Keramiketiketten auf Glasbehältern verwendet oder für das Bedrucken von Polyethylenbehältern.

Spray: Siehe Aerosol.

Spraydosen: Es können wiederverwendbare, Wegwerf- oder Einwegdosen sein, gewöhnlich aus Weißblech oder Aluminium, aber auch Glasflaschen mit einem Halsring, der die Düse trägt.

Tüte: Ein vorgeformter Behälter, hergestellt aus elastischen Materialien, heute normalerweise Papier oder Kunststoff. Sie sind in der Regel an drei Seiten geschlossen. Die verbleibende Seite sollte nach der Füllung versiegelt werden. Tüten können in mehreren Lagen hergestellt werden aus verschiedenen Materialien, die mischextrudiert oder laminiert sind.

Überdrucken: Eine Schicht wird über eine andere gedruckt, z. B. ein Lack über einen Film von Tinte, um ihn zu schützen.

Undurchlässige Materialien: Material, das entworfen wurde, um vor dem Eintreten von Wasser, Wasserdampf, Öl oder bestimmten Gasen zu schützen.

Undurchsichtigkeit: Der Widerstand eines Materials oder Körpers gegen die Durchlässigkeit von Licht.

Vakuumverpackung: Verpackung, aus der fast die ganze Luft vor der endgültigen Versiegelung entfernt wurde. Die Verpackung, entweder starr oder flexibel, muß aus undurchlässigem Material bestehen, damit das Vakuum erhalten bleibt. Das Verfahren erhöht gewöhnlich die Haltbarkeit des Produkts, indem es vor Gasen oder Wasserdampf aus der Atmosphäre geschützt ist.

Verpackung unter modifizierter Atmosphäre: Es handelt sich fast ausschließlich um eine Lebensmittelverpackung in einem Behälter, in dem die normale Luft durch eine spezielle Gasmischung ersetzt wurde, um die Haltbarkeit der Lebensmittel zu erhöhen.

Weichmacher: Ein Reagenz oder eine Komponente, die, wenn sie beispielsweise Kunststoffen, Laken oder Papier zugefügt wird, entweder die Weichheit oder Elastizität des Materials verbessert. Von einigen dieser Stoffe, die bei der Herstellung von geschmeidigen PVC-Filmen verwendet werden, wird behauptet, daß sie auf verschiedene Labortiere karzinogen wirken, aber die Auswirkungen auf den Menschen sind noch unklar.

Weißblech: Blattstahl spezieller Zusammensetzung und Härte, auf beiden Seiten mit einer Schicht aus reinem Zinn beschichtet; die Verwendung für Behälter hat vor einigen Jahren zugenommen, unterstützt durch den Nostalgietrend bei Verpackungen.

Wellpappe: Pappe, die durch eine Wellmaschine gelaufen ist. Einseitige Wellpappe wird hergestellt aus einer Lage ungewelltem Material, verbunden mit der gewellten Lage. Doppelseitige oder einwandige Wellpappe besteht aus zwei Schichten ungewelltem Material und einer gewellten Lage dazwischen. Doppelwandige Wellpappe besteht aus drei Lagen ungewellter und zwei Lagen gewellter Pappe.

Zellophan: Ein transparenter Film, der aus regenerierter Zellulose hergestellt wird. Er ist fettabweisend, und mit geeigneten Beschichtungen kann er feuchtigkeitsabweisend und hitzeversiegelbar gemacht werden.

Zellulose: Eine Kohlenwasserstoffverbindung aus pflanzlichen Zellwänden.

Zelluloseacetat: Ein thermoplastisches Material, hergestellt durch die Behandlung von Zellulose mit Essigsäure. Es wird gewöhnlich zu Filmen extrudiert, aber es kann auch zu Behältern extrudiert oder geschmolzen werden.

REGISTER